ŒUVRES
COMPLÈTES
DE CONDILLAC.

TOME XII.

A PARIS,

Chez
- GRATIOT, cul-de-sac Pecquay, rue des Blancs-Manteaux.
- HOUEL, rue du Bacq, N°. 940.
- GUILLAUME, rue de l'Eperon, N°. 12.
- POUGIN, rue des Pères, N°. 61.
- GIDE, place St.-Sulpice.

Et A STRASBOURG,

Chez LEVRAULT, libraire.

OEUVRES
DE CONDILLAC,

Revues, corrigées par l'Auteur, imprimées sur ses manuscrits autographes, et augmentées de LA LANGUE DES CALCULS, ouvrage posthume.

COURS D'ÉTUDES
POUR L'INSTRUCTION
DU PRINCE DE PARME.

HISTOIRE ANCIENNE.
TOME IV.

A PARIS,
DE L'IMPRIMERIE DE CH. HOUEL.

AN VI. — 1798. (E. vulg.)

HISTOIRE ANCIENNE.
LIVRE HUITIÈME.

CHAPITRE PREMIER.

De la première guerre punique.

Les républiques de la Grèce, foibles lors même qu'elle paroissoient plus redoutables, étoient, par leur constitution, dans l'impuissance de s'accroître. Rome, au contraire, acquiert continuellement de nouvelles forces. Elle sent qu'elle peut plus qu'elle n'a fait encore. Ce sentiment, qui lui promet de nouveaux succès, lui fait prendre un nouvel essor. Elle porte déjà la vue au-delà des mers; et la victoire qui marche devant elle, semble lui offrir sur les peuples à vaincre, les droits qu'elle s'est faits sur les peuples vaincus. Elle a triomphé de Pyrrhus, le plus grand général de son siècle; et, ce qui pouvoit beaucoup sur l'imagination des Romains, Pyrrhus

<small>Les conquêtes que Rome a faites, l'invitent à de nouvelles conquêtes.</small>

étoit un descendant d'Achille. Ce ne sont pas des Volsques, des Sabins, des Étrusques, des Gaulois et des Samnites, qui ornent le triomphe de Curius Dentatus, vainqueur de ce héros : ce ne sont pas des gerbes, des troupeaux, des armes et des dépouilles, qu'on a déjà vus tant de fois : ce sont des Épirotes, des Molosses, des Thessaliens, des Macédoniens : c'est l'or, la pourpre et toutes les richesses, que les Grecs étaloient jusques dans leurs camps : enfin ce sont ces éléphans, qui avoient d'abord répandu l'épouvante, et qui maintenant, chargés de leurs tours, ne paroissent que pour donner un spectacle au peuple. Vous imaginez l'impression que ce triomphe fit sur les Romains, et vous jugez qu'il ne leur faut plus qu'un prétexte pour franchir les mers.

Rome punit la perfidie d'une de ses légions qui s'étoit emparée de Rhège.

Une légion romaine, en garnison à Rhège, s'étoit emparée de cette ville par le massacre des principaux habitans, et s'étoit alliée des Mamertins. Rome, alors en guerre avec Pyrrhus, avoit laissé jouir ces scélérats du fruit de leur trahison. Si cependant elle ne vouloit pas paroître leur complice, il lui importoit d'en faire un exemple. C'est pourquoi le consul Génucius eut ordre de faire le siége de Rhège. Les traîtres se défendirent en désespérés. La résistance fut plus longue qu'on ne l'avoit prévu ; et l'armée romaine, qui souffroit de la disette, eût été forcée à se retirer, si Hiéron n'y eût envoyé des vivres. Enfin, la ville ayant été prise, et rendue à ses premiers habitans, trois cents légionaires, faits prisonniers, furent conduits à Rome, où ils périrent sous la hache, après avoir été battus de verges.

Ce jugement équitable et politique étoit encore tout récent, lorsque les députés des Mamertins arrivèrent à Rome. Secourir ces brigands, c'étoit approuver à Messine, ce qu'on venoit de punir à Rhège : se refuser à leur demande, c'étoit laisser échapper une occasion de porter la guerre en Sicile. Le sénat renvoya la chose au peuple, se croyant à l'abri de tout reproche, si les secours étoient ordonnés par un plébiscite plutôt que par un sénatus-consulte.

Cependant elle prend la défense des Mamertins.

Le peuple, à qui une nouvelle guerre

paroissoit toujours une ressource, ordonna d'armer pour les Mamertins. Le sénat l'avoit prévu, sans doute. Mais pouvoit-il se croire bien justifié ? Quelle raison d'ailleurs avoit-il de porter déjà ses vues sur la Sicile ? Craignoit-il que les Carthaginois n'en fissent la conquête ? N'auroit-il pas été toujours à temps d'aller au secours d'Hiéron ? Le motif de la guerre alors eût été honnête. Comment excuser le sénat ? Le roi de Syracuse a secouru les Romains contre les brigands de Rhège ; et c'est contre lui qu'ils prennent les armes, pour secourir les brigands de Messine.

<small>Ap. Claudius passe en Sicile.</small>

Réunis pour chasser de Sicile les Mamertins, Hiéron et les Carthaginois assiégeoient Messine, et leur flotte paroissoit fermer le détroit aux Romains. Mais ils le gardèrent avec trop de négligence, et le consul Appius Claudius passa avec toutes ses troupes.

<small>Av. J. C. 264, de Rome 490.</small>

Il paroît qu'on a voulu répandre du merveilleux dans cette entreprise. On diroit que les Romains n'ayant pas même des vaisseaux de transport, Appius ait imaginé de construire des espèces de radeaux ; ce qui lui fit donner le surnom de *caudex*.

Par le premier traité que les Romains ont fait avec les Carthaginois, on voit que dès le temps des rois, ils navigeoient sur mer. Ils faisoient peu de commerce ; cependant ils ne pouvoient pas le négliger tout-à-fait. On ne peut pas même douter qu'ils n'aient eu de bonne heure des vaisseaux de guerre, quoiqu'avant l'an de Rome 443, il n'en soit pas fait mention dans les historiens. Leur marine, sans doute, étoit peu considérable : mais ils n'étoient pas ignorans, au point de regarder des radeaux comme une invention nouvelle. D'ailleurs, peut-on supposer, qu'ayant formé le projet de passer en Sicile, ils n'aient pas fait venir des vaisseaux des villes grecques d'Italie ?

Les Syracusains et les Carthaginois, campés séparément, pressoient Messine de tous côtés, et Ap. Claudius paroissoit n'y être arrivé que pour être assiégé lui-même. Il fit des propositions qu'on n'écouta pas. Alors se voyant dans une situation qui demandoit de la hardiesse et de la

Il remporte deux victoires et délivre Messine.

promptitude, il offrit la bataille aux Syracusains.

Si Hiéron eût refusé le combat, il est vraisemblable que les Romains n'auroient pas pu le forcer dans ses lignes, et, par conséquent, il les auroit mis dans la nécessité d'abandonner les Mamertins. Mais il jugea qu'une action termineroit plus promptement la guerre, persuadé que les Carthaginois n'en seroient pas simples spectateurs, et que les ennemis succomberoient sous le poids de deux armées, qui les attaqueroient en même temps. Il se trompa ; ses alliés virent sa défaite, sans sortir de leur camp. Peut-être imaginèrent-ils qu'il seroit toujours en leur pouvoir de chasser les Romains, et que la victoire, qu'ils leur laissoient remporter, ne faisoit qu'affoiblir la seule puissance alors redoutable pour eux. La conduite d'Hiéron paroît le prouver. Si, après la bataille, il se fût renfermé dans son camp, Appius n'eût tiré aucun fruit de sa victoire. Mais, indigné de la perfidie des Carthaginois, il retourna à Syracuse, ne songeant plus qu'aux moyens d'établir la paix dans ses états, et d'assurer le bonheur de son peuple. Appius ayant appris sa retraite, marcha contre les Carthaginois. Il les vainquit, et Messine fut délivrée. Ce général a eu la gloire de triompher le premier des peuples au-delà des mers.

Cette même année est remarquable par les jeux funèbres, avec lesquels M. et D. Junius Brutus crurent honorer leur père. On vit pour la première fois des combats de gladiateurs : spectacle barbare qui plut au peuple, et qui sera toujours plus agréable à ses yeux. *Premiers combats des gladiateurs.* *Av. J. C. 264, de Rome 490.*

Le sénat, qui se proposoit d'abord de donner quatre légions aux nouveaux consuls qui passèrent en Sicile, ne leur en donna que deux, parce qu'Hiéron se hâta de faire sa paix avec les Romains. On ajouta seulement à ces légions quelques troupes des alliés. Les consuls enlevèrent rapidement plusieurs places aux Carthaginois. *Les consuls enlèvent plusieurs places aux Carthaginois.* *Av. J. C. 263, de Rome 490.*

Le roi de Syracuse prit le seul parti qui pouvoit écarter la guerre de ses états. Si les Romains n'étoient pas plus justes que les Carthaginois, ils sentoient mieux ombien il leur importoit de le paroître, *Motifs qui déterminent Hiéron à la paix.*

et ils étoient dans l'usage de ménager leurs alliés. Assuré d'en être respecté par les avantages qu'ils pouvoient retirer de son alliance, Hiéron, d'ailleurs, n'avoit rien à craindre des Carthaginois qui seroient assez occupés à la défense de leurs places.

La peste qui survint à Rome, troubla la joie que donnoient les succès de la guerre. On y apporta le remède ordinaire; un dictateur et un clou.

<small>Blocus et prise d'Agrigente.

Av. J.C. 262
de Rome 492.</small>

L'année suivante, les consuls L. Posthumius Mégellus et Q. Mamilius Vitulus ouvrirent la campagne par le blocus d'Agrigente, place d'armes des Carthaginois, bien fortifiée, et défendue par une garnison de cinquante mille hommes, que commandoit Annibal. Ce général voyant que les assiégeans alloient au fourrage avec beaucoup de désordre, fit une sortie dans laquelle il se seroit rendu maître de leur camp, s'il eût marché avec plus de troupes : ou plutôt si la discipline n'eût pas mis les Romains dans la nécessité de vaincre ou de périr. Il fut repoussé. Alors la plupart des peuples de Sicile se déclarèrent pour Rome contre Carthage; et quoique les consuls ne fussent arrivés qu'avec deux légions, ils eurent bientôt une armée de cent mille hommes.

L'abondance étoit dans le camp des Romains, Agrigente manquoit de vivres, et le siége duroit depuis cinq mois, lorsqu'Hannon vint au secours d'Annibal avec cinquante mille hommes de pied, six mille chevaux et soixante éléphans. Il s'empara d'Erbesse, et mit la disette dans le camp des ennemis. Quoique ce fût la seule place d'où les Romains tiroient des vivres, ils avoient eu l'imprudence de ne pas s'en assurer. Désolés par la famine et par les maladies qui en étoient la suite, ils auroient été contraints de lever le siége, si Hiéron n'eût pas trouvé le moyen de leur faire passer quelques convois. Cependant Hannon se flattoit de les réduire sans rien hasarder; mais ayant cédé aux instances d'Annibal, qui le pressoit d'engager une action, il fut entièrement défait, et Annibal lui-même n'eut plus d'autre ressource que de se sauver avec sa garnison.

Av. J. C. 262, de Rome 492.

Les Agrigentins égorgèrent les Carthaginois qui étoient restés. Ils n'en furent pas traités avec plus d'indulgence : on en vendit vingt-cinq mille. On ne dit pas le nombre de ceux qui périrent, lorsque leur ville fut livrée aux soldats. Les Romains ou leurs alliés perdirent à ce siége plus de trente mille hommes, et la perte des Carthaginois fut beaucoup plus grande. Les conquêtes, funestes aux vaincus, coûtent cher aux vainqueurs. Voilà comment se forment les empires.

<small>Les places intérieures de la Sicile se soumettent aux Romains.</small>

La prise d'Agrigente ouvrit aux Romains toutes les villes de la Sicile. Les places maritimes restèrent sous la domination des Carthaginois. Ils révoquèrent Hannon. Amilcar, qui lui succéda dans le commandement, ravagea les côtes d'Italie : mais il n'osa rien tenter sur terre; et l'année se passa sans combat.

<small>Av. J. C. 261, de Rome 492.</small>

<small>Rome équipe une flotte.</small>

Autant les légions étoient redoutables aux Carthaginois, autant les flottes l'étoient aux Romains ; et ces deux puissances se faisoient une guerre qui devenoit funeste à l'une et à l'autre, sans être avantageuse à aucune des deux. Rome se proposa d'enlever à Carthage l'empire de la mer.

Ce projet étoit hardi sans doute : mais on s'est plu à le faire paroître plus hardi encore. Rome, dit-on, n'avoit pas un seul petit bâtiment armé en guerre. Elle manquoit d'ouvriers pour la construction des vaisseaux. Elle ne connoissoit pas les galères à cinq rangs de rames, qui faisoient la principale force des armées navales; et elle n'auroit pas pu en construire, si une galère carthaginoise, qui échoua sur la côte, ne lui eût servi de modèle. Tout cela est exagéré. Avant la guerre punique, les Romains avoient une flotte, que commandoit le duumvir Valérius, et qui fut insultée par les Tarentins. S'ils manquoient d'ouvriers pour la construction des vaisseaux, ils en pouvoient trouver dans les villes grecques, qui étoient sous leur puissance, et il est vraisemblable qu'ils y auroient encore trouvé des modèles de galères à cinq rangs de rames. Enfin Hiéron, alors leur allié, auroit pu suppléer à tout ce qui leur manquoit. Quoi qu'il en soit, en deux mois ils équipèrent cent galères à cinq rangs de rames, vingt à trois rangs, et ils formèrent des matelots.

C. Duillius Népos eut le commandement des légions qui passèrent en Sicile, et son collègue Cn. Cornélius Scipio commanda la flotte. Celui-ci, ayant mis à la voile avec dix-sept vaisseaux, s'approcha de l'île de Lipari qu'il se flattoit de surprendre, fut surpris lui-même, et enlevé avec toute son escadre. Peu de jours après, Annibal, le même qui avoit fui d'Agrigente, fut sur le point d'essuyer le même sort. Comme il tournoit un promontoire, la flotte des Romains se présenta tout-à-coup en ordre de bataille : il perdit plusieurs bâtimens, et il eut bien de la peine à se sauver.

Duillius, instruit du malheur de son collègue, laissa l'armée de terre sous les ordres des tribuns de légions, et prit le commandement de la flotte. Considérant qu'il n'avoit que des vaisseaux grossièrement construits, et des matelots peu exercés, il se proposa d'aller promptement à l'abordage, et de décider le sort du combat par la valeur de ses troupes. A cet effet, il éleva sur les proues de ses bâtimens une machine propre, tout-à-la-fois, à accrocher les vaisseaux ennemis et à servir de pont pour y passer. C'est ce qu'on a nommé *corbeau*.

Il rencontra près des îles de Lipari, Annibal qui commandoit la flotte carthaginoise, et qui vint au-devant de lui avec confiance. Les corbeaux firent leur effet, et l'action ressembla trop à un combat de terre, pour que la victoire pût balancer. Les Romains prirent trente-deux galères, en coulèrent à fond quatorze, firent sept mille prisonniers, tuèrent trois mille hommes, et Annibal, dont le vaisseau fut pris, se sauva dans une chaloupe.

Rome qui, pour son coup d'essai, paroissoit disputer à Carthage l'empire de la mer, mit cette victoire au-dessus de toutes celles qu'elle avoit remportées jusqu'alors. Ce ne fut pas assez d'accorder les honneurs du triomphe à Duillius, on lui éleva une colonne rostrale, c'est-à-dire, ornée de proues de vaisseaux; et on arrêta par un décret que, toutes les fois qu'il souperoit en ville, il seroit reconduit chez lui aux flambeaux et au son des flûtes. L'année suivante le consul L. Cornélius Scipio fit une expédition en Sardaigne et en Corse. _{Av. J. C. 159, de Rome 495.}

Expédition des Romains en Sardaigne et en Corse.

La Sardaigne est, après la Sicile, une des plus grandes îles de la Méditerranée. Elle est fertile et riche en troupeaux. Cependant elle n'a jamais été fort peuplée, parce que l'air en est mal sain. La Corse, beaucoup moins grande, n'a pas la même fertilité. C'est un pays hérissé de montagnes, peu cultivé de tout temps, et dont le mauvais air nuit encore à la population.

Comme les nations ne se policent qu'autant qu'elles commercent les unes avec les autres, les habitans de ces îles, privés de toute communication avec l'étranger, avoient des mœurs féroces, que les Carthaginois, tyrans avides et cruels, n'adoucissoient pas. Maîtres par les armes de tout le pays qui s'ouvroit à eux, ils avoient chassé, dans les lieux inaccessibles, les anciens habitans, et pour les tenir dans une entière dépendance, ils les avoient mis dans la nécessité de faire venir d'Afrique jusqu'aux denrées les plus nécessaires ; défendant sous peine de mort d'ensemencer les terres, arrachant les blés, et coupant tous les arbres qui portoient des fruits. Une pareille tyrannie ne pouvoit que les rendre odieux. Cornélius leur enleva la Corse, et se rendit maître d'Olbia en Sardaigne, où le consul qui lui succéda, continua la guerre avec succès. En Sicile, les Romains prirent Mitistrate. Les habitans la livrèrent eux-mêmes. Cependant ils furent égorgés sans distinction d'âge ni de sexe, et on vendit tous ceux qui avoient échappé au carnage. Dans les campagnes suivantes, on fit de plus grandes entreprises.

C. Attilius Régulus, voyant du port de Tindaris (1) la flotte ennemie qui passoit en désordre, part avec dix vaisseaux, sans attendre les autres auxquels il ordonne de le suivre, et tombe dans une ligne toute formée, qui l'enveloppe, et lui enlève neuf bâtimens. Il ne sauve que celui qu'il monte.

Nouvelle victoire des Romains dans un combat naval.

Av. J. C. 257.
de Rome 409.

Au désespoir, il songe à réparer son imprudence, et Amilcar, qui commande les Carthaginois, lui en donne les moyens par les fautes qu'il fait lui-même. Il pouvoit bloquer le port, et y tenir les Romains enfermés,

---

(1) Cette ville étoit sur la côte septentrionale de la Sicile. Elle ne subsiste plus.

jusqu'à ce qu'il eût été joint par le reste de sa flotte. Il pouvoit encore se retirer, pour se rapprocher des vaisseaux qu'il avoit laissés derrière lui, et revenir ensuite en bon ordre et avec toutes ses forces. Il ne fit ni l'un ni l'autre, et il fut défait par Attilius qui se hâta de lui livrer un second combat. Il perdit dix-huit vaisseaux.

Autre victoire après laquelle ils passent en Afrique.

Encouragés par ce dernier succès, les Romains formèrent de plus grands projets pour l'année suivante. L'Afrique étoit ouverte, aucune place ne couvroit Carthage. Agathocle avoit fait trembler cette république; on crut pouvoir, comme lui, tenter

Av. J. C. 256, de Rome 498.

une descente en Afrique. L'armée navale, commandée par les consuls L. Manlius Vulso et M. Attilius Régulus, fut composée de trois cent trente vaisseaux et de cent quarante mille hommes. On ne conçoit pas comment Rome, encore pauvre, faisoit de pareils armemens. Polybe en est étonné. Il remarque même qu'elle n'auroit pas pu équiper de pareilles flottes dans des temps postérieurs, où elle paroissoit plus puissante. Nous avons malheureusement perdu la partie de son ouvrage, dans laquelle il rendoit compte des ressources de cette république, sous différentes époques.

Les Carthaginois, voyant le danger qui les menaçoit, et songeant à éloigner l'ennemi de leurs côtes, allèrent le combattre sur celles de Sicile, près d'Ecnome. Leur flotte, plus forte que celle des Romains, étoit sous les ordres d'Annon et d'Amilcar, dont nous avons déjà vu les défaites. Le combat fut long : la fortune parut balancer : mais enfin les Romains remportèrent la victoire. Ils prirent soixante-quatre vaisseaux, en coulèrent à fond une trentaine, descendirent en Afrique, assiégèrent Aspis, s'en rendirent maîtres, firent vingt mille prisonniers, et ne perdirent que vingt-quatre galères.

Les consuls étoient donc en Afrique avec cent trente mille hommes. L'armée carthaginoise, réfugiée pour la plus grande partie en Sicile, ne pouvoit, après sa défaite, venir que difficilement au secours de Carthage, et cette république paroissoit dans le plus grand danger. Mais Manlius fut rappelé, et Régulus, à qui on

Régulus y resté.

conserva le commandement, ne resta qu'avec quarante vaisseaux, quinze mille hommes de pied et cinq cents chevaux.

Il semble qu'après la retraite de Manlius, Carthage pouvoit rappeler les troupes qu'elle avoit en Sicile. Elle n'en fit pourtant venir que cinq mille hommes de pied, cinq cents chevaux, et Amilcar, à qui on donna pour collègues Bostar et Asdrubal, fils d'Hannon. Voilà des armées formidables, qui disparoissent bien subitement, et on a de la peine à comprendre ce que Rome et Carthage en ont fait.

<small>Il force les Carthaginois à demander la paix.</small>

Déjà maître de plusieurs villes, Régulus dans le dessein d'assiéger Carthage, se proposoit de ne laisser derrière lui aucune place fortifiée qui pût l'inquiéter ; et il avoit mis le siége devant Adis, lorsque les Carthaginois vinrent camper sur une colline, d'où ils dominoient. Dans ce poste, ils ne pouvoient faire aucun usage de leurs cavalerie ni de leurs éléphans, et c'étoit, pourtant, ce qui les rendoit supérieurs en forces. Régulus, qui remarqua cette faute, se hâta de les attaquer et les défit. Plusieurs peuples s'étant alors déclarés pour lui, il établit son camp à Tunis, c'est-à-dire, à cinq ou six lieues de Carthage. Dans le même temps, les Numides, qui se répandoient sur les terres des Carthaginois, y causoient de plus grands ravages que les Romains mêmes; et les habitans de la campagne qui se réfugioient de toutes parts à Carthage, portoient dans cette ville la famine et la consternation. Elle demanda la paix.

Avec quinze mille hommes, Régulus ne pouvoit pas faire le siége de Carthage, et il devoit peu compter sur les peuples d'Afrique, qui l'abandonneroient au premier revers. Il semble donc qu'il auroit dû consentir à la paix et qu'il étoit assez glorieux pour lui de terminer la guerre, avec les avantages qu'il pouvoit raisonnablement se promettre. Il ne refusa pas d'entrer en négociation : mais, aveuglé par ses succès, il fit des propositions peu raisonnables. Elles portoient que les Carthaginois remettroient aux Romains toutes les places qui leur restoient, soit en Sicile, soit en Sardaigne ; qu'ils rendroient sans rançon tous les prisonniers faits sur la république ;

Propositions dures qu'il leur fait.

qu'ils racheteroient les leurs au prix dont on conviendroit, qu'ils payeroient les frais de la guerre et un tribut annuel; qu'ils ne pourroient mettre en mer qu'un seul vaisseau de guerre; qu'ils fourniroient à la république toutes les fois qu'elle l'exigeroit, cinquante galères équipées; et qu'ils ne feroient ni guerre ni alliance, qu'avec le consentement du sénat. Comme les députés de Carthage se récrioient sur la dureté de ces conditions, il répondit qu'il falloit savoir vaincre ou savoir se soumettre.

Les Carthaginois donnent le commandement de leurs troupes à Xantippe.

Les Carthaginois, voyant que la paix qu'on leur offroit étoit une vraie servitude, la rejetèrent avec indignation. Cependant, sans généraux et n'ayant que des soldats, s'ils pouvoient armer encore, ils désespéroient de vaincre. Telle est l'extrémité où ils étoient réduits, lorsque le hasard leur offrit un général dans un soldat lacédémonien, qui arriva avec d'autres mercenaires. Il se nommoit Xantippe. Ce Spartiate ayant appris les circonstances de la dernière bataille, connut facilement pourquoi elle avoit été perdue. La liberté avec laquelle il en parla, et qui, dans toute autre conjoncture, auroit pu lui être funeste, attira l'attention du sénat, qui voulut l'entendre. Il répéta devant les sénateurs ce qu'il avoit déjà dit. Il fit voir que la république pouvoit vaincre, si elle savoit faire usage de ses forces. En un mot, il parla en capitaine instruit, et on lui donna le commandement de l'armée. Sans doute, la nécessité étouffa tout sentiment de jalousie.

L'armée des Carthaginois étoit de douze mille hommes de pied, de quatre mille chevaux et d'environ cent éléphans. On connut bientôt l'habileté du Lacédémonien, à la manière dont il en fit mouvoir les différentes parties, et les soldats, pleins de confiance, n'attendoient que le moment du combat. *Xantippe défait Régulus.*

Av. J. C. 255, de Rome 499.

Régulus fut d'abord surpris de voir les Carthaginois camper dans la plaine contre leur coutume. Il ne pouvoit les attaquer qu'avec désavantage. Cependant si, après avoir évité le combat, il y étoit forcé, lorsque ses troupes auroient été découragées, le désavantage auroit été encore plus grand. Il crut donc n'avoir pas à délibérer, et il se flatta que tous les lieux devenoient égaux pour une armée victorieuse. Mais il fut entièrement défait. Cinq cents Romains, du nombre desquels il étoit, furent faits prisonniers : deux mille qui échappèrent, se retirèrent à Aspis : tout le reste périt.

Nous l'avons déjà remarqué plus d'une fois, il ne faut qu'un seul homme pour changer la face d'un état. J'ajouterai que cet homme ne manque presque jamais : ce sont ceux qui gouvernent qui ne savent pas le découvrir.

Si Xantippe étoit habile, il ne fut pas moins prudent. Il sentit que la jalousie suivroit de près ses succès : il n'eut rien de plus pressé que de s'éloigner d'un peuple qu'il venoit de sauver. Les Carthaginois lui firent de grands présens, et le renvoyèrent sur une galère richement ornée. On a dit que, honteux de devoir leur salut à un étranger, ils donnèrent des ordres pour le faire périr. Cette perfidie n'est ni prouvée, ni même vraisemblable.

Les consuls remportent deux victoires. Alarmés par la défaite de Régulus, et craignant quelque entreprise de la part des

Carthaginois, les Romains se hâtèrent d'équiper une flotte, et les consuls la conduisirent en Afrique, afin d'occuper les ennemis dans leur propre pays. Ils remportèrent deux victoires, l'une sur mer, auprès du promontoire d'Hermée; l'autre sur terre, près de Clipéa, où ils avoient débarqué. Elles leur coûtèrent peu de monde: mais les Carthaginois y perdirent, sans compter les prisonniers, environ vingt-quatre mille hommes, et plus de cent galères. Comme tout le pays étoit dévasté, et qu'il auroit été difficile d'y subsister, les consuls se rembarquèrent avec les troupes qu'ils retirèrent d'Aspis.

Ils revinrent le long de la côte méridionale de la Sicile, quoique les pilotes leur représentassent les dangers de cette mer dans une saison orageuse. Ils se flattoient qu'à la vue de leur flotte, toutes les villes se rendroient : mais ils furent assaillis par une tempête si terrible, que de trois cents vaisseaux, ils n'en sauvèrent que quatre-vingts. Hiéron donna toutes sortes de secours aux soldats et aux matelots qui échappèrent du naufrage.

Leur flotte est ruinée par la tempête.

> Les Romains équipent une flotte, et prennent Palerme.

La perte que les consuls venoient de faire, ouvroit la Sicile aux Carthaginois; ils y passèrent, ils se rendirent maîtres d'Agrigente, et ils paroissoient devoir recouvrer toutes les places qu'ils avoient perdues. Rome fit un nouvel effort. En trois mois, elle équipa deux cent vingt galères; et les consuls ayant repris à Messine les restes du dernier naufrage, assiégèrent et prirent Palerme, la plus importante place que les Carthaginois eussent en Sicile. Tout ce qui ne périt pas par le fer, fut fait prisonnier; et ceux qui ne purent pas se racheter, furent vendus. Il semble que les peuples, que ces deux puissances se ravissoient tour-à-tour, ne dussent attendre de l'une ou de l'autre, que la mort ou l'esclavage.

> Av. J. C. 254, de Rome 500.

> Ils paroissent renoncer à l'empire de la mer.

L'année suivante, sans avoir remporté aucun avantage considérable, les Romains perdirent encore dans un naufrage, cent cinquante galères et un grand nombre de bâtimens de transport. Dégoûtés de former des entreprises sur mer, ils parurent alors vouloir se borner à la guerre de terre. Le sénat arrêta même qu'on n'etretiendroit désormais qu'une flotte de soixante vaisseaux pour défendre les côtes de l'Italie, et pour transporter en Sicile des troupes et des vivres.

Il n'étoit pas raisonnable de prétendre faire sans marine la guerre à une puissance maritime. Si on ne le vit pas d'abord, on s'en apperçut après quelques campagnes. Les armées de la république ne pouvoient plus rien entreprendre, et cependant la guerre, qui tiroit en longueur, n'en devenoit que plus dispendieuse. Le sénat donna des ordres pour construire des vaisseaux.

On venoit d'équiper une flotte, lorsque L. Métellus, proconsul en Sicile, remporta une victoire qui coûta vingt mille hommes aux Carthaginois. Il leur tua vingt-six éléphans, et il leur en prit cent quatre, qui furent conduits à Rome, et qu'on promena dans toute l'Italie. Les Romains, qui depuis le malheur de Régulus, s'effrayoient à la vue de ces animaux, commencèrent à ne les plus craindre.

La perte de cette dernière bataille fit desirer la paix aux Carthaginois. Leur

Grande victoire des Romains.

Av. J. C. 250, de Rome 504.

Ils se refusent à la paix.

commerce étoit interrompu, l'argent leur manquoit, et dans cette circonstance, ils voyoient les flottes des Romains menacer encore l'Afrique. Ne doutant point que Régulus, impatient de recouvrer sa liberté, ne contribuât au succès de la négociation, on dit qu'ils l'envoyèrent à Rome avec leurs ambassadeurs; que, contre leurs espérances, ce généreux romain se dévouant pour sa patrie, persuada au sénat de se refuser à la paix, et qu'il revint à Carthage où il savoit les supplices qui lui étoient préparés. Le silence de Polybe qui ne parle plus de Régulus après la victoire de Xantippe, fait soupçonner les autres écrivains d'avoir ramassé des bruits répandus parmi le peuple, pour exagérer la cruauté des Carthaginois et la constance d'un citoyen romains.

Siège de Lilibée.

Av. J. C. 250,
de Rome 504.

Lilibée, située sur le promontoire du même nom, étoit la plus forte place des Carthaginois dans la Sicile. S'ils la perdoient, ce qui leur resteroit dans cette île ne pouvoit manquer de leur échapper, et l'Afrique seroit plus exposée que jamais aux flottes ennemies. Les Romains en formèrent le siége. Épuisés par une guerre qui duroit depuis quatorze ans, ils n'avoient équipé que deux cents vaisseaux. Ils ne pouvoient plus faire des armemens aussi considérables que les premières années ; mais ils voyoient que leurs ennemis, aussi épuisés qu'eux, étoient, par la forme du gouvernement, plus dépourvus de ressources ; et ils jugeoient, avec raison, qu'avec du courage et de la constance, ils termineroient la guerre à leur avantage.

Le siége de Lilibée dura dix ans. Les assiégeans et les assiégés y déployèrent toutes les ressources de l'art militaire. Imilcon, qui commandoit dans cette ville, paroît avoir été supérieur pour la défense des places. Les généraux romains, qui se succédèrent, ne montrèrent pas tous la même capacité, et plusieurs firent de grandes fautes.

La première année, sous les consuls L. Manlius Vulso et C. Attilius Régulus, l'attaque fut aussi vive que la défense fut vigoureuse ; les assiégeans serrant tous les jours la place de plus près, et les assiégés faisant des sorties continuelles pour ruiner leurs ouvrages. Il se livra des combats plus sanglans que des batailles rangées.

De dix mille hommes, qui composoient d'abord la garnison, Imilcon en avoit perdu un grand nombre, et le reste étoit fort fatigué. Carthage équipa cinquante vaisseaux, et on donna le commandement à Annibal. Ce général entra dans le port de Lilibée, en présence de la flotte ennemie, débarqua dix mille hommes, et se retira sans avoir pu être attaqué. Les vaisseaux des Carthaginois plus légers, et montés par des matelots plus habiles, avoient tout l'avantage dans ces sortes d'entreprises, lorsqu'on savoit profiter d'un vent favorable.

Imilcon, ayant reçu des troupes fraîches, fit de nouvelles sorties, mit le feu aux machines des assiégeans, et les consuma entièrement. Un vent très-violent qui poussoit les étincelles et la fumée dans les yeux des Romains, ne leur permit pas d'arrêter l'incendie. Désespérant d'emporter Lilibée de vive force, les consuls changèrent le siége en blocus. Ils avoient déjà perdu plus de dix mille hommes, et les maladies seules leur enlevoient beaucoup de soldats. Rome fit passer en Sicile deux légions avec le nouveau consul P. Claudius Pulcher.

Claudius, ignorant et présomptueux, blâma hautement la conduite de ses prédécesseurs qu'il accusoit de négligence, d'ignorance ou même de lâcheté, et il ne fit lui-même que des fautes. Après avoir vainement tenté de combler l'entrée du port, afin d'ôter toute espérance de secours aux assiégés, il forma le projet de surprendre la flotte d'Adherbal dans le port de Drépane.

Imprudence du consul Claudius, qui est vaincu.

Av. J. C. 249, de Rome 505.

Il part de nuit avec deux cents vaisseaux, sur lesquels il avoit mis l'élite de ses troupes, et à la pointe du jour, il arrive à la vue de l'ennemi, dont il étoit encore fort loin, et que par conséquent, il ne surprenoit plus. Il eût donc été prudent de se retirer, ou de prendre de nouvelles mesures. Mais Claudius suit son projet avec confiance.

Adherbal ne l'attendit pas dans le port, où n'ayant pas assez d'espace pour se mouvoir, il n'auroit pu éviter l'abordage. Il se mit en mer, et conduisit sa flotte derrière des rochers, qui bordoient le côté opposé à celui par où le consul arrivoit. De-là il observe les Romains ; et lorsqu'il voit que leur aile droite s'est engagée dans le port, il gagne le large, tombe sur leur aile gauche, et les surprend lui-même.

Claudius envoie ordre à son aile droite de revirer de bord, pour revenir au gros de la flotte. Mais les vaisseaux qui veulent sortir du port, se heurtent contre ceux qui sont encore à l'entrée ; et plus ils font d'efforts les uns et les autres pour se dégager avec précipitation, plus ils s'embarrassent.

Les matelots et les soldats voyoient avec frayeur le danger où ils étoient, lorsqu'on vint dire à Claudius que les poulets sacrés ne mangeoient pas. *Qu'on les jette à la mer,* répondit le consul, *et qu'ils boivent puisqu'ils ne veulent pas manger.* Ce mépris de la religion acheva d'ôter à l'armée toute espérance de vaincre.

Les Romains furent forcés de se ranger le long de la côte, où ils ne pouvoient manœuvrer que difficilement. Les Carthaginois, au contraire, avoient la pleine mer pour se mouvoir; et cette position étoit d'autant plus avantageuse pour eux, que leurs bâtimens étoit plus légers, et leurs rameurs plus expérimentés. Claudius ne sauva de toute sa flotte que trente vaisseaux; il perdit trente mille hommes, dont huit mille furent tués ou noyés; le reste fut fait prisonnier.

Il fut rappelé. Son collègue L. Junius, qui prit le commandement, partit pour Syracuse, rendez-vous des secours qu'il devoit conduire à Lilibée. Il y rassembla cent vaisseaux de guerre et huit cents de charge. Il en donna à-peu-près la moitié aux Questeurs, qui prirent les devants; et il s'arrêta encore quelques jours, attendant les blés que les alliés avoient promis.

<small>Sous Junius, son collègue, la flotte des Romains est abîmée.</small>

<small>Av. J. C. 249, de Rome 505.</small>

Au peu de précaution qu'il prenoit, on eût dit que les Carthaginois n'avoient point de flotte. Cependant Carthalon, à qui Adherbal avoit donné une escadre de cent galères, venoit de brûler, de prendre ou de dissiper tous les vaisseaux que les Romains avoient à Lilibée; et alors il étoit à la découverte des nouveaux secours, qui devoient leur arriver.

Il croisoit les mers aux environs d'Héraclée, lorsqu'il découvrit la flotte des Questeurs, qui, se jugeant trop foibles pour hasarder un combat, se retirèrent dans une espèce de rade, formée par des rochers auprès de Phintias, petite ville alliée des Romains. Il leur enleva quelques bâtimens de charge, et il se retira dans l'embouchure de fleuve Halicus, d'où il attendit quelle route ils prendroient.

Junius doubloit alors le Cap de Pachin et cingloit vers Lilibée. Carthalon, qui en fut averti, mit aussitôt à la voile, dans le dessein de le combattre avant qu'il eût pu se réunir aux Questeurs. Le consul, qui veut éviter le combat, cherche un asyle parmi des écueils, situés près de Caramine; et Carthalon jette l'ancre entre les deux flottes ennemies, et les observe.

Bientôt après, les pilotes Carthaginois voyant un orage qui se préparoit, en avertirent leur général qui se hâta de doubler le cap de Pachin, afin de mettre son escadre dans un abri sûr. Les

Romains n'ayant pas le même usage de la mer, n'eurent pas la même prévoyance ; de sorte que la tempête les ayant surpris au milieu des rochers, leurs flottes furent abîmées. Ils ne sauvèrent que deux vaisseaux.

Le consul cependant joignit l'armée, et saisit une petite occasion de se signaler. Des intelligences qu'il se ménage dans Erix, lui livrèrent cette ville, qui étoit un poste avantageux pour les Romains. Située au nord de Déprane sur le penchant d'une montagne fort haute et fort escarpée, cette place étoit d'un abord difficile, et il y avoit au bas un bourg que Junius fortifia. Mais Carthalon, ayant fait une descente dans cet endroit, se rendit maître du bourg : on ne sait si dans cette occasion le consul fut tué, ou se tua lui-même. Il n'en est plus parlé.

Junius se rend maître de l'Erix.

Pendant que ces choses se passoient en Sicile, Claudius, à qui le sénat ordonna de nommer un dictateur, choisit dans la lie du peuple un nommé Glicias, comme s'il eût voulu par ce choix insulter la république, et avilir la première magistrature.

Claudius, après avoir abdiqué, est condamné à l'amende.

Forcé d'abdiquer le consulat, il fut cité devant le peuple, qui le condamna à l'amende, et on nomma dictateur Attilius Calatinus.

<small>Les Romains sont sans flotte.</small>

Ce dictateur ne fit rien et ne put même rien faire parce qu'il n'avoit point de flotte. Épuisés par les dernières pertes, les Romains avoient renoncé pour la seconde fois à disputer aux Carthaginois l'empire de la mer. Il leur étoit néanmoins impossible de se rendre maîtres de Lilibée, tant que le port seroit ouvert aux ennemis.

<small>Amilcar Barcas commande en Sicile.</small>

Carthalon, qui ravageoit les côtes de l'Italie, méditoit d'autres expéditions, lorsque ses troupes se soulevèrent. Capitaine habile, mais trop sévère, il ne savoit pas user de ces ménagemens, avec lesquels on attache les soldats sans rien relâcher de la discipline, et il fallut le révoquer. Heureusement pour Carthage, elle trouva, dans Amilcar Barcas, un général supérieur à tous ceux qu'elle avoit employés jusqu'alors, et à tous ceux que Rome pouvoit opposer. C'est le père du fameux Annibal.

Barcas porta la désolation dans les terres des Locriens et des Brutiens. Il s'empara d'Ercte, montagne située sur le bord de la mer, auprès de Panorme, aujourd'hui Palerme. Il s'y maintint pendant trois ans, livrant sans cesse des combats, se portant par-tout, prévoyant tout, et déconcertant toutes les mesures des consuls.

Il se rendit ensuite maître d'Érix, quoique les Romains fussent campés sur le sommet et au pied de la montagne. Là, tout-à-la-fois, assiégé et assiégeant, et ne recevant des convois que par un petit port, dont il étoit maître, il tint pendant deux ans les ennemis en échec, et ne laissa jamais prendre sur lui le moindre avantage.

Cinq années s'étoient écoulées, depuis que les Romains n'avoient point de flotte, et le siége de Lilibée n'avançoit pas. Il falloit donc ou renoncer au dessein de prendre cette place, ou songer à se rendre maître de la mer. L'argent manquoit au trésor public : des citoyens y suppléèrent. Ils équipèrent à leurs frais deux cents galères à cinq rangs de rames. La république promit de leur rendre leurs avances à la fin de la guerre. Elle n'avoit pas encore eu de vaisseaux si bien construits. On les

Les Romains équipent une nouvelle flotte.

Av. J. C. 241. de Rome 512.

avoit faits sur le modèle d'une des meilleures galères carthaginoises.

<small>Création d'un second préteur.</small>

<small>Av. J. C. 242, de Rome 512.</small>

La flotte, composée de trois cents galères et de sept cents bâtimens de charge, se préparoit à partir avec les deux consuls C. Lutatius et A. Posthumius. Mais parce qu'alors les prêtres ne pouvoient pas s'éloigner de Rome, le grand pontife Métellus retint Posthumius, qui étoit prêtre de Mars. On avoit cependant besoin de deux généraux, puisqu'on se proposoit de faire la guerre tout-à-la-fois sur terre et sur mer. A cette occasion, au lieu d'un seul préteur, on en créa deux cette année; et Q. Valérius Falto, l'un des deux, partit avec le consul Lutatius. Dans la suite, quoiqu'on n'eût pas besoin de préteur pour l'armée, la préture fut toujours partagée entre deux magistrats, dont l'un administroit la justice entre citoyen et citoyen; et l'autre entre citoyen et étranger. Le premier se nommoit *prætor urbanus*, le second *prætor peregrinus*.

<small>Les Romains remportent une victoire qui force les Carthaginois à demander la paix.</small>

On est toujours étonné de la négligence des anciens à s'instruire des mesures que prennent les ennemis. Lutatius trouva les côtes de la Sicile sans défense. Il se rendit maître, sans combat, du port de Drépane et de toutes les baies aux environs de Lilibée. Les Carthaginois, qui avoient abandonné tous ces lieux, ne savoient rien du nouvel armement des Romains, ils en eurent la première nouvelle par les pertes qu'ils venoient de faire ; et ils avoient eux-mêmes négligé leur marine, parce qu'ils supposoient que les Romains ne reparoîtroient plus sur mer.

Cependant il falloit porter des secours au camp d'Érix, où il n'arrivoit plus de convois, et l'habileté de Barcas ne pouvoit pas suppléer au défaut de vivres. On chargea donc une flotte de toutes les munitions nécessaires : mais équipée à la hâte, elle fut montée par des matelots qui n'étoient pas exercés, par des soldats qui n'avoient jamais fait la guerre. Hannon, qui la commandoit, fit voile vers l'île d'Hiéra, dans le dessein d'aborder à Érix, d'y décharger ses vaisseaux, d'ajouter à son armée navale ce qu'il y trouveroit de meilleures troupes, et d'aller ensuite avec Barcas présenter la bataille aux Romains.

Av. J. C. 242.
de Rome 512.

Lutatius jeta l'ancre à Éguse, île située devant Lilibée, et d'où il pouvoit observer tous les mouvemens de l'ennemi. Ses vaisseaux étoient légers, ses matelots exercés, et ses soldats aguerris. Cependant, lorsqu'il apperçut les Carthaginois, il hésita d'abord, parce que le vent lui étoit tout-à-fait contraire. Mais ayant considéré, que, s'il laissoit entrer Hannon dans le port d'Érix, il auroit à combattre contre des vaisseaux débarrassés de leur charge, contre l'élite de l'armée de terre, et ce qu'il redoutoit plus encore, contre Barcas, il prit le parti d'engager une action, et il remporta une victoire complette. Il enleva aux Carthaginois soixante-dix vaisseaux, il leur en coula à fond cinquante; et il fit sur eux plus de dix mille prisonniers.

Conditions de la paix.

Voilà les Romains maîtres de la mer. Leurs ennemis, dans l'impuissance de continuer la guerre, donnèrent à Barcas plein pouvoir de la terminer comme il jugeroit plus convenable. Ce capitaine cédant aux circonstances, ouvrit une négociation avec Lutatius, et la paix se fit aux conditions suivantes : que les Carthaginois abandon-

Av. J. C. 241
de Rome 513.

neroient aux Romains Lilibée, Drépane, toutes les places qu'ils possédoient en Sicile, et les îles situées entre l'Afrique et l'Italie; qu'ils rendroient tous les prisonniers sans rançon; qu'ils paieroient en dix ans trois mille deux cents talens pour les frais de la guerre; et qu'ils ne commettroient aucune hostilité contre Hiéron ni contre ses alliés.

Telle fut la fin de cette guerre qui dura vingt-quatre ans sans interruption. Les Carthaginois y perdirent cinq cents vaisseaux, et les Romains sept cents, dit Polybe, en y comprenant ceux qui périrent dans les naufrages: mais il ne compte pas les bâtimens de charge, puisqu'en une seule fois, par la faute de Junius, huit cents furent engloutis. Ajoutons à ces pertes, celles qu'ils essuyèrent dans les armées de terre. Agrigente seule coûta trente mille hommes; combien n'en dût-il pas périr au siége de Lilibée, soit par les armes, soit par les maladies?

Pertes des Romains pendant cette guerre.

C'est dans les premières années de cette guerre, que Rome et Carthage ont fait de plus grands armemens. Dans les dernières,

Considérations sur la puissance des Romains.

affoiblies par les coups qu'elles se sont portés, elles ne montrent plus la même puissance. Voilà l'époque où la guerre devient dispendieuse pour les Romains. Dès qu'ils la font au loin, il leur faut de l'argent pour la faire, puisqu'il leur faut des flottes.

Si la république Romaine avoit de longs intervalles de paix, elle pourroit réparer ses pertes, recommencer chaque guerre avec les mêmes forces, et paroître toujours également puissante.

Si au contraire, elle ne finit une guerre que pour en recommencer une autre, alors bien loin de pouvoir réparer ses pertes, elle se trouvera, par la suite de ses entreprises, dans un état toujours violent ; et les conquêtes, qui concourront les unes après les autres à son agrandissement, diminueront successivement ses forces. Nous voyons qu'à la fin de la première guerre punique, elle est déjà moins puissante qu'au commencement.

Tant que les Romains n'ont pas porté leurs armes hors de l'Italie, ils ont été puissans, sans avoir besoin d'être riches, et c'est-là la vraie puissance. Toutes leurs forces alors consistoient dans le courage, dans l'amour de la patrie, dans l'habitude d'une vie dure; est ces sortes de forces se renouvellent continuellement par l'usage même.

Aussitôt qu'ils portent leurs armes au-delà des mers, l'argent commence à devenir pour eux, ce qu'il est pour tous les grands empires : il devient le nerf de la guerre. Mais les forces que donnent les richesses se détruisent par l'usage, et elles énervent les forces qui constituent la vraie puissance. Plus un empire, qui n'est puissant que parce qu'il est riche, fait d'efforts pour se soutenir, plus il s'affoiblit. Il tombe nécessairement. S'il se relève par intervalles, il n'a que des mouvemens convulsifs; et il retombe enfin pour ne plus se relever.

Rome ne pourroit jamais conquérir ni la Grèce ni l'Asie, si elle étoit réduite à ses seules forces, c'est-à-dire, aux seules armées et aux seules flottes qu'elle pourra fournir à ses frais. Elle ne seroit pas assez riche pour une pareille conquête. Mais les nations armeront pour elle les unes contre les autres, et désormais ce seront les divisions des peuples et les querelles des princes, qui reculeront les bornes de son empire.

Lorsqu'avec les plus foibles, elle aura subjugué les plus puissans, les plus foibles se trouveront subjugués eux-mêmes. Les nations viendront d'elles-mêmes au-devant du joug; et la grandeur de l'empire, qui paroîtra l'ouvrage de la politique et de la puissance des Romains, ne sera néanmoins que l'ouvrage des divisions qui auront aveuglé les peuples.

En conquérant l'Italie, Rome, par ses guerres continuelles, seroit devenue un désert, si elle ne s'étoit pas continuellement repeuplée, en adoptant pour citoyens une partie des peuples qui succomboient sous ses armes. C'est une cité, dans laquelle se sont perdus les restes des cités conquises; ce sera bientôt un abîme, où se perdront les richesses des nations : et comme elle n'a été puissante en citoyens, que parce qu'elle a détruit les cités ; elle ne sera puissante en richesses, que parce qu'elle dépouillera les peuples.

Cependant elle ne sera pas aussi puissante qu'elle le paroîtra : car, ses richesses ne seront pas à elle. Elles seront à quelques citoyens qui ne seront riches que pour eux ; et qui étant puissans, parce qu'ils seront riches, tourneront leur puissance contre la république même.

Tant qu'il y aura des peuples qui seront les alliés de Rome plutôt que ses sujets, la république sera puissante, parce que ces peuples armeront pour elle. Mais elle sera foible lorsqu'elle aura réduit en provinces romaines tous les pays où elle aura porté ses armes, parce qu'alors elle armera seule et à ses frais. Elle ne trouvera pas, dans des sujets qu'elle aura opprimés, les mêmes ressources qu'elle trouvoit dans des alliés. Ils auront des intérêts contraires aux siens, et ceux qui se donneront encore pour citoyens se diviseront eux-mêmes, et conspireront contre elle.

Tel est le sort d'un grand empire : il n'est puissant qu'autant qu'il est riche, et il n'est pas riche long-temps. Ses richesses ne sont même jamais en proportion avec les dépenses auxquelles il est forcé, parce qu'il n'est servi que par des ames mercenaires, auxquelles il donne toujours plus qu'il ne peut, et qui ne se croient jamais assez payées. Il n'est donc riche qu'en apparence, et il est pauvre en effet.

Alors il n'y a plus de patrie, plus de mœurs, plus de vertus. Le gouvernement devient un brigandage : l'avidité arme tous les citoyens, et les guerres civiles déchirent l'empire. C'est ainsi que la puissance des Romains, après avoir été le fléau des nations, deviendra le fléau de Rome même.

CHAPITRE II.

De l'intervalle, jusqu'à la seconde guerre punique.

LA partie de la Sicile, qui avoit appartenu aux Carthaginois, fut gouvernée comme pays de conquête, et devint province du peuple romain. Elle paya un tribut; elle fut assujettie à plusieurs impositions: elle n'eut plus le choix de ses magistrats, enfin elle ne conserva pas toutes ses lois, et elle ne fut pas assurée de celles qu'on lui laissoit. Sous le titre d'alliés, qui n'étoit en effet qu'un titre, les peuples devenus sujets de la république, furent exposés à toutes les malversations des magistrats qui les gouvernoient. Chaque année, Rome envoyoit en Sicile un préteur, qui avoit tout-à-la-fois, le commandement des troupes et l'administration de la justice, et un questeur qui présidoit à la levée des impôts. Tel étoit le gouver-

<small>La Sicile devient province romaine.</small>

<small>Gouvernement de ces sortes de provinces.</small>

nement des pays réduits en province romaine.

Depuis long-temps, théâtre de guerres sanglantes, la Sicile, partagée entre les Romains et le roi de Syracuse, jouit enfin du repos. Elle fut heureuse, sans être libre, et elle n'eut rien à regretter. Une liberté mal assurée avoit été le principe de tous ses malheurs.

Guerre des mercenaires à Carthage.

Carthage ne jouissoit pas de la paix qu'elle avoit achetée si chèrement. Comme elle n'avoit été puissante que par ses richesses, elle se trouvoit sans forces après une longue guerre, qui avoit épuisé ses finances et ruiné son commerce. L'année même qu'elle conclut la paix, elle se vit à deux doigts de sa perte par la révolte des troupes mercenaires.

Av. J.C. 241, d. Rome 513.

Giscon, gouverneur de Lilibée, ayant cru dangereux d'envoyer à-la-fois tous les mercenaires en Afrique, les fit embarquer successivement et par petites troupes, afin qu'on pût congédier les premiers avant l'arrivée des autres. Cette précaution étoit sage. Mais les Carthaginois s'imaginèrent que, tous les soldats étant rassemblés, ils obtiendroient plus facilement quelque diminution sur ce qui leur étoit dû. Le contraire étoit néanmoins facile à prévoir.

Les mercenaires, à peine débarqués à Carthage, commirent de si grands désordres, qu'il fallut penser à les envoyer ailleurs. On leur donna quelque argent : on leur promit qu'on acheveroit incessamment de s'acquitter envers eux, et ils se retirèrent à Sicca. Ils desiroient de laisser à Carthage leurs femmes, leurs enfans et leurs effets; c'étoit y laisser des otages. On ne le voulut pas, parce qu'on craignoit qu'ils ne cherchassent à se ménager un prétexte pour y revenir. Toute cette conduite des Carthaginois paroît fort imprudente.

A Sicca, les soldats, dans leur oisivité, supputoient ce qui leur étoit dû, et ils trouvoient qu'on leur devoit beaucoup de paye et plus de récompense encore. Cependant Hannon vint leur représenter que la république ne pouvoit pas leur donner tout ce qu'elle leur avoit promis, et qu'elle les prioit de lui en remettre une partie. A cette proposition, le soulèvement fut général. Les nations dont l'armée étoit composée, n'entendoient qu'une chose, c'est qu'on ne leur payoit pas tout ce qu'on leur devoit. Il n'étoit pas possible d'entrer en explication avec elles. Ceux qui servoient de truchemens, ou ne saisissoient pas ce qu'on leur disoit, ou le rendoient mal. Le résultat fut que les mercenaires vinrent camper à Tunis. Ils étoient au nombre de vingt mille.

Carthage, effrayée, se hâta de leur offrir tout ce qu'ils exigeoient, et ils s'en prévalurent. Réduite à traiter avec eux, elle leur envoya Giscon. C'étoit de tous les généraux celui qui leur étoit le plus agréable : ils savoient d'ailleurs qu'il avoit blâmé la conduite qu'on tenoit avec eux.

Giscon étoit sur le point de tout terminer, lorsque ses mesures furent rompues par Mathos et Spendius, les chefs de la révolte. Craignant d'être punis, si la paix se faisoit, ces deux hommes persuadèrent aux Africains, que Carthage n'attendoit, pour se venger d'eux, que le moment où les autres troupes se seroient retirées, et ils soulevèrent de nouveau l'armée. On ne voulut plus entendre à aucune proposition.

On pilla l'argent que Giscon avoit apporté ; et on mit dans les fers ce général et tous ceux de sa suite.

Vexés par les impôts et la dureté avec laquelle on les exigeoit, les peuples d'Afrique regardèrent cette révolte comme une occasion de recouvrer leur liberté. Ils prirent les armes. Ils envoyèrent aux rebelles, de l'argent, des vivres, des soldats; et l'armée des mercenaires, grossie de soixante-dix mille Africains, assiégea tout-à-la-fois Utique et Hippacra, les deux seules villes qui ne s'étoient pas soulevées. Maîtres de Tunis, Spendius et Mathos, par leur position, bloquoient en quelque sorte les Carthaginois du côté des terres, et les harceloient jusqu'au pied des murs de leur ville.

Carthage, ainsi resserrée, n'avoit ni armée, ni vaisseaux, ni munitions, ni alliés. On fit prendre les armes à tous ceux qui étoient en âge de les porter ; Hannon prit le commandement de l'armée. Ce général avoit eu des succès en Numidie contre des peuples qui ne savoient pas faire la guerre. Habile à fouler les provinces, aucun gouverneur ne savoit mieux les faire contribuer, et à ce titre, il jouissoit d'une grande considération dans une république marchande.

Ayant tenté de faire lever le siége d'Utique, il eut d'abord un avantage qu'il dut à ses éléphans, et qui auroit pu être décisif : mais, parce que les ennemis s'étoient retirés, il supposa qu'ils ne reviendroient pas, et il se laissa surprendre. Les mercenaires remportèrent une victoire complète. Il falloit qu'il fît encore d'autres fautes, avant qu'on ouvrît les yeux sur son incapacité : il en fit, et on donna le commandement à Barcas.

Carthage étoit une presqu'île, séparée du continent par des collines et par un fleuve sur lequel il n'y avoit qu'un pont. Mathos, qui étoit maître de ce pont, gardoit encore tous les autres passages. Les Carthaginois, renfermés dans leur ville, n'avoient que soixante-dix mille hommes de nouvelles troupes. Un général habile les sauva.

Amilcar Barcas, considérant que, lorsque certains vents souffloient, le reflux des eaux déposoit des sables dans l'embouchure du fleuve, et y formoit une espèce de banc, saisit un moment favorable, passe le fleuve au gué, marche contre Spendius, qui étoit à la tête de vingt-cinq mille hommes, et le défait. Sa démarche avoit été d'autant plus hardie, qu'après avoir passé le fleuve, son armée n'avoit de salut que dans la victoire.

Mathos, qui faisoit le siége d'Hippone, envoya chez les Numides et chez les Africains, demander de nouveaux secours. Spendius, avec huit mille hommes qu'il avoit recueillis de sa défaite, suivit de près les Carthaginois, évitant néanmoins de s'engager dans les plaines où il auroit combattu avec trop de désavantage contre un ennemi fort en cavalerie et en éléphans. Jusques-là il se conduisit avec tant d'habileté, que, lorsque les troupes auxiliaires furent arrivées, Amilcar se trouva les Africains en tête, les Numides en queue et Spendius en flanc.

Sur ces entrefaites, deux mille Numides ayant passé dans le camp d'Amilcar avec Naravase qui les commandoit,

Spendius, soit qu'il se crût trop foible tant que ses forces seroient séparées, soit qu'il craignît quelque nouvelle défection, réunit toutes ses troupes, et perdit ses avantages. Amilcar le vainquit une seconde fois.

Le vainqueur laissa aux prisonniers le choix de se retirer ou de servir dans ses troupes. Cette générosité étoit dans le caractère d'Amilcar : mais parce qu'elle pouvoit affoiblir le parti des révoltés, Spendius et Mathos en parlèrent à leurs soldats comme d'un piége qu'on tendoit pour les diviser ; et ils assurèrent qu'il y avoit déjà parmi eux des traîtres, qui, pour s'assurer leur grace, projetoient de rendre la liberté à Giscon, et de livrer l'armée aux Carthaginois. Par ces discours, ils semèrent la méfiance et l'effroi. Tout le camp fut en tumulte. Pour prévenir une trahison supposée, on prit la résolution barbare de faire périr Giscon et tous les prisonniers. On leur coupa les mains, les oreilles, on leur brisa les jambes, on les jeta vifs dans une fosse, et on jura de faire le même traitement à tous les Carthaginois dont on se saisiroit. Spendius et Mathos vouloient, par ces attentats, rendre tous leurs soldats aussi coupables qu'eux, et ne leur laisser aucune espérance de pardon.

Amilcar n'avoit eu que des succès. On lui donna pour collègue Hannon, qu'il fallut bientôt rappeler. Cet homme ignorant, jaloux et opiniâtre, fit perdre l'occasion de battre les ennemis. Les Carthaginois éprouvèrent d'autres malheurs. Ils perdirent dans une tempête tous les vaisseaux qui leur apportoient des vivres. Hippacra et Utique se jetèrent dans le parti des révoltés. Les mercenaires, qui étoient en Sardaigne, tuèrent leurs officiers, et se rendirent maîtres de l'île. Enfin, Carthage fut réduite à une telle extrémité, que Mathos et Spendius en formèrent le siége. Peut-être cette ville auroit-elle succombé, si Hiéron ne lui eût pas envoyé quelques secours. Ce roi sage jugeoit, avec raison, que les Romains ne le ménageroient, qu'autant qu'ils redouteroient les Carthaginois.

Sur ces entrefaites, Carthage reçut une nouvelle alarme. Elle se vit au moment d'une rupture avec Rome, parce qu'elle avoit traité comme ennemis, des marchands qui, passant d'Italie en Afrique, avoient apporté des vivres aux peuples révoltés. Heureusement cette querelle n'eut pas de suite. Les Carthaginois ayant renvoyé les prisonniers qu'ils avoient faits en cette occasion, les Romains, qui pour cette fois se piquèrent de générosité, renvoyèrent aussi ceux qui leur restoient de la guerre de Sicile. Ils permirent à leurs marchands de porter des vivres à Carthage : ils leur défendirent d'en vendre aux rebelles ; et ils se refusèrent aux révoltés de Sardaigne, qui les invitoient à passer dans cette île. Les Carthaginois, délivrés de l'inquiétude que Rome leur avoit donnée, furent plus en état de se défendre, et Amilcar força les mercenaires à lever le siége de Carthage.

 Leur armée étoit de cinquante mille hommes aguerris, déterminés, et n'ayant de ressource que dans la victoire. Mais que peut une valeur brutale contre un courage éclairé ? Amilcar qui paroissoit les conduire lui-même dans les lieux où ils les vouloit combattre, après avoir remporté plusieurs avantages, les enferma et les mit dans la nécessité de périr par la famine ou par les armes.

Ils se soutinrent dans cette position, tant qu'ils espérèrent que Mathos, qui étoit à Tunis, viendroit à leur secours. Comme ils n'ignoroient pas les supplices qui les attendoient, ils n'osèrent d'abord penser à faire des propositions de paix : mais enfin, lorsque, sans ressources, ils ne virent plus que la mort, ils voulurent au moins la retarder. Alors ils se soulevèrent contre leurs chefs, menaçant de les égorger, s'ils ne les tiroient de l'état cruel où ils les avoient réduits.

Les chefs ayant obtenu un sauf-conduit, se rendirent dans le camp d'Amilcar, et ils conclurent un traité, par lequel ils consentirent qu'il prendroit à son choix dix des rebelles, et ils obtinrent qu'il renverroit tous les autres, chacun avec son habit. Le général carthaginois, par une mauvaise foi que les cruautés de ces traîtres ne justifioient pas, choisit ceux qui étoient présens, et se rendit par-là maître de Spendius. Les mercenaires, dans leur désespoir, coururent aux armes : mais ils furent tous égorgés. Bientôt après Mathos ayant eu le même sort, toute l'Afrique se soumit.

<small>Carthage forcée d'abandonner la Sardaigne aux Romains.</small>

Cette guerre a duré un peu plus de trois ans. Elle finit lorsque Rome songeoit à s'emparer de la Sardaigne, quoique peu auparavant elle se fût refusée aux invitations qui lui avoient été faites. Les Carthaginois, qu'elle accusa d'armer contre elle, parce qu'ils armoient pour réduire les révoltés, n'évitèrent une nouvelle guerre, qu'en abandonnant la Sardaigne et en payant deux cents talens. Les Romains furent alors sans ennemis, et pour la première fois, depuis Numa, le temple de Janus fut fermé.

<small>Av. J. C. 235, de Rome 519.</small>

<small>Amilcar passe en Espagne.</small>

Amilcar Barcas, qui ne se consoloit pas de la perte de la Sicile, étoit indigné de la perfidie avec laquelle les Romains venoient de s'emparer de la Sardaigne, et il voyoit avec humiliation le nouveau tribut que ces vainqueurs avoient imposé aux Carthaginois. Jaloux de se venger, il projeta de s'ouvrir, par l'Espagne, un chemin en Italie. Divisée en une multitude de petites cités, l'Espagne paroissoit offrir des conquêtes faciles. On en pouvoit tirer de l'argent et des troupes: et elle communiquoit avec des peuples, de tout temps ennemis du nom romain. Ce général y passa avec Asdrubal, son gendre, et Annibal son fils. Celui-ci étoit un enfant de neuf ans, qu'il se proposoit de former dans l'art de vaincre et dans la haine contre Rome. Il lui donna des leçons de l'un, et lui fit jurer l'autre sur les autels. Le fils répondit parfaitement aux vues du père. Amilcar mourut au bout de neuf ans, après avoir soumis plusieurs peuples par la négociation ou par les armes. Asdrubal, qui lui succéda, se conduisit avec la même sagesse, et fit de nouveaux progrès. Il bâtit Carthagène, qui, par sa situation, ses fortifications et ses ports, devint une ville des plus considérables. Il commandoit depuis huit ans, lorsqu'il fut assassiné par un Gaulois. Il laissa le commandement à Annibal.

Les Romains n'avoient pas joui long-temps de la paix. Au bout de quelques mois, des soulèvemens en Sardaigne et en Corse avoient fait rouvrir le temple de Janus, et il survint ensuite d'autres guerres, qui méritent de nous arrêter. La première fut en Illyrie.

Guerre d'Illyrie.

*Av. J. C. 229.
de Rome 525.*

Agron, roi d'Illyrie, et allié de Démétrius, père de Philippe, avoit eu des succès contre les Étoliens, et s'étoit rendu plus puissant qu'aucun de ses prédécesseurs. Il venoit de mourir laissant la couronne à son fils Pinée, sous la tutèle de Téuta, sa seconde femme, belle-mère du jeune prince. Cette princesse, qui comptoit sur ses flottes et sur la foiblesse de ses voisins, autorisa ses sujets à la piraterie, et ils firent quelques prises sur les marchands italiens. Le sénat lui en demanda satisfaction. Elle répondit que ce n'étoit pas l'usage des rois d'Illyrie de défendre la piraterie à leurs sujets; et un des ambassadeurs lui ayant répliqué, que Rome apprendroit aux rois d'Illyrie à changer leurs coutumes, elle le fit assassiner.

Pendant que la république armoit, les Illyriens firent le dégât sur les côtes de la Grèce, prirent Corcyre, et mirent le siége devant Dyrrachium. Mais Démétrius de Pharos, à qui Téuta avoit donné le gouvernement de Corcyre, livra cette île aux consuls, et leur facilita la conquête des autres îles de la mer Adriatique. Ils en chassèrent les Illyriens, ils firent une descente sur leurs côtes, et ils forcèrent Téuta à demander la paix.

Par le traité qui fut conclu, cette princesse perdit la régence, qui fut donnée à Démétrius avec quelques places en Illyrie. On conserva la couronne à Pinée, moyennant un tribut annuel. Les Romains réservèrent pour eux Corcyre, Pharos, Issa et Dyrrachium ; et ils ôtèrent aux Illyriens les moyens d'exercer la piraterie sur les côtes de la Grèce.

Paix conclue avec les Illyriens.

Av J. C. 228, de Rome 526.

La république se hâta de faire part de ce traité aux Étoliens, aux Achéens, aux Corinthiens et aux Athéniens. Les Grecs se réjouirent de l'humiliation d'un ennemi commun, ne prévoyant pas que le peuple, qui les protégeoit, tourneroit bientôt ses armes contre eux. Empressés de témoigner leur reconnoissance aux Romains, les Corinthiens les admirent aux jeux Isthmiques, et les Athéniens leur donnèrent les droits de citoyens; et déclarèrent qu'ils pourroient être initiés dans les grands mystères. Telle

Première alliance des Romains avec les Grecs.

fut la première alliance de Rome avec la Grèce.

Rome traite avec Asdrubal.

Av. J. C. 228, de Rom. 526.

Amilcar étoit mort l'année qui termina la guerre d'Illyrie. Inquiets des progrès que ce général avoit faits en Espagne, les Romains craignoient encore ceux qu'Asdrubal pouvoit faire, et les Sagontins, menacés de tomber sous la domination de Carthage, avoient recherché leur alliance, et les invitoient à prendre les armes contre les Carthaginois. La république ouvrit une négociation avec Asdrubal. Elle obtint de lui qu'il n'entreprendroit rien sur Sagonte, et qu'il ne porteroit pas les armes au-delà de l'Ebre. Elle se trouvoit dans une conjoncture à ne pouvoir pas se prêter aux sollicitations des Sagontins : car les Gaulois la menaçoient, et c'étoient de tous ses ennemis ceux qu'elle redoutoit davantage.

Cause de la guerre des Gaulois.

Défaits plusieurs fois, les Gaulois avoient été contraints de demander la paix, trois ans avant le passage de Pyrrhus en Italie; et ils furent quarante-cinq ans sans reprendre les armes. Ils n'inquiétèrent point la république, pendant les guerres qu'elle eut avec le roi d'Épire, les Carthaginois et les

Illyriens. Ils parurent attendre qu'elle pût tourner toutes ses forces contre eux. Il faut convenir que Rome a été heureusement servie par les circonstances.

. La cause de la guerre fut une distribution, que le tribun C. Flaminius fit faire au peuple de quelques terres du Picénum. Les Gaulois Sénonois, à qui on les enleva, jugèrent, à cette démarche, que la république projetoit de les exterminer, parce qu'en effet c'est ainsi qu'elle en avoit agi avec des nations qui ne subsistoient plus. Toute la Gaule Cisalpine prit l'alarme, et forma une ligue, dont les Boïens et les Insubriens furent les chefs, et dans laquelle entrèrent les Gésates, qui habitoient au-delà des Alpes, le long du Rhône. Les Boïens occupoient le pays qui est en-deçà du Pô ; les Insubriens, établis au-delà, avoient Milan pour capitale.

Les livres des Sibylles augmentèrent l'épouvante qui se répandoit parmi les Romains. On crut y voir un oracle, qui portoit que les Grecs et les Gaulois prendroient possession de Rome. Pour en détourner l'effet, les décemvirs imaginèrent d'enterrer

Barbare superstition des Romains.

vifs dans la place deux Gaulois, croyant que par cette barbarie l'oracle se trouveroit accompli.

<small>Rome pouvoit armer jusqu'à septrente-soixante dix mille hommes.</small> Le sénat fit faire dans chaque province le dénombrement des jeunes gens en âge de porter les armes, et Polybe, qui en rapporte les résultats, assure qu'alors la république pouvoit, en cas de nécessité, armer jusqu'à sept cent soixante-dix mille hommes, tant alliés que citoyens.

Il est difficile de révoquer en doute une chose attestée par cet historien; et, peut-être, ne nous paroît-elle inconcevable, que parce que nous jugeons des temps anciens par ceux où nous vivons. Aujourd'hui *un prince qui a un million de sujets*, dit M^r. de Montesquieu (1), *ne peut, sans se détruire lui-même, entretenir plus de dix mille hommes de troupes.... Il n'en étoit pas de même dans les anciennes républiques: car cette proportion des soldats au reste du peuple, qui est aujourd'hui comme d'un à cent, y pouvoit être*

---

(1) Considérations sur les causes de la grandeur, etc., chap. 3.

aisément comme d'un à huit. Or, dans cette proportion sept cent soixante-dix mille soldats ne feroient monter la population, dans toutes les provinces romaines, qu'à six millions cent soixante mille ames. Elle étoit, sans doute, plus grande : mais il faut remarquer que dans ces dénombremens on ne comprenoit pas les esclaves, qui étoient en grand nombre dans toute l'Italie.

De tant de troupes la république mit sur pied un peu plus de deux cent mille hommes, dont quarante-trois mille cinq cent étoient citoyens romains. Le consul C. Attillus fut obligé de passer en Sardaigne, où il y avoit une révolte. L. Émilius, son collègue, s'avança le long de la mer Adriatique jusqu'à Rimini. Un préteur commanda les troupes destinées à la défense de l'Étrurie. On retint à Rome une armée prête à se porter par-tout, et on envoya, sur la frontière des Boïens, un corps de troupes des alliés.

<small>Troupes qu'elle lève contre les Gaulois.</small>

<small>Av. J. C. 225, de Rome 529.</small>

Telle étoit la disposition des forces de la république, lorsque les Gaulois passèrent les Apennins sans obstacle, quoiqu'il semble qu'on eût pu leur en disputer les pas,

<small>Victoire des Gaulois.</small>

sages. Résolus de marcher à Rome, ils s'avancèrent jusqu'à Clusium; et ils ne retournèrent sur leurs pas que pour tomber sur le préteur qui étoient aux environs de Fésule. Ils remportèrent sur lui une victoire complète. Cependant L. Émilius, qui venoit au secours de l'Étrurie, arriva pendant la nuit, et campa près des ennemis, sans avoir eu aucun avis du combat qui s'étoit donné la veille. Les Gaulois, ayant été avertis de son arrivée, se disposèrent à retourner dans leur pays, afin de mettre à couvert le butin qu'ils avoient fait.

Rencontre singulière les deux armées des consuls.

Émilius les suivoit et les observoit, lorsqu'Attilius, qui revenoit de Sardaigne, arriva près de Télamon, et se trouva sur leur chemin. Des fourrageurs, qui tombèrent dans son avant-garde, lui ayant appris ce qui se passoit, il rangea ses troupes en bataille, et il se saisit d'une hauteur, au dessous de laquelle les Gaulois devoient passer.

Av. J. C. 225, de Rome 529.

Ceux ci voyant ce poste occupé, crurent qu'Émilius, par une marche forcée, leur avoit coupé le chemin. Émilius n'étoit pas mieux instruit : car s'il savoit que son collègue devoit revenir, il ne le jugeoit pas si près. C'est ainsi que ces trois armées, fort surprises de se rencontrer, se trouvèrent en présence comme par hasard.

Les Gaulois ayant reconnu le danger de leur position, firent face aux deux consuls, et combattirent avec un courage opiniâtre. Les Gésates quittèrent même leurs habits, afin d'agir avec plus de liberté. Mais enfin les Romains avoient tout l'avantage sur des ennemis qu'ils enveloppoient de toutes parts, et dont les armes, tant offensives que défensives, étoient bien inférieures aux leurs. Les Gaulois laissèrent sur la place quarante mille hommes, et dix mille furent faits prisonniers.

<small>Défaite entière des Gaulois.</small>

Cette victoire ouvrit aux Romains la Gaule Cisalpine. Ils se hâtèrent de marcher contre les Boïens, qui se soumirent; et les légions passèrent le Pô pour la première fois, sous les consuls C. Flaminius et P. Furius. Elles remportèrent sur l'Adda une nouvelle victoire, qu'elles dûrent encore à la nature de leurs armes. Pour peu qu'elles eussent perdu de terrain, elles auroient été culbutées dans la rivière qu'elles avoient derrière elles. Flaminius, impatient

<small>Les Romains passent le Pô. Conduite et victoire de Flaminius.</small>

<small>Av. J. C. 223, de Rome 531.</small>

de triompher, avoit choisi cette position, afin de les mettre dans la nécessité de vaincre : imprudence d'autant plus grande, que rien ne le pressoit d'engager une action.

Pendant que ces choses se passoient dans la Gaule Cisalpine, on soupçonnoit à Rome qu'il y avoit eu quelque défaut dans la création des consuls, et le sénat leur avoit écrit de revenir. Mais Flaminius, qui voulut éluder ces ordres, n'ouvrit les lettres qu'après la victoire, et traita de superstition grossière l'irrégularité qu'on croyoit voir dans son élection. Cette conduite l'eût privé du triomphe, si le peuple, dont il avoit gagné la faveur pendant son tribunat, ne le lui eût pas décerné. La confiance de ce consul sera funeste à la république.

Claudius Marcellus achève la conquête de la Gaule Cisalpine.

L'année suivante, M. Claudius Marcellus termina la guerre des Gaulois par la conquête du pays des Insubriens; et toute l'Italie, jusqu'aux pieds des Alpes, fut sous la domination de la république. Il triompha portant, comme Romulus, sur ses épaules les dépouilles qu'on nommoit opimes : c'étoient celles de Viridomarus, roi des Gésates, qu'il avoit tué dans le combat. Les

Av. J. C. 221 de Rome 532.

consuls, qui lui succédèrent, soumirent l'Istrie, dont les peuples, pirates de profession, avoient enlevé quelques bâtimens aux Romains.

C'est vers ce temps qu'Annibal prenoit le commandement en Espagne, et on prévoyoit que les Carthaginois armeroient incessamment contre Rome. Dans cette circonstance, Démétrius de Pharos crut pouvoir secouer le joug, et la république arma contre lui. Pendant qu'elle faisoit ses préparatifs, C. Flaminius, alors censeur et toujours jaloux de se distinguer dans ses magistratures, fit un chemin qui conduisoit jusqu'à Rimini, et qu'on nomma voie Flaminia. Il construisit le cirque qui fut aussi appelé de son nom, et à l'exemple de Fabius Maximus, il renferma, dans les tribus de la ville, les affranchis qu'on avoit encore répandus dans les tribus de la campagne. L. Émilius, son collègue dans la censure, fut consul l'année suivante, et termina la guerre d'Illyrie. On conserva la couronne au jeune Pinée, qui n'avoit eu aucune part à la révolte de son tuteur; Démétrius se retira auprès de Philippe,

Censure de Flaminius. Guerre en Illyrie contre Démétrius de Pharos.

Av. J. C. 220, de Rome 534.

Av. J. C. 219, de Rome 535.

à qui Antigone Doson venoit de laisser la couronne de Macédoine. Vous voyez, Monseigneur, que nous sommes aux temps où Aratus gouvernoit la république d'Achaïe.

CHAPITRE III.

De la seconde guerre punique jusqu'à la bataille de Cannes.

Tout peuple qui, par la constitution de son gouvernement, se déclare à perpétuité l'ennemi de ses voisins, donne à ses voisins le droit de l'exterminer, s'ils en ont la puissance : car lorsqu'un pareil peuple menace tous les autres, la sûreté, qui est la première règle des nations, semble faire à chacune une loi d'exterminer pour n'être pas exterminée. Dans de pareilles circonstances, on commence la guerre, parce qu'on croit la pouvoir faire avec avantage. Si on n'a pas des raisons pour y être autorisé légitimement, on s'en passe : on ne cherche que des prétextes, et on se croit justifié, si on a des succès. Il seroit donc bien inutile d'entreprendre la justification des Romains ou des Carthaginois. Comme Carthage n'attendoit qu'une occasion pour recouvrer ce qu'elle

Cause de la guerre.

avoit perdu, Rome n'attendoit aussi qu'une occasion pour envahir encore : et ces deux républiques devoient être dans cet état de guerre, jusqu'à ce que l'une des deux ne fût plus. Ces dispositions les préparoient à reprendre les armes. Le moment favorable parut s'offrir aux Carthaginois, et Annibal le saisit. Telle fut la cause de la guerre.

<small>Les Romains ne secourent pas Sagonte et Annibal s'en rend maître.</small>

On comptoit vingt-trois ans depuis la paix conclue par Amilcar, lorsqu'Annibal assiégea Sagonte, l'unique place qui lui restoit à conquérir, pour être maître de l'Espagne jusqu'à l'Èbre. Aux mesures qu'il prenoit, il étoit facile de juger qu'il se proposoit de marcher en Italie, et qu'il ne vouloit pas laisser derrière lui une place qui auroit ouvert l'Espagne aux Romains. Les Sagontins en avoient averti le sénat. Ils étoient dans une position à ne pas se tromper sur les desseins d'Annibal.

<small>Av. J. C. 219, de Rome 535.</small>

Les Romains armoient alors contre Démétrius de Pharos. Cependant il étoit bien plus essentiel pour eux d'arrêter les progrès des Carthaginois en Espagne, que de porter leurs armes dans une province, dont la conquête, peu importante pour le moment, auroit pu se faire dans un autre temps. Si au lieu de conduire les légions en Illyrie, L. Émilius les eût conduites à Sagonte, le théâtre de la guerre eût toujours été loin, et Rome n'eût pas vu Annibal à ses portes. Mais le sénat se contenta d'ouvrir une négociation avec un ennemi contre lequel il falloit marcher. Annibal, qui méditoit la guerre depuis long-temps, et qui avoit tout préparé pour la faire avec succès, ne daigna pas donner audience aux ambassadeurs que Rome lui envoya; et Carthage leur refusa toute satisfaction.

Pendant que Rome perdoit du temps à négocier, Sagonte, privée de tout secours, succomboit sous les efforts d'Annibal. Le siége dura huit mois. Les habitans se défendirent avec un courage surprenant. Déterminés à périr, ils se refusèrent à toute capitulation; et ceux qui ne moururent pas les armes à la main, se brûlèrent dans leurs maisons avec leurs femmes et leurs enfans.

{Av. J. C. 219, de Rome 535.}

Le triste sort de cette ville soumit plusieurs peuples d'Espagne. Autant on redoutoit les armes des Carthaginois, au-

{Avantages qu'Annibal retire de la prise de Sagonte.}

tant on paroissoit craindre d'avoir les Romains pour alliés. Les riches dépouilles, envoyées à Carthage, firent cesser les contradictions qu'Annibal avoit jusques-là trouvées dans le sénat. L'argent que ce général mit en réserve, fournit abondamment aux avances nécessaires pour la guerre qu'il vouloit porter en Italie; et le butin dont il fit part aux soldats, l'assura de leur ardeur à le suivre par-tout où il les voudroit conduire.

<small>Les Romains déclarent la guerre aux Carthaginois.</small> Honteux de n'avoir pas secouru Sagonte, les Romains étoient consternés, quand ils se représentoient Annibal à la tête des nations les plus belliqueuses de l'Espagne, franchissant les Pyrénées, les Alpes, et grossissant son armée des Gaulois, qui, de tout temps ennemis de la république, avoient encore à venger leurs dernières défaites. Ils envoyèrent de nouveaux ambassadeurs en Afrique avec ordre de déclarer la guerre aux Carthaginois, s'ils ne désavouoient leur général. Par cette démarche, inutile auprès d'un ennemi qui armoit contre eux, ils croyoient mettre de leur côté une apparence de justice.

Les ambassadeurs revinrent par l'Espagne, afin de faire alliance avec les peuples de cette province : mais on leur répondit de chercher des amis dans les pays où le désastre des Sagontins ne seroit pas connu. Ils ne furent pas mieux accueillis dans les Gaules. Les Marseillais étoient alors les seuls alliés que les Romains eussent au-delà des Alpes. Si les autres peuples ne s'étoient pas encore déclarés contre Rome, au moins n'avoient-ils point de raison pour se déclarer contre Carthage.

Ils tentent inutilement de faire alliance avec les peuples d'Espagne et des Gaules.

Jugeant que les Romains pourroient tenter de faire des diversions en Espagne et en Afrique, Annibal pourvut à la sûreté de ces provinces. Il confia tout le pays conquis jusqu'à l'Èbre à son frère Asdrubal, auquel il laissa des forces suffisantes, et il partit de Carthagène à la tête de quatre-vingt-dix mille hommes de pied et de douze mille chevaux. Il s'étoit instruit de tous les obstacles qui pouvoient traverser son entreprise : il connoissoit les dispositions des différens peuples de la Gaule, et il avoit fait alliance avec quelques-uns de leurs rois.

Départ d'Annibal. Mesures qu'il prend.

Av. J. C. 218, de Rome 536.

De l'Èbre jusqu'aux Pyrénées, il livra

plusieurs combats. Il laissa dans ce pays Hannon. Avant d'en partir, il congédia plus de dix mille hommes, qui paroissoient effrayés de son entreprise. Par cette conduite, il prévint une désertion, qui auroit pu être d'un dangereux exemple; et il s'attacha le reste de ses soldats, auxquels il laissoit l'espérance d'un congé. Quand il passa les Pyrénées, son armée étoit de cinquante mille hommes de pied, de neuf mille chevaux, et de trente-sept éléphans.

Mesures des Romains. A la nouvelle du passage de l'Èbre, le consul Tibérius Sempronius fit de grands préparatifs à Lilibée. Il se proposoit de conduire les légions en Afrique, pendant que son collègue, P. Cornélius Scipio, s'embarqueroit pour passer en Espagne. Mais on avoit pensé trop tard à ces diversions, et l'approche d'Annibal permettoit d'autant moins aux consuls de quitter l'Italie, qu'alors la Gaule Cisalpine, qui s'étoit soulevée, venoit de battre le préteur L. Manlius qui commandoit dans cette province. Tel étoit l'état des choses, lorsque Scipion, ayant abordé dans le voisinage de Marseille, apprit qu'Annibal avoit passé les Pyrénées.

Il envoya à la découverte trois cents cavaliers, et un corps de Gaulois que les Marseillais avoient à leur solde.

Les Carthaginois étoient déjà sur les bords du Rhône, un peu au-dessus d'Avignon. Mais une armée de barbares se présentoit sur l'autre bord. Annibal usa de ruse. Il détacha un corps de troupes, qui ayant remonté quelques lieues plus haut, passa le fleuve sans résistance, et s'avança pendant la nuit sur les derrières des ennemis. Dès qu'il en fut instruit par les signaux dont on étoit convenu, il tenta de passer le Rhône à la vue des Barbares, qui, se voyant attaqués en queue, prirent l'épouvante, et livrèrent le passage aux Carthaginois.

Annibal et P. Scipion dans les Gaules.

Informé de l'arrivée des Romains, Annibal envoya cinq cents chevaux numides pour les reconnoître. Ce corps rencontra celui que Scipion avoit détaché, l'attaqua et fut repoussé avec désavantage. Le consul, à qui ce premier succès parut d'un bon augure, se hâta de marcher avec toute son armée : mais il n'arriva à l'endroit où son détachement avoit rencontré les Carthaginois, que trois jours après qu'ils en étoient partis. Comme il désespéroit de les atteindre, il retourna sur ses pas, se rembarqua, et revint en Italie, où il se proposoit d'attendre Annibal à la descente des Alpes. Il fit passer en Espagne son frère Cnéus Scipio.

Scipion revient en Italie, et Annibal passe les Alpes.

On reproche aux Romains de n'avoir pas défendu les passages des Alpes du côté de l'Italie. Mais pouvoient-ils s'engager dans ces montagnes, et laisser derrière eux les Boïens et les Insubriens qui venoient de se révolter ? Peut-être seroit-on plus fondé à blâmer le parti que prit Scipion ? N'auroit-il pas pu continuer de suivre Annibal, le harceler, lui couper les vivres ? Allié des Marseillais, n'avoit-il pas des ressources pour subsister au-delà des Alpes ? Ne pouvoit-il pas tirer quelque avantage des Barbares qui s'étoient déclarés contre les Carthaginois ? C'étoit peut-être le moyen le plus sûr de fermer les Alpes, dont les passages, difficiles par eux-mêmes, l'étoient encore par la rigueur de la saison. Ce fut à travers les neiges et les glaces, qu'Annibal eut à se frayer un chemin : il fut même dans la nécessité de livrer plusieurs combats aux peu-

ples des Alpes. Il n'employa néanmoins
que quinze jours à passer ces montagnes :
mais il ne lui resta que douze mille Africains, huit mille Espagnols et six mille
chevaux.

Lorsqu'Alexandre arma contre Darius, tout paroissoit lui ouvrir la conquête de l'Asie. Il voyoit, comme présages des succès qui l'attendoient, les victoires de Thémistocle, de Pausanias, de Cimon, la retraite des dix mille et les progrès rapides d'Agésilas. Peut-être néanmoins eût-il échoué, si le roi de Perse eût suivi le conseil de Memnon.

Sur quoi Annibal fondoit le succès de son entreprise.

Annibal formoit une entreprise plus difficile que celle d'Alexandre. On n'avoit encore rien tenté qui pût en faire prévoir le succès, et la première guerre entre Carthage et Rome étoit d'un mauvais augure pour lui. Mais avant de partir de Carthagène, il s'étoit instruit de la situation des lieux, et de la disposition des peuples dans l'espace de quatre cents lieues qu'il avoit à traverser. Il n'étoit point arrêté par les difficultés, parce qu'il les avoit prévues, et que, par les précautions qu'il avoit prises, il pouvoit se flatter de les surmonter. Enfin il savoit qu'après avoir franchi les Alpes, il se trouveroit dans un pays, sur lequel la domination des Romains n'étoit pas encore assurée, et que d'ailleurs les Romains qui négligeoient la discipline militaire, et que la prospérité commençoit à corrompre, n'étoient plus eux-mêmes ce qu'ils avoient été pendant la première guerre punique. Cependant il pouvoit naître bien des obstacles qu'il n'avoit pas été possible de prévoir.

Annibal soumet, par les armes, quelques peuples de la Gaule Cisalpine.

Il avoit descendu les Alpes, et aucun peuple ne se déclaroit encore pour lui. Ceux qui habitoient au pied de ces montagnes, se refusèrent même à toutes les propositions qu'il leur fit; et il fut obligé de mettre le siége devant la principale de leurs villes. Il s'en rendit maître, et tous les Gaulois des environs se soumirent.

Il a besoin d'une victoire pour gagner la confiance des Gaulois.

Ce n'étoit pas assez d'avoir répandu la terreur. Annibal avoit besoin de secours. Il lui importoit, sur-tout, de gagner la confiance des Insubriens et des Boïens. Il est vrai que ces peuples l'attendoient, ils l'en avoient même prévenu : mais ils n'osoient encore se déclarer ouvertement, et il n'y avoit qu'une victoire sur les Romains qui pût les enhardir à prendre les armes.

Scipion, après avoir débarqué à Pise, s'étoit avancé dans la Gaule Cisalpine, et il avoit passé le Pô. Annibal en fut étonné; car la route que le consul avoit tenue, étoit longue et orageuse. La surprise de Scipion fut plus grande encore. Il ne comprenoit pas que les Carthaginois eussent franchi les Alpes, et cependant il apprenoit qu'ils avoient déjà subjugué des peuples. Cette nouvelle, portée à Rome, parut peu croyable. Elle se confirma : on en fut alarmé, et on se hâta de rappeler Tibérius : il eut ordre de venir au secours de Scipion, avec les troupes qui avoient été destinées pour l'Afrique. La diversion, qu'on avoit d'abord projetée, paroissoit pourtant plus nécessaire que jamais. Pourquoi ne pas marcher tout-à-la-fois contre Carthage et contre Annibal? Les Romains n'avoient-ils plus ces armées nombreuses, dont nous avons vu le dénombrement, lors de la guerre des Gaulois?

Scipion avoit passé le Tésin. Les deux

abandonne aux Carthaginois tout le pays au-delà du Pô.

Av. J.-C. 218,
 Rome 536.

généraux, chacun à la tête de leur cavalerie, avançoient pour se reconnoître l'un et l'autre. Il falloit une victoire aux Carthaginois. La guerre, si elle tiroit en longueur, leur devenoit plus funeste. Les Romains devoient donc éviter d'en venir aux mains. Ils auroient dû prévoir qu'une défaite leur enlevoit la Gaule Cisalpine, et l'armoit contre eux. Mais ils se flattèrent de vaincre, et ils furent défaits. Ils eurent occasion de reconnoître combien la cavalerie carthaginoise étoit supérieure à la leur. Scipion, blessé dangereusement, et tombé entre les mains des ennemis, dut son salut au courage de son fils, qui faisoit sa première campagne, et qui deviendra dans cette guerre le héros de la république.

Il n'y avoit de part et d'autre que la cavalerie qui eût combattu. L'infanterie des Romains, supérieure à celle des ennemis, n'avoit pas essuyé les mêmes fatigues. Il paroit donc que la journée du Tésin auroit pu n'être pas décisive. Mais la blessure du consul le força d'abandonner au vainqueur tout le pays au-delà du Pô. Il se hâta de passer ce fleuve, et il étoit arrivé à Plaisance, lorsque les Carthaginois le croyoient encore sur le Tésin.

Annibal avançoit avec précaution, ne s'engageant qu'à mesure que les Gaulois se déclaroient pour lui. Les Insubriens et les Boïens lui livrèrent tous les passages, lui fournirent des munitions, et grossirent son armée. Ayant alors passé le Pô sans obstacle, il alla camper assez près des ennemis, et il leur présenta la bataille. Mais ils ne sortirent pas de leurs retranchemens.

Les Gaulois donnent des secours à Annibal.

La nuit suivante, deux mille Gaulois, qui servoient dans l'armée du consul, forcèrent les portes du camp, et passèrent dans celui d'Annibal. Cette désertion donna de l'inquiétude à Scipion. Il crut devoir s'éloigner encore, et il passa la Trébie. Cependant comme il ne put pas cacher sa retraite, une partie de son arrière-garde fut taillée en pièces.

Scipion passe la Trébie.

Dans le temps qu'Annibal passoit en Italie, les Carthaginois firent une tentative sur Lilibée. Elle ne leur réussit pas. Leur flotte avoit déjà été dissipée, lorsque Tib. Sempronius arriva en Sicile. Rappelé presqu'aussitôt, ce consul, après avoir pourvu

Tibérius Sempronius le joint.

à la sûreté des côtes, vint par la mer Adriatique, à Rimini, d'où il joignit son collègue auprès de la Trébie.

<small>Il se résout à livrer bataille.</small>

Les deux armées consulaires réunies formoient environ quarante mille hommes, dont vingt mille avoient été fournis par les alliés. C'étoient des troupes de nouvelle levée, qui auroient eu besoin de s'essayer dans de petits combats, avant d'en venir à une action générale. D'ailleurs, il suffisoit aux Romains d'arrêter Annibal : car les Gaulois devoient se détacher de lui, dès qu'ils le verroient dans l'impuissance de former quelque entreprise. D'après ces raisons, Scipion vouloit ne rien précipiter. Mais parce que le temps de l'élection des nouveaux consuls approchoit, Sempronius craignit qu'un successeur ne lui enlevât une victoire, dont la maladie de son collègue lui laisseroit tout l'honneur. Ce motif l'aveugla sur toute autre considération. Il regarda le moment où il commandoit seul, comme le plus favorable pour livrer une bataille ; et il résolut d'en saisir l'occasion, aussitôt qu'elle se présenteroit. Annibal, qui faisoit les mêmes réflexions que Scipion, se félicitoit des dispositions où il voyoit Sempronius.

Les deux armées n'étoient séparées que par la Trébie, et la facilité de passer cette rivière au gué donnoit souvent lieu à des escarmouches. Dans un de ces combats, Sempronius ayant eu quelque avantage sur un détachement de Numides, Annibal se hâta de rappeler ses troupes, et parut montrer de la timidité. C'étoit un piége : il vouloit augmenter la confiance du consul, afin de l'amener plus sûrement où il l'attendoit.

Dispositions que fait Annibal.

Les Carthaginois campoient dans une plaine, où leur cavalerie pouvoit agir avec avantage, et qui, quoique rase et découverte au premier coup-d'œil, avoit néanmoins en quelques endroits des cavités couvertes de broussailles, et assez profondes pour y cacher de la cavalerie. Annibal mit en embuscade, dans ces cavités, son frère Magon avec deux mille hommes. Il ne s'agissoit plus que d'attirer Sempronius dans ce champ de bataille, et de l'y engager de manière qu'au fort du combat, les troupes cachées pussent le prendre en queue.

Bataille de la Trébie.

Dès le point du jour, et lorsque les Romains étoient encore à jeun, Annibal fit passer la rivière à sa cavalerie numide, et elle s'avança jusqu'aux portes du camp ennemi. Sempronius aussitôt envoie sa cavalerie contre les Carthaginois : il la soutient avec ses archers : enfin, il sort de ses retranchemens avec toutes ses troupes.

Les Numides, qui font d'abord leur retraite avec ordre, prennent peu-à-peu la fuite, et paroissant offrir au consul une victoire facile, ils l'entraînent au-delà de la Trébie. On étoit au mois de décembre. Il faisoit un grand froid : les pluies de la nuit avoient grossi la rivière : il neigeoit, et un brouillard glaçant ne permettoit de voir qu'à une petite distance. Quand les Romains eurent passé la rivière, les fantassins, qui avoient eu de l'eau jusqu'à la poitrine, se trouvèrent saisis d'un froid si pénétrant, qu'ils pouvoient à peine porter leurs armes. Ils étoient d'autant plus foibles, qu'ils commençoient à souffrir de la faim. Ils avoient déjà lancé la plus grande partie de leurs traits contre les Numides, et ceux qui leur restoient, appesantis par l'eau dont ils étoient imbibés, ne pouvoient leur être d'aucun usage. Cependant les Carthaginois prenoient de la nourriture, ils se chauffoient à de grands feux, et ils se frottoient le corps avec de l'huile.

Telles étoient les dispositions des deux armées, lorsqu'Annibal ayant amené Sempronius où il vouloit, engagea l'action. La victoire ne fut pas long-temps à se déclarer. En un moment la cavalerie carthaginoise enfonça celle des Romains, et comme elle se reploit sur les flancs de l'infanterie, les troupes, qui avoient été mises en embuscade, chargèrent en queue les légions qui combattoient au centre. Dix mille Romains cependant se firent jour, et se retirèrent à Plaisance. C'est à-peu-près tout ce qui put échapper à l'ennemi. Les Carthaginois perdirent peu de monde dans le combat : mais les jours suivans, ils souffrirent beaucoup de la pluie, de la neige et du froid, et, de tous les éléphans, ils n'en sauvèrent qu'un seul. Tous les Gaulois firent alliance avec Annibal. Ce général renvoya, sans rançon, les prisonniers qu'il avoit faits sur les alliés de la république, déclarant qu'il n'étoit venu que pour les soustraire à la domination des Romains.

Préparatifs des Romains pour la campagne suivante.

Sempronius écrivit à Rome qu'il avoit livré une bataille, et que sans le mauvais temps, il auroit remporté la victoire. Quand on fut mieux instruit, en en fut plus alarmé, et on fit de nouveaux préparatifs pour la campagne suivante. On envoya des troupes en Sardaigne, en Sicile, à Tarente, dans tous les postes importans. On équipa soixante galères à cinq rangs de rames, et on obtint quelques secours du roi de Syracuse. Sur ces entrefaites, les nouvelles qui arrivèrent d'Espagne, donnèrent lieu de

Succès de Cnéus en Espagne.

juger que la diversion de Cn. Scipion seroit d'un grand secours pour la république. Vainqueur de Hannon, il l'avoit fait prisonnier, et avoit mis sous sa domination ou dans son alliance, tous les peuples depuis les Pyrénées jusqu'à l'Èbre, et Asdrubal n'avoit eu sur lui d'autre avantage, que de surprendre quelques troupes qu'il avoit laissées à la garde de ses vaisseaux.

Conduite scandaleuse du consul Flaminius.

Cn. Servilius et C. Flaminius avoient été désignés consuls. Il étoit d'usage de prendre possession du consulat au Capitole. Les nouveaux consuls s'y rendoient en cérémonie : ils prioient Jupiter d'être favorable à leurs armes, et ils faisoient des vœux pour la prospérité de la république. C. Flaminius, qui, pendant son tribunat, avoit fait distribuer, malgré le sénat, les terres du Picénum, et qui depuis, lorsqu'il commandoit l'armée contre les Gaulois, avoit montré peu d'égard pour les ordres de ce corps, fit une chose qui étoit sans exemple. Dans la crainte que les sénateurs, qu'il savoit être irrités contre lui, ne cherchassent des prétextes pour le retenir à Rome, il s'évada, lorsqu'il n'étoit encore que consul désigné, et se rendit à Rimini, où il prit possession du consulat. Cette démarche, qui montroit son mépris pour les cérémonies religieuses, scandalisa d'autant plus, qu'on publioit alors un grand nombre de prodiges, et comme il étoit parti sans auspices, on avoit peine à le reconnoître pour consul. On fit au reste beaucoup de sacrifices, et on ne négligea aucune des superstitions, qu'on jugeoit propres à écarter les calamités publiques.

Passage d'Annibal dans l'Étrurie.

Av. J.C. 217, Rome 537.

Les Carthaginois passèrent l'hiver dans la Gaule Cisalpine. Les Gaulois cependant ne vouloient pas que leur pays fût le théâtre de la guerre. Il les falloit mener au butin. D'ailleurs il étoit essentiel pour Annibal d'aller en avant, et ce n'étoit pas à lui d'attendre que les Romains vinssent l'attaquer. Il résolut de passer dans l'Étrurie à l'entrée du printemps.

Le chemin le plus praticable étoit celui d'Arétium. Mais dénué de fourrages, ruiné par le séjour des armées romaines, il n'offroit que des montagnes difficiles à franchir, et une suite de défilés qu'occupoit le consul C. Flaminius. A chaque pas, c'eût été des combats à livrer, et dans des lieux où la cavalerie n'eût été d'aucun usage. Annibal ne pouvoit pas même douter que Servilius, qui campoit à Rimini, ne marchât bientôt après lui. Auquel cas, enfermé entre deux armées, il eût manqué de subsistance, et eût péri par la famine ou par les armes. Il n'étoit donc pas possible de prendre cette route.

Il y avoit un autre chemin beaucoup plus court, et dans un pays abondant en vivres et en fourrages. Mais après avoir passé des montagnes, il falloit traverser le marais de Clusium qu'on jugeoit si impraticable, que les Romains n'avoient pas pris la précaution de le garder. Ce marais néanmoins n'étoit pas aussi impraticable qu'il le paroissoit. Il avoit un fond solide, et Annibal ne balança pas à prendre cette route. Si elle étoit difficile, il se flattoit au moins qu'il n'auroit point d'ennemis à combattre. Il voyoit Servilius à Rimini, Flaminius à Arétium; et il savoit que le sénat, qui avoit alors l'imprudence de vouloir diriger les opérations de la campagne, ne permettoit pas aux consuls de prendre, sans son aveu, des dispositions contraires aux ordres qu'il avoit donnés. Il jugea donc qu'on n'imagineroit pas qu'il tentât sérieusement ce passage; que d'abord on le laisseroit faire, qu'ensuite les consuls enverroient des couriers à Rome, que les sénateurs délibéreroient, et qu'il seroit passé, avant qu'on eût pris des mesures pour s'y opposer.

Tout arriva, comme il l'avoit prévu. Mais son armée souffrit beaucoup. Elle fut dans l'eau quatre jours et trois nuits. Les bêtes de charge restèrent dans les boues. Lui-même il eut une fluxion qui lui fit perdre un œil : et ses troupes étoient si harassées de fatigues, qu'elles auroient été hors d'état de se défendre, si au débouché du marais, elles eussent rencontré l'ennemi.

<small>Sa conduite pour engager Flaminius à en venir aux mains.</small>

Quoiqu'Annibal fût dans un pays riche et abondant, sa position paroissoit encore bien difficile. Servilius venoit au secours de Flaminius. Il falloit prévenir la réunion des deux armées, dont la moindre étoit supérieure à celle des Carthaginois. Cependant il n'étoit pas possible de forcer les Romains dans le camp d'Arétium ; et comme le sénat avoit défendu à Flaminius de rien hasarder avant d'avoir été joint par son collègue, il étoit à présumer que ce consul ne sortiroit pas de ses retranchemens. Mais, parce que Servilius arrivoit, Flaminius, jaloux de vaincre seul, n'en étoit que plus impatient de combattre.

Annibal, qui connoît les dispositions de ce général, en profite. Il s'approche du

camp du consul : il s'en éloigne : il paroît
tour-à-tour le braver et le craindre : il met
à feu et à sang toute la campagne. Enfin il
prend tout-à-coup la route de Rome, ayant
Cortone à sa gauche et le lac de Thrasymène à sa droite, et il continue de porter
le dégât par-tout où il passe. Alors le consul se mit en marche. Rome, menacée de
voir l'ennemi à ses portes, lui parut un
prétexte suffisant pour ne pas attendre plus
long-temps son collègue.

Cependant Annibal avançoit. Comme il observoit les lieux afin de choisir le plus propre à son dessein, il arriva dans un vallon spacieux, que deux chaînes de montagnes bordoient dans sa longueur. Il étoit fermé au fond par une colline escarpée, et on y entroit par un défilé étroit entre les montagnes et le lac de Thrasymène. Sur les deux côtés du vallon il mit une partie de son armée en embuscade, et à la tête du reste de ses troupes, il attendit les Romains.

Bataille de Thrasymène.

Flaminius, qui le suivoit, étant arrivé le soir assez tard, campa auprès du défilé. Le lendemain il s'y engagea, sans avoir reconnu les lieux, et avant le jour. Mais à peine son armée fut entrée dans le vallon, qu'assaillie de toutes parts, il ne lui fut pas même possible de se mettre en ordre de bataille. La déroute fut complète. Flaminius perdit la vie. Six mille hommes, qui s'étoient retirés sur une hauteur, mirent bas les armes ; et les Carthaginois firent quinze mille prisonniers. Annibal rendit la liberté aux alliés, répétant ce qu'il avoit déjà dit, qu'il n'étoit pas venu pour leur faire la guerre. Quelques jours après, Maharbal défit quatre mille chevaux, auxquels Servilius avoit fait prendre les devans.

Av. J. C. 217, de Rome 537.

Courses d'Annibal dans plusieurs provinces d'Italie.

Annibal traversa l'Ombrie et le Picénum. Lorsqu'il fut arrivé sur la mer Adriatique, dans le territoire d'Adria, il envoya à Carthage la première relation de ses succès. Pendant le séjour qu'il fit dans ces lieux fertiles, ses troupes se remirent de leurs fatigues, et s'enrichirent de butin. Il les conduisit ensuite, par le pays des Marucins et des Frentans, dans la Pouille ; et il alla camper sous Hippone, d'où il ravagea, sans obstacles, toute la province.

Non seulement il faisoit passer au fil de l'épée les Romains en âge de porter les armes, il ravageoit encore jusqu'aux terres des alliés. Il est vrai que cette conduite étoit en contradiction avec ce qu'il leur avoit dit, qu'il n'avoit pas pris les armes contre eux. Mais comme aucune de leurs villes ne s'étoit encore déclarée pour lui, il vouloit, par ces dévastations, les forcer à renoncer à l'alliance d'un peuple qui ne paroissoit plus en état de les défendre.

Quoique victorieux, Annibal cependant n'a pas une seule place. Au milieu d'un pays ennemi, s'il lui arrive un échec, il est sans ressource. C'est un torrent, qui se répand de côté et d'autre, et qui n'a de lit nulle part.

<small>Il semble qu'il auroit pu s'établir dans les provinces du nord.</small>

Il se seroit conduit, ce me semble, avec plus de prudence, s'il se fût établi dans le nord de l'Italie; c'est-à-dire, dans le Picénum, dans l'Ombrie, et, sur-tout, dans l'Étrurie. Ces provinces le mettoient à portée de tirer de nouveaux secours des Gaules et de l'Espagne, elles suffisoient pour lui fournir toutes les subsistances nécessaires : et en marchant à Rome, il les laissoit derrière lui, et il s'assuroit une retraite. Peut-être pensoit-il qu'à force de vaincre, il se rendroit maître de Rome même. Mais pouvoit-il supposer qu'on ne lui opposeroit jamais que des généraux tels que Sempronius et Flaminius? Et pourquoi n'a-t-il pas prévu que les Romains reconnoîtroient enfin qu'ils devoient éviter les actions générales et décisives? Or, s'ils les évitent, Annibal est perdu. J'imagine que ce général, s'il ne détruisoit pas Rome, regardoit tout établissement en Italie, comme un succès peu digne de ses armes.

<small>Q. Fabius, nommé dictateur, se propose de s'engager dans une action générale.</small>

Depuis trente-trois ans aucun dictateur n'avoit commandé les armées. Ceux qu'il y avoit eu dans cet intervalle, avoient été créés pour tout autre objet. Après la journée de Thrasymène, on conféra la dictature à Q. Fabius Maximus, qui choisit pour général de la cavalerie, R. Minutius Rufus. Comme on attribuoit les dernières défaites à l'irréligion plutôt qu'à l'incapacité de Sempronius et de Flaminius, Fabius commença par remplir scrupuleusement toutes les cérémonies accoutumées. Il ordonna même de nouveaux vœux et de

<small>Av. J.C. 217, de Rome 537.</small>

nouveaux sacrifices. Cétoit une précaution nécessaire pour rendre la confiance aux soldats.

Il donna ordre à Servilius de rassembler tous les vaisseaux qui se trouvoient à Ostie ou ailleurs, et il se chargea de veiller à la défense des côtes. Quant à lui, après avoir fortifié Rome, mis des troupes dans tous les postes où il en falloit, et ruiné le pays par où l'ennemi pouvoit arriver, il partit à la tête de quatre légions, dont deux étoient de nouvelles levées, et il prit le chemin de la Pouille où étoit Annibal. Il ne marchoit pas avec la confiance des derniers généraux. Il se proposoit de ne rien hasarder, qu'autant qu'il y seroit forcé ; d'éviter les plaines où la cavalerie des Carthaginois avoit tout l'avantage ; d'observer les mouvemens des ennemis, afin de les harceler dans leurs marches, ou de leur couper les vivres ; et de se tenir toujours à une distance, qui lui laisseroit la liberté d'engager une action ou de l'éviter. Il jugeoit avec raison qu'en temporisant, il feroit échouer tous les projets d'Annibal.

<small>Annibal ne le peut faire changer de résolution.</small> Rien ne le fit jamais changer de résolution, ni le ravage des terres, ni l'incendie des villages. Annibal, avec tous ses artifices, ne put l'attirer en rase campagne. Fabius occupoit toujours les hauteurs : il retenoit les soldats dans le camp : il ne hasardoit que de petits combats, et avec tant de précaution, qu'il avoit presque toujours l'avantage.

Après avoir saccagé une partie de la Pouille, les Carthaginois se jetèrent dans le Samnium, pays fertile, où une longue paix avoit apporté l'abondance. Ils firent des incursions sur Bénévent : ils prirent Télésie, place fortifiée ; et ils passèrent ensuite dans les plaines de Capoue. On leur faisoit espérer que cette ville se déclareroit pour eux.

<small>La sage lenteur de Fabius est blâmée.</small> Les dévastations les suivoient par-tout. Cependant Minucius, général de la cavalerie, blâmoit hautement la conduite de Fabius, qu'il accusoit de timidité ou même de lâcheté. Les soldats, désespérés de voir le plus beau pays de l'Italie en proie à l'ennemi, demandoient le combat, et sembloient vouloir forcer le dictateur à mar-

cher contre les Carthaginois. Les discours séditieux, qu'on tenoit à l'armée, passoient à Rome, où le peuple les approuvoit; et toute la république paroissoit conspirer contre un général qu'elle auroit dû regarder comme son sauveur. Il étoit bien plus difficile de résister à ces cris, que de se défendre des artifices d'Annibal. Fabius néanmoins persista dans sa première résolution, quoiqu'Annibal, qui eût voulu voir tout autre général à la tête des légions, le bravât de plus en plus, et cherchât par de nouvelles dévastations à le rendre toujours plus odieux aux Romains.

Quand il fut temps de prendre des quartiers d'hiver, Annibal voulut retourner dans la Pouille, parce que la Campanie ne pouvoit plus fournir à sa subsistance. Mais lorsqu'il voulut repasser les défilés par où il étoit venu dans les plaines de Capoue, il les trouva occupés. Quatre mille hommes, que Fabius avoit détachés, s'en étoient saisis, et ce général s'étoit retranché sur une colline, qui commandoit les défilés. Les Carthaginois, campés dans la plaine, se virent enfermés entre les rochers

Ruse avec laquelle Annibal se tire d'un mauvais pas.

de Formies, les marais de Linturne, et les Romains qui avoient derrière eux Capoue et le Samnium. Une ruse les tira de ce mauvais pas.

Annibal choisit, parmi les bœufs qui se trouvoient dans le butin, deux mille des plus forts. Il fit attacher à leurs cornes des fagots de sarment et d'autre bois sec et menu ; et au milieu de la nuit, pendant que les armés à la légère gagnoient les hauteurs, et se répandoient de côté et d'autre avec grand bruit, les pionniers poussèrent les bœufs jusqu'au sommet d'une montagne qui étoit entre le camp des Carthaginois et le défilé, et mirent le feu aux fagots qu'on avoit attachés aux cornes de ces animaux. Les bœufs, d'abord effrayés à la vue des feux qu'ils portoient sur leurs têtes, et bientôt après brûlés jusqu'au vif, devinrent furieux, se dispersèrent dans les bois, et répandirent le feu par-tout où ils passoient.

Les Romains, qui étoient à la garde du défilé, ne pouvoient rien comprendre à ces flammes qui paroissoient les envelopper. Les uns se croient investis par l'ennemi, et prennent la fuite : les autres pensent qu'Annibal s'empare des hauteurs, et courent pour l'en chasser. Tous, en un mot, abandonnent leur poste, et laissent le passage libre aux Carthaginois. Fabius ne sortit point de ses retranchemens. Étonné de ce qu'il voyoit, il ne voulut rien hasarder pendant les ténèbres de la nuit. Le jour qu'il attendoit, lui apprit qu'Annibal lui avoit échappé.

En Espagne, la guerre continuoit sur mer et sur terre. Cnéus surprit, à l'embouchure de l'Ebre, la flotte ennemie. De quarante vaisseaux dont elle étoit composée, il en emmena vingt-cinq. Maître par cette victoire de la mer et des côtes, il porta le dégât jusqu'aux portes de Carthagène. Les peuples qui habitoient le long de l'Ebre, ayant alors abandonné le parti des Carthaginois, Asdrubal marcha contre eux: mais il perdit deux batailles, quinze à vingt mille hommes et plusieurs places.

Succès des Romains en Espagne.

Dans l'espérance de réparer ces pertes, Carthage équipa soixante-dix galères. Cette flotte, qui se montra sur les côtes d'Étrurie, ne fit rien. Elle s'en retourna, lorsqu'elle apprit que Servilius venoit au-devant d'elle avec cent vingt vaisseaux. Rome, quoiqu'elle eût Annibal à ses portes, paroissoit moins épuisée que sa rivale. P. Scipion passoit alors en Espagne avec trente galères et huit mille hommes de débarquement. Lorsqu'il eut joint son frère, les Romains poussèrent leurs conquêtes au-delà de l'Èbre: ils s'avancèrent jusqu'à Sagonte: et la conduite des deux Scipions engagea plusieurs peuples, auparavant alliés de Carthage, à rechercher l'alliance de Rome. Les otages qu'Asdrubal faisoit garder dans la citadelle de Sagonte, ayant été livrés à ces deux généraux, ils les rendirent aux villes qui les avoient donnés aux Carthaginois: bienfait par lequel ils assuroient leur puissance beaucoup mieux que par les armes.

Minucius, général de la cavalerie, remporte un avantage sur Annibal.

Le dictateur, rappelé pour présider à quelques cérémonies de religion, avoit quitté l'armée. Avant de partir, il défendit au général de la cavalerie de combattre en son absence. Mais Minucius étoit d'autant moins disposé à lui obéir, que depuis la dernière retraite d'Annibal, on se plaignoit plus que jamais des lenteurs de Fabius.

Les Carthaginois avoient établi leur camp sous les murs de Gérunium, dans un pays abondant, où ils vouloient prendre leurs quartiers d'hiver. Comme la saison avancée ne permettoit pas de poursuivre les avantages qu'une victoire auroit offerts, Annibal ne cherchoit pas alors à livrer des combats. Il avoit pour objet de ne pas consommer ces provisions, et d'en faire de nouvelles, afin que, pendant l'hiver, rien ne pût manquer à son armée. C'est pourquoi, tandis qu'une partie de ses troupes conduisoit les bestiaux dans les pâturages, une autre alloit au fourrage, et une troisième restoit à la garde du camp. Il divisoit ses forces, parce qu'il y étoit forcé. Peut-être aussi présumoit-il qu'on ne l'attaqueroit pas. Minucius l'attaqua néanmoins, il marcha à la tête des légions au camp des Cathaginois, pendant que sa cavalerie et ses armés à la légère tomboient sur leurs fourrageurs, qui étoient épars dans la plaine. Trop foible pour aller au-devant de l'ennemi, Annibal l'attendit derrière ses retranchemens. Il se défendit avec désavantage, il perdit beaucoup de monde, et il ne fut en état de repousser les Romains, que lorsque quatre mille fourrageurs furent revenus au camp.

Il partage le commandement avec Fabius. Minucius se hâta d'écrire à Rome l'avantage qu'il venoit de remporter. Il l'exagéra. Ceux qui blâmoient la conduite de Fabius, l'exagérèrent encore, et ce petit succès parut aux yeux du peuple une grande victoire. Dans l'enthousiasme où l'on étoit du général de la cavalerie, on ne ménagea plus le dictateur. Un tribun proposa de partager également l'autorité entre l'un et l'autre, et ce décret sans exemple fut porté.

Fabius ayant rejoint l'armée, Minucius lui proposa de commander chacun alternativement. Le dictateur lui offrit la moitié des troupes, disant que le décret du peuple le forçoit à partager le commandement, et non pas à le céder tout entier. Cette offre fut acceptée, et Minucius alla camper dans la plaine, à une petite distance de l'armée de Fabius.

Il est défait. Annibal s'applaudissoit de la mésintelligence qui divisoit les forces de l'ennemi, et qui paroissoit lui en livrer une partie. Il y avoit entre son camp et celui du général de la cavalerie, une petite colline, qui lui parut propre à engager une action, parce qu'elle pouvoit donner de l'avantage à celui qui l'occuperoit le premier. Mais, avant de faire aucune tentative pour s'établir dans ce poste, il cacha pendant la nuit cinq cents chevaux et cinq mille fantassins dans des ravins qui coupoient la plaine ; et dès la pointe du jour, lorsque l'embuscade ne pouvoit encore être éventée, il envoya ses armés à la légère se saisir de la colline.

A peine Minucius voit l'ennemi si près de lui, qu'il le veut déloger. Les deux armées s'ébranlent insensiblement, et l'action devient générale. Alors les troupes qui étoient en embuscade, tombant sur les flancs et sur les derrières des Romains, les enveloppent et les culbutent. Les légions auroient été taillées en pièces, si Fabius ne fût venu à leurs secours. Il s'avança en bon ordre, et reçut l'armée vaincue sous ses drapeaux. Annibal fit sonner la retraite, ne jugeant pas à propos de hasarder un nouveau combat contre des troupes fraîches, et commandées par un homme dont il faisoit cas.

Quant à Minucius, il répara sa honte. Il se hâta de reconduire son armée dans le camp du dictateur, reconnoissant tout ce qu'il lui devoit, renonçant à partager le commandement avec lui, et rentrant volontairement sous les ordres de ce général. A la fin de la campagne, Fabius abdiqua, et remit l'armée à Cn. Servilius, et à M. Attilius Régulus qui avoit été subrogé à Flaminius.

Après l'abdication du dictateur, les deux consuls suivent le même plan. Les deux consuls, à l'exemple du dictateur, évitèrent les actions générales. Ils observoient l'ennemi : ils tomboient sur ses détachemens : ils lui enlevoient ses convois : et ils ne livroient des combats, que lorsqu'ils avoient l'avantage. Par cette conduite, ils mirent la disette dans le camp des Carthaginois. Les troupes commençoient à murmurer contre Annibal; et pour achever sa ruine, il suffisoit de continuer sur le même plan.

C. Terentius Varron nommé consul avec L. Emilius. Cependant la sage lenteur de Fabius étoit encore un objet de critique. C. Terentius Varron, un de ceux qui l'avoient blâmée plus hautement, avoit fait passer le décret qui partagea le commandement entre le général de la cavalerie et le dictateur. Devenu par-là cher au peuple, il fut élevé au consulat. La bassesse de sa naissance, qui auroit dû lui donner l'exclusion, devint un titre aux yeux de la multitude, qui, accusant les nobles patriciens ou plébéiens de vouloir la guerre, se persuada qu'elle n'en verroit la fin, que lorsqu'elle auroit donné le commandement à un homme nouveau. Elle s'applaudit d'avoir choisi Varron, qui déclamoit contre les nobles, qui les accusoit d'avoir fait venir Annibal en Italie, et qui promettoit de l'en chasser incessamment. A ce consul vain et présomptueux, le sénat fit donner pour collègue L. Emilius, qui avoit commandé en Illyrie contre Démétrius de Pharos. C'étoit un capitaine sage et expérimenté.

Armées envoyées en Sicile et dans la Gaule Cisalpine.

Après l'élection des consuls, on procéda à celle des quatre préteurs. Deux restèrent à Rome suivant l'usage. Des deux autres, M. Claudius Marcellus fut envoyé en Sicile, et L. Posthumius Albinus dans la

Gaule Cisalpine. Le sénat fit passer en Espagne toutes les munitions, dont les deux Scipions pouvoient avoir besoin; et pendant que les nouveaux consuls faisoient à Rome tous les préparatifs pour la nouvelle campagne, Cn. Servilius et M. Régulus continuèrent de commander en qualité de proconsuls, avec défense expresse d'engager une action générale.

<small>Annibal se rend maître de la citadelle de Cannes.</small>

<small>Av. J. C. 216, de Rome 538.</small>

Sur ces entrefaites, Annibal se saisit de la citadelle de Cannes, où les Romains avoient leurs munitions, et d'où ils tiroient leurs convois. Dans cette position, il commandoit sur toute la Pouille, et il rendoit l'abondance à son armée. Il n'étoit plus possible aux proconsuls d'approcher des Carthaginois, sans se mettre dans la nécessité de combattre. Tout le pays étoit ruiné; et les alliés, en suspens, attendoient à quoi on se détermineroit. Dans cet état des choses, le sénat jugea qu'il falloit enfin marcher à l'ennemi.

<small>Levées que fait la république.</small>

Les Romains levoient d'ordinaire quatre légions, chacune de quatre mille hommes de pied et de deux cents chevaux. Les alliés fournissoient le même nombre de fantassins et le double de cavalerie. Ces troupes se partageoient également entre les deux consuls, et il arrivoit rarement que les deux armées consulaires marchassent ensemble pour la même expédition. Dans cette occasion, non seulement on les réunit, on fit encore les légions de cinq mille hommes de pied et de trois cents chevaux. Au lieu de quatre, on en leva huit, et on augmenta, dans la même proportion, le nombre des troupes fournies par les alliés. Ainsi l'armée des Romains étoit de quatre-vingt mille hommes de pied et d'environ sept mille chevaux. Annibal, dont l'armée étoit à-peu-près la moitié moins forte, avoit en infanterie quarante mille hommes, et en cavalerie dix mille.

Émilius vint camper sur l'Aufide, dans une plaine toute découverte, à six milles environ des Carthaginois. Il ne vouloit pas néanmoins en venir encore aux mains: il se proposoit d'attirer l'ennemi dans un terrain, où l'infanterie eût la plus grande part à l'action.

Les armées en présence.

Le lendemain, Varron, c'étoit son tour de commander, s'approcha des ennemis, malgré toutes les représentations de son collègue. Annibal vint au-devant de lui avec sa cavalerie et ses armés à la légère. Les Romains soutinrent le choc. Ils eurent même ce jour-là tout l'avantage, soit qu'Annibal eût mal pris ses mesures, soit qu'il eût dessein d'augmenter la confiance de Varron.

Le jour suivant, Émilius ne pouvant se retirer sans danger, fit passer l'Aufide à un tiers de son armée, et forma deux camps, séparés par le fleuve. Cette position le mettoit en état de soutenir ses fourrageurs, et d'incommoder beaucoup ceux des Carthaginois.

Annibal, dans la situation où il se trouvoit, ne pouvoit rien entreprendre sur les Romains. Cependant il avoit de la peine à subsister, et il en auroit eu également à faire une retraite. Il ne lui restoit pour ressources que les fautes de l'ennemi. Il présenta la bataille : Émilius ne l'accepta pas. Heureusement pour lui, la prudence de ce consul ne lui faisoit perdre qu'un jour.

Bataille de Cannes. Le lendemain, Varron fit passer l'Aufide aux troupes du plus grand camp, et rangea son armée en bataille. Il appuya sa droite sur le fleuve; et quoique la plaine lui permît de s'étendre pour déborder les ailes des ennemis, il préféra de donner plus de profondeur à ses lignes.

Annibal passe aussi l'Aufide. Ses soldats n'étoient pas sans inquiétude à la vue de la grande armée qu'ils alloient combattre. Quelle armée, disoit Giscon, on ne la peut considérer sans étonnement! Cela est vrai, répondit Annibal : mais une chose encore plus étonnante, et que tu ne remarques pas, c'est que dans toute cette multitude, il n'y a pas un seul homme qui se nomme Giscon, comme toi. Cette plaisanterie passa de bouche en bouche, et dissipa la frayeur des soldats.

Après avoir rangé toutes ses troupes sur une même ligne, Annibal marche à l'ennemi à la tête de l'infanterie espagnole et gauloise, qui occupoit le centre, et qui, doublant le pas, se détachoit des ailes, et présentoit aux Romains le convexe d'un croissant. Il y avoit deux raisons dans ce mouvement ; l'une de tendre un piége à l'ennemi, l'autre d'éviter que le combat fût général dès le premier choc. Dans la crainte que son armée, la moitié plus foible, ne pût pas soutenir le poids des Romains, Annibal vouloit attirer au centre l'effort des combattans. Ce fut aussi par-là que l'action commença.

Les Espagnols et les Gaulois tiennent d'abord ferme. Bientôt ils cèdent, se replient, reculent au-delà de l'alignement de leurs ailes, et présentent à l'ennemi le concave d'un croissant. Si Varron, au lieu de vouloir charger ces troupes qui reculoient, eût engagé le combat aux deux ailes, et arrêté son centre sur l'alignement des siennes, la ruse d'Annibal tournoit contre lui-même. Mais au contraire, pendant que son centre s'engage, il jette de nouvelles troupes dans le piége qu'on lui tend, et il y pousse insensiblement toute son infanterie. Alors les Africains, dont Annibal avoit formé ses deux ailes, se replient, l'aile droite à gauche, l'aile gauche à droite; et l'infanterie romaine, attaquée par les flancs, s'embarrasse d'autant plus qu'elle est plus nombreuse, et qu'il lui reste moins de terrain pour se former.

Cependant la cavalerie des Romains est mise en déroute. Tandis que les Numides la poursuivent, la cavalerie espagnole et gauloise prend en queue les légions, et les taille en pièces. Émilius et les deux proconsuls périrent. Soixante-dix mille Romains ou alliés restèrent sur la place. Dix mille furent faits prisonniers, et Varron s'enfuit à Vénuse.

Sur le premier bruit de cette défaite, le sénat s'assembla. On n'avoit encore aucune connoissance des détails de la bataille. On ne savoit ce qu'étoient devenus, ni l'armée ni les généraux. On ignoroit où étoient les restes des troupes : on ignoroit même s'il en restoit : et on étoit inquiet des projets d'Annibal. On envoya sur la voie Appia et sur la voie Latine pour interroger ceux que la fuite auroit sauvés. La consternation fut si grande, que, dans la crainte que les citoyens n'abandonnassent la ville, on mit des corps-de-garde aux portes, afin que personne ne sortît sans permission.

La défaite de Varron répand l'alarme à Rome.

Si, sans perdre de temps, les Carthaginois s'étoient approchés de Rome, peut-

Elle paroissoit livrer cette ville aux Carthaginois.

être s'en seroient-ils rendus maîtres. Il est vrai qu'ils n'avoient pas assez de troupes pour en faire la circonvallation et qu'ils manquoient de machines pour former un siége : mais il ne s'agit ni de circonvallation ni de siége, quand une ville est attaquée sans l'avoir prévu, qu'elle n'a ni armes ni soldats, et que ses citoyens consternés songent plutôt à l'abandonner qu'à la défendre. C'est un coup de main qui peut ne pas réussir, mais qu'il est sage de tenter. Maharbal, qui commandoit la cavalerie, demandoit l'ordre pour marcher à Rome. Annibal lui répondit que cette entreprise méritoit d'être méditée : cependant s'il la méditoit, elle devenoit impossible. *Tu sais vaincre*, répliqua Maharbal ; *mais tu ne sais pas profiter de la victoire.* Le siége de Rome étoit d'ailleurs une entreprise, qui devoit attirer les peuples dans l'alliance d'Annibal (1).

Rome se rassure ; ses ressources.

Dès que Rome avoit eu le temps de se reconnoître, elle étoit sauvée. Elle sentoit renaître ses forces, à mesure que la cons-

---

(1) Voy. les *Observations sur les Romains*, liv. 5.

ternation se dissipoit. Une fois rassurée, elle avoit des défenseurs, tant qu'il lui restoit des citoyens. Les alliés fournirent des secours. Les particuliers portèrent à l'envi leur argent au trésor public. On leva quatre légions : pour les rendre complètes, on fit prendre les armes à des citoyens qui n'avoient pas l'âge prescrit par les lois. On enrôla huit mille esclaves. On tira des prisons ceux qu'on y retenoit pour crimes ou pour dettes, et on en fit un corps de six mille hommes. Enfin les trophées qui se conservoient dans les temples et dans les portiques, fournirent des armes qu'on avoit prises sur les ennemis et principalement sur les Gaulois. Elles étoient vieilles et mauvaises ; mais c'étoient des citoyens qui les devoient manier. On comptoit encore sur les troupes des deux préteurs, lorsqu'on apprit que L. Posthumius étoit tombé dans une embuscade, et que son armée avoit été taillée en pièces.

Les Romains ne négligèrent pas les précautions que la superstition leur inspiroit. Les décemvirs eurent ordre de consulter les livres des Sibylles. Q. Fabius Pictor fut

Précautions superstitieuses et barbares.

envoyé à Delphes, pour demander au dieu quelle seroit la fin des maux de la république : et on enfouit tout vivans un Gaulois et une Gauloise, un Grec et une Grecque.

Le sénat refuse de racheter les prisonniers.

Quoique la république eût besoin de soldats, elle refusa de racheter sept à huit mille prisonniers, qu'Annibal offroit pour une rançon modique. Dans la nécessité de vaincre ou de tomber en servitude, les Romains n'avoient de salut que dans la victoire ; et, par cette raison, leur courage croissoit dans les dangers. Ils auroient, sans doute, combattu avec moins de valeur, si, en devenant prisonniers de guerre, ils avoient pu espérer de redevenir citoyens. Voilà pourquoi, observe Polybe, Annibal offroit de rendre les prisonniers qu'il avoit faits, et c'est pourquoi aussi le sénat refusoit de les racheter.

Réception qu'il fait à Varron.

Lorsqu'on sut que Varron arrivoit à Rome, tous les ordres allèrent au-devant de lui, et on lui rendit de solemnelles actions de grâces pour n'avoir pas désespéré du salut de la république. Par cette réception, à laquelle on ne s'attend pas, le sénat donna une grande preuve de sagesse. Rien n'étoit plus capable de diminuer, aux yeux de la multitude, les dangers dont elle se croyoit menacée. On auroit renouvelé la consternation, si, au lieu de rendre des honneurs au consul, on l'avoit traité avec le mépris qu'il méritoit.

CHAPITRE IV.

Jusqu'à la fin de la seconde guerre punique.

Carthage n'envoie point de secours à Annibal.

L A bataille de Cannes, qui paroissoit comme le présage de la ruine des Romains, entraîna la défection de plusieurs villes. Pour achever la révolution qui se préparoit, il auroit fallu que les Carthaginois se fussent hâtés de porter leurs principales forces en Italie. Mais Annibal avoit à Carthage des ennemis, qui ne négligèrent rien pour l'arrêter au milieu de ses succès. Lorsqu'ils n'étoient pas assez puissans pour empêcher qu'on ne lui accordât les secours dont il avoit besoin, ils l'étoient assez au moins pour les rendre inutiles par les retardemens qu'ils faisoient naître.

Av. J. C. 216, de Rome 538.

De la Pouille, il passa dans le Samnium et dans la Campanie. Il fit des tentatives inutiles pour se rendre maître de Naples et de Nole. Il fut même repoussé avec perte de devant cette dernière place, dans laquelle Marcellus, alors préteur, s'étoit renfermé. Les Campaniens ayant recherché son alliance, il prit ses quartiers d'hiver à Capoue.

En Espagne, les deux Scipions continuoient d'avoir des avantages. Ils remportèrent une victoire complète sur Asdrubal, lorsqu'il se proposoit de passer en Italie. Les Espagnols, qui faisoient la principale force de l'armée des Carthaginois, prirent la fuite dès le premier choc, parce qu'ils ne vouloient pas être traînés hors de l'Espagne.

Avantages des Scipions en Espagne.

L. Posthumius avoit péri dans la Gaule Cisalpine, lorsqu'il venoit d'être désigné consul avec Tib. Sempronius Gracchus. On lui substitua M. Marcellus, et Rome eut pour la première fois deux consuls plébéiens. Les patriciens, qui n'avoient pu empêcher cette élection, la firent déclarer vicieuse par les augures, et on subrogea Q. Fabius Maximus à Marcellus. Celui-ci néanmoins servit en qualité de proconsul.

Consuls plébéiens l'un et l'autre pour la première fois.

Av. J. C. 215. de Rome 539.

Les nations avoient alors les yeux ou-

Circonstance où Philippe fait

alliance avec Annibal. verts sur l'Italie. Elles considéroient avec curiosité l'orage, qui devoit tôt ou tard fondre sur elles. Elles ne prévoyoient pas qu'elles auroient tout à craindre de celui des deux peuples qui seroit vainqueur. C'est pourtant ce qu'Agélaüs de Naupacte ne cessoit de représenter aux Grecs et au roi de Macédoine. Mais il les invitoit inutilement à oublier leurs querelles.

C'est dans cette circonstance, que Philippe, mal conseillé, fit alliance avec Annibal, et aliéna les Grecs. Rome ne parut pas craindre ce nouvel ennemi. Elle équipa contre lui une flotte de cinquante vaisseaux, et menaça de porter la guerre en Macédoine, s'il tentoit de passer en Italie. Elle avoit une autre flotte, qu'elle opposoit aux Carthaginois, une armée en Sicile, une en Sardaigne, une dans le Picénum, celle des deux Scipions en Espagne, et trois contre Annibal, c'est-à-dire, les deux armées consulaires, et celle du proconsul Marcellus. On admire les ressources de cette république, quand on ne considère pas ce qu'elles coûtent.

Carthage éprouve des revers partout. Carthage n'en avoit pas de pareilles.

C'est qu'elle ne pouvoit faire la guerre qu'avec de l'argent, et l'argent lui manquoit, parce que son commerce étoit ruiné. Elle leva néanmoins de nouvelles troupes, qu'elle vouloit envoyer en Italie, et dont elle changea la destination, lorsqu'elle eut appris la défaite d'Asdrubal. Ensuite elle crut avoir trouvé l'occasion de recouvrer la Sardaigne, qui venoit de se soulever contre les Romains. Mais en voulant poursuivre à-la-fois toutes ces entreprises, elle éprouva des revers par-tout. En Espagne, Les Scipions gagnèrent encore deux batailles, qui engagèrent tous les peuples à rechercher l'alliance des Romains : en Sardaigne, L. Manlius Torquatus remporta une victoire, qui soumit toute l'île, et en Italie, Marcellus vainquit Annibal devant Nole.

Av. J. C. 217, de Rome 539.

Hiéron mourut cette année, après avoir régné cinquante-quatre ans. Son règne long, paisible et florissant, tient peu de place dans l'histoire. Tandis qu'elle aime à s'appesantir sur les désastres des nations, elle parle à peine du bonheur d'un peuple bien gouverné : comme si les désastres

Mort d'Hiéron. Idée de son règne.

Av. J. C. 215, de Rome 539.

étoient une chose extraordinaire, et le bonheur une chose commune.

Hiéron rendit ses sujets heureux, et répandit ses bienfaits au-dehors. Quoique ses états fussent peu considérables, de grandes puissances eurent besoin de ses secours, et il n'eut jamais besoin des leurs. Voilà les ressources qu'il faudroit admirer.

Généreux envers les Carthaginois lors de la guerre des mercenaires, il ne le fut pas moins envers les Romains après la bataille de Thrasymène. Il fit débarquer au port d'Ostie des provisions d'orge et de blé : il offrit d'en envoyer encore dans tel lieu qu'on lui désigneroit, et il joignit à ce don une Victoire d'or, pesant trois cent vingt livres, et un corps d'archers et de frondeurs.

Un tremblement de terre ayant causé de grands dommages dans l'île de Rhodes, Hiéron envoya cent talens aux Rhodiens; et il fit élever dans une de leurs places deux statues, qui représentoient le peuple de Syracuse couronnant celui de Rhodes, comme s'il eût voulu marquer qu'un peuple ne pouvoit avoir pour bienfaiteur qu'un autre peuple.

Enfin, dans une famine qui désoloit l'Égypte, il fit présent à Ptolémée Philadelphe de plusieurs vaisseaux chargés de toutes sortes de provisions, et entre autres d'une galère, qu'on avoit été un an à construire, et qui étoit le plus grand et le plus beau bâtiment qu'on eût encore vu.

Quoiqu'en paix, ses arsenaux étoient remplis d'armes de toute espèce, et sa marine faisoit respecter ses vaisseaux marchands.

Il rapportoit tout à l'utilité. Ce fut par ses conseils, qu'Archimède, son parent et son ami, appliqua la géométrie aux mécaniques; et ce grand géomètre fit construire des machines étonnantes par leur simplicité et par leurs effets.

Hiéron a écrit sur l'agriculture. On peut juger par-là combien il l'encourageoit. Ses ouvrages ne sont pas venus jusqu'à nous.

Il laissa la couronne à Hiéronyme son petit-fils. Il avoit nommé un conseil de régence, et prit des mesures pour assurer la tranquillité des Syracusains. Ses dispositions ne furent pas respectées. Andranodore, un des tuteurs, comptant gouverner lui-même, déclara que le prince, qui avoit à peine quinze ans, étoit en âge de gouverner, et il écarta tous les autres tuteurs. Dans le cours d'un long règne, Hiéron n'avoit point vu de sédition : Hiéronyme fut assassiné, l'année même qu'il monta sur le trône. Les conjurés vouloient rétablir le gouvernement républicain ; une faction livra Syracuse aux Carthaginois.

Philippe arme contre les Romains.

Av. J. C. 214.
de Rome 540.

Q. Fabius et M. Marcellus étoient alors consuls. C'est sous leur consulat que Philippe, roi de Macédoine, arma contre les Romains. Il se montra sur les côtes d'Épire, prit Orique qui étoit sans défense, remonta le fleuve Aoüs, mit le siége devant Apollonie, le leva honteusement; et lorsque le préteur M. Valérius parut à l'embouchure de ce fleuve, il brûla ses vaisseaux, et se retira par terre en Macédoine. Quelque temps après, les Étoliens, et Attalus, roi de Pergame, devenus alliés des Romains, lui déclarèrent la guerre. Il eut alors trop d'ennemis pour penser à l'Italie.

Le consulat de Fabius et de Marcellus est l'époque de la décadence d'Annibal. Ce n'est pas, quoi qu'en dise Tite-Live, que les délices de Capoue eussent amolli les soldats, et perdu la discipline, puisqu'Annibal se maintint encore en Italie pendant treize à quatorze ans, qu'il prit des villes, qu'il remporta des victoires, et que lorsqu'il eut des revers, ses troupes, toujours fidelles, s'exposèrent sans murmure à de nouvelles fatigues. Il n'y eut jamais, dit Polybe, de sédition dans son armée.

Époque de la décadence d'Annibal.

La vraie raison de sa décadence, c'est que Rome faisoit tous les jours de plus grands efforts. Elle leva cette année jusqu'à dix-huit légions. Elle employa ses meilleurs généraux, et il s'en étoit formé de bons. Annibal, au contraire, étoit sans ressources, parce qu'il ne recevoit presque aucun secours de Carthage; et cependant son armée se trouvoit réduite à vingt-six mille hommes de pied et à neuf mille chevaux. Avec si peu de forces, il étoit difficile de gagner la confiance des peuples. Il falloit pourtant contenir ceux qui s'étoient déclarés pour lui, conserver ses conquêtes, en faire de nouvelles, et tenir la campagne contre plusieurs armées qui se renouveloient tous les ans.

Je n'entrerai pas désormais dans le détail des expéditions qui ont été faites de part et d'autre. Je me bornerai aux résultats, et je parlerai seulement des principales entreprises. La première qui s'offre, est le siége de Syracuse par Marcellus.

Av. J. C. 214, de Rome 540.

Siège de Syracuse.

Parfaitement bien fortifiée, Syracuse se défendit, sur-tout par les machines d'Archimède. Ce géomètre déconcerta les assiégeans, qu'il écartoit des murs, et dont il ruinoit tous les ouvrages. Après huit mois, Marcellus se vit réduit à changer le siége en blocus. Il fut trois ans devant cette place ; et il désespéroit de s'en rendre maître, lorsqu'il s'établit dans un quartier par surprise, et que la trahison lui livra les autres. Archimède fut tué par un soldat.

En Espagne les Romains soutiennent leurs succès.

En Espagne, les Scipions avoient de nouveaux succès. Ils firent alliance avec

Syphax, roi de Numidie, qui prit les armes contre Carthage. Mais Géla, roi d'une autre partie de la Numidie, envoya au secours de cette république une armée sous les ordres de Massinissa son fils, prince qui deviendra célèbre.

En Italie, la guerre se faisoit avec moins de vivacité qu'ailleurs, parce qu'Annibal étoit trop foible pour former de grandes entreprises. Il se rendoit maître des places par les intelligences qu'il se ménageoit, plutôt que par ses armes : c'est ainsi qu'il le devint de Tarente. Les Romains hâtèrent eux-mêmes la défection de cette ville, parce que les otages, qu'elle leur avoit donnés ayant voulu s'enfuir, ils les battirent de verges et les précipitèrent du haut de la roche Tarpéienne. Ils conservèrent néanmoins la citadelle.

En Italie ils reprennent la supériorité.

Av. J. C. 212, de Rome 542.

Tarente, sans la citadelle, étoit une conquête peu importante, et un foible dédommagement de la perte de Syracuse, que Marcellus prit cette année. Cependant Annibal se voyoit encore menacé de perdre Capoue, que les Romains assiégeoient. Il vint au secours de cette place : il livra

Av. J.C. 211, de Rome 541.

plusieurs combats : il marcha contre Rome, dans l'espérance de faire une diversion. Rien ne lui réussit. Capoue se rendit l'an-

<small>Av. J. C. 211, de Rome 543.</small>

née suivante. Les Romains firent trancher la tête aux principaux habitans. Ils vendirent ou dispersèrent les autres, et ils crurent avoir usé de clémence, parce qu'ils ne rasèrent pas les murs de cette ville, qu'il étoit de leur intérêt de conserver.

<small>Pertes qu'ils font en Espagne.</small>

Pendant que Rome reprenoit la supériorité en Italie, elle éprouvoit des revers en Espagne, où Massinissa, vainqueur de Syphax, avoit conduit ses Numides. Cnéus et Publius ayant divisé leurs forces pour attaquer à-la-fois deux armées des Carthaginois, furent défaits, périrent l'un et l'autre, et l'Espagne paroissoit perdue pour les Romains.

<small>Victoire de L. Marcius.</small>

Cependant L. Marcius, simple chevalier, rassemble les soldats que la fuite avoit dispersés, et les conduit dans le camp de T. Fontéius, lieutenant de P. Scipion. Il venoit d'être choisi pour les commander, lorsque les Carthaginois s'avancèrent avec le désordre que donne la confiance, ne présumant pas de trouver de la résistance dans les débris de deux armées, dont les chefs avoient été tués. Mais, assaillis tout-à-coup, ils furent mis en déroute. Rentrés dans le camp, ils ne prévirent pas devoir être attaqués ; et cette sécurité acheva de les perdre. Marcius, qui les surprit pendant la nuit, en fit un si grand carnage, qu'ils laissèrent sur la place plus de trente mille hommes. Le sénat cependant reconnut mal ce service, parce que ce capitaine prit dans ses lettres le titre de propréteur. D'ailleurs, il jugeoit d'une dangereuse conséquence que les armées nommassent elles-mêmes leurs généraux.

La prise de Capoue fut suivie du triomphe de Marcellus. Le peuple vit avec curiosité ces machines de guerre, qui avoient effrayé les légions ; et, ce qui ne fut pas moins nouveau pour lui, ce triomphe offrit à ses yeux les vases, les tableaux, les statues, tout le luxe, en un mot, d'une ville opulente qui cultivoit les arts. De tant de richesses, le général, qui les étaloit, ne conserva rien pour lui : il les déposa dans les temples, d'où elles furent

Triomphe de Marcellus.

Av. J. C. 211, de Rome 543.

dans la suite enlevées. On a regardé ce triomphe comme l'époque du goût des Romains pour les arts des Grecs, et on a reproché à Marcellus de leur avoir, le premier, fait connoître ces superfluités. Il est vrai qu'il n'auroit fallu montrer à ce peuple guerrier que des trophées d'armes: mais il eût fallu aussi que les peuples qu'il subjuguoit, n'eussent jamais été que soldats comme lui.

<small>Toute la Sicile sous la domination des Romains.</small>

<small>Av. J. C. 210 ; de Rome 544.</small>

L'année suivante, le consul M. Valérius Lévinus prit Agrigente sur les Carthaginois, et toute la Sicile passa sous la domination des Romains. Mais le principal théâtre de la guerre étoit alors en Espagne, où P. Scipion commandoit en qualité de proconsul.

<small>Scipion se prépare à faire le siège de Carthagène.</small>

Scipion, qui avoit donné des preuves de son courage au combat du Tésin, avoit une pénétration singulière, un jugement sûr, une grande activité et une ame sensible et généreuse. Hardi dans ses projets, prompt dans l'exécution, il se distinguoit sur-tout par sa prudence : elle étoit telle, qu'elle le faisoit passer pour un homme inspiré des dieux. Il laissoit subsister cette erreur, qui pouvoit contribuer à ses succès.

On ne prévoyoit pas que Scipion ouvriroit la campagne par le siége de Carthagène. Les Carthaginois étoient maîtres de tout le pays au-delà de l'Èbre : ils le défendoient avec trois armées victorieuses, et à peine avoit-il lui-même trente mille hommes. D'ailleurs, Carthagène étoit fort bien fortifiée. C'étoit la place d'armes des Carthaginois. Elle avoit un port assez spacieux pour recevoir une armée navale, et on y arrivoit facilement d'Afrique.

Scipion, considérant que moins une entreprise est prévue, moins l'ennemi la prévient, jugea que la prise de Carthagène n'étoit pas impossible; et aussitôt qu'il fut arrivé à Tarragone, où il prit ses quartiers d'hiver, il s'informa de l'état des choses, de la position des lieux, de la force des armées, et des dispositions des alliés de Carthage. Il apprit que les Carthaginois appesantissoient le joug depuis leurs dernières victoires; que les peuples n'attendoient que l'occasion pour se soulever; que la mésintelligence divisoit les ni argent ni soldats. Sur ces entrefaites, le consul Marcellus tomba dans une embuscade où il fut tué, et où son collègue, T. Quintius, reçut une blessure dont il mourut quelque temps après.

<small>Av. J. C. 208, de Rome 546.</small>

<small>Situation d'Annibal, lorsque son frère Asdrubal arrive en Italie.</small>

Asdrubal, qui amenoit quarante-huit mille hommes d'infanterie, huit mille chevaux et quinze éléphans, passa les Alpes sans obstacles de la part des Gaulois, qui le reçurent comme allié, et dont un grand nombre le suivit en Italie. Mais cette facilité lui devint funeste, parce que son frère, qui ne l'attendoit pas si tôt, étoit encore dans le Brutium, lorsqu'il auroit dû se rapprocher de la Gaule Cisalpine. Peut-être même Annibal avoit-il trop attendu. Il lui étoit d'autant plus difficile de traverser l'Italie, à la vue d'une armée consulaire de quarante mille hommes, que C. Claudius Néron, qui la commandoit, avoit eu l'avantage dans deux combats, et l'avoit réduit à éviter lui-même d'en venir aux mains. Quand même il auroit pu, malgré Néron, aller au-devant d'Asdrubal, il auroit encore rencontré sur son chemin la seconde armée consulaire,

<small>Av. J. C. 207, de Rome 547.</small>

que M. Livius Salinator conduisoit dans la Gaule Cisalpine. Dans cet état de choses, il paroît que son seul parti étoit d'attendre que son frère vînt lui-même le joindre dans le Brutium.

Asdrubal lui dépêcha des couriers pour lui donner avis de son arrivée : mais ils furent pris, et conduits à Néron, qui, jugeant devoir aller au secours de son collègue, partit aussitôt avec l'élite de ses troupes. C'étoit en apparence livrer à l'ennemi le midi de l'Italie. En effet, si Annibal eût été instruit de l'absence du consul, il eût pu reprendre l'avantage sur une armée affoiblie, qui restoit sans chef. Mais Néron se flatta qu'il n'en auroit aucun soupçon. Et afin de lui cacher plus sûrement son projet, il le cacha même aux soldats qu'il emmenoit avec lui. Ils crurent marcher pour surprendre une ville de Lucanie qui étoit dans le voisinage du camp. *Résolution hardie de Claudius Néro.*

Quand on apprit à Rome cette résolution hardie, on fut dans les plus grandes alarmes. L'événement les dissipa bientôt. Asdrubal, engagé par la trahison de ses guides, *Défaite et mort d'Asdrubal.*

l'isthme, et ils négligent le côté de l'étang, qu'ils croient suffisamment défendu. Cependant la marée se retire : les soldats, qui voient les eaux s'écouler, ne doutent pas que Neptune ne vienne à leur secours; ils passent, ils escaladent les murs sans obstacle, et ils se rendent maîtres de la place.

<small>Il gagne l'affection des peuples.</small> Scipion trouva dans Carthagène les otages que les Carthaginois avoient exigés de leurs alliés : il les renvoya chez eux avec des présens. Il rendit la liberté à un grand nombre de prisonniers, et il la fit espérer à tous; et il eut soin, sur-tout, que les femmes fussent respectées. Il y avoit, parmi elles, une jeune personne d'une rare beauté, qui avoit été promise à Allucius, prince des Celtibériens : les soldats l'ayant amenée à Scipion, il se hâta de faire venir Allucius et les parents, et il la leur remit. Avec ces procédés, il s'attacha les anciens alliés, et il en acquit de nouveaux.

<small>Pertes que font les Carthaginois.</small> Il falloit une victoire aux Carthaginois pour arrêter les progrès de Scipion. Asdrubal la tenta, après avoir tout disposé pour passer en Italie, si la fortune lui étoit con-

traire. Ce dernier parti fut sa seule res- *Av. J. C. 209,*
source. Alors Marcellus suivoit de près *de Rome 545.*
Annibal, pendant que Fabius assiégeoit
Tarente. Il livra trois combats dans trois
jours consécutifs. Le premier fut douteux.
Dans le second, Annibal eut l'avantage,
dans le troisième, il fut défait. Bientôt
après un corps de Brutiens, qui faisoit
partie de la garnison de Tarente, livra
cette ville au consul Fabius.

Cependant si Asdrubal pénétroit en Ita- *État d'épuise-*
lie, Annibal se flattoit encore de rétablir *Romains.*
ses affaires, parce que les Romains étoient
dans le plus grand épuisement. En effet,
dans l'espace de dix ans, Rome avoit perdu la moitié de ses citoyens (1). Les
pertes des alliés n'étoient pas moins considérables : leurs villes se dépeuploient, et
il ne leur étoit pas possible de payer les
impôts dont ils étoient surchargés. Plusieurs colonies avoient même déclaré à la
république, qu'elles ne fourniroient plus

---

(1) L'an 220 avant J. C. le dénombrement avoit
donné 270213 citoyens, et l'an 209 il ne donna
que 137108.

généraux ; qu'ils campoient à une grande distance les uns des autres ; et que le plus près de Carthagène en étoit au moins à dix journées.

Cette ville, située au fond d'un golfe, sur une montagne qui forme une presqu'île, est défendue à l'orient et au midi par la mer, au couchant par un étang, et il ne reste au nord qu'une langue de terre qui la joint au continent. Elle étoit fort peuplée : mais les Carthaginois n'y entretenoient que mille hommes de troupes, tant ils étoient éloignés de prévoir qu'elle pût être assiégée. Enfin, l'étang qui la baignoit, sujet à un flux et reflux sensible, devenoit guéable, lorsque la marée se retiroit : circonstance dont Scipion saura tirer avantage.

Il se rend maître de cette place.

Av. J. C. 210, de Rome 544.

Instruit de toutes ces choses, il marcha, conduisant lui-même ses troupes de terre, et ayant donné le commandement de la flotte à C. Lélius, à qui seul il avoit confié son projet. Il arriva le septième jour, lorsque sa flotte entroit dans le port. L'importance de son entreprise, les raisons qui la lui faisoient tenter, les récompenses qu'il promettoit, auroient suffi pour donner de la confiance aux soldats : il ajouta que Neptune lui avoit promis son secours.

Le lendemain matin, ayant commandé deux mille soldats, et des échelles, il donna le signal de l'assaut. Les Carthaginois, qui firent une sortie, furent repoussés, et les soldats appliquèrent leurs échelles contre les murs. Mais comme elles étoient d'autant plus foibles qu'il avoit fallu les faire fort longues, la plupart se brisoient sous le poids des soldats qui montoient à-la-fois; et si quelques-uns parvenoient jusqu'au haut, les assiégés les repoussoient facilement, et les précipitoient. Scipion fit sonner la retraite.

Il se prépare à donner un nouvel assaut le même jour. Il commande des troupes fraîches pour escalader les murs du côté de l'isthme, et il place sur le bord de l'étang cinq cents soldats, auxquels il donne des échelles. Les assiégés qui venoient de repousser l'ennemi, se flattoient de trainer le siége en longueur, lorsqu'ils se virent tout-à-coup assaillis de nouveau. Ils accourent pour défendre les murs du côté de dans un poste désavantageux, perdit la bataille et la vie. Les historiens ne s'accordent pas sur le nombre des morts. Polybe regarde Asdrubal comme un grand capitaine, et rejette les revers qu'il a eus en Espagne, sur les collègues que Carthage lui avoit donnés.

Néron, qui avoit eu la plus grande part à la dernière victoire, rejoignit son armée, avant que les ennemis eussent rien su de son absence. Il fit jeter la tête d'Asdrubal dans leur camp, et c'est ainsi qu'Annibal apprit son malheur.

Fin de la guerre en Espagne.

Sous ce consulat, la flotte des Carthaginois fut défaite par celle des Romains, que commandoit M. Valérius Lévinus. L'année suivante, il ne se passa rien en Italie. Annibal resta tranquille dans le Brutium, et les Romains se bornèrent à l'observer. Le théâtre de la guerre fut en Espagne, d'où Scipion chassa tout-à-fait les Carthaginois, six ans après avoir pris le commandement dans cette province. Alors il projetoit de porter la guerre jusqu'aux portes de Carthage. Il falloit pour cela avoir des alliés en Afrique, et il im-

Av. J. C. 206, de Rome 548.

portoit, sur-tout, d'acquérir les Numides, parce qu'ils faisoient la principale force de la cavalerie ennemie.

Lors de la décadence des affaires des Romains en Espagne, après la mort de Cnéus et de Publius, Syphax étoit rentré dans le parti des Carthaginois. Scipion ayant fait sonder ce prince, partit de Carthagène avec deux vaisseaux pour aller, comme le desiroit Syphax, traiter en personne avec lui. Cette démarche, qui l'exposoit à tomber entre les mains des ennemis, lui réussit, et il renouvela l'alliance avec ce roi numide. De retour en Espagne, il acquit un autre allié : ce fut Massinissa, qui cherchoit depuis quelque temps l'occasion de traiter avec lui. Après avoir négocié avec autant de succès qu'il avoit fait la guerre, il revint à Rome, où il fut fait consul. Il eut pour collègue P. Licinius Crassus.

Pendant ce consulat, il ne se passa rien dans le Brutium, parce que des maladies contagieuses désolèrent également l'armée des Carthaginois et celle des Romains. Mais Magon, frère d'Annibal, descendit <small>Magon frère d'Annibal, maître de Gênes.</small>

<small>Av. J. C. 205, de Rome 549.</small>

tion de Marcellus. Il persistoit dans la résolution de ne prendre aucune part aux affaires, lorsque le peuple, se reprochant le jugement qu'il avoit porté contre lui, le donna pour collègue à Néron, qu'il venoit d'élire censeur. On eut de la peine à lui faire accepter une magistrature, qu'il devoit partager avec son ennemi : cependant il se rendit aux instances qu'on lui fit; il se réconcilia même avec Néron.

Ces deux censeurs étoient l'un et l'autre de l'ordre des chevaliers. Ils se dégradèrent réciproquement. Néron ôta le cheval à Livius sous prétexte qu'il avoit été condamné par le peuple; et Livius l'ôta également à Néron, premièrement, parce qu'il avoit porté contre lui un faux témoignage, et en second lieu, parce qu'il l'avoit encore trompé par une fausse réconciliation. Enfin il flétrit trente-quatre tribus, et ne laissa le droit de suffrage qu'à la tribu Mécia, qui ne l'avoit pas condamné. Il disoit que le peuple avoit nécessairement prévariqué, une fois en portant un jugement contre lui, ou deux fois en le créant ensuite consul et puis censeur.

On prorogea le commandement à Scipion, pour tout le temps qu'on auroit la guerre en Afrique. On cessoit alors de le traverser. Les consuls, les préteurs, tous les magistrats vouloient contribuer au succès de son entreprise. Son armée ne manqua de rien, et il n'eut plus à combattre que contre les Carthaginois.

L'entreprise de Scipion n'est plus traversée.

Av. J. C. 207, de Rome 551.

Syphax étoit venu au secours de Carthage avec cinquante mille hommes de pied et dix mille chevaux; et cette république avoit levé trois mille chevaux et trente mille hommes d'infanterie, qu'Asdrubal, fils de Giscon, commandoit. C'étoit un des généraux que Scipion avoit chassés d'Espagne. Ces deux armées campoient à une demi-lieue l'une de l'autre, et à deux lieues environ de celle des Romains. Elles furent dissipées en une nuit. Scipion ayant fait mettre le feu tout-à-la-fois aux deux camps, les Carthaginois et les Numides, croyant que cet incendie étoit un accident auquel l'ennemi n'avoit point de part, coururent pour l'éteindre, et tombèrent sans armes sous les coups des Romains. Asdrubal et Syphax, qui échappèrent, ne sauvèrent

Il brûle les deux camps ennemis.

une à Rimini, et une en Étrurie. Cependant Scipion continuoit de trouver des oppositions dans les sénateurs, à qui ses projets donnoient de la jalousie, ou qui étoient trop timides pour les adopter; pour lui faire ôter le commandement, ses ennemis le calomnièrent. On l'accusa de vivre dans la mollesse, de corrompre la discipline, d'être, par ses mœurs, plus redoutable aux Romains qu'aux Carthaginois. Les choses vinrent au point, que, si l'avis de Fabius eût été suivi, Scipion auroit été condamné, sans avoir été entendu. Mais le sénat, qui voulut s'assurer de la vérité, fit partir des commissaires pour la Sicile. Scipion fut pleinement justifié. C'est ainsi que se passa l'année de son consulat et une partie de l'année suivante.

<small>Ce général passe en Afrique.</small>

Quand il eut achevé ses préparatifs, il partit de Lilibée avec cinquante vaisseaux de guerre, et près de quatre cents bâtimens de charge. On ne sait pas quel étoit le nombre de ses troupes, il campa à un mille d'Utique.

<small>Av. J. C. 204, de Rome 550.</small>

Massinissa vint le joindre avec deux cents chevaux, ou, selon quelques-uns, avec deux mille. C'est tout le secours qu'il amenoit avec lui. Ce prince avoit été dépouillé de ses états par Syphax, qui étoit rentré dans l'alliance des Carthaginois. Ainsi de deux alliés, sur lesquels Scipion avoit compté, il ne lui en restoit qu'un qui étoit sans forces. Cette révolution dont il avoit été instruit avant son départ de Lilibée, ne changea rien à ses projets. Dans cette première campagne il ravagea les terres des Carthaginois, et défit deux détachemens de cavalerie. Pendant que ces choses se passoient en Afrique, les censeurs C. Claudius Néro et M. Livius Salinator donnoient à Rome une étrange scène.

M. Livius et L. Émilius avoient été collègues dans la guerre d'Illyrie contre Démétrius de Pharos; et après être sortis de charge, ils avoient été accusés l'un et l'autre d'avoir détourné à leur profit une partie du butin. Néron s'étoit porté pour accusateur de Livius; et celui-ci fut condamné par toutes les tribus, excepté la tribu Mécia. Outré de cet affront, il se retira à la campagne, et ne revint à Rome que plusieurs années après, à la sollicita-

Censure de Claudius Néro et de Livius Salinator.

dans la Ligurie avec douze mille hommes de pied et deux mille chevaux. Il s'établit à Gênes, dont il s'empara; et les Gaulois commençoient à se joindre à lui.

Motif pour les Romains de porter la guerre en Afrique.

Les efforts des Carthaginois pour réparer les pertes qu'ils avoient faites en Italie, étoient une nouvelle raison de porter la guerre en Afrique. Si une diversion en Espagne avoit été utile, que ne devoit-on pas espérer d'une diversion qui porteroit l'alarme jusques dans Carthage? Le danger où Rome, cette république de soldats, s'étoit trouvée, faisoit prévoir l'extrémité où seroit Carthage, qui n'avoit pour sa défense que des troupes mercenaires, des citoyens peu aguerris, et des généraux connus seulement par leurs défaites. Il étoit donc plus facile de vaincre les Carthaginois en Afrique qu'en Italie; et une victoire remportée sur eux, les forçoit à rappeler Annibal, et éloignoit de Rome un ennemi qu'on redoutoit encore.

Ce projet, que Scipion propose, trouve des oppositions.

Voilà les motifs du projet que Scipion avoit médité, et qu'il s'étoit flatté d'exécuter, lorsqu'il seroit consul. Mais quand il le proposa, il trouva de grandes oppositions. Fabius sur-tout, le désapprouva : il ne vit que des dangers dans cette entreprise, et il employa tout son crédit pour la faire rejeter. Lorsque, malgré ses remontrances et ses intrigues, le sénat eut donné à Scipion le département de la Sicile, avec la permission de passer en Afrique, il ne se désista pas encore. N'ayant pu empêcher la résolution qui avoit été prise, il voulut au moins en traverser l'exécution. Il fit refuser au consul de nouvelles levées, et Scipion vit le moment où il ne pourroit pas même emmener avec lui les volontaires qui le voudroient suivre.

Afin d'occuper les Romains chez eux, les Carthaginois invitèrent le roi de Macédoine à porter la guerre en Italie ; et ils envoyèrent à Magon vingt-cinq vaisseaux, six mille hommes de pied, huit cents chevaux, sept éléphans, et des troupes. Ils auroient voulu qu'Annibal eût pu jeter encore la terreur dans Rome, et ils se reprochoient alors de l'avoir si mal soutenu. *Moyens qu'employoient les Carthaginois pour empêcher Scipion de passer en Afrique.*

Philippe n'étoit pas à redouter. Quant à Magon, on lui opposa deux armées, *Moyens qu'employoient à Rome les ennemis de Scipion.*

que deux mille hommes de pied et cinq cents chevaux.

Autres victoires des Romains.

Vaincus parce qu'ils avoient été surpris, ils se flattèrent d'un plus heureux succès, lorsque la force décideroit seule du sort du combat : ils levèrent de nouvelles troupes : ils reparurent avec trente mille hommes, et ils furent encore défaits. Alors toutes les villes qui dépendoient des Carthaginois se soumirent aux Romains : Massinissa recouvra ses états : et Syphax, battu, pour la troisième fois, fut fait prisonnier. Vers le même temps, Magon ayant perdu une bataille dans la Gaule Cisalpine, mourut de ses blessures, lorsqu'il retournoit en Afrique. Alors Carthage se vit forcée à rappeler Annibal.

Inquiétudes des Romains, après le départ d'Annibal.

Annibal quitta l'Italie, et les Romains ordonnèrent des prières publiques pour rendre grâces aux dieux qui les délivroient de cet ennemi redoutable. Cependant ils n'étoient pas sans inquiétude. Le succès de la guerre leur paroissoit plus incertain que jamais. Les victoires de Scipion ne les rassuroient pas. Pour avoir vaincu des troupes levées à la hâte, et commandées par des généraux tels qu'Asdrubal et Syphax, ils ne jugeoient pas qu'il dût vaincre de vieilles troupes, aguerries, bien disciplinées, et conduites par le plus grand capitaine. C'est Fabius sur-tout qui répandoit ces inquiétudes. Il ne cessoit de présager des malheurs, depuis que le théâtre de la guerre étoit en Afrique. Il mourut sur ces entrefaites. Av. J C. 203, de Rome 551.

Annibal arrive à Zama, et nous sommes au moment qui décida du sort des deux républiques : moment funeste à Carthage qui fut vaincue, et la victoire ne dédommagea pas les Romains des pertes qu'ils avoient faites pendant une guerre longue et opiniâtre. Les conditions du traité de paix furent, que les Carthaginois renonceroient à l'Espagne, à la Sicile et à toutes les îles situées entre l'Afrique et l'Italie ; qu'ils rendroient tous les prisonniers et tous les transfuges ; qu'ils livreroient leurs éléphans et leurs vaisseaux, à l'exception de dix galères ; qu'ils paieroient un tribut pendant cinquante ans, et qu'ils n'entreprendroient point de guerres sans l'aveu du peuple Romain. Syphax Défaite d'Annibal. Traité de paix. Av. J. C. 201, de Rome 553.

orna le triomphe de Scipion : il mourut en prison quelque temps après. On fit présent de ses états à Massinissa, et on donna le surnom d'Africain au vainqueur d'Annibal.

CHAPITRE V.

De la Macédoine et de la Grèce à la fin de la seconde guerre punique.

Quoique la Gaule Cisalpine et l'Espagne eussent été subjuguées, la domination des Romains n'y fut pas entière et paisible. Il fallut pendant long-temps y remporter encore des victoires, et ce ne fut pas sans éprouver des revers. Mais je négligerai ces expéditions. Il ne s'agit pas d'aller avec les Romains de combat en combat. Autant il est inutile de juger de leurs entreprises, lorsqu'elles commencent; autant il est inutile d'en observer scrupuleusement le progrès. Quand elles sont déjà fort avancées, nous pouvons les regarder comme achevées, et passer rapidement à la conclusion. C'est le p an que je crois devoir suivre. Tout autre plan me jetteroit dans des détails qui, se ressemblant suc-

Il n'est pas nécessaire d'étudier en détail toutes les guerres des Romains.

cessivement les uns aux autres, nous donneroient de l'ennui sans utilité. Bornons-nous donc, Monseigneur, à ceux qui peuvent nous instruire.

Après la seconde guerre punique, les Romains furent conduits à la conquête de la Macédoine et de la Grèce. Pour observer cette entreprise dans ses commencemens, il faut connoître quel étoit alors l'état de ces deux provinces.

<small>Brigandage des Étoliens.</small> Les Étoliens, dont le pays s'étendoit depuis le fleuve Achéloüs jusqu'au détroit du golfe de Corinthe et jusqu'au pays des Locres Osoliens, s'étoient emparés de plusieurs villes dans l'Acarnanie, dans la Thessalie et dans d'autres provinces voisines. Cependant, armés moins pour conquérir que pour piller, ils vivoient de brigandage, et ils le regardoient comme la seule profession d'un peuple libre et courageux. Contenus pendant un temps par la crainte d'Antigone Doson, ils se crurent tout permis lorsqu'ils virent un jeune prince sur le trône de Macédoine. Alors ils firent de nouvelles courses dans le Péloponèse : ils ravagèrent les terres des Achéens : ils

pillèrent même celles des Messéniens leurs alliés.

Depuis que Cléomène avoit été chassé de Lacédémone, et qu'Antigone paroissoit avoir pacifié la Grèce, la république d'Achaïe, peu militaire par sa constitution, négligeoit tout-à-fait le métier des armes. Parce qu'elle ne redoutoit plus les Spartiates, elle croyoit n'avoir plus d'ennemis; et elle ne prévoyoit pas que les Étoliens recommenceroient leurs hostilités, dès qu'ils cesseroient de craindre le roi de Macédoine.

Quand il fallut armer pour chasser de la Messénie les Étoliens, Timoxène, alors préteur, s'y refusa. Il ne comptoit pas sur des troupes peu aguerries et levées à la hâte ; et comme l'année de préture alloit expirer, il aima mieux laisser le soin de la guerre à son successeur. Ce fut Aratus qui lui succéda, et il fut défait. Les Étoliens continuèrent impunément leur brigandage : ils se retirèrent même sans être inquiétés : et les Achéens ayant besoin des secours de leurs alliés, députèrent en Épire, en Béotie, en Phocide, en Acarnanie et en Macédoine.

<small>On arme contre eux.</small>

Philippe vint à Corinthe, où il convoqua les députés de toutes les villes qui avoient des plaintes à porter contre les Étoliens. On y délibéra sur les intérêts communs, et on prit des mesures pour agir avec rigueur. Le commencement de cette guerre, qu'on nomma sociale, répond au temps où Annibal se disposoit à faire le siége de Sagonte, et où les con-<small>Av. J. C. 219, de Rome 535.</small> suls L. Émilius et Livius Salinator furent envoyés en Illyrie contre Démétrius de Pharos. Philippe, qui se conduisoit par les conseils d'Aratus, montra beaucoup de sagesse, et donna de grandes espérances aux alliés.

<small>Cléomène, roi de Sparte meurt en Égypte.</small>

Sparte étoit alors déchirée par des factions. Les uns, se souvenant des bienfaits d'Antigone, ne vouloient pas qu'on se séparât de Philippe; les autres par haine pour la république d'Achaïe, vouloient qu'on s'alliât des Étoliens. Ces divisions paroissoient offrir à Cléomène une occasion de recouvrer la couronne. Ptolémée Évergète, chez qui il s'étoit retiré, lui avoit même promis de le rétablir; et les secours de ce souverain paroissoient lui être d'autant plus assurés, qu'il étoit de l'intérêt des rois d'Égypte de s'opposer à l'agrandissement des rois de Macédoine. Mais Évergète mourut la même année qu'Antigone Doson. Son successeur, Ptolémée Philopator, trop incapable de soins pour se conduire par des vues politiques, ne voulut prendre aucune part aux affaires de la Grèce. Il refusa des troupes à Cléomène : il ne lui permit pas même de retourner à Sparte ; et ce roi malheureux, après de vaines tentatives pour recouvrer sa liberté, fut réduit à se donner la mort. Les Spartiates, qui ne lui avoient point encore donné de successeur, disposèrent alors du trône : mais ce fut au gré de la faction favorable aux Étoliens.

Les deux branches des Héraclides subsistoient encore. On choisit, dans l'une Agésipolis ; et comme il étoit encore enfant, on le mit sous la tutèle de son oncle Cléomène. L'autre branche fut tout-à-fait oubliée. Lycurgue, simple particulier, obtint la couronne. Elle ne lui coûta qu'autant de talens qu'il y avoit d'éphores : tant, dit Polybe, les grandes

Rois, qui lui succèdent.

dignités s'achètent quelquefois à vil prix.

Sage conduite de Philippe pendant la guerre sociale.

La guerre se fit alors avec vivacité: les Étoliens, les Éléens et les Spartiates d'une part et de l'autre, tout le reste du Péloponèse avec les Acarnaniens, les Macédoniens et les Thébains. Les Messéniens refusèrent d'entrer dans l'alliance des Achéens, quoique ce fût pour eux qu'on eût d'abord pris les armes.

Dans toute cette guerre, Philippe fut cher aux alliés et redoutable aux ennemis. Il eût des succès, qu'on attribuoit à la fortune: il en eût qu'on auroit jugé téméraires, s'il eût échoué. Mais il les dut tous à sa conduite. Actif, vigilant, infatigable, il savoit toujours saisir le moment. Par des marches rapides et bien concertées, il arrivoit souvent, lorsqu'on l'attendoit le moins: il enlevoit des places qu'on n'imaginoit pas devoir être attaquées: et les ennemis déconcertés succomboient tantôt sous sa valeur, tantôt sous la hardiesse seule de ses entreprises.

Il est vrai qu'il avoit un bon conseil dans Aratus: mais il pouvoit seul exécuter les projets de ce grand homme. On le louoit d'autant plus d'avoir donné sa confiance à ce vertueux citoyen, qu'il étoit entouré de gens qui ne cherchoient qu'à le tromper et à perdre Aratus.

Parmi ces traîtres étoient Apelle, Léontius et Mégaléas. Le premier, qui avoit été tuteur de Philippe, en étoit le ministre. Les deux autres, mis en place par Antigone Doson, occupoient deux des principales charges de la cour, et entroient dans toutes les vues d'Apelle, auquel ils étoient dévoués. Ces trois hommes intriguoient sourdement pour faire échouer les entreprises qu'Aratus avoit concertées avec le roi de Macédoine : ils entretenoient même à cet effet des intelligences avec les ennemis. Philippe, qui, malgré l'ascendant qu'ils paroissoient avoir pris sur lui, ouvrit les yeux sur leur conduite, punit de mort Apelle et Léontius. Mégaléas se tua pour échapper au supplice qu'il méritoit. Dans toute cette affaire, le roi se conduisit avec autant de prudence que de fermeté.

Il punit des hommes, qui abusoient de sa confiance.

Déconcertés par la sagesse de ce prince, les Étoliens desiroient la paix, et on la

Il accorde la paix aux Étoliens, pour faire la guerre aux Romains.

négocioit, lorsqu'on apprit la défaite des Romains auprès du lac de Thrasymène.

Ce fut alors que Démétrius de Pharos conseilla au roi de Macédoine de passer en Italie, l'assurant qu'il étoit déjà maître de la Grèce, et que tout l'occident alloit tomber sous sa domination. Philippe, trop jeune pour ne pas se laisser séduire aux discours flatteurs d'un ami inconsidéré, regarda les succès qu'il avoit eus jusqu'alors, comme l'augure de ceux que Démétrius lui promettoit. C'est pourquoi dans l'impatience de marcher contre les Romains, il se hâta de faire la paix avec les Étoliens ; et le traité en fut conclu à Naupacte, l'année même de la bataille de Thrasymène.

Av. J. C. 217,
de Rome 537.

Combien les Grecs auroient été puissans, si ce prince avoit su les réunir.

Ce prince seroit devenu le chef de la Grèce, s'il eût continué de se conduire avec la prudence qu'il avoit montrée jusqu'alors. Réunis sous un général habile, les peuples de cette contrée auroient formé une puissance redoutable ; et les Romains, épuisés par les dernières guerres, se seroient trouvés trop foibles pour subjuguer les Grecs par la force des armes. Annibal, pour qui la Grèce seroit devenue un asyle, eût pu s'ouvrir un nouveau chemin par l'Illyrie, et marcher une seconde fois contre Rome. Au contraire, si Philippe abandonnoit les Grecs à leurs divisions, il est évident qu'il les livroit aux Romains, et qu'il s'y livroit lui-même.

A travers les bonnes qualités qu'on admiroit en lui, on commençoit à démêler des vices qu'on auroit voulu excuser, lorsque l'échec, qu'il reçut devant Apollonie, acheva de les dévoiler. Dès-lors, cessant tout-à-fait de ménager les Grecs, il se fit autant d'ennemis qu'il avoit de voisins. Ce n'est pas ainsi qu'il falloit se préparer à la conquête de l'Italie.

Il se rendit à Messène, en apparence pour éteindre une sédition, et il l'alluma de plus en plus, parce qu'il se flattoit de trouver, dans les troubles, l'occasion de se rendre maître de la forteresse d'Ithome. Il fut même sur le point de se saisir de cette place, dans laquelle les Messéniens lui avoient permis d'entrer pour faire un sacrifice. C'étoit l'avis de Démétrius, qui lui représentoit que, s'il ajoutoit Itho-

Il leur devient odieux.

me à Corinthe qu'il avoit déjà, il mettroit tout le Péloponèse sous sa domination. Mais Aratus lui rappelant ses premières années, lui fit voir que l'affection des peuples assuroit bien mieux sa puissance, que des forteresses enlevées par trahison. Philippe, retenu par un reste de respect pour ce citoyen vertueux, n'osa exécuter son projet. Il s'en repentit bientôt. Il porta ses armes sur les terres des Messéniens, et parce qu'Aratus désapprouvoit hautement sa conduite, il le fit empoisonner.

<small>Ennemis qu'il a tout-à-la fois.</small>

C'est environ deux ans après, qu'il eut tout-à-la-fois pour ennemis les Étoliens, les Illyriens, les Éléens, Attalus, roi de Pergame, et les Romains. Si pour lors les Achéens, qui le méprisoient, ne l'abandonnèrent pas, c'est qu'ils avoient les mêmes ennemis. Philippe s'allia du roi de Bithynie, comptant sur une diversion qui empêcheroit Attalus de passer dans la Grèce. Cette alliance lui fut d'un foible secours.

<small>Av. J. C. 212, de Rome 542.</small>

Attaqué de tous les côtés, à peine a-t-il remporté deux victoires en Étolie, qu'il est obligé de passer dans le Péloponèse, pour secourir ses alliés contre les Éléens, soutenus des Romains. Encore victorieux, il n'a pas le temps de suivre ses avantages. Les Dardaniens ont fait une irruption dans la Macédoine, et il vole à la défense de ses propres états. Il revient dans la Grèce, lorsqu'Attalus repassoit en Asie, parce que Prusias, roi de Bithynie, venoit d'armer contre lui. Peu après, les Romains se retirèrent encore. Les Étoliens abandonnés de ces secours, demandèrent la paix, et Philippe la leur accorda.

Quelque temps auparavant, un autre ennemi s'étoit déclaré. Machanidas, successeur de Lycurgue sur le trône de Sparte, ravageoit d'Achaïe, et se flattoit de contribuer à la ruine du roi de Macédoine. Mais Philopémen étoit préteur. Vous m'avez demandé, Monseigneur, pourquoi je vous ai si peu fait connoître Philopémen, puisque c'étoit un grand homme. Je vais aujourd'hui satisfaire votre curiosité.

Éducation de Philopémen.

Cassandre, illustre par sa naissance et par l'autorité dont il jouissoit à Mantinée, ayant été exilé, se retira à Mégalopolis, chez son ami Craüse, père de Philopémen. Peu après, Craüse étant mort, Philopémen trouva dans Cassandre un second père.

Il y avoit alors à Mégalopolis deux citoyens éclairés et vertueux, Ecdémus et Démophane. Disciples l'un et l'autre d'Arcésilas, ils n'avoient pas étudié la philosophie pour se perdre dans de vaines disputes. Ils avoient rendu la liberté aux Mégalopolitains. Ils étoient avec Aratus, lorsqu'il délivra Sicyone. Dans la suite, ayant été appelés par les Cyrénéens, ils dissipèrent les troubles qui les divisoient, leur donnèrent des lois, et les gouvernèrent avec beaucoup de sagesse. C'est à ces deux hommes que Cassandre confia le jeune Philopémen.

D'une constitution forte, et propre aux exercices de toute espèce, Philopémen joignoit à ces avantages une conception prompte, une grande activité, un desir vif de se distinguer, et une exactitude scrupuleuse jusques dans les petites choses. C'étoit une ame qui se portoit au vrai et au bien, rapidement et comme par instinct.

Sous ses maîtres, il étudia la guerre dans les ouvrages qui traitoient de cet art. Il l'étudia sur-tout dans la vie des grands capitaines. Il lut Homère, le poète le plus propre à élever l'ame; et il ne négligea ni l'éloquence ni la philosophie morale ; études absolument nécessaires aux hommes destinés à gouverner les républiques.

Les talens et les vertus se formèrent dans Philopémen, comme les plantes croissent dans un sol qui leur est propre. Ses premières études lui furent toujours chères, parce qu'il en sentit toujours l'utilité. Les exercices du corps étoient les seuls délassemens de son esprit. Il s'endurcissoit aux fatigues. Il cultivoit lui-même un bien qu'il avoit à la porte de Mégalopolis ; partageant les travaux avec ses esclaves, se nourrissant comme eux, dormant comme eux sur la paille, toujours le premier à l'ouvrage et le dernier. Vous voyez, Monseigneur, combien les grands hommes sont au-dessus des préjugés des grands. Ce n'est pas le besoin qui forçoit Philopémen à cette vie dure. Il étoit inutile qu'il fût riche pour lui : mais il vouloit l'être pour les autres, et il rachetoit ses citoyens qui avoient été faits prisonniers à la guerre.

<small>Il conserve la liberté aux Mégalopolitains.</small> Il étoit dans la trentième année, lorsque Mégalopolis fut livrée à Cléomène par trahison. Il déroba ses concitoyens au vainqueur, et les ayant conduits à Messène, il leur persuada de se refuser aux offres du roi de Sparte qui les invitoit à revenir dans leur patrie. Il jugeoit que ce prince abandonneroit Mégalopolis, lorsqu'elle seroit sans habitans. Il ne se trompoit pas. Peu de temps après, il ramena les Mégalopolitains dans leur ville, ruinée à la vérité, mais libre.

<small>Il contribue au succès de la bataille de Sélasie.</small> C'est dans cette même campagne que se donna la bataille de Sélasie, entre Cléomène et Antigone Doson. La gauche du roi de Macédoine, repoussée, fuyoit en désordre, et il étoit temps de la soutenir. Philopémen qui le représenta, voyant qu'on ne l'écoutoit pas, prit sur lui de faire marcher la cavalerie mégalopolitaine qu'il commandoit, et ce mouvement, fait à propos, ramena la victoire. Antigone ayant ensuite demandé pourquoi la cavalerie

avoit attaqué, avant d'avoir reçu ses ordres : tous ses officiers s'excusèrent, et rejetèrent sur le jeune Mégalopolitain, une faute dont ils n'avoient pas été capables. Antigone leur répondit que ce jeune homme s'étoit conduit en grand capitaine. Il tenta inutilement de se l'attacher.

Pendant la paix qui suivit l'expulsion de Cléomène, Philopémen alla faire la guerre en Crète. Il y acquit une grande réputation, et à son retour les Achéens le nommèrent général de la cavalerie.

Les Achéens deviennent, sous ses ordres, d'excellens soldats.

Ce commandement ouvroit la préture aux généraux, lorsqu'ils savoient ménager les suffrages des citoyens. C'est à quoi on n'avoit réussi jusqu'alors, qu'en usant de beaucoup d'indulgence, et la cavalerie achéenne étoit tout-à-fait tombée. Sous Philopémen, elle fut supérieure à celle des ennemis, parce qu'il rétablit la discipline. Cependant il parvint à la préture, et il n'en fut pas moins sévère. Les Achéens, dociles aux leçons de ce grand maître, devinrent d'excellens soldats.

C'est pendant sa préture que Macha-

Victoire qu'il remporte à Mantinée.

nidas prit les armes. Une bataille, qui se donna près de Mantinée, termina cette guerre. Après un combat opiniâtre, l'aile gauche de Philopémen, composée d'étrangers, fut mise en déroute. Le reste de l'armée n'avoit point encore donné, et Machanidas, qui pour lors débordoit l'ennemi, auroit pu tout-à-la-fois l'attaquer de front et le prendre en flanc : mais il poursuivit les fuyards; et cette faute, dont Philopémen sut profiter, lui coûta la victoire et la vie.

Les Romains déclarent la guerre au roi de Macédoine.

Av. J. C. 204, de Rome 550.

La paix, que les Étoliens obtinrent deux ans après, lorsque Scipion passoit en Afrique, devint générale. Tous les alliés de part et d'autre furent compris dans le traité, et les Romains y accédèrent eux-mêmes, parce qu'ils avoient alors besoin de toutes leurs forces contre Carthage. Mais il paroît que Philippe, qui se portoit par inquiétude à de nouveaux projets, n'avoit voulu que se débarrasser d'une partie de ses ennemis. En effet, il continua de faire la guerre au roi de Pergame, il la déclara aux Athéniens, il attaqua les Rhodiens, et il menaça l'Égypte. Toutes ces

puissances ayant porté leurs plaintes à
Rome, lorsque Scipion venoit de vaincre
Annibal, la république déclara la guerre $_{\text{do Rome 554.}}^{\text{Av. J. C. 260,}}$
au roi de Macédoine.

CHAPITRE VI.

De la première guerre de Macédoine et de ses suites.

<small>Quels étoient les peuples les plus puissans.</small> *La* Macédoine, remarque M^r. de Montesquieu, *étoit presque entourée de montagnes inaccessibles. Les peuples en étoient très-propres à la guerre, courageux, obéissans, industrieux, infatigables.*

La Grèce, dit le même écrivain, *étoit redoutable par sa situation, sa police, ses mœurs, ses lois : elle aimoit la guerre, elle en connoissoit l'art* (1).

Alors, de tous les peuples de la Grèce, les plus puissans étoient les Étoliens et les Achéens. Les Étoliens, endurcis aux fatigues, intrépides dans les combats, capables des entreprises les plus hardies,

---

(1) De la grandeur et de la décadence des Romains, Chap. 5.

n'aimoient que la guerre. Les Achéens, moins belliqueux, mais également jaloux de leur liberté, étoient puissans par la sagesse de leur gouvernement, et ils devenoient soldats sous Philopémen. Enfin les Spartiates, quoiqu'asservis sous des tyrans, se faisoient encore redouter, parce qu'ils conservoient leur premier courage. Les autres peuples n'étoient rien par eux-mêmes. Les Macédoniens, les Étoliens, les Achéens et les Spartiates décidoient donc du sort de la Grèce.

Le Consul P. Sulpicius Galba aborde en Illyrie avec deux légions. Pendant qu'il se rendoit maître de quelques places sur les frontières de Macédoine, vingt vaisseaux, qu'il avoit détachés de sa flotte, se joignirent à celle d'Attale, chassèrent les Macédoniens de l'Attique, enlevèrent Chalcis, subjuguèrent les Cyclades, et bientôt après toute l'île d'Eubée. Philippe mit le siége devant Athènes, le leva, et ravagea l'Attique. Cependant plusieurs princes voisins de la Macédoine armoient contre lui.

Perte que fait Philippe.

Av. J. C. 200, de Rome 554.

Les Étoliens, sollicités par les deux par- *Les Étoliens se déclarent contre lui.*

tis, ne se déclaroient pas encore. Philippe fut défait, et ils armèrent pour les Romains. C'est avec leurs secours que Rome vaincra. La campagne suivante fut moins féconde en événemens, parce que P. Villius la commença dans l'arrière-saison.

<small>Conduite de T. Quintius pour priver Philippe des secours de la Grèce.</small>

Les rois de Macédoine ne pouvoient pas entretenir par eux-mêmes un grand nombre de troupes. Ils avoient besoin que la Grèce leur fournît de l'argent, des vivres, des munitions et même des soldats. Pour terminer promptement la guerre, il falloit donc enlever ces secours à Philippe, et, par conséquent, détacher les Grecs de son alliance. C'est-à-dire, qu'il ne suffisoit pas de vaincre, il falloit négocier. Rome trouva dans T. Quintius Flaminius, qui remplaça P. Villius, un bon général et un habile négociateur.

<small>Av. J. C. 198, de Rome 556.</small>

Il eut une entrevue avec Philippe, qui parut désirer la paix, et on tint des conférences pendant trois jours. Il prévoyoit sans doute quelle en seroit l'issue. Mais il vouloit faire croire qu'en armant contre le roi de Macédoine, Rome n'avoit pas dessein de faire la guerre aux Grecs, et qu'au contraire, elle s'intéressoit à leur liberté.

En effet, il mit pour condition à la paix, que Philippe retireroit ses garnisons de toutes les villes grecques ; et parmi ces villes, il comprit celles de Thessalie, qui, depuis Philippe, père d'Alexandre, avoient toujours été soumises aux Macédoniens. *Quand vous m'auriez vaincu*, dit le roi, *vous ne m'imposeriez pas des lois plus dures ;* et il rompit les conférences.

Les Grecs eurent la simplicité de croire que Rome, dont toutes les entreprises avoient été terminées par des conquêtes, et qui sortoit à peine d'une guerre longue et dispendieuse, reprenoit les armes uniquement pour assurer leur liberté. Cette illusion fut l'ouvrage de Quintius : il saura l'entretenir.

Il ne falloit plus que des succès pour détacher tout-à-fait de Philippe des peuples qu'il aliénoit, et qui croyoient voir leur sûreté dans la protection des Romains. Quintius, campé dans l'Épire, étoit sé-

Succès des armes de Quintius.

paré de l'ennemi par des défilés qui paroissoient inaccessibles. Il les força : le roi s'enfuit dans le fond de la Macédoine, et la victoire soumit aux Romains l'Épire et la Thessalie. Leur flotte, celle d'Attale et celle des Rhodiens, s'étant réunies, prirent Erétrie et Cariste, deux villes principales de l'Eubée, où il y avoit garnison macédonienne. Elles mirent ensuite le siége devant Corinthe. Dans le dessein de gagner les Achéens, Quintius publia qu'il ne prendroit cette ville que pour la leur rendre.

Les Achéens s'allient des Romains.

Les Achéens se trouvoient dans une situation, où ils ne pouvoient éviter un inconvénient, que pour tomber dans un autre. S'ils avoient des obligations à Philippe, ce prince leur étoit suspect : d'ailleurs il paroissoit trop foible pour les défendre. Cependant il n'y avoit pas de milieu : il falloit avoir les Romains pour amis ou pour ennemis ; et il falloit opter, lorsque leur flotte assiégeoit Corinthe, et que le consul approchoit avec ses légions. L'alliance des Romains fut acceptée. Voilà donc les principaux peuples de la Grèce, déclarés contre Philippe.

C'est ainsi que Quintius termina sa première campagne. On lui continua le commandement avec le titre de proconsul. Il y avoit de l'inconvénient à donner chaque année la conduite de la guerre à de nouveaux généraux, qui, ayant à peine le temps de prendre connoissance des lieux, étoient révoqués au moment qu'ils pouvoient agir avec plus de vigueur.

Pendant l'hiver, Nabis qui avoit usurpé le trône de Sparte après la mort de Machanidas, fit alliance avec les Romains, et remit à Quintius la ville d'Argos que Philippe lui avoit confiée. Le traité que fit le proconsul avec ce monstre, auroit suffi pour faire voir aux Grecs qu'il s'intéressoit peu à leur liberté. Mais ils n'ouvroient pas les yeux, et d'ailleurs il n'étoit plus temps de les ouvrir. *Nabis, roi de Sparte, devient aussi leur allié. Av. J. C. 197, de Rome 557.*

Les Béotiens, les plus épais de tous les Grecs, prenoient le moins de part qu'ils pouvoient aux affaires générales. Uniquement conduits par le sentiment présent du bien et du mal, ils n'avoient *Les Béotiens sont forcés d'entrer dans la même alliance.*

pas assez d'esprit, pour qu'il fût facile aux orateurs de les agiter ; et, ce qu'il y a d'extraordinaire, leur république se maintenoit dans l'anarchie (1). Cette république étoit une association des villes de la Béotie.

Incertains par caractère, et comme engourdis, les Béotiens, pour prendre un parti, avoient besoin d'y être forcés. Il étoit peu avantageux pour les Romains de les acquérir : mais il leur importoit de les enlever à Philippe, parce que la défection de tous les peuples de la Grèce achevoit de ruiner la réputation de ses armes, et décourageoit les Macédoniens. Quintius et Attale se rendirent à Thèbes, suivis d'un corps de troupes, qui, ne laissant pas la liberté des suffrages, ne permit pas aux Béotiens de rester dans leur incertitude. L'alliance avec les Romains fut arrêtée tout d'une voix. Sur ces entrefaites Attale mourut. Fidelle à ses alliés, juste envers ses sujets, ami des lettres, ce prince généreux fut généralement regretté. Il

---

(1) Montesquieu, *ibid.*

laissa la couronne à Eumène, l'aîné de ses fils.

Quintius, assuré des Grecs dont les troupes fortifièrent son armée, tourna tous ses efforts contre la Macédoine. Une victoire qu'il remporta dans les montagnes de Cynocéphale en Thessalie, força Philippe à demander la paix, et il la lui accorda aux conditions suivantes : qu'il se renfermeroit dans les limites de la Macédoine; qu'il évacueroit toutes les villes grecques où il avoit garnison; qu'il livreroit tous ses vaisseaux, et qu'il payeroit mille talens en dix années.

Quintius, vainqueur à Cynocéphale, accorde la paix à Philippe.

Dans l'assemblée où les alliés traitèrent des conditions de cette paix, les Étoliens avoient proposé de détrôner Philippe, comme le seul moyen d'assurer la liberté de la Grèce. Mais le proconsul jugea qu'il étoit de l'intérêt des Romains de conserver un monarque, dont l'ambition inquiète affoiblissoit les Grecs en les divisant. D'ailleurs les Étoliens, alors le peuple le plus puissant de la Grèce, seroient devenus trop redoutables, si on eût anéanti l'unique puissance qui pouvoit leur résister. Ils

Il humilie les Étoliens.

avoient eu la plus grande part à la dernière victoire ; et parce que, dans leur aveuglement, ils s'imaginoient avoir vaincu pour eux, ils s'étoient flattés de donner la loi. Ce fut une raison de les humilier. Ils apprirent qu'en armant pour Rome, ils avoient armé contre eux-mêmes.

<small>Il fait croire aux Grecs qu'ils sont libres.</small> Cependant les peuples de la Grèce, soustraits à la domination d'un roi qui ne les avoit pas pu subjuguer, se voyoient à la discrétion d'un vainqueur qui alloit disposer de leur sort. Ils ne pouvoient recevoir la liberté que comme un don; et la liberté qui se donne, n'est qu'une servitude deguisée. Les Étoliens ne cessoient de dire qu'on n'avoit fait que changer de maître.

Il y avoit dans la Grèce trois places, qui paroissoient avoir été élevées pour l'asservir, Démétriade dans la Thessalie, Chalcis dans l'Eubée, et Corinthe dans l'Achaïe. Philippe les appeloit les entraves de la Grèce. Lorsque le sénat envoya des commissaires pour régler les affaires de cette province avec le proconsul, il fut assez peu politique pour ordonner de laisser des garnisons dans ces trois places.

A l'arrivée de ces commissaires, les Grecs paroissoient inquiets, soit qu'ils soupçonnassent les ordres du sénat, soit que la crainte les leur fît pressentir. Mais un héraut ayant proclamé aux jeux Isthmiques la liberté de toutes les villes, ils *se livrèrent*, dit M^r. de Montesquieu *à une joie stupide, et crurent être libres en effet parce que les Romains les déclaroient tels.*

Av. J. C. 196, du Rome 558.

Quintius les avoit rassurés. Si, conformément aux ordres du sénat, il eût laissé garnison dans les trois places dont nous avons parlé, tous les Grecs auroient reconnu avec les Étoliens qu'ils n'avoient fait que changer de maître. Il eut au contraire la sagesse de déclarer que ces villes se gouverneroient par leurs lois, et qu'il en seroit de même de toutes celles qui avoient appartenu à Philippe ou à quelqu'autre prince. Par ce réglement, qui en faisoit autant de petites républiques, il les retenoit chacune dans la dépendance de la puissance qui les protégeoit ; et la Grèce

Cependant il les assujettit aux Romains.

se trouvoit assujettie, parce qu'il l'avoit divisée. Il étoit facile de prévoir que les Étoliens, Philippe, Nabis et les Achéens ne manqueroient pas de former de nouvelles entreprises ; que les peuples opprimés porteroient leurs plaintes au sénat ; qu'en leur donnant des secours, on affoibliroit les oppresseurs ; que la Grèce, en un mot, se livreroit d'elle-même, et que les Romains auroient à peine besoin de prendre les armes.

Guerre qu'il fait à Nabis.

Av. J. C. 195, de Rome 559.

Nabis offroit déjà une occasion d'armer contre lui, et Quintius ne la laissa pas échapper. Ayant assemblé les alliés à Corinthe, il s'agit, leur dit-il, de décider si Argos sera libre comme les autres villes, ou si elle restera au tyran de Sparte qui s'en est emparé. Cette affaire, ajouta-t-il, vous regarde uniquement : Rome n'ambitionne que la gloire de délivrer toute la Grèce. La guerre fut déclarée.

Les flottes des Romains, des Rhodiens et du roi Eumène formèrent le siége de Githium, port de mer des Lacédémoniens, et cette place se rendit, lorsque proconsul assiégeoit Sparte avec une armée de cinquante mille hommes. Nabis fut forcé d'évacuer Argos et toutes les villes de l'Argolide. Il eût été au pouvoir du proconsul de le détrôner, et de rendre la couronne aux descendans d'Hercule ; mais un tyran, odieux aux Grecs, et entreprenant, convenoit mieux aux vues des Romains.

Il quitte la Grèce.

Il y avoit néanmoins de la contradiction à se déclarer les protecteurs de la liberté, et à laisser Sparte dans la servitude. Cette conduite paroissoit d'autant plus suspecte, que Chalcis, Démétriade et Corinthe n'étoient pas encore évacuées. Les Étoliens, sur-tout, se plaignoient hautement de la mauvaise foi du proconsul. Quintius se justifia dans une assemblée qu'il avoit convoquée à Corinthe. Il évacua toutes les places, quitta la Grèce, et emmena les légions.

Av. J. C. 1044
de Rome 560.

Nabis reprend les armes. Philopémen associe Sparte à la république d'Achaïe.

Une faction avoit forcé Philopémen à se retirer en Crète. Il revint, lorsqu'elle fut dissipée : on faisoit alors la guerre au tyran de Sparte. La gloire de ce général ne fut point obscurcie par l'enthousiasme des Grecs pour Quintius.

Les Romains s'étoient à peine retirés,

que Nabis mit le siége devant Githium, se proposant de recouvrer toutes les places qu'on lui avoit enlevées. Les Achéens députèrent aussitôt à Rome, et le sénat promit d'envoyer incessamment une flotte à leur secours. Cependant ils équipèrent à la hâte quelques vaisseaux : ils les chargèrent de soldats et de matelots peu versés dans la marine ; et Philopémen, alors préteur, quoiqu'il ne connût la mer que pour avoir été en Crète, eut l'imprudence de prendre le commandement de cette flotte.

Il fut vaincu : mais il répara bientôt sa défaite. Comptant sur la sécurité que la victoire donnoit aux ennemis, il prit terre, tomba tout-à-coup sur eux, et en fit un grand carnage. Les Achéens marchoient à Sparte, lorsque Nabis, qui venoit de se rendre maître de Githium, accourut avec toutes ses forces, et les surprit dans des défilés. Effrayés lorsqu'ils considéroient combien le lieu leur étoit peu favorable, ils ne se rassurèrent que par la confiance qu'ils avoient dans les ressources de leur général. En effet, Nabis perdit presque toute son armée, et eut peine à se sauver lui-même à Lacédémone. L'année suivante, ce tyran périt par la trahison d'un Étolien, et Philopémen associa les Spartiates à la république d'Achaïe. Alors commençoit la guerre de Syrie.

Av. J. C. 191,
de Rome 561.

CHAPITRE VII.

Des royaumes de l'Orient avant la guerre de Syrie.

<small>Il importe de connoître quelle étoit la puissance des monarchies de l'Asie.</small>

DES débris de l'empire d'Alexandre, nous avons vu plusieurs monarchies se former parmi les discordes, les trahisons, les meurtres et les forfaits. Elles ont duré, comme elles ont commencé, c'est à-peu-près toute leur histoire. Il faut néanmoins observer quelle étoit la puissance de ces monarchies, si nous voulons juger des causes qui ont contribué aux succès des Romains, lorsqu'ils passèrent en Asie.

<small>Royaume de Pergame.</small>

<small>Av. J. C. 285, de Rome 469.</small>

Philétère, eunuque qui avoit appartenu à un officier de l'armée d'Antigone, passa avec son maître au service de Lysimaque, qui lui confia la ville de Pergame avec ses trésors. Depuis plusieurs années, il servoit le roi de Thrace avec fidélité, lorsque son attachement pour le fils aîné de ce prince, Agathocles, que les intrigues d'Arsinoé avoient fait périr, le rendit suspect à cette princesse, qui prit des mesures pour le perdre. Il se révolta, et avec le secours de Séleucus, il conserva la ville de Pergame. Trois ou quatre ans après, le roi de Thrace et celui de Syrie étant morts, il sut profiter des querelles qui s'élevèrent entre leurs successeurs; et il se maintint avec d'autant plus de facilité, que les rois de Macédoine, alors chancelans sur le trône, ne pouvoient pas conserver les provinces éloignées. Après un règne de vingt ans, il eut pour successeur Eumène, qui étoit son frère ou son neveu. Celui-ci en régna vingt-deux, et laissa la couronne à Attale, fils d'Attale, frère de Philétère. C'est celui que nous avons vu allié des Romains.

Le royaume de Bithynie, plus ancien, avoit eu ses rois particuliers sous la domination des Perses. Il les eut encore sous les successeurs d'Alexandre, et il fit partie de la monarchie de Lysimaque. Les troubles qui survinrent après la mort de Séleucus, furent favorables à l'agrandissement des rois de Bithynie, et c'est à cette époque qu'ils commencent à devenir puissans. Ni-

Royaume de Bithynie.

comède I régnoit alors, et son règne a été long.

<small>Royaume de Cappadoce.</small>

La puissance des rois de Cappadoce est de la même époque. Auparavant ils étoient sous la domination des Perses. Le premier dont l'histoire fait mention, est un Pharnace à qui Cyrus avoit donné ce royaume. Ainsi que les rois de Bithynie, ceux de Cappadoce ont pris peu de part à la guerre de Syrie.

<small>Royaume d'Égypte.</small>

En Égypte, Ptolémée Soter, fils de Lagus, a conservé sur le trône l'amour de la simplicité et l'éloignement du faste. Philadelphe eut aussi des vertus. Il protégea les arts et le commerce. Il répandit l'abondance dans ses états. Mais il s'amollit dans le luxe, et il flétrit les commencemens de son règne par la mort de Démétrius de Phalère. Démétrius avoit conseillé à Soter de laisser la couronne à l'aîné de ses fils.

Ptolémée Évergète aima les lettres, attira les savans et agrandit ses états. Ses successeurs furent des ames lâches, livrées aux débauches et aux forfaits.

<small>Démembremens de la monarchie.</small>

Les Gaulois venoient de s'établir dans

la Thrace, lorsqu'Antiochus, qui succé- *de Syrie sous Antiochus Soter et son Antiochus Théos.*
doit sur le trône de Syrie à Séleucus, dé-
clara la guerre à Nicomède I, roi de Bithynie. Nicomède ouvrit l'Asie aux Gaulois, qu'il appela à son secours ; et Antiochus remporta sur eux une victoire, qui
lui fit donner le surnom de Soter ou de
Sauveur. Les Gaulois cependant restèrent
maîtres d'une partie de l'Asie mineure,
qu'on a nommée Gallo-Grèce, ou Galatie,
et Nicomède ajouta de nouvelles provinces
à son royaume.

A la mort de Philétère, Antiochus Soter
ayant voulu s'emparer de Pergame, Eumène le vainquit près de Sardes, et lui
enleva aussi plusieurs provinces. Comme
la Macédoine et la Thrace étoient exposées
à des révolutions continuelles, les rois de
Bithynie et de Pergame avoient encore
plus de facilité à faire des conquêtes dans
les parties de l'Asie mineure, qui avoient
appartenu à Lysimaque.

Ainsi, des quatre monarchies formées
par les successeurs d'Alexandre, celle de
Thrace, ne subsistoit déjà plus, celle de
Macédoine se soutenoit à peine, et celle

de Syrie, qui paroissoit la plus puissante, commençoit à se démembrer. Dans ces circonstances, Antiochus Soter arma sans succès contre l'Égypte. Il vouloit soutenir Magas, gouverneur de la Cyrénaïque et de la Libye, qui s'étoit soulevé contre Philadelphe. Cette guerre continua sous son fils Antiochus, auquel les Milésiens donnèrent le surnom de *Théos* ou *Dieu*. Mais pendant que ce prince rassembloit toutes ses forces contre l'Égypte, Arsace, homme d'une basse naissance, souleva les Parthes, et jeta les fondemens d'un nouvel empire.

Av. J. C. 250,
de Rome 498. Ses successeurs ont été nommés Arsacides. Peu d'années après, Théodote, gouverneur de la Bactriane, prit le titre de roi. D'autres gouverneurs se soulevèrent à son exemple, et Antiochus perdit toutes les provinces au-delà du Tigre. Il fit alors la paix avec Philadelphe, dont il épousa la fille Bérénice.

Av. J. C. 247
de Rome 507. Mais Laodice, sa sœur et sa femme, qu'il avoit répudiée, l'empoisonna, mit sur le trône Séleucus II, son fils aîné, surnommé Callinicus ou Victorieux, et se hâta de faire périr Bérénice et un fils que

Règne de Séleucus Callinicus.

cette princesse avoit eu d'Antiochus Théos. Ptolémée Évergète, qui montoit alors sur le trône, arma pour venger la mort de sa sœur. Il conquit plusieurs provinces, il fit mourir Laodice, et il eût détrôné Séleucus, si une sédition ne l'eût pas forcé à revenir dans ses états. Avec un butin immense, il remporta les idoles que Cambyse avoit autrefois enlevées à l'Égypte, et il les replaça dans leurs anciens temples. Ce fut à cette époque que les Égyptiens lui donnèrent le surnom d'Évergète, c'est-à-dire, Bienfaiteur.

Antiochus, surnommé Hiérax, Oiseau de proie, commandoit dans l'Asie mineure. Il arma sous prétexte de donner des secours à Séleucus, son frère, qu'il vouloit détrôner. Le roi de Syrie, ayant découvert ses desseins, fit la paix avec l'Égypte, marcha contre lui, et fut vaincu près d'Ancyre en Galatie.

Les Gaulois, qui servoient dans l'armée d'Antiochus, se soulevèrent; et ce prince, bien loin de recueillir le fruit de sa victoire, continua la guerre sans succès, et périt enfin, après avoir erré de province en province. Eumène, qui profita de ces troubles, recula ses frontières, et Attale, qui lui succéda, et qui prit le premier le titre de roi de Pergame, poussa ses conquêtes jusqu'au mont Taurus. Sur ces entrefaites, Séleucus ayant tourné ses armes contre Arsace qui lui avoit enlevé l'Hyrcanie, perdit une grande bataille, dans laquelle il fut fait prisonnier. Il mourut quelques années après chez les Parthes.

<small>Av. J. C. 227, de Rome 527.

Règne de Séleucus Céraunus.</small>

Il eut pour successeur son fils Séleucus III, auquel on donna le surnom de Céraunus ou de Foudre, quoiqu'il eût un corps foible et un esprit plus foible encore. Ce prince eût perdu la couronne, si Achéus, son oncle maternel, n'eût pris les rênes du gouvernement. Il le conduisit contre Attale, et il avoit recouvré toutes les provinces que ce roi avoit enlevées à Callinicus, lorsque Séleucus mourut em‑

<small>Av. J. C. 224, de Rome 530.</small>

poisonné. Achéus punit les coupables, refusa le trône qui lui fut offert par l'armée, et le conserva au frère du dernier roi, Antiochus le Grand. Trois ans après mourut Évergète, auquel succéda son fils Ptolémée, surnommé Philopator, c'est-à-dire, qui aime son père.

Nous voici aux événemens contemporains aux préparatifs d'Annibal pour passer en Italie. C'est le temps où trois jeunes souverains commencent à gouverner les trois principales monarchies; Philippe, la Macédoine : Antiochus III, la Syrie : Ptolémée Philopator, l'Égypte. Nous avons vu comment Philippe a livré la Grèce aux Romains : il nous reste à considérer la conduite de Philopator et d'Antiochus.

Foiblesse des monarchies d'Égypte et de Syrie.

Leurs monarchies, formées des débris d'un empire qui ne pouvoit subsister, ont eu, dès leurs fondateurs, tous les vices qui préparent la chûte des états. Aux révolutions qu'a éprouvées la Syrie, nous voyons quelle étoit sa foiblesse. Si l'Égypte s'est mieux conservée, c'est que jusqu'à Philopator ses souverains ont eu quelques vertus. D'ailleurs, les Égyptiens et les Macédoniens, confondus parmi eux, avoient pris leurs mœurs.

Ces deux monarchies, également foibles, ne se défendoient l'une contre l'autre, que parce qu'elles étoient chacune dans l'impuissance de conquérir. L'Égypte n'avoit à redouter que les Séleucides; et par cette raison, elle se maintenoit mieux. La Syrie, au contraire, étoit entourée d'ennemis. Puissans par les provinces qu'ils lui avoient enlevées, tous se faisoient craindre à-la-fois; parce que, pour se conserver, tous avoient le même intérêt à se réunir contre elle.

Ptolémée Philopator, roi d'Égypte.

Incapable de soins, Philopator laissoit le gouvernement du royaume à Sosibe, ministre, qui avoit des vices et des talens, et qui faisoit servir à son ambition les foiblesses de son maître. Jamais cour ne fut plus corrompue. Les honneurs étoient prostitués : les forfaits paroissoient des titres à la faveur; et le souverain donnoit lui-même l'exemple de la scélératesse. Il fit mourir Magas son frère, Bérénice sa mère, Arsinoé sa sœur et sa femme; on l'accuse d'avoir empoisonné Évergète son père. Mais il est inutile de compter les victimes que ce monstre immoloit à sa rage.

Antiochus le Grand gouverné par Hermias.

Hermias, mis en place par Séleucus Céraunus, gouvernoit la Syrie. Cruel, lâche, ignorant, tout son art étoit de se rendre nécessaire en flattant les goûts du prince, de l'entourer de ses créatures, et de fermer tout accès aux hommes de mérite. Les courtisans corrompus lui étoient vendus par les grâces qu'ils en avoient reçues, ou qu'ils en attendoient; les autres redoutoient son crédit.

La haine qu'on avoit pour cet homme, occasionna des soulèvemens. Alexandre et Molon, deux frères, dont l'un avoit le gouvernement de la Perse, et l'autre celui de la Médie, armèrent contre Antiochus, sous prétexe d'armer contre le ministre. Ils comptoient sur l'incapacité d'Hermias. Cette révolte arriva la quatrième année du règne d'Antiochus, lorsque ce prince se proposoit de déclarer la guerre au roi d'Égypte.

Alexandre et Molon n'étoient que depuis trois ans dans leurs gouvernemens. Ils ne pouvoient pas y être encore bien affermis; et il y avoit lieu de présumer que, si le roi marchoit contre eux, les peuples, à son approche, les abandonneroient. C'est ce que pensoit Épigène, sujet fidelle et capitaine expérimenté. Mais Hermias, qui craignoit de se compromettre dans cette expédition, l'accusa de vouloir livrer Antiochus aux rebelles. Il conseilla donc au roi de charger de cette guerre quelques-uns de ses généraux, et de marcher lui-même contre Philopator. Il comptoit le conduire à des succès plus assurés, et gagner sa confiance de plus en plus.

Mais les généraux qu'il employa, ayant été vaincus dans plusieurs combats, Alexandre et Molon se rendirent maîtres de la Babylonie et de la Mésopotamie. Leurs progrès ne furent pas une raison pour Epigène, de changer d'avis. Au contraire, il représenta qu'il étoit plus nécessaire que jamais que le roi se montrât à la tête des armées qu'on enverroit contre eux. Comme Antiochus en fut convaincu lui-même, Hermias cessa de s'y opposer. Il feignit même de se réconcilier avec Epigène : mais ce fut pour le perdre plus sûrement. Bientôt après, il lui supposa des intelligences avec les rebelles, et le fit mourir. Tout le public savoit combien cette condamnation étoit injuste ;

mais personne n'osoit parler contre le ministre.

Anthiochus eut le succès qu'Épigène lui avoit promis. Alexandre et Molon, abandonnés de leurs troupes, se tuèrent l'un et l'autre, et toutes les provinces se soumirent. On s'apperçut, pendant cette campagne, que le roi commençoit à souffrir impatiemment la dépendance où il étoit d'Hermias. A ce changement qui se faisoit en lui, on jugea que la haine prenoit la place de la confiance, et que par conséquent, son ame s'ouvriroit facilement aux soupçons. Hermias se rendoit suspect lui-même. Toute sa conduite déceloit une ambition qui n'étoit pas encore satisfaite, et le public le croyoit capable d'attenter à la vie du roi. Il paroissoit néanmoins difficile et dangereux de parler : car jusqu'alors le ministre étoit seul écouté, et il immoloit à sa vengeance tous ceux qu'il jugeoit lui être contraires. Ce fut le médecin d'Antiochus qui perdit Hermias. L'accès qu'il avoit auprès de ce prince, lui permit de saisir le moment où il pouvoit parler sans danger, et il parla. Le roi crut devoir, pour sa sûreté, faire assassiner son ministre.

<small>Antiochus le Grand fait la guerre à Ptolémée Philopator.</small>

Lorsqu'Antiochus eut rétabli l'ordre dans l'orient, il déclara la guerre à Philopator. En une campagne, il recouvra presque entièrement la Célesyrie, que Ptolémée Évergète avoit enlevée à Séleucus Callinicus.

<small>Av. J. C. 218, de Rome 536.</small>

L'Égypte paroissoit s'ouvrir à lui, et elle étoit sans défense. Sosibe entama une négociation.

L'art d'avancer les négociations, c'est de négocier en marchant à l'ennemi. Celle-ci n'étoit qu'un artifice de la part de Sosibe. Elle n'avança point, et Antiochus ne recommença la guerre, que lorsque les Égyptiens s'y furent préparés. Il n'avoit que deux chemins pour pénétrer en Égypte : l'un par des deserts impraticables, parce qu'ils sont sans eau et sans fourrages : l'autre par les défilés du mont Liban, et par des places maritimes qui étoient sous la puissance de Philopator. Son armée de terre prit cette route, et sa flotte la soutenoit.

Sosibe, qui avoit prévu ce plan, avoit également deux armées; une sur terre pour défendre les défilés, et une sur mer pour repousser la flotte ennemie. Nicolas commandoit la première, et Périgène la seconde.

Nicolas étoit campé entre la mer et le mont Liban, dans un chemin étroit, le seul par où l'ennemi pouvoit passer. Dans cette position, tout dépendoit, pour les Égyptiens comme pour les Syriens, du succès d'un combat naval, parce que les deux armées ne tiroient leur subsistance que de la mer. Antiochus jugea devoir former en même temps plusieurs attaques, persuadé que si une lui réussissoit, elle feroit réussir les autres. Ainsi, pendant que l'action s'engageoit sur mer, un corps de troupes marcha contre les défilés, un autre chargea l'ennemi qui étoit au pied du mont Liban, un troisième entreprit de s'ouvrir un chemin par les hauteurs, et le roi resta dans un lieu d'où il voyoit les quatre combats, prêt à porter des secours par-tout où ils seroient nécessaires. Il vainquit. Plusieurs gouverneurs lui livrèrent leurs places, il soumit toute la Samarie, l'Arabie se souleva en sa faveur, et après avoir assuré ses conquêtes, il vint prendre ses quartiers d'hiver à Ptolémaïs.

L'année suivante, Sosibe arracha Ptolémée à la mollesse, et le mit à la tête de l'armée. Les deux rois se rencontrèrent dans les plaines de Raphia. Les Syriens, plus aguerris, avoient encore l'avantage du nombre. Mais Antiochus ne fut pas le même qu'aux défilés du mont Liban. Il parut craindre d'en venir aux mains. Les Egyptiens, qui eurent le temps de se rassurer, demandèrent à être conduits à l'ennemi, et remportèrent la victoire. Le roi de Syrie fit la même faute que Machanidas.

Antiochus fait la paix avec l'Egypte.

Il y avoit deux ans qu'Achéus s'étoit revolté, parce que ses ennemis qui entouroient le roi, l'avoient rendu suspect, et ne lui permettoient pas de se justifier. Antiochus craignit que le mauvais succès de ses armes n'enhardît d'autres gouverneurs à se soulever, et que pendant qu'il continueroit de faire la guerre au roi d'Égypte, Achéus ne s'affermît dans son gouvernement. C'est pourquoi il se hâta de demander la paix; et, quoiqu'après sa défaite il fût encore supérieur en forces, il rendit à Philopator toutes les provinces qu'il avoit conquises.

Attale arma pour Antiochus, parce qu'il étoit avantageux pour les rois de Pergame, que les provinces de l'Asie mineure fissent partie d'une grande monarchie, sur laquelle il paroissoit plus facile d'en faire la conquête que sur un prince particulier. Trop foible pour tenir la campagne, Achéus se renferma dans Sardes, et s'y maintint pendant plus d'un an. Mais ayant été trahi, il fut livré au roi de Syrie, qui lui fit trancher la tête.

Autres expéditions de ce monarque.

Pendant cette guerre, Arsace II, fils du fondateur de l'empire des Parthes, entra dans la Médie, et s'en rendit maître. Il importoit d'autant plus de recouvrer cette province, qu'elle étoit une des plus considérables de la monarchie; mais il paroissoit difficile d'en chasser les Parthes. Antiochus néanmoins les chassa. Il avoit d'abord résolu de recouvrer aussi la Bactriane, qu'Euthydème avoit enlevée au fils de Théodote : cependant il reconnut ce prince pour roi, et fit alliance avec lui. Il parcourut ensuite les autres provinces orientales, et il y rétablit son autorité. Après sept ans que durèrent ces expéditions, il revint à Antioche. Ce fut alors qu'on lui donna le surnom de Grand. Il s'étoit en effet conduit avec autant de prudence que de courage.

<small>Après la mort de Philopator, Antiochus et Philippe se liguent contre l'Égypte.</small>

L'année suivante, mourut Philopator. Ce prince, livré à la débauche, avoit usé, par son intempérance, un corps vigoureux et robuste. Agatoclia, musicienne qu'il aimoit, et Agatocle frère de cette femme, le gouvernoient depuis quelques années. Odieux l'un et l'autre au peuple, ils osèrent aspirer à la régence : ils furent massacrés avec toute leur famille.

Philopator laissoit la couronne à son fils Ptolémée Épiphane ou l'illustre. Ce prince n'avoit que cinq ans. Antiochus et Philippe s'unirent pour le dépouiller. En deux campagnes, le roi de Syrie conquit la Célesyrie et la Palestine. Philippe devoit avoir pour son partage la Carie, la Libye, la Cyrénaïque et l'Égypte. Mais les guerres qu'il eut avec les Rhodiens et avec Attale, ne lui permirent pas de tourner ses armes contre Épiphane.

Dans cette conjoncture, le conseil du jeune roi d'Égypte ayant eu recours à la protection des Romains, ces républicains acceptèrent la régence du royaume, et ils confièrent l'éducation du jeune prince et l'administration des états à Aristomène, acarnanien qui avoit vieilli à la cour d'Égypte. *L'Égypte sous la protection des Romains.*

Quelques années après, Antiochus, considérant les progrès des Romains dans la Macédoine, jugea que l'alliance de Philippe lui seroit d'un foible secours. Il abandonna donc ses desseins sur l'Égypte; et formant d'autres projets, il résolut de recouvrer toutes les provinces que Séleucus avoit conquises sur Lysimaque. C'étoit armer tout-à-la-fois contre le roi de Pergame, contre Philippe, et contre des villes libres, qui étoient sous la protection des Romains, ou qui s'y mettroient aussitôt qu'elles seroient menacées. Avant de s'engager dans cette guerre, il voulut s'assurer de ses voisins. Dans cette vue, il maria sa fille Cléopatre avec Épiphane, et il rendit à ce prince la Célesyrie et la Palestine. Il donna une autre de ses filles à Aria- *Antiochus fait des alliances.*

rathe, roi de Cappadoce. Eumène, qui venoit de succéder à Attale, refusa son alliance.

<small>Il porte ses armes dans l'Asie mineure et dans la Thrace.</small>

Antiochus se rendit maître d'Éphèse et de plusieurs autres villes de l'Asie mineure ; et, pendant qu'une partie de ses troupes assiégeoit Smyrne et Lampsaque, deux villes libres qui implorèrent la protection des Romains, il passa l'Hellespont, et conquit toute la Chersonèse de Thrace. Il y donna audience aux ambassadeurs que Rome lui envoya. Cette république exigeoit qu'il abandonnât ses dernières conquêtes, et qu'il cessât de former des entreprises sur les peuples qu'elle protégeoit. Elle n'obtint rien.

CHAPITRE VIII.

De la guerre de Syrie.

Le roi de Syrie avoit passé l'hiver à Antioche. Au printems, il vint à Éphèse, où Annibal arriva presque aussitôt. Ce général cherchoit un asyle contre les Romains qui le poursuivoient. Antiochus, jusqu'alors incertain sur la conduite qu'il tiendroit avec Rome, ne balança plus. Avec Annibal, il se crut assuré de vaincre, et il employa cette année et la suivante aux préparatifs de la guerre.

Il sembloit que sous ce roi, la monarchie eût recouvré une partie de sa puissance. Mais les ennemis qu'il alloit combattre, étoient bien différens de ceux qu'il avoit vaincus; et s'il ne comptoit sur des succès, que parce qu'il en avoit eus, sa confiance pouvoit lui être funeste.

S'il attendoit les Romains en Asie, ou s'il se bornoit à tourner ses armes contre la Grèce, Rome, sans presque faire usage de ses forces, pouvoit l'accabler du poids de ses alliés. En Italie, au contraire, elle paroissoit épuisée : elle n'y avoit que des alliés, épuisés comme elle : et Antiochus pouvoit lui-même trouver des alliés dans les Gaulois. La république n'étoit donc nulle part plus foible qu'en Italie. D'après ces considérations, persuadé qu'on ne vaincroit Rome que dans Rome, Annibal demandoit au roi cent galères, dix mille hommes de pied et mille chevaux ; et pendant qu'avec cette flotte il aborderoit en Italie, où il se flattoit de susciter bien des affaires aux Romains, il vouloit qu'Antiochus conduisît une puissante armée dans la Grèce, d'où il menaceroit de marcher contre Rome.

Pourquoi Antiochus ne les suit pas. Le roi approuvoit ce plan. Cependant, comme la guerre n'étoit pas encore déclarée, on parut de part et d'autre vouloir entrer en négociation, et les ambassadeurs du sénat arrivèrent en Asie. Mais ils repartirent sans avoir rien conclu. Ils n'avoient eu d'autre dessein que d'observer les préparatifs qui se faisoient. On dit qu'un d'eux, P. Villius, réussit à rendre Annibal suspect, parce qu'il affecta de le voir beaucoup. Il est vrai que ce général ne fut plus consulté, ou que du moins on ne fit rien de ce qu'il conseilloit. Antiochus craignoit sans doute de partager avec lui la gloire du succès; et cette raison, à laquelle les courtisans applaudissoient, fut suffisante pour lui faire rejeter le plan qu'il avoit d'abord approuvé.

Il renonçoit donc à porter la guerre en Italie, et il se proposoit la conquête de la Grèce qu'il regardoit comme assurée. Thoas, qui lui fut envoyé par les Étoliens, le confirma dans cette résolution. Il lui représenta que toute la Grèce l'attendoit; qu'elle étoit sans défense; que les Étoliens qui l'avoient ouverte aux Romains, la lui livroient. Il le pressa si fort, qu'Antiochus, sans attendre les troupes qui lui arrivoient d'Orient, partit avec dix mille hommes de pied et cinq cents chevaux, laissant derrière lui Lampsaque, Troa set Smyrne, trois places dont il auroit dû se rendre maître avant de passer en Europe. Il avoit compté sur Nabis et sur Philippe.

Il se propose la conquête de la Grèce.

Av. J. C. 192, de Rome 562.

Le premier venoit de mourir : le second se joignit aux Romains, à qui Ptolémée, Massinissa et les Carthaginois offrirent des secours d'hommes, de vivres et d'argent.

Les Grecs ne lui sont pas favorables.

Comme les Grecs ne payoient point d'impôts, et qu'ils n'avoient reçu garnison dans aucune de leurs villes, ils ne comprenoient pas qu'Antiochus fût venu pour les délivrer. D'ailleurs, il avoit été appelé par les Étoliens qui leur étoient odieux, et il avoit trop peu de forces pour inspirer quelque confiance. Il voulut engager dans son alliance les Achéens et les Béotiens. Les premiers lui déclarèrent la guerre, les autres lui répondirent que, lorsqu'il seroit en Béotie, ils délibéreroient sur le parti qu'ils auroient à prendre. Il venoit d'échouer dans une tentative qu'il avoit faite sur Chalcis. Une première expédition, mal concertée, ne donnoit pas de la réputation à ses armes. Peu après cependant une faction lui livra cette place, et il se rendit maître de toute l'Eubée.

Nouveaux conseils d'Annibal.

Il étoit à Démétriade, dont les Étoliens s'étoient emparés. Il y délibère sur les opérations de la campagne suivante. Annibal insista sur la nécessité de détacher Philippe de l'alliance de la république. En effet, si le roi de Macédoine avoit, pendant plusieurs années, soutenu seul tout le poids de la guerre contre les Étoliens et les Romains, il paroissoit que la Grèce s'ouvriroit difficilement aux légions, si Antiochus et Philippe se réunissoient, lorsqu'ils avoient pour eux les Étoliens, à qui Rome devoit ses victoires. Au reste, Annibal persistoit toujours dans son premier plan de porter la guerre en Italie ; et il demandoit qu'Antiochus se hâtât de faire venir toutes ses flottes et toutes ses troupes. Ses conseils ne furent pas suivis.

Après avoir pris quelques places en Thessalie, Antiochus alla passer l'hiver à Chalcis. Il y épousa la fille de son hôte : il y donna des fêtes, et il oublia les Romains. *Quartier d'hiver d'Antiochus.*

Cependant le consul Manius Acilius partit de Rome avec vingt mille hommes de pied, deux mille chevaux et quinze éléphans, joignit Philippe dans la Thessalie, et se rendit maître de toutes les places, *Il est vaincu et il repasse en Asie.*

Av. J. C. 191, de Rome 563.

dans lesquelles le roi de Syrie avoit laissé garnison. Antiochus n'avoit pas encore reçu les troupes qu'il attendoit d'Asie, et les Étoliens ne lui amenèrent que quatre mille hommes. Réduit à défendre les défilés des Thermopyles, il campa au même endroit où les Spartiates avoient autrefois combattu contre les Perses. Les Romains passèrent par les mêmes sentiers, par où Xerxès et Brennus après lui s'étoient ouvert un passage. Le roi de Syrie fut défait, s'enfuit à Chalcis, où il ne ramena que cinq cents hommes, repartit pour l'Asie, et toute l'Eubée se soumit au consul.

La conquête de l'Orient devient facile aux Romains.

Après la seconde guerre punique, ce fut une grande entreprise pour les Romains de passer dans la Grèce, et le peuple s'opposa d'abord à cette nouvelle guerre. Mais quand Philippe eut été humilié, quand les Grecs, qui se croyoient libres, furent en effet asservis, et quand Antiochus eut été chassé honteusement, le passage en Asie devenoit d'autant plus facile, que la république n'avoit à faire que la moindre partie des frais de la guerre. Elle armoit pour elle Philippe, Eumène, les Rhodiens, et il ne lui falloit que quelques victoires pour assujettir l'Orient.

Antiochus cependant croyoit n'avoir rien à craindre, parce qu'il laissoit la mer entre les Romains et lui, et il fallut qu'Annibal lui ouvrît les yeux sur le danger qui le menaçoit. Alors songeant à fermer l'Hellespont, il fortifia Lysimachie, Sestos, Abyde et plusieurs autres places, et il se hâta de rassembler toutes ses forces. Il étoit temps: car la flotte des Romains, qui paroissoit déjà, remporta bientôt après une victoire. Cette action termina la campagne. *Antiochus se prépare à résister aux Romains. Il perd une bataille.*

Av. J. C. 191, de Rome 563.

L. C. Scipio, nommé consul, obtint le département de la Grèce, parce que son frère, Scipion l'Africain, offrit de servir sous lui en qualité de lieutenant. Le sénat leur permit de passer en Asie, s'ils jugeoient que le bien de la république le demandât. *L. et P. Scipion passent en Asie.*

Av. J. C. 190, de Rome 564.

Jusqu'alors les Étoliens avoient demandé la paix sans pouvoir l'obtenir. Les deux Scipions, qui vouloient marcher contre Antiochus, leur accordèrent une trève de six mois. L'armée romaine traversa la Macédoine. Philippe se fit un devoir de fournir aux troupes tout ce qui leur étoit nécessaire. Ce prince, qui ne pouvoit plus se relever, se flattoit d'obtenir au moins quelques-unes des places qu'on enleveroit aux Étoliens et au roi de Syrie. Dès que les ennemis de la république croient pouvoir s'agrandir en armant pour elle, tous armeront les uns contre les autres, et tous seront subjugués.

Antiochus abandonne l'empire de la mer.

Antiochus ouvrit la campagne par une victoire navale, que Polixénidas remporta sur les Rhodiens. Mais ceux-ci ayant équipé une nouvelle flotte, battirent Annibal, qui amenoit, de Phénicie à Éphèse, une escadre de trente-sept vaisseaux. Ils le poussèrent dans le port de Mégiste, où ils le tinrent bloqué. Bientôt après la flotte de Polixénidas fut battue par celle des Romains; et les Syriens abandonnèrent l'empire de la mer.

Vaincu à Magnésie, il reçoit la loi.

Alors au lieu de défendre l'Hellespont, Antiochus retira de Lysimachie et des autres villes, toutes les troupes qu'il y avoit mises en garnison. Ces places qui auroient pu soutenir de longs siéges, il les livra avec toutes les munitions qu'il y avoit amassées. Les Romains, qui se trouvèrent dans l'abondance, passèrent en Asie sans obstacle, et vainquirent à Magnésie. Le roi n'obtint la paix qu'en abandonnant tout ce qu'il possédoit en Europe et en Asie en-deçà du mont Taurus. Annibal et Scipion l'Africain ne se trouvèrent pas à la bataille : le premier étoit encore à Mégiste, et le second étoit malade à Élée.

Av. J. C. 190, de Rome 5 4.

Eumène, en considération des services qu'il avoit rendus, obtint du sénat la Lycaonie, les deux Phrygies, la Mysie et la Chersonèse. On donna aux Rhodiens une partie de la Carie et de la Pisidie. On déclara libres toutes les villes qui l'avoient été avant la bataille de Magnésie, et on nomma dix commissaires pour régler sur les lieux les intérêts de ces villes et ceux des alliés. L. Scipion prit le surnom d'Asiatique, et son triomphe surpassa en magnificence tous ceux qu'on avoit vus jusqu'alors.

Traitement que le sénat fait aux alliés.

Av. J. C. 189, de Rome 565.

Le consul Cn. Manlius, qui prit après lui le commandement, défit et soumit les Gaulois, nommés Gallo-grecs, qui jusqu'alors avoient mis à contribution presque

Campagne du consul Manlius.

toute l'Asie mineure. Il condamna Ariarathe, roi de Cappadoce, à payer deux
cents talens, parce qu'il avoit donné des
secours au roi de Syrie. Mais en considération d'Eumène qui épousa la fille de ce
prince, le sénat remit une partie de cette
somme : il accorda à Ariarathe le titre
d'allié et d'ami du peuple romain.

Manlius, à la fin de son consulat, quitta
l'Asie, et ramena les légions. Il eut de la
peine à obtenir le triomphe, parce qu'il
avoit fait la guerre aux Gallo-grecs, sans
y être autorisé. La même année on accorda
la paix aux Étoliens.

*Av. J. C. 189,
de Rome 565.*

CHAPITRE IX.

Jusqu'à la seconde guerre de Macédoine.

Par le traité que les Romains conclurent avec Antiochus, non seulement, ils lui enlevèrent plusieurs provinces, ils lui ôtèrent encore le droit de la guerre, comme ils l'avoient ôté aux Carthaginois. Il livra tous ses vaisseaux : on ne lui laissa que dix petits bâtimens ; et on lui marqua les limites, au delà desquelles il ne lui seroit pas permis de naviguer.

Il lui étoit défendu d'avoir des éléphans, de s'allier avec les alliés de la république et de faire chez eux des levées de soldats. Si quelque peuple allié des Romains armoit contre lui, il pouvoit repousser la force par la force : mais il devoit se borner à la défensive, et on lui interdisoit toute conquête. Or tous ses voisins étoient alliés des Romains, ou le deviendroient, lorsqu'ils lui déclareroient la guerre : tous pouvoient donc l'attaquer impunément, et il ne lui restoit d'autre ressource que de porter ses plaintes au sénat, qui devenoit son juge.

Enfin on le condamna à payer en douze ans et en douze paiemens égaux, douze mille talents. Ce tribut, qui épuisoit ses finances, achevoit de le mettre hors d'état de faire la guerre. Comme il n'avoit pas même de quoi faire le premier paiement, il pilla un temple de Bélus et il fut assommé par le peuple avec toute sa suite. Il eut pour successeur, son fils, Séleucus Philopator.

La puissance des Romains en Asie est l'époque de la décadence des mœurs.

Les rois de Pergame, de Bithynie, de Cappadoce et d'Égypte, intéressés à l'humiliation des Séleucides, assuroient la domination des Romains sur la Syrie; et comme alliés de la république, ils lui étoient soumis eux-mêmes, parce qu'ils ne pouvoient être puissans, qu'autant qu'ils restoient dans son alliance. Ainsi Rome commandoit à tous, quoiqu'elle n'eût en Asie ni places ni troupes. Cette puissance, qui livroit à l'avidité des Romains toutes les richesses de l'Orient est l'époque de la décadence des mœurs. On commence à s'en appercevoir aux dissentions qui s'élevèrent. Scipion l'Africain fut accusé d'avoir vendu la paix au roi de Syrie. Si cette calomnie, démentie par le caractère de Scipion et par l'état où Antiochus avoit été réduit, parut avoir quelque fondement, il falloit qu'il y eût dès-lors bien des Romains capables de malversations.

<small>Av. J. C. 157, de Rome 557.</small>

Depuis quelques années, les sénateurs assistoient aux spectacles dans un lieu séparé. Cette distinction, établie pour la première fois sous le second consulat de Scipion l'Africain, l'an de Rome 560, déplut au peuple. On se plaignit des censeurs qui l'avoient approuvée. Ce grand homme, à qui, lorsqu'il triompha de Carthage, on avoit voulu prodiguer des honneurs extraordinaires, et qui les avoit tous refusés, vit que ses services étoient oubliés et que le peuple, qui passe subitement de l'enthousiasme à l'indifférence, se plaît à humilier ceux qu'il a élevés. Ce fut-là la vraie cause de l'accusation intentée contre lui. Ses ennemis crurent avoir trouvé le mo-

<small>Pourquoi Scipion l'Africain est accusé de péculat.</small>

14

ment de se venger de la considération dont il jouissoit.

<small>Ce fut Caton qui le fit accuser.</small>

Parmi eux étoit M. Porcius Cato. Il s'étoit déclaré ouvertement contre lui, dès le tems qu'on porta la guerre en Afrique. Uni alors avec Fabius, il désapprouvoit hautement cette entreprise; et depuis, quoiqu'elle eût réussi, ou peut-être parce qu'elle réussit, il ne cessa d'outrager Scipion. C'étoit un homme nouveau qui avoit eu de la peine à se faire remarquer, et qui cherchoit à se faire une réputation, en déchirant la réputation des premiers citoyens. Il est vrai qu'il étoit simple dans sa manière de vivre, et rigide jusqu'à l'excès; et il jouissoit de la considération qu'on obtient toujours, quand, avec une conduite qui affiche les anciennes mœurs, on déclame contre les mœurs qui se corrompent. Mais quelles qu'aient été ses vertus, il a été jaloux d'un grand homme, et ce vice flétrit les vertus mêmes. Ce fut à sa sollicitation, que deux tribuns, nommés l'un et l'autre Q. Pétilius, citèrent Scipion devant le peuple.

<small>Mot de Scipion l'Africain au peuple.</small>

Le hasard fit que le jour où Scipion

comparut, étoit celui où Annibal avoit été vaincu à Zama. Il n'eut pas à se justifier. *Romains*, dit-il, *à pareil jour je vainquis Annibal, et soumis Carthage : allons en rendre grâces aux dieux.* Il monte alors au Capitole, et tout le peuple le suit. Il triomphoit des tribuns. Mais prévoyant que leurs poursuites recommenceroient, il se retira à Literne, bien déterminé à ne prendre plus aucune part aux affaires publiques.

Il y étoit à peine, qu'il fut encore cité. Un des tribuns, Tib. Sempronius Gracchus, quoique son ennemi, fit cesser cette procédure. Plus généreux que Caton, il répresenta combien elle étoit humiliante pour le peuple même. Ce procédé lui mérita l'estime des honnêtes gens, et quelques années après, il épousa la fille de Scipion, Cornélia, qui sera la mère des Gracques.

Tib. Gracchus impose silence à ses ennemis.

Les Pétilius ne se désistèrent pas. Ils cessèrent, à la vérité, d'attaquer personnellement Scipion l'Africain : mais ils demandèrent qu'il fût informé en général contre tous ceux qui avoient reçu de l'argent d'Antiochus. Caton, qui les

Scipion l'Asiatique est condamné injustement.

faisoit agir, harangua lui-même le peuple à ce sujet, et la loi passa. Mais le préteur, chargé par le sénat de faire les informations nécessaires, devint l'objet de la haine publique; parce que, sans avoir trouvé aucun indice de péculat, il condamna Scipion l'Asiatique à restituer au trésor public, une somme à laquelle tous ses biens ne suffirent pas. Un peuple est déjà bien corrompu, quand on porte à son tribunal des affaires de cette espèce : et quand ces accusations tombent sur des citoyens qui ne sont pas coupables, il doit se corrompre encore; car il s'accoutume à regarder comme autant de calomnies les malversations dont on accuse ceux-mêmes qui en commettent, et on s'en prévaudra.

Caton nommé censeur, malgré les brigues de la noblesse. Les comices, qui se tinrent pour l'élection des censeurs, firent cesser ces procédures scandaleuses, parce qu'ils donnèrent lieu à de grandes brigues. Caton s'étoit mis sur les rangs.

Une dignité, qui mettoit la condition des citoyens à la disposition de ceux qui l'exerçoient, paroissoit réservée pour la noblesse, c'est-à-dire, pour les patriciens ou pour des plébéiens dont la famille avoit été illustrée par des magistratures curules. Les nobles, indignés de voir Caton parmi les candidats, se réunirent pour lui donner l'exclusion. Les citoyens riches, qui commençoient à goûter le luxe, ne vouloient pas d'un censeur qui affichoit l'austérité ; et plusieurs qui l'avoient offensé, craignoient de se voir sous l'autorité d'un homme qui n'oublioit pas les offenses. Mais le luxe des grands étoit odieux au peuple, qui ne le partageoit pas ; et la haine qu'ils montroient pour Caton, lui assuroit la faveur de la multitude. Non seulement il obtint la censure : il désigna même parmi les patriciens celui qu'il vouloit pour collègue, et on lui donna, comme il le demandoit, L. Valérius Flaccus. Il s'acquittoit envers lui : car c'est Valérius qui l'avoit fait connoître, et qui lui avoit ouvert l'entrée aux honneurs. Il le fit prince du sénat. Il chassa de ce corps plusieurs sénateurs : il ôta le cheval à Scipion l'Asiatique, et il mit de grosses impositions sur toutes les choses de luxe. Cette censure a été célèbre par la sévérité des censeurs.

Pendant que ces choses se passoient à Rome, la Grèce et la Macédoine offroient d'autres scènes. Philippe comparoissoit devant des commissaires, que la république avoit envoyés pour juger des plaintes que faisoient contre lui, Eumène, les Thessaliens et d'autres peuples. Il s'agissoit surtout de quelques places que le roi de Macédoine occupoit, et que le roi de Pergame prétendoit faire partie de la Chersonèse qui lui avoit été donnée. Philippe, quoiqu'humilié, montra néanmoins assez de fermeté pour étonner les commissaires. Ils n'osèrent prendre sur eux de porter un jugement définitif, et ils renvoyèrent l'affaire au sénat.

J'ai dit qu'après la mort de Nabis, Philopémen réunit Sparte à la ligue des Achéens. Or il y avoit dans cette ville un parti qui étoit contraire à cette réunion. Il en porta ses plaintes au sénat, et le sénat avoit pour maxime de favoriser tous ceux qui lui portoient des plaintes. Il donna ses ordres en conséquence, et les commissaires les portèrent aux Achéens : mais les chefs de la république n'y eurent aucun égard : ils refusèrent de convoquer l'assemblée de la nation, et déclarèrent qu'on ne pouvoit rien changer à ce qui avoit été réglé au sujet des Spartiates.

Les commissaires retournèrent à Rome, où ils furent suivis des députés de toutes les puissances qui avoient à se plaindre ou à se justifier. Le sénat ordonna que Philippe évacueroit toutes les places qu'Eumène avoit revendiquées : il invita les Achéens à convoquer leur assemblée toutes les fois qu'on l'exigeroit, et il nomma une nouvelle commission dont Ap. Claudius fut le chef.

Nouveaux commissaires envoyés par le sénat.

Av. J. C. 184, de Rome 570.

Sur ces entrefaites, Philippe eut la cruauté de se venger sur les habitans d'une des villes qu'il devoit évacuer. Cassandre les fit égorger par son ordre. On ne conçoit pas comment ce prince se portoit à une cruauté dont il ne pouvoit retirer aucun fruit, et qui autorisoit les Romains à l'humilier de plus en plus. Appius ne lui dissimula pas qu'il connoissoit l'auteur de ce massacre ; et il lui ordonna d'envoyer Cassandre à Rome pour être interrogé. Le roi obéit. En même temps, il fit partir son

Cruauté de Philippe. Il envoie son fils à Rome pour se justifier.

fils Démétrius, qu'il jugeoit propre à faire recevoir ses justifications. Ce jeune prince qui avoit été en otage à Rome, avoit mérité l'estime des Romains. Il arriva seul. Cassandre mourut en chemin, et on accusa Philippe de l'avoir fait empoisonner.

<small>Les Achéens obéissent aux nouveaux commissaires.</small>

Après avoir réglé les affaires de la Macédoine, les commissaires passèrent dans l'Achaïe. Lycortas, père de Polybe l'Historien, étoit alors préteur. Pourquoi, leur demandoit-il, les Achéens, s'ils sont libres, ont-ils quelque compte à rendre au sénat? Nous ne nous informons pas du traitement que vous avez fait à Capoue après l'avoir prise : de quel droit vous informez-vous du traitement que nous avons fait aux Spartiates après les avoir vaincus? Appius, sans entrer dans aucune discussion, conseilla aux Achéens de prévenir les ordres de la république, et de faire d'eux-mêmes ce qu'elle ne commandoit pas encore. On sentit que ce conseil étoit un ordre, et on obéit.

<small>Le sénat affecte de ne prendre aucun parti aux troubles du Péloponèse.</small>

L'humiliation des Achéens enhardit plusieurs villes à se retirer de la ligue, et le sénat s'applaudit des troubles qu'il avoit fait naître. Alors il affecta de n'y vouloir prendre aucune part, et il répondit aux plaintes des peuples du Péloponèse, qu'il ne vouloit plus se mêler de leurs affaires. Ces troubles enlevèrent Philopémen à la république d'Achaïe. La même année, Scipion l'Africain mourut à Literne, et Annibal en Bithynie.

<small>Mort de trois grands généraux. Av. J. C. 188, de Rome 589.</small>

Par le traité honteux qu'Antiochus fit avec les Romains, il s'étoit engagé à leur livrer Annibal. Ce général se réfugia chez Prusias, roi de Bithynie, auquel il rendit de grands services dans une guerre contre Eumène. Les Romains le poursuivirent dans cet asyle; et Annibal, pour échapper à la trahison de son hôte, fut réduit à s'empoisonner.

Il y avoit encore dans toutes les villes des Achéens, un parti qui se déclaroit hautement pour la liberté, et il y en avoit un autre qui ne connoissoit d'autres lois que les ordres du peuple romain. Le premier, auquel la multitude applaudissoit, attiroit à lui toute la considération : mais le second ne pouvoit manquer de prévaloir bientôt, si ceux qui le suivoient, devenoient

<small>Les Achéens sont trahis par Callicrate, leur député.</small>

l'objet des bienfaits du sénat. *Tant que la considération sera le partage de ceux qui vous sont contraires*, disoit aux sénateurs, Callicrate, député des Achéens, *et que vous n'accorderez pas des distinctions à ceux qui vous sont dévoués, ne comptez pas sur une obéissance prompte à vos ordres. Protégez donc ceux qui se déclarent ouvertement pour vous. Alors les chefs vous seront soumis, et ils vous soumettront les peuples.* Le sénat suivit ce conseil, et toutes les villes se remplirent de délateurs. Callicrate fut sans doute un des premiers dont la trahison fut récompensée. Il est étonnant que le sénat ait eu besoin que ce traître lui indiquât un moyen, qu'il auroit pu lui-même trouver facilement.

<small>Philippe fait mourir son fils Démétrius, et meurt.</small>

Démétrius, ayant réconcilié son père avec les Romains, revint en Macédoine. Son retour dissipoit la crainte d'une nouvelle guerre, et paroissoit assurer la paix

<small>Av. J. C. 183, de Rome 571.</small> pour long-tems. Seul fils légitime de Philippe, il devoit naturellement lui succéder. On ne doutoit pas que les Romains, qui l'estimoient, ne fissent valoir ses droits,

et ne donnassent l'exclusion à Persée, son frère aîné, qui étoit né d'une concubine, et qui passoit même pour supposé. Cependant Philippe voyoit avec inquiétude les marques de considération que son fils avoit reçues du sénat. Persée, qui démêla ses sentimens, eut soin de les entretenir. Il tendit à Démétrius des piéges, que ce prince, sans artifice, ne sut pas éviter. Il mit dans ses intérêts ceux qui avoient le plus de part à la confiance du roi; et lorsqu'il eut répandu des soupçons sur la conduite de son frère, il suborna des témoins et l'accusa de trahison. Philippe fit mourir Démétrius. Deux ans après, il reconnut l'innocence de ce prince; et il mourut, lorsqu'il vouloit assurer le trône à Antigone, neveu d'Antigone Doson. Persée lui succéda.

Av. J. C. 178.
de Rome 576.

CHAPITRE X.

De la seconde guerre de Macédoine et de ses suites.

<small>Informé que Persée se prépare à la guerre, le senat la lui déclare.</small>

P<small>HILIPPE</small>, lorsqu'il mourut, se préparoit à secouer le joug des Romains. Persée renouvela l'alliance avec eux, parce qu'il songeoit d'abord à s'affermir sur le trône.

Un des projets de Philippe avoit été de donner le pays des Dardaniens, ennemis naturels de la Macédoine, aux Bastarnes, Gaulois établis sur les bords du Boristhène. Ces barbares qui ne connoissoient ni l'agriculture ni le commerce, portoient la guerre par-tout où le butin les appeloit. Ils s'étoient engagés à servir dans les armées du Roi de Macédoine, et en même temps ils devoient faire une irruption en Italie; ils étoient même déjà en chemin, lorsqu'ils apprirent la mort de ce prince, et ce contre-temps les dissipa. Une partie néanmoins tomba sur les Dardaniens. Ceux-ci députèrent à Rome, et accusèrent Persée d'avoir armé les Bastarnes.

Persée s'excusa sur ce que ce n'étoit pas lui qui avoit appelé ces barbares. Cependant il recherchoit l'alliance des Grecs ; il avoit ouvert une négociation avec les Carthaginois ; et il refusa, sous divers prétextes, de donner audience aux ambassadeurs, que le sénat lui envoya pour lui demander raison de sa conduite.

Dans le dessein d'engager le sénat à le prévenir, Eumène vint lui-même à Rome. Il représenta que le roi de Macédoine, outre le revenu immense qu'il tiroit de ses mines, avoit de grands trésors amassés par son père : que ses arsenaux étoient remplis d'armes de toute espèce ; que son pays, réparé par une longue paix, fournissoit beaucoup de soldats ; qu'il avoit actuellement trente mille hommes de pied et dix mille chevaux ; qu'il étoit allié de Prusias, à qui il avoit donné sa sœur, et qu'il avoit épousé la fille de Séleucus ; que les Béotiens et les Étoliens s'étoient déclarés pour lui, et que les Achéens lui seroient favo-

Av. J. C. 172.
de Rome 582.

rables, si les chefs de leur ligue n'étoient pas dévoués aux Romains.

Il vint encore à Rome des députés de toutes les puissances auxquelles la conjoncture présente donnoit de l'inquiétude ; et après quelques négociations inutiles, le sénat déclara la guerre à Persée. Voyons quelles étoient les dispositions des différens peuples.

Antiochus Épiphane succède à son frère Séleucus.

Séleucus Philopator avoit succédé à Antiochus-le-Grand, son père. Ce prince, dans la onzième année de son règne, rappela son frère Antiochus qui étoit en otage à Rome, et envoya en échange son fils Démétrius, âgé de douze ans. Aussitôt que Démétrius fut parti, Héliodore empoisonna le roi, et usurpa la couronne. Ainsi finit Séleucus, prince méprisable, dont le règne peut être ignoré. Antiochus, instruit sur sa route de cette révolution, eut recours au roi de Pergame, qui l'établit sur le trône, au préjudice de Démétrius. Il y avoit alors trois ans que Persée régnoit. Antiochus, surnommé Épiphane, plus méprisable encore que Séleucus, ne se distingua que par ses persécutions contre les Juifs.

En Égypte, Ptolémée Épiphane, après un règne obscur de vingt-quatre ans, avoit laissé la couronne à son fils Ptolémée Philométor, prince encore mineur, dont le règne commença deux ans avant celui de Persée.

Il arme contre le roi d'Égypte Ptolémée Philométor.

La Célesyrie et la Palestine continuoient d'être un sujet de contestation entre la Syrie et l'Égypte. Philométor, livré à l'indolence et à la mollesse, avoit pour ministre un eunuque sans capacité, qui avoit été son gouverneur, et qui l'avoit rendu incapable de soins. Ce règne paroissoit donc favorable à l'ambition d'Antiochus. Il est vrai que l'Égypte étoit sous la protection des Romains. Mais Antiochus ne présumoit pas qu'ils entreprissent de la secourir, parce qu'il arma contre Philométor l'année même que Rome déclara la guerre à Persée. Croyant néanmoins devoir ménager le sénat, il fit en même temps partir des ambassadeurs pour représenter ses droits, et pour déclarer que ses forces étoient au service de la république. La guerre de Macédoine pouvoit être une diversion pour lui, et son intérêt demandoit

Av. J. C. 172, de Rome 582.

qu'elle occupât long-temps les Romains. D'ailleurs il n'y prit point de part, non plus que le roi d'Égypte.

<small>Des autres rois qui pouvoient prendre part à la guerre de Macédoine.</small>

Quant au roi de Pergame, il tint une conduite si équivoque, qu'il se rendit suspect aux Romains. On accusoit néanmoins le roi de Macédoine de l'avoir voulu faire assassiner : mais peut-être Eumène commençoit-il à craindre que la ruine de Persée n'entraînât la sienne.

Prusias se proposoit d'être neutre, et d'attendre l'événement, comptant que le sénat ne le forceroit pas à prendre les armes contre le frère de sa femme. Quant au roi de Cappadoce, il suivoit le parti d'Eumène son gendre.

Massinissa fournissoit aux Romains du blé, des troupes et des éléphans : secours qu'il ne donnoit, que parce qu'il ne les pouvoit pas refuser; il ne desiroit pas l'agrandissement des Romains. Leur politique mettoit alors des bornes à son ambition; et s'ils éprouvoient des revers en Macédoine, il se flattoit de subjuguer, malgré eux, toute l'Afrique.

Cotès, roi des Odryses, peuples de Thrace, se déclaroit ouvertement pour le roi de Macédoine, et Gentius, roi d'Illyrie, eût pris le même parti ; mais il vouloit vendre son alliance, et Persée étoit trop avare pour l'acheter.

C'est ainsi que les rois, sans prévoir le danger qui les menaçoit, hâtoient la chûte de Persée, ou la voyoient avec indifférence. Les peuples, qu'on nommoit libres, jugeoient mieux de leurs intérêts. L'événement leur avoit appris que la liberté, publiée aux jeux Isthmiques, n'étoit qu'une vraie servitude.

<small>Des dispositions des peuples qu'on nomme libres.</small>

Si Persée succomboit, les Romains, déjà maîtres de la Grèce, en devenoient les tyrans. Au contraire, ils se voyoient forcés à la protéger, s'il étoit vainqueur ; et elle n'avoit rien à craindre du roi de Macédoine, trop foible pour l'assujettir.

La multitude, qui raisonne mal, mais qui sent ses besoins, se déclaroit dans toutes les villes pour ce prince ; et parloit de le secourir, sans juger de ses forces, ni de l'usage qu'elle en pouvoit faire. Parmi ceux qui la conduisoient, les uns, pour lui plaire, applaudissoient à son aveuglement;

les autres, vendus aux Romains, vouloient l'armer contre le roi de Macédoine. Les meilleurs esprits, voyant le danger sans voir comment il seroit possible de le prévenir, faisoient des vœux pour Persée, et attendoient l'événement.

Si ce monarque, moins avare, eût employé une partie de ses trésors à se faire des créatures dans toutes les villes; s'il eût été capable d'éclairer les peuples et les rois sur leurs vrais intérêts; s'il eût eu assez de génie, assez de courage, assez de probité, pour mériter leur confiance, il auroit réuni des forces qui ne pouvoient rien séparément, il seroit devenu l'ame d'une ligue puissante, et il auroit mis les Romains hors d'état de faire de nouvelles conquêtes. Il n'étoit pas nécessaire d'armer contre eux tous les peuples; il suffisoit qu'aucun n'armât pour eux : car ils ne pouvoient plus conquérir qu'avec les secours de leurs alliés.

Persée n'avoit aucune des qualités qu'exigeoit la conjoncture où il se trouvoit. Les villes de la Grèce ne pouvant donc former une confédération, celles qui auroient osé les premières se déclarer pour lui, n'auroient fait que hâter leur ruine. Divisées d'ailleurs chacune, par des factions, elles ne savoient à quoi se résoudre ; et on voit que, dans cet état des choses, les Romains n'avoient qu'à paroître pour les entraîner dans leur parti, les unes après les autres.

Telles étoient leurs dispositions, lorsque Rome leur envoya ses ambassadeurs ; les Achéens promirent tout ce qu'on exigea d'eux. Il en fut de même des Béotiens, auxquels on ne permit pas de délibérer dans leur assemblée générale. Comme on se proposoit de détruire leur ligue, on traita séparément avec chacune de leurs villes. Les Rhodiens affectèrent sur-tout d'autant plus de zèle, qu'Eumène les avoit rendus suspects. Ils montrèrent une flotte toute équipée, qui n'attendoit que les ordres du sénat.

Peuples de la Grèce qui se déclarent pour les Romains.

Les légions ne paroissoient pas encore. Cependant Persée, qui avoit achevé ses préparatifs, auroit pu commencer la guerre avec avantage, et des succès auroient enhardi les Grecs à se déclarer pour lui. Mais lorsqu'il prenoit les armes, il sem-

Persée hésite lorsqu'il devoit commencer la guerre.

bloit craindre de les tourner contre ses ennemis. Il négocia comme s'il eût voulu la paix. Son incertitude ne lui permit pas de se faire des alliés. Les Grecs armèrent contre lui, la plupart malgré eux ; et il se vit réduit à ses seules forces. C'est ainsi que, par le pouvoir des circonstances, tous les peuples se trouvoient dans la necessité de concourir à l'agrandissement de Rome, et d'avancer eux-mêmes le moment de leur servitude.

La république gouvernée pour la première fois par deux consuls plébéiens.

Pendant que ces choses se passoient, la république étoit gouvernée, pour la première fois, par deux consuls plébéiens, C. Popilius Lénas et P. Élius. Ils eurent pour successeurs P. Licinius Crassus et C. Cassius Longinus, sous qui la guerre commença.

Av. J. C. 171 de Rome 573.

Persée remporte une victoire dont il ne sait pas profiter.

Après s'être rendu maître de plusieurs places dans la Thessalie, Persée s'arrêta auprès du mont Ossa. Il auroit pu marcher contre le consul Licinius, qui, étant parti des environs d'Apollonie, avoit trouvé dans l'Épire des chemins presque impraticables, et dont l'armée fatiguée paroissoit offrir une victoire facile. Pendant qu'il laissoit échapper cette occasion, les

Romains, qui se remirent de leurs fatigues s'approchèrent de Larisse, et vinrent camper sur le fleuve Pénée, où ils furent joints par Eumène qui leur amenoit cinq mille hommes. Il leur arrivoit encore quelques troupes des autres alliés, mais en un petit nombre.

Le consul restoit dans l'inaction. Il ne paroissoit pas même s'informer des desseins de l'ennemi. Cependant Persée, qui approchoit, parut tout-à-coup à la tête de sa cavalerie et de ses armés à la légère, ayant laissé à cinq cents pas derrière lui son infanterie en ordre de bataille. Licinius, averti par les cris de ses soldats, fit sortir sa cavalerie et ses armés à la légère, les rangea devant ses retranchemens, et fut défait. Il rejeta la faute sur les Étoliens.

De part et d'autre l'infanterie avoit vu ce combat sans y prendre part. Si Persée, profitant de l'ardeur de ses troupes et de l'effroi des ennemis, eût fait avancer la phalange macédonienne, il est vraisemblable qu'il auroit remporté une seconde victoire. Mais il se retira.

Pendant la nuit, Licinius transporta son camp de l'autre côté du Pénée, et fit de ce fleuve un rempart à ses troupes effrayées. Il décampa sans être inquiété par l'ennemi, qui campoit à quelques pas. Persée qui se disposoit à l'attaquer le lendemain, put se reprocher les fautes qu'il avoit faites.

Il demande la paix. Aux applaudissemens que les Grecs donnèrent à sa victoire, on connut les dispositions où ils étoient à son égard. Mais il n'étoit pas fait pour conserver leur confiance. Il envoya des ambassadeurs au consul qui fuyoit devant lui, et demanda la paix aux mêmes conditions qui avoient été imposées à son père après la journée de Cinocéphale. Pourquoi donc avoit-il pris les armes ? Quoique Licinius paroisse un mauvais général, il répondit avec toute la fermeté d'un romain, que Persée n'obtiendroit la paix, que lorsqu'il laisseroit à la disposition du sénat son royaume et sa personne.

Campagnes des consuls Hostilius et Martius. Quelques expéditions peu importantes terminèrent cette première campagne. L'année suivante, Licinius remit les légions au consul A. Hostilius Mancinus, qui fut battu, et qui ne fit que des fautes. Celui-ci laissa le commandement à Q. Martius.

Les Romains étoient toujours dans la Thessalie. Le nouveau consul résolut de porter la guerre dans la Macédoine. Il falloit franchir des montagnes difficiles, et forcer des défilés que les Macédoniens occupoient. Il y avoit de la témérité à tenter ce passage. Aussi, après quelques jours de marche, les Romains se trouvèrent enfermés de tous côtés. Ils ne pouvoient plus retourner sur leurs pas, qu'en s'exposant au risque de périr, et il leur eût été impossible d'avancer, si Persée eut soutenu les troupes qu'il avoit mises dans les défilés. Mais ce prince s'effraya, abandonna tous les postes, se retira précipitamment à Pidna, et laissa son royaume ouvert à l'ennemi.

<small>Av. J. C. 169, de Rome 534.</small>

Cependant Martius, qui s'étoit exposé à de grands périls, en retiroit peu d'avantages. Persée, revenu de sa frayeur, se saisit des lieux les plus avantageux. Il se retrancha de manière qu'on ne pouvoit ni le forcer dans ses lignes, ni le contraindre à en sortir, et les Romains furent réduits à prendre leur quartier d'hiver dans un pays, où ils pouvoient difficilement subsister.

<small>Les Rhodiens croient pouvoir forcer Rome à la paix.</small> Tel étoit l'état des choses, lorsque les Rhodiens, las d'une guerre qui interrompoit leur commerce, et dans laquelle ils s'étoient engagés malgré eux, crurent pouvoir agir auprès du sénat en faveur du roi de Macédoine. Fiers des services qu'ils avoient rendus aux Romains contre Philippe et contre Antiochus, ils crurent qu'on ne pouvoit plus se passer de leur secours; et ils s'imaginèrent que, pour forcer Rome à la paix, ils n'avoient qu'à la menacer de leurs armes. Mais par cette démarche ils ne firent qu'aigrir le sénat, qui étoit déjà prévenu, et qui dès-lors se proposa de les humilier.

<small>Paul Émile chargé de la guerre de Macédoine.</small> Le peu de progrès des consuls employés contre Persée, donnoit à la guerre de Macédoine plus d'importance qu'elle n'en avoit par elle-même; et on s'occupoit avec inquiétude des moyens de la terminer. Comme tout dépendoit du choix du général, on jeta les yeux sur L. Émilius Paulus.

Paul Émile, c'est ainsi que nous le

nommons, avoit été consul quatorze ans auparavant, et avoit triomphé. Depuis il demanda le consulat sans pouvoir l'obtenir, parce qu'auprès du peuple, la brigue ordinairement pouvoit plus que les titres. Il vivoit retiré, occupé de l'éducation de ses enfans, et préférant le repos au tumulte des affaires. Les besoins de la république le tirèrent de sa retraite. Prévenu par les vœux de ses concitoyens, il se rendit à leurs instances. Il fut proclamé consul d'un consentement unanime, et on lui assigna le département de la Macédoine ; il jugea qu'il ne pouvoit faire un plan de campagne, qu'autant qu'il connoîtroit parfaitement l'état des choses, et il demanda qu'on envoyât des commissaires sur les lieux. Ils partirent avec les instructions qu'il leur donna.

L'Égypte imploroit alors la protection du peuple romain. Dans une première campagne, Antiochus avoit conquis la Célésyrie et la Palestine; et dans une seconde, toute l'Egypte à la réserve d'Alexandrie. Maître de la personne de Philométor qu'il avoit fait prisonnier, il faisoit ser-

Guerre d'Égypte.

Av. J. C. 168.
de Rome 686.

vir le nom de ce prince à établir son autorité. Il paroissoit n'avoir armé contre lui que pour le prendre sous sa tutelle, et le roi d'Égypte, qui lui abandonnoit volontairement tous les soins de l'administration, lui livroit lui-même son royaume.

Après les deux premières campagnes, Antiochus revint dans ses états. Il y faisoit des préparatifs pour achever la conquête de l'Égypte, lorsqu'il apprit que les Alexandrins avoient déposé Philométor, et mis sur le trône le frère cadet de ce prince, Évergète II, surnommé Physcon. Alors il arma sous prétexte de rétablir le roi déposé.

Physcon, réduit à la seule ville d'Alexandrie, entra en négociation. Ce fut sans succès. Après avoir employé inutilement la médiation des principales puissances de la Grèce, il eut enfin recours à la protection du sénat. Ses ambassadeurs arrivèrent à Rome au commencement du consulat de Paul Émile.

Peu après leur départ d'Alexandrie, Antiochus, désespérant de forcer cette place, rendit à Philométor la liberté et tout ce qu'il avoit conquis. Il ne garda que Péluse, qui lui ouvroit l'Égypte. Il comptoit que la concurrence, qui devoit armer les deux frères l'un contre l'autre, lui livreroit ce royaume. Mais Cléopâtre, leur sœur, les réconcilia, et ils convinrent de régner conjointement. Alors Antiochus, dont cette réconciliation déconcertoit toutes les mesures, arma ouvertement contre les deux rois.

Persée, instruit des nouveaux prépara- Persée songe à se faire des al-liés. tifs que faisoient les Romains, rechercha l'alliance d'Antiochus, d'Eumène, des Rhodiens, de Gentius et des Bastarnes. Il eût été plus sage de s'assurer de ces puissances, avant de commencer la guerre.

Ses ambassadeurs n'obtinrent rien d'Antiochus. Ce prince, à qui son séjour à Rome auroit dû faire connoître les Romains, ne voyoit pas qu'ils menaçoient tous les rois.

Eumène mettoit un prix à son alliance, et Persée ne la vouloit pas acheter. Ces deux rois qui marchandoient, comme si leur cause n'eût pas été commune, ne purent pas s'accorder.

Persée compta trois cents talens aux ambassadeurs de Gentius : mais le roi d'Illyrie ayant commencé les hostilités avant de les avoir reçus, Persée les retint.

Vingt mille Bastarnes, sur les promesses qui leur avoient été faites, passèrent le Danube. Le roi de Macédoine leur manqua de parole, et ils s'en retournèrent après avoir ravagé la Thrace.

Enfin les Rhodiens persistèrent dans les dispositions qu'ils avoient montrées pour ce monarque. C'étoit s'associer à sa ruine.

<small>L. Anicius soumet l'Illyrie.</small>

Les Romains avoient donné le commandement de leur flotte au préteur Cn. Octavius, et à L. Anicius le département de l'Illyrie. Ils partirent l'un et l'autre en même temps que Paul Émile.

L'Illyrie ne fit point de résistance. Toutes les villes se soumirent à l'arrivée du préteur ; et Gentius, assiégé dans Scodra sa capitale, fut réduit à se livrer lui, sa mère, sa femme, ses enfans, son frère, avec toute sa suite.

<small>Paul Émile soumet la Macédoine.</small>

Cette guerre ne dura que trente jours. La nouvelle des succès d'Anicius fut portée dans le camp de Paul Émile, que l'Énipée séparoit des ennemis. Persée, campé près de la mer, au pied du mont Olympe, dans des lieux qui paroissoient inaccessibles, se flattoit de consumer les Romains par la difficulté qu'ils auroient à subsister. Paul Émile ne lui laissa pas long-temps cette illusion. Il le chassa de son camp, le poursuivit jusques sous les murs de Pidna, et le vainquit. La déroute fut entière. Persée, abandonné de toutes ses troupes, passa dans l'île de Samothrace, où il chercha un asyle dans le temple de Castor et Pollux. Bientôt après il se rendit au préteur, qui arriva avec toute sa flotte. La Macédoine se soumit au vainqueur.

Au commencement de la campagne, le sénat avoit envoyé trois ambassadeurs auprès d'Antiochus, pour lui ordonner de cesser la guerre qu'il faisoit aux Ptolomées. Lorsqu'ils arrivèrent en Égypte, la nouvelle de la victoire de Paul Émile les avoit précédés; et Antiochus, qui se disposoit à mettre le siége devant Alexandrie, se voyoit menacé de toutes les forces de la république. C'est dans cette circonstance qu'il reçut les ordres du sénat, et que C. Popilius Lénas, chef de l'ambassade, ayant

Antiochus Épiphane évacue l'Égypte.

tracé un cercle autour de lui, le somma de répondre avant d'en sortir. Il fallut obéir sur-le-champ, et il évacua l'Égypte. Tous les trônes s'ébranloient par la chûte d'un seul.

<small>¹ Réglemens faits dans la Macédoine et dans l'Illyrie.</small>

Sous le consulat suivant, on conserva le commandement à Paul Émile et à L. Anicius. En même temps on nomma des commissaires pour régler, conjointement <small>Av. J. C. 167, de Rome 587.</small> avec eux, les affaires de la Macédoine et celles de l'Illyrie.

Conformément aux instructions qui leur furent données, on déclara que les Illyriens et les Macédoniens seroient libres; qu'ils conserveroient leurs villes, leurs lois; qu'ils choisiroient eux-mêmes leurs magistrats; et qu'ils ne payeroient au peuple romain que la moitié des tributs qu'ils avoient payés à leurs rois.

» Mais pour affoiblir ces deux nations, on divisa la Macédoine en quatre provinces, l'Illyrie en trois; et on en fit autant de républiques, qui se gouvernèrent séparément. Chacune eut un conseil général, formé des députés de ses villes; et il ne fut permis à personne de se marier, ni d'acquérir des biens hors de la république dont il étoit membre.

Il arriva de toutes parts à Rome des ambassadeurs qui venoient féliciter le sénat sur le succès de la derrnière guerre. Tous les rois s'humilièrent au point, qu'on eût dit qu'ils étoient jaloux de paroître avec Persée, à la suite du char de Paul Émile. Les peuples libres eurent à se justifier. S'ils n'avoient pas donné des secours à Persée, ils avoient paru s'intéresser à lui. Dans toutes les villes de la Grèce les délateurs se multiplièrent plus que jamais. Les citoyens furent cités devant le sénat pour des discours dont on leur faisoit des crimes, et que souvent ils n'avoient pas tenus. Les Rhodiens perdirent la Lycie et la Carie. Un grand nombre fut condamné à mort, et ils se crurent heureux de n'être pas tous exterminés. Callicrate, ce traître qui avoit déjà vendu sa patrie, dénonça plus de mille Achéens, des principaux de la république. Ils vinrent à Rome, et le sénat, sans avoir voulu les entendre, les relégua dans l'Étrurie, où la plupart finirent leurs jours.

Traitemens que Rome fait aux peuples et aux particuliers, qui ne se sont pas déclarés pour elle.

Parce que les Épirotes avoient donné quelques secours à Persée, on livra au pillage soixante-dix de leurs villes, on en rasa les murs, et on fit esclaves cent cinquante mille citoyens. En Étolie, une faction, vendue aux Romains, fit périr par le fer cinq cent cinquante des principaux de la nation. Un grand nombre fut banni. On abandonna aux délateurs les biens des uns et des autres. Bébius, qui commandoit dans cette province, prêta son ministère à ces horreurs. Quoique les Étoliens eussent porté leurs plaintes à Paul Émile, les meurtriers furent renvoyés absous, et on déclara que ceux qui avoient été tués ou bannis, l'avoient été justement. Tout leur crime néanmoins étoit d'avoir paru former des vœux pour Persée. Nous voici aux temps où Rome ne sent plus le besoin de montrer une apparence de justice.

CHAPITRE XI.

Jusqu'à la ruine de Carthage.

Rome avoit répandu la terreur, et les Grecs furent quelque temps sans oser remuer. Cependant l'Asie s'agitoit encore : mais elle avançoit le moment de son esclavage. Des monarchies de l'Asie mineure, après la ruine du royaume de Macédoine.

De tous les rois, aucun ne s'avilissoit autant que Prusias. Lorsque la république lui envoyoit des ambassadeurs, il se présentoit devant eux, la tête rasée et avec le bonnet d'affranchi. *Vous voyez*, leur disoit-il, *un de vos affranchis, prêt à faire tout ce que vous ordonnerez*. C'est ainsi qu'il parut devant le sénat, se tenant à la porte, se prosternant, baisant le seuil. *Je vous salue, dieux sauveurs*. Ce fut le commencement de son discours. Polybe dit qu'il auroit honte de le rapporter tout entier.

A peine Prusias fut parti, qu'on apprit

qu'Eumène arrivoit. Le sénat lui fit signifier un décret par lequel il défendoit à tous les rois de venir à Rome. Il ne vouloit pas traiter, comme ami, un prince qui lui étoit suspect ; et il ne vouloit pas le déclarer ennemi, parce qu'il auroit fallu s'engager dans une nouvelle guerre. C'est pourquoi il parut adresser à tous les rois un décret qu'il portoit contre Eumène seul. Personne n'y fut trompé.

Ce prince parut d'autant plus sensible à cet affront, qu'en perdant la faveur du sénat, il restoit en butte à ses ennemis. En effet, Prusias et les Gallo-Grecs l'accusèrent d'avoir des intelligences secrètes avec Antiochus; et quoique ses frères, Attale et Athénée, fussent venus à Rome pour le justifier, Sulpicius Galba, envoyé par le sénat, se rendit à Sardes où il éleva un tribunal. Toutes les villes furent invitées à porter des plaintes contre le roi de Pergame.

Ariarathe Philopator, ayant succédé à son père sur le trône de Cappadoce, fut détrôné par Holopherne, un de ses frères, qu'on disoit supposé. Comme il avoit renouvelé l'alliance avec les Romains, il crut qu'il en obtiendroit des secours, et il vint à Rome. Le sénat, qui ne pensoit qu'à saisir l'occasion d'affoiblir les puissances de l'Asie, partagea la Cappadoce entre les deux frères.

Vers ce temps mourut Eumène. Il avoit inutilement tenté de soutenir Ariarathe contre les entreprises d'Holopherne. Il laissa la couronne à son fils Eumène, qui ne régna qu'un an, et auquel succéda Attale Philadelphe. Celui-ci donna de nouveaux secours à Ariarathe, et chassa Holopherne qui se réfugia auprès du roi de Syrie. La guerre continuoit entre le royaume de Bithynie et celui de Pergame. Le sénat la termina par un traité auquel Prusias survécut peu. Ce prince lâche, bas, perfide et cruel, fut détrôné par son fils Nicomède, qu'il voulut faire périr; et on le tua dans un temple où il s'étoit réfugié. Alors la Syrie offroit d'autres scènes.

Antiochus Épiphane étoit mort, et sous son fils Antiochus Eupator, Lysias, gouverneur de ce jeune prince, s'étoit saisi de la tutelle. Démétrius, qui continuoit d'être en otage à Rome, représenta ses droits au

Règne d'Antiochus Eupator.

sénat, et demanda d'être rétabli sur le trône de son père Séleucus Philopator. On n'eut aucun égard à sa demande. Le sénat reconnut Eupator, et lui confirma la couronne par un décret. Il jugeoit la minorité du monarque favorable au dessein qu'il formoit d'affoiblir la monarchie ; et, pour exécuter ce projet, il envoya en Syrie Cn. Octavius, Sp. Lucrétius et L. Aurélius. Leurs instructions portoient, entre autres choses, de brûler tous les vaisseaux qui passeroient le nombre stipulé dans le traité fait avec Antiochus-le-Grand.

Règne de Philométor et de Physcon. En Égypte, la mésintelligence avoit armé les deux frères qui régnoient conjointement ; et Philométor, chassé par Physcon, étoit venu à Rome implorer les secours de la république. Le sénat, conformément à la maxime qu'il s'étoit faite d'affoiblir les monarchies, porta un décret par lequel il donnoit à Philométor l'Égypte et l'île de Chypre, et à Physcon la Cyrénaïque et la Lybie, déclarant qu'ils seroient indépendans l'un de l'autre. Il chargea de l'exécution de ses ordres deux sénateurs, qui reconduisirent Philométor. Les deux frères, forcés d'obéir, conclurent le traité qu'on leur dicta, et le scellèrent, suivant l'usage, par des sacrifices et par des sermens.

Mais bientôt après Physcon vint à Rome. Il pensa que, lorsqu'il se plaindroit, il seroit écouté favorablement. Il ne se trompoit pas. Sur ce qu'il représenta l'inégalité du partage qui avoit été fait, le sénat ordonna qu'il seroit mis en possession de l'île de Chypre. Ces ordres cependant ne furent pas exécutés. Physcon tomba entre les mains de son frère, qui eut la générosité de lui pardonner ; et il se crut trop heureux de conserver la Cyrénaïque et la Lybie.

Pendant que ces choses se passoient entre les deux Ptolémées, les ambassadeurs romains, envoyés en Syrie, soulevèrent le peuple par les violences qu'ils commirent, et Octavius fut assassiné.

Règne de Démétrius Soter.

Le sénat renvoya sans réponse les députés qui lui apportèrent les justifications de Lysias. A ce mécontentement, Démétrius jugeoit qu'il obtiendroit la permission de passer en Asie. Ses amis pensoient au contraire, qu'il en feroit inutilement la demande. Ils savoient que le sénat aimoit à voir la couronne sur la téte d'un prince qui fournissoit des prétextes contre lui. En effet, Démétrius fut refusé. Il prit le seul parti qui lui restoit : il s'échappa furtivement.

A son arrivée en Syrie, il répandit que le sénat l'envoyoit pour prendre possession de ses états. Ce bruit fit déclarer tout le peuple pour lui. On lui livra Eupator et Lysias qu'il fit mourir, et il monta sur le trône sans opposition. Les Babyloniens lui donnèrent le surnom de Soter, parce qu'il les délivra de la tyrannie d'un gouverneur, qui fut puni de mort, moins pour avoir vexé les peuples, que pour s'être révolté.

Lorsqu'Antiochus Épiphane, forcé d'obéir aux ordres du sénat, eut abandonné l'Égypte, il parut vouloir se venger sur ses propres sujets de l'humiliation qu'il venoit d'essuyer. Il tourna sur-tout ses armes contre les Juifs. Eupator continua cette guerre, et elle duroit encore. Les Juifs, qui l'avoient soutenue par une suite de victoires miraculeuses, songèrent à se mettre sous la protection des Romains. La circonstance étoit d'autant plus favorable, que la république n'avoit pas encore reconnu Démétrius pour roi de Syrie. D'ailleurs, elle ne venoit pas de protéger les peuples, lorsque l'oppression dont ils se plaignoient, pouvoit être un prétexte d'abaisser les rois. Le sénat donna un décret par lequel il déclara les Juifs amis et alliés du peuple romain, et Démétrius cessa les hostilités. Peu après, il fut reconnu par la république.

Se croyant alors assuré sur le trône, il ne s'occupoit plus des soins du gouvernement. Tout languissoit dans le royaume, pendant que le monarque, inaccessible au fond de son palais, se livroit à des excès de toute espèce. Il fut retiré de son inaction par les conspirations qui se tramèrent contre lui. La première eut pour chef Holopherne, qu'il avoit lui-même établi sur le trône de Cappadoce, et auquel depuis il avoit donné asyle. Il le fit mettre en prison; mais il lui conserva la vie, parce qu'il vouloit s'en servir contre le roi de Cappadoce.

Attale et Ariarathe, qui soupçonnoient les desseins du roi de Syrie, formèrent une nouvelle conspiration, dans laquelle entra Philométor. Le roi d'Égypte vouloit se venger de Démétrius, qui, pendant son séjour

Conspiration qui met sur le trône de Syrie Alexandre Bala.

à Rome avoit appuyé auprès du sénat les demandes de Physcon. Ces trois souverains confièrent l'exécution de leur projet à Héraclide, frère du gouverneur de Babylone, dont j'ai parlé, et coupable comme lui.

Héraclide s'étoit retiré à Rhodes. Il y choisit un jeune homme, nommé Alexandre Bala, qu'il donna pour fils d'Antiochus Épiphane, et il lui apprit à jouer ce personnage. Comme il avoit eu beaucoup de part à la confiance d'Antiochus, il lui fut facile de donner quelque vraisemblance à cette imposture. Les trois rois reconnurent Bala, et Héraclide le conduisit à Rome.

Cette fable n'en imposa point au sénat. Mais parce qu'il lui importoit de susciter des guerres, il fit un décret pour mettre Bala en possession du royaume de Syrie. Tout réussit à cet imposteur. Démétrius fut tué dans un combat, et Alexandre, maître de l'empire, épousa Cléopâtre, fille de Philométor. Il régna cinq ans avec le mépris et la haine des peuples : sentimens dûs à ses débauches et à ses cruautés.

Autres révolutions dans cette monarchie.

Démétrius Soter, lors de la révolution qui le menaçoit, avoit envoyé à Cnide ses deux fils, Démétrius Nicanor et Antiochus Sidètes. Le premier voyant le mécontentement des Syriens, arma, vainquit ; et Bala se réfugia chez un prince arabe, qui lui fit trancher la tête.

Des imprudences, des débauches, des violences, des cruautés : voilà le règne de Nicanor. Diodote, surnommé Triphon, qui avoit servi sous Alexandre Bala, entreprit de faire valoir les prétentions d'Antiochus, fils de cet imposteur. Il le fit proclamer à Antioche, et il vainquit Démétrius Nicanor qui s'enfuit à Séleucie.

Triphon n'avoit donné la couronne au fils de Bala, que pour la lui enlever. Il le tua, monta sur le trône, et fut maître de la plus grande partie de la monarchie.

Retiré à Laodicée, Nicanor oublioit ses droits, et s'abandonnoit aux plus infâmes débauches, lorsque tout-à-coup il marcha contre les Parthes, se flattant, s'il réussissoit dans cette expédition, de retomber sur Triphon avec de plus grandes forces. Mais il fut fait prisonnier, et finit ses jours en Hyrcanie. L'empire des Parthes s'étendoit alors depuis l'Euphrate jusqu'au

Gange. Il deviendra formidable aux Romains.

Triphon ne resta pas long-temps maître du trône. Antiochus Sidètes, qui épousa la femme de Démétrius son frère, chassa cet usurpateur, s'en saisit et le fit mourir. C'est pendant les troubles dont je viens de parler, que les Juifs secouèrent le joug des rois de Syrie. Dans une assemblée qui se tint à Jérusalem, ils assurèrent à Simon et à ses descendans la souveraineté et le sacerdoce.

Physcon règne seul en Égypte.

Ptolémée Philométor étoit mort la même année qu'Alexandre Bala. Cléopâtre, sa sœur et sa femme, avoit voulu mettre la couronne sur la tête du fils qu'elle avoit eu de lui. Forcée de la céder à Physcon, elle fut encore réduite à épouser ce prince; et le jour même des noces, son fils périt entre ses bras par les coups de ce monstre. Physcon portoit la débauche et la cruauté jusqu'au délire. Il régna seul en Égypte.

Il est inutile d'étudier l'histoire de ces monarchies.

D'après l'idée sommaire que je viens de vous donner d'un petit nombre de règnes, vous voyez, Monseigneur, que les mornarchies de l'Orient tombent d'elles-mêmes. Il est inutile de les étudier davantage. Faudroit-il souiller notre mémoire des noms de ces souverains, qui ne laissent après eux que le souvenir de leurs débauches, de leur cruauté, de leur scélératesse ? Pour s'autoriser à tout, ils vouloient faire taire les lois ; et elles se taisoient devant les forfaits, dont ils devenoient les victimes. Ils sont égorgés par leurs confidens, par leurs frères, par leurs fils, par leurs femmes, même par leurs mères. Voilà les horreurs qui enveloppoient le trône. Jugez par elles des calamités qui se répandoient sur les peuples, et vous imaginerez toute l'histoire de ces temps malheureux.

Les dernières révolutions dont je viens de parler, sont postérieures à la troisième guerre punique. Mais comme mon dessein étoit de vous faire prévoir la chûte prochaine des monarchies de l'Orient, j'ai cru devoir, sans m'interrompre, suivre ces révolutions jusqu'au temps où je viens de les laisser. Désormais je ne reviendrai à l'Asie qu'autant que j'y serai forcé par la suite de l'histoire romaine. Il s'agit maintenant d'observer ce qui se passoit en Espagne, en Afrique, en Macédoine et dans la Grèce.

<small>Pourquoi les peuples de l'Espagne étoient difficiles à subjuguer.</small>

Prêts à descendre du trône, les souverains de l'Orient paroissoient n'attendre que les ordres du sénat; et les peuples, de tout temps asservis, prévoyoient avec indifférence la révolution : ils pouvoient même se flatter que leur joug en deviendroit plus léger.

Il n'en étoit pas de même des peuples de l'Espagne. Ils avoient des chefs, mais ils n'avoient pas des monarques. Ils formoient de petites cités, dont les citoyens, endurcis aux fatigues, et jaloux de leur liberté, étoient autant de soldats. Rome, après les avoir vaincus plusieurs fois, forcée à les vaincre encore, désespéroit de les subjuguer.

<small>Pourquoi ils reprenoient continuellement les armes.</small>

La guerre continuoit donc toujours, ou elle n'étoit interrompue que par intervalles. Cependant l'amour de la liberté n'étoit pas le seul motif qui armoit les peuples. Si, sous la protection de la république, ils avoient joui de leurs lois, les soulèvemens auroient été plus rares; et peut-être que comparant alors la domination des Romains à celle des Carthaginois, ils se seroient fait peu-à-peu une habitude de l'obéissance. Mais on les opprimoit, et ils prenoient les armes, moins pour défendre leur liberté, que pour se mettre à l'abri des vexations.

Une victoire que les Lusitaniens remportèrent sur le préteur Calpurnius Piso, fut le commencement d'une guerre, où les Romains éprouvèrent de grands revers, et où leurs généraux se couvrirent de honte par leur perfidie, autant que par leurs défaites. La jeunesse romaine parut avoir dégénéré de ses ancêtres. Elle s'effrayoit au seul récit des combats qu'on avoit livrés aux Celtibériens. Elle refusoit de servir dans les légions qu'on destinoit pour l'Espagne, et le découragement étoit au point, que le sénat n'osoit user ni de douceur ni de sévérité. Dans cette conjoncture, Scipion Emilien, fils de Paul Emile, et petit-fils par adoption de Scipion l'Africain, offrit de servir dans tel grade qu'on voudroit lui donner. Cet exemple rendit

Guerre qui a été la cause de la guerre que Viriatus a faite aux Romains.

Av. J. C. 154, de Rome 300.

le courage aux plus lâches, et les consuls firent les levées.

<small>Av. J. C. 151, de Rome 603.</small>

Le département de l'Espagne échut par le sort au consul L. Licinius Lucullus. Quand il arriva, le proconsul Marcellus venoit de faire la paix avec les Celtibé-

<small>Av. J. C. 149, de Rome 605.</small>

riens. Il n'avoit pas voulu laisser à son successeur la gloire de terminer une guerre qu'il avoit faite avec peu de succès. Lucullus, dont l'ame avide n'ambitionnoit le commandement que pour s'enrichir des dépouilles des provinces, parut néanmoins respecter le traité qui venoit d'être fait. Peut-être redoutoit-il les Celtibériens, et il aima mieux tourner ses armes contre les Vaccéens, quoiqu'il n'eût point ordre de les attaquer, et qu'ils n'eussent donné aucun prétexte aux hostilités. Il les assiégea dans une de leurs villes. Ils capitulèrent, et malgré la foi jurée, il en égorgea vingt mille, et vendit les autres. Il mit ensuite le siège devant deux places, dont il ne put se rendre maître; et il passa dans la Lusitanie, où le préteur Ser. Sulpicius Galba venoit d'être battu. Il porta le fer et le feu par-tout.

Galba, devenu supérieur en forces par la diversion du consul, ravagea aussi de son côté la Lusitanie. Alors quelques peuples, croyant trouver leur salut dans l'alliance de la république, s'adressèrent au préteur qui parut les écouter favorablement : mais quand il les eut fait donner dans le piége qu'il leur tendoit, il les enveloppa, et les fit égorger. La nouvelle de ce massacre excita dans Rome même une indignation générale. Cependant Galba, cité à son retour devant le peuple, fut renvoyé absous. Vous commencez à voir dans les Romains, ce que deviennent les peuples conquérans : à mesure qu'ils s'agrandissent, ils perdent tout sentiment d'humanité, et ils sont tous les jours plus féroces.

Les Romains payèrent de leur sang cette perfidie. Dès l'année suivante, Viriathus vengea les Lusitaniens par une victoire qu'il remporta sur Vétilius, successeur de Galba; et pendant dix ans, il soutint avec succès une guerre, qui dura encore après lui. Ce général n'avoit été jusqu'alors que le chef d'une troupe de montagnards, qui vivoient de brigandages.

<small>Av. J. C. 149, de Rome 605.</small>

La troisième guerre punique commença l'année même où Viriathus devint le général des Lusitaniens, et alors les Romains perdoient la Macédoine.

<small>Cause de la troisième guerre punique.</small>

Les limites qui séparoient les états des Carthaginois de ceux de Massinissa, roi de Numidie, avoient été marquées par Scipion l'Africain. Mais ce prince comptant sur l'alliance de Rome, ne craignit pas de les franchir. Les Carthaginois en portèrent souvent leurs plaintes au sénat. Ils demandoient que Massinissa s'en tînt au dernier traité, ou qu'il leur fût permis de repousser la force par la force.

Rome envoya des commissaires à plusieurs reprises, toujours en apparence pour rendre justice, et en effet, pour susciter la guerre entre Carthage et le roi de Numidie, si elle pouvoit être avantageuse à la république. Caton le Censeur, qui fut le chef d'une de ces députations, remplit parfaitement les vues du sénat. Général, homme d'état, orateur, historien, il avoit des talens. Mais personne n'étoit plus fait pour une négociation, où on ne vouloit montrer que les dehors de la justice. L'utilité de la république étoit son unique règle.

Les Carthaginois lui montrèrent le traité fait par Scipion, et lui représentèrent que le moindre changement seroit une injure à la mémoire du plus grand des Romains. Cet éloge ralluma la jalousie qu'il avoit toujours eue pour le vainqueur d'Annibal; et il songea dès ce moment à se venger sur Carthage de n'être pas plus grand que Scipion. A son retour, il ne parla que des richesses de cette ville, de ses magasins, de ses ports, de ses vaisseaux; et il en conclut qu'il la falloit détruire. Cette conséquence lui parut si juste, que toutes les fois qu'il opinoit, quoiqu'il fût question de toute autre chose, il terminoit toujours son avis par ces mots : *il faut détruire Carthage.*

Dans la prospérité de la république, le peuple commençoit à ne plus connoître de subordination; et il sembloit que, pour prévenir de plus grands désordres, il eût été avantageux aux Romains d'être arrêtés dans leurs progrès. C'est pourquoi plusieurs sénateurs jugeoient que la destruction de Carthage seroit funeste à Rome même. Scipion Nasica, fils de Cnéus, combattoit, sur-tout le sentiment de Caton. Il avoit été reconnu dans une occasion pour le plus honnête homme de la république. On ne dit pas néanmoins qu'il ait représenté que cette guerre seroit injuste. Les Romains consultoient moins que jamais les lois de l'équité.

<small>Perfidie des Romains.</small>

<small>Av. J. C. 149, de Rome 605.</small>

L'avis de Caton devoit prévaloir, et prévalut. Après avoir refusé de rendre justice aux Carthaginois, et les avoir mis par-là dans la nécessité de repousser les hostilités de Massinissa, il fut arrêté qu'on leur déclareroit la guerre, parce qu'ils la faisoient à un prince allié de la république, et on la leur déclara en prenant les armes. Les consuls embarquèrent les légions, et mirent à la voile.

Carthage avoit prévu la résolution du sénat, et pour la prévenir, elle envoyoit des ambassadeurs avec les pouvoirs les plus amples. Ils arrivèrent trop tard. La flotte étoit déjà partie. Jugeant alors qu'il n'étoit plus temps d'ouvrir une négociation, ils crurent que, s'ils se soumettoient, ils obtiendroient la paix, et ils déclarèrent que les Carthaginois s'abandonnoient à la discrétion du peuple romain. C'étoit, suivant l'interprétation du sénat, livrer le pays, les villes, les habitans, les rivières, les ports, les temples, les tombeaux, tout en un mot. Les ambassadeurs n'avoient pas connu sans doute toute la force de cette expression.

On leur répondit que, puisqu'ils avoient pris le parti le plus sage, on leur accordoit la liberté, leurs lois et leurs terres; à condition, seulement, qu'ils enverroient trois cents otages à Lilibée, et qu'ils feroient ce qui leur seroit ordonné par les consuls. On ne parloit point des villes, parce qu'on croyoit, par cette réticence, s'autoriser à détruire Carthage. Les ambassadeurs en eurent de l'inquiétude. Ils ne savoient d'ailleurs quels seroient ces ordres qu'on n'expliquoit pas. Cependant ils se retirèrent sans oser répliquer.

Les otages furent livrés, et le consul L. Marcius Censorinus les ayant reçus à Lilibée, mit à la voile pour Utique, où il débarqua avec environ quatre-vingt mille hommes. Aussitôt les magistrats de Carthage se présentèrent devant lui, et lui demandèrent ses ordres. Il leur commanda d'apporter toutes leurs armes et toutes leurs machines de guerre, disant, que désormais ces choses leur étoient inutiles, puisqu'ils seroient sous la protection de la république. Ils obéirent. Alors Marcius, après avoir loué leur obéissance, leur dit : Le sénat vous ordonne de sortir de Carthage qu'il a résolu de détruire, et il veut que vous vous établissiez à dix milles dans les terres.

Carthage assiégée. Cette perfidie, aussi cruelle que lâche, porta le désespoir dans l'ame des Carthaginois, et le désespoir leur fit trouver des armes. En peu de jours Carthage fut en état de défense. Lorsque Marcius et M. Manilius, son collègue, s'en approchèrent, ils furent étonnés de se voir forcés à faire un siége dans les formes. A la résistance qu'ils trouvèrent, ils eurent lieu de se reprocher de n'avoir pas marché sur-le-champ, et d'avoir été perfides, sans retirer le fruit de leur perfidie. Ils tentèrent inutilement de prendre la place d'assaut. Ils firent plusieurs fautes : ils reçurent plusieurs échecs : Asdrubal brûla la plus grande partie de leurs vaisseaux, et la peste se mit dans leur armée.

Pendant que ces choses se passoient en Afrique, Andriscus, homme de néant, se rendoit maître de la Macédoine. Il avoit pris le nom de Philippe, et se faisoit passer pour le fils de Persée. Quelques années auparavant, ayant échoué dans cette entreprise, il s'étoit retiré chez Démétrius Soter, qui le fit arrêter, et l'envoya à Rome. Démétrius, à qui Alexandre Bala faisoit alors la guerre, s'imagina que ce service lui procureroit la protection des Romains. Mais Andriscus parut si méprisable, que, non seulement on ne témoigna aucune reconnoissance au roi qui l'avoit livré, on ne parut pas même occupé du soin de le garder. Il s'échappa, leva une armée dans la Thrace, se fit reconnoître par les Macédoniens, et soumit une partie de la Thessalie.

Andriscus.

Guerre en Macédoine.

Av. J. C. 149, de Rome 605.

Cette affaire parut alors sérieuse; Scipion Nasica, député par le sénat pour en prendre connoissance, et pourvoir aux moyens de recouvrer la Macédoine, leva des troupes chez les alliés, et marcha contre Andriscus, qu'il chassa de la Thessalie. Peu après les légions passèrent la mer, furent taillées en pièces et le préteur qui les commandoit perdit la vie. L'année suivante, Q. Cécilius Métellus remporta deux victoires, et Andriscus se sauva chez un roi de Thrace, qui le livra. Le mauvais succès de cet imposteur n'empêcha pas deux autres aventuriers de tenter la même entreprise. Ils n'y réussirent ni l'un ni l'autre.

Dans ce temps-là une nouvelle guerre commençoit entre les Achéens et les Spartiates, quoique ces deux peuples, avant de l'entreprendre, eussent invité le sénat à terminer leurs différends. Mais les Achéens, alors, de tous les peuples de la Grèce, celui que Rome avoit le plus d'intérêt à humilier, n'attendirent pas un jugement, qu'ils prévoyoient devoir leur être peu favorable, et ils prirent les armes. Ils ravageoient la Laconie, lorsque des commissaires arrivèrent avec un décret, par lequel le sénat détachoit de la ligue achéenne Sparte, Corinthe, Argos et plusieurs autres villes, sous prétexte qu'il avoit été un temps où elles n'étoient pas du nombre des confédérés. Lorsque ce décret fut publié dans l'assemblée qui se tenoit à Corinthe, il excita une indignation générale. Le peuple se souleva. Il se jeta sur les Spartiates, qui étoient alors dans cette ville, et il eût maltraité les commissaires mêmes, s'ils ne se fussent pas dérobés à sa violence.

Le sénat montre de la modération.
Viriathus se rendoit redoutable en Espagne, et le siége de Carthage duroit encore : c'est pourquoi le sénat, quoique vivement offensé, crut devoir traiter les Achéens avec quelque ménagement. Les nouveaux commissaires qu'il envoya, affectèrent de parler avec beaucoup de modération. Ils ne se plaignirent point du dernier soulèvement : ils parurent plutôt l'excuser; ils ne firent aucune mention du décret qui en avoit été la cause. Ils demandèrent seulement qu'on cessât de faire la guerre aux Spartiates; et ils invitèrent les Achéens à ne pas encourir, par leur obstination, la disgrace de la république.

Les Achéens prennent cette
Quoiqu'ils ne parlassent pas du décret,

modération pour de la timidité ils ne révoquoient pas ; et cet acte seul étoit une preuve du dessein formé de détruire la ligue achéenne. C'en étoit assez pour soulever les villes confédérées. La modération apparente des commissaires ne rassuroit pas. On la regardoit comme un effet de la foiblesse des Romains, et on disoit que, dans le mauvais état de leurs affaires en Afrique et en Espagne, ils craignoient que les Achéens ne se déclarassent contre eux. Peut-être le sénat vouloit-il, par une conduite timide en apparence, enhardir les Achéens, et avoir un prétexte pour faire marcher en Achaïe les légions qui étoient alors en Macédoine. Il paroissoit d'autant plus facile de les faire tomber dans ce piége, qu'ils étoient alors gouvernés par le caprice aveugle de la multitude, et par des magistrats qui sacrifioient l'état à leur avidité. La chose arriva comme le sénat l'avoit pu prévoir. Les Achéens continuèrent la guerre contre les Spartiates ; et ils y engagèrent les Béotiens, qui étoient également mécontens du sénat.

Ils sont vaincus. Le préteur Q. Métellus, alors occupé à

rétablir l'ordre dans la Macédoine, tenta
inutilement de les porter à la paix. Il mar-
cha contre eux, et les défit. L'année sui- *Av. J. C. 147,*
vante, il les défit encore; il s'avança vers *de Rome 607.*
Corinthe, où Diéus, chef des Achéens, s'é-
toit enfermé avec les débris de ses troupes.
Métellus auroit voulu terminer cette guerre
avant l'arrivée du consul L. Mummius. Le
Péloponèse, épuisé et ruiné, demandoit la
paix : mais Diéus et ceux de sa faction s'y
refusoient, parce qu'ils prévoyoient qu'ils
seroient livrés aux Romains. Sur ces entrefaites Mummius arriva, et Métellus retourna en Macédoine.

Diéus, aussi mauvais général que mau- *Ruine de Co-*
vais magistrat, eut la témérité de sortir des *rinthe.*
murs et d'offrir le combat au consul. Il fut *Av. J. C. 146,*
entièrement défait. Il pouvoit se retirer dans *de Rome 608.*
la ville, s'y défendre quelque temps, et ob-
tenir une capitulation : il s'enfuit à Mégalopolis, où il se tua. Les Achéens, sans chefs,
désertèrent Corinthe. Mummius y entra
sans résistance, fit main basse sur les hommes qui s'y trouvèrent, vendit les femmes
et les enfans; et après avoir fait enlever les
vases, les statues, les tableaux, et tout ce

qu'il y avoit de précieux, il fit mettre le feu aux 'maisons. L'incendie dura plusieurs jours. Ainsi finit Corinthe. La liberté parut se perdre dans ses ruines. Toute la Grèce fut réduite en province romaine, sous le nom de province d'Achaïe.

<small>Fin du siége de Carthage et ruine de cette ville.</small> Nous avons vu que les consuls Marcius et Manilius conduisoient le siége de Carthage avec peu de succès. L. Calpurnius Piso, qui leur succéda, ne montra pas plus <small>Av. J. C. 145, de Rome 608.</small> de capacité. Les Carthaginois faisoient de nouveaux efforts. Ils négocioient avec les rois, qu'ils invitoient à se soulever : ils songeoient même à fournir de l'argent et des vaisseaux au faux Philippe, et Rome commençoit à montrer de l'inquiétude. Tel étoit l'état des choses, lorsque Scipion Émilien, qui servoit en Afrique avec distinction, et qui avoit même souvent réparé les fautes des généraux, vint à Rome pour demander l'édilité. On lui donna le consulat qu'il ne demandoit pas; et sans tirer au sort, on lui assigna l'Afrique pour département. Tout cela étoit contre les règles. Mais, à sa réputation, et peut-être encore à son nom, le peuple crut qu'il étoit destiné à terminer

cette guerre. En effet, Carthage se rendit l'année suivante. On la rasa, et le peuple romain défendit, sous d'horribles imprécations, de rebâtir dans le même lieu. Cette ville a été détruite la même année que Corinthe.

<small>Av. J. C. 146, de Rome 608.</small>

LIVRE NEUVIÈME.

CHAPITRE PREMIER.

Considérations sur les accroissemens des Romains.

<small>Progrès des Romains dans les six premiers siècles.</small>

DANS l'espace de trois siècles et demi, Rome n'a fait que des progrès très-lents. La prise de Véies, l'an de la fondation 358, est la première époque de son agrandissement. L'usage des troupes soudoyées la mit en état de poursuivre les entreprises qu'elle commençoit, et il ne lui fallut que cent trente ans pour achever la conquête de l'Italie, dans laquelle on ne comprenoit pas la Gaule Cisalpine. La première guerre punique, qui dura vingt-trois ans, c'est-à-dire, depuis 490 jusqu'en 512, fut terminée par la conquête de tout ce que les Carthaginois avoient en Sicile. La seconde commença vingt-quatre ans après, lorsque les Romains s'étoient rendus maîtres de la Corse, de la Sardaigne, qu'ils avoient soumis la Gaule Cisalpine, l'Istrie, et qu'ils portoient leurs armes en Illyrie. Elle dura dix-sept ans. Ils chassèrent de l'Espagne les Carthaginois, et ils acquirent la Sicile et les îles situées entre l'Afrique et l'Italie. Plus ils avoient fait de progrès, plus il leur étoit facile d'en faire de nouveaux : dans le cours de cinquante et quelques années, ils réduisirent en provinces romaines la Macédoine, la Grèce et l'Afrique, et ils rendirent la Syrie tributaire. Alors, souverains en quelque sorte des royaumes qu'ils recevoient dans leur alliance, ils parurent les maîtres de tous les peuples connus. Le sénat prit connoissance des querelles des rois, marqua leurs possessions, régla leurs alliances, fixa leurs forces sur terre et sur mer, distribua les provinces, disposa des couronnes; en un mot, il se donna pour le tribunal des nations, et les nations le reconnurent. On obéissoit à quelques magistrats qui portoient ses ordres.

Si leurs ennemis ne se sont pas réunis, ce n'est pas que le sénat ait eu pour maxime de les diviser.

Les choses, Monseigneur, les plus étonnantes au premier coup-d'œil, sont quelquefois bien simples. Mais, parce qu'on aime le merveilleux, on a vu dans le sénat une politique profonde, un plan de conduite tracé dès la fondation de Rome, et suivi constamment pendant six siècles. Si les ennemis de cette république ne se sont jamais tous réunis pour l'attaquer ensemble, ou si quelques-uns n'ont fait que des ligues mal concertées, c'est, dit-on, parce que les Romains savoient diviser; et on oublie toute l'histoire, pour regarder comme leur ouvrage, une division qui existoit avant leurs entreprises et avant eux. Mais ces petits peuples, que Rome dès son origine eut tout-à-la-fois pour ennemis, ont-ils jamais su se réunir contre elle? N'est-ce pas successivement et de proche en proche que d'autres dans la suite lui ont fait la guerre? Les Gaulois avoient cessé leurs courses, lorsque les Samnites prirent les armes; et les Latins attendirent, pour se soulever, que les Samnites eussent été forcés à demander la paix. Quand il fut au pouvoir des Romains d'exterminer le Latium, les Samnites recommencèrent la guerre ; et quand ceux-ci eurent été subjugués, les Gaulois reparurent. Si les circonstances avoient armé à-la-fois tous ces peuples, et que le sénat les eût divisés, j'admirerois sa politique.

Les Romains ont-ils semé la division dans la Sicile pour s'en préparer la conquête ? ont-ils séparé Hiéron des Carthaginois, ou si ce roi s'en est séparé lui-même ? Est-ce leur politique ou l'aveuglement de Philippe, qui a armé les uns contre les autres les Grecs, que la jalousie divisoit depuis si long-temps ? Comment le sénat, si depuis près de six siècles sa maxime constante étoit de diviser, auroit-il eu besoin d'apprendre de Callicrate à soutenir dans l'Achaïe la faction qui lui étoit favorable ?

Comme les circonstances faisoient des Romains une nation conquérante, elles faisoient de tous les peuples des nations qui devoient être conquises. Les petites puissances livroient les grandes, et Rome n'avoit qu'à ne pas refuser sa protection aux peuples qui la recherchoient. Si les Grecs et les Asiatiques avoient été tels que les Gaulois et les Espagnols, les Romains n'auroient conquis ni la Grèce ni l'Asie. En effet, Philippe et Antiochus étoient subjugués, et la guerre recommençoit toujours en Espagne et dans la Gaule Cisalpine. Ce sont des pays où il falloit que la république conquît avec ses propres forces : c'est pourquoi lorsque la Grèce et l'Asie succomboient, les Gaulois et les Espagnols résistoient encore, et ont résisté long-temps après.

On ne se lasse pas de répéter, *divisez et vous commanderez*, et on admire la profondeur de cette maxime. Faut-il donc un si grand art pour diviser les peuples? Il me semble au contraire qu'il suffit souvent de les abandonner à eux-mêmes, et d'attendre leurs divisions de la différence des intérêts présens et momentanés qui les aveuglent sur leurs vrais intérêts. La difficulté seroit de les tenir réunis, et de donner à une ligue toute la force qu'elle peut avoir. Mais cette difficulté est un écueil, où tous les politiques échouent. Les Grecs armèrent les uns contre les autres, aussitôt qu'ils n'eurent plus la guerre avec les Perses; et Philippe, ce politique trop admiré, les trouva divisés. Son attention fut uniquement de ne pas les forcer à se réunir contre lui. Il a réussi par des moyens d'autant moins admirables, qu'il ne lui a fallu que de la mauvaise foi; et d'ailleurs il lui a été facile de tromper des peuples qui aimoient alors à se tromper eux-mêmes. Le sénat n'a pas même eu cette politique grossière. Pour vous en convaincre, vous n'avez qu'à vous rappeler qu'il vouloit conserver les trois principales villes de la Grèce. N'étoit-ce pas dire aux Grecs: réunissez-vous si vous ne voulez pas tomber dans la servitude?

A Rome l'administration partageoit les pouvoirs de la souveraineté, de manière que se soutenant à certains égards et se balançant à d'autres, au moins jusqu'à un certain point, ils concouroient tous à l'agrandissement de la république. Ce système, qu'on admire avec raison, me paroît s'être fait à l'insu des Romains.

Le gouvernement des Romains s'est formé commeàleur insu.

Nous avons vu dans la Grèce des républiques, dont le plan avoit été combiné, et où les pouvoirs, par la manière dont ils avoient été distribués, régloient avec précision les droits des différens ordres et des différens magistrats. A Rome au contraire rien n'est prévu. Lorsqu'on remédie à un abus, on ne juge ni des avantages ni des inconvéniens qui en naîtront ; et comme la distribution des pouvoirs est uniquement l'effet des querelles qui s'élèvent entre les patriciens et les plébéiens, les droits ne sont jamais bien déterminés, et il n'y a que des prétentions entre les ordres et entre les magistrats.

Lorsque le sénat accorda des tribuns au peuple, il ne prévit pas quelle seroit la puissance de ces nouveaux magistrats. Il ne créa des censeurs, que parce que les guerres ne permettoient pas aux consuls de faire régulièrement le cens ; et il jugeoit si peu des prérogatives de cette magistrature, que personne ne songea d'abord à la briguer. La dictature, qui, dans les circonstances critiques étoit la grande ressource des Romains, et qui suppléoit si bien à la lenteur du gouvernement, ne fut créée que pour éluder les lois qui protégeoient le peuple sous les consuls. C'est ainsi que les magistratures, que le sénat créoit pour le moment présent, produisoient dans la suite des effets qu'il n'avoit pas prévus ; et c'est pourquoi je dis qu'à Rome les circonstances ont tout fait et tout combiné.

Parce que les pouvoirs étoient distribués sans précision, les droits étoient mal déterminés ; et parce que les droits étoient mal déterminés, les Romains étoient exposés à des dissentions continuelles. Ce n'est certainement pas à dessein qu'on avoit choisi un gouvernement où rien n'étoit déterminé : c'est plutôt parce qu'on n'avoit pas su mieux faire. Cependant il n'est pas douteux que ce gouvernement, par ses vices même, n'ait contribué aux progrès des Romains. Rome sans dissentions eût été moins redoutable. Elles entretenoient l'émulation entre les deux ordres : elles attachoient d'autant plus à la patrie, qu'elles paroissoient donner à chaque citoyen des droits à tous les honneurs ; et elles portoient l'amour de la liberté jusqu'au fanatisme. Sous des lois, qui auroient assuré l'état des citoyens de manière à prévenir toute espèce de dissentions, les

Romains, plus libres, auroient moins senti le prix de la liberté. Dès-lors ils n'auroient plus eu la même émulation, le même courage, le même amour de la patrie.

Si cependant les dissentions avoient eu un libre cours, le gouvernement auroit dégénéré promptement en une démocratie monstrueuse; et Rome, sans pouvoir s'agrandir, eût passé continuellement de la liberté à la servitude, et de la servitude à la liberté. Mais les guerres, qui suspendoient les dissentions, maintenoient une sorte d'équilibre entre les deux ordres, parce qu'elles ne permettoient pas au peuple d'entreprendre tout ce qu'il pouvoit. Le gouvernement des Romains n'a jamais été meilleur que depuis qu'ils prirent les armes contre les Samnites : il dut aux longues guerres tout ce que sa constitution a eu de bon ; et il dégénéra d'abord après la ruine de Carthage, parce qu'alors les dissentions devinrent funestes à la république.

Leur agrandissement n'est pas l'effet d'un plan

Les Romains, remarque-t-on, se sont toujours alliés des peuples foibles, et ils s'en sont servi pour subjuguer les plus puissans. Ils ne se sont point hâtés d'appesantir le joug ni sur les uns, ni sur les autres. Ils ont attendu qu'ils fussent accoutumés à obéir comme alliés, avant de leur commander comme à des sujets ; et c'est par cette manière lente de conquérir qu'ils ont assuré leurs conquêtes. La chose est en effet arrivée ainsi ; mais il n'y a rien de plus faux en général, que de dire : ce peuple a étendu sa domination par tels moyens; donc ses vues ont été de l'étendre par ces moyens-là mêmes. Supposer que les Romains, attentifs à modérer eux-mêmes leur ambition, ont toujours eu la prudence d'attendre qu'on ne pût plus leur résister, c'est leur supposer une conduite dont aucun peuple n'est capable. Il me paroît qu'ils ont dominé aussitôt qu'ils l'ont pu ; et que s'ils ont conquis lentement, c'est qu'il n'a pas été en leur pouvoir de conquérir avec plus de rapidité. Comme Rome, par sa constitution, étoit destinée à des conquêtes, elle étoit aussi, par sa constitution même, condamnée à ne les faire que lentement.

Admirez, dit-on encore, la conduite de ce peuple. Ambitieux de conquérir les nations, il prend les armes, uniquement parce qu'il est de son intérêt de les prendre ; couvrant si bien ses injustices, qu'il paroît toujours juste ; cachant si bien ses vues, qu'on ne démêle pas son ambition. C'est par-là qu'il donne enfin des fers aux peuples étonnés, qui l'avoient pris pour le protecteur de la liberté.

Voilà comme on juge. On veut que Romulus ait été un grand homme ; que les six rois, qui lui ont succédé, aient été de grands hommes. On seroit tenté d'en dire autant de tous les sénateurs. En effet, il faudroit une succession non-interrompue de grands hommes, pour supposer avec fondement que les Romains, méditant de bonne heure de grandes conquêtes, se sont fait un plan dont ils ne se sont jamais écartés. Mais sans nous arrêter à combattre des préjugés qui portent sur une supposition tout-à-fait gratuite, essayons de nous faire des idées plus exactes.

Il est l'effet des usages que les circonstances ont introduits.

Nous jugeons et nous nous conduisons d'après les maximes dont nous nous sommes fait une habitude. Il y a des siècles où les préjugés généralement reçus arrêtent tout-à-coup l'homme qui a le plus de génie : il y en a d'autres, où, parce que ces préjugés ne subsistent plus, un esprit médiocre fait ce que l'homme de génie n'a pas pu faire. Tout dépend des circonstances où nous nous trouvons.

Cette observation est applicable aux peuples. Les maximes, qui s'introduisent lors de leur établissement, font que les uns s'agrandissent, sans en avoir formé le projet ; et que les autres ne peuvent pas s'agrandir, quoiqu'ils en aient l'ambition. Les républiques de la Grèce, par exemple, étoient dans le cas des hommes de génie, que les préjugés arrêtent au milieu de leurs progrès. C'étoit une folie à elles d'entreprendre de grandes conquêtes. C'est que les circonstances ne leur avoient pas appris à augmenter leurs forces par les forces des peuples vaincus. Les maximes qu'elles avoient adoptées, étoient trop contraires à cette politique. Partager avec de nouveaux citoyens la gloire qu'elles avoient acquise, c'étoit la diminuer ; et la diminuer, c'étoit la perdre. Ce préjugé les aveugla toujours sur leurs vrais intérêts, et il ne leur fut pas possible de sortir de leur foiblesse.

Les Romains, foibles dans les commencemens, ont été forcés de contracter bien vite des alliances, et de partager, avec les vaincus mêmes, les premiers avantages qu'ils ont dus à leur courage. Si les circonstances leur faisoient une loi d'exterminer les peuples qui leur étoient contraires; elles leur en faisoient une de s'attacher, par toute sorte de moyens, ceux qui pouvoient leur être favorables. Cette politique ne demandoit aucune prévoyance de leur part : il leur suffisoit de voir le danger où ils étoient. C'est ainsi qu'ils se sont étendus en Italie, et qu'ils se sont servis, par exemple, des Latins et des Herniques pour subjuguer les Volsques et les Toscans. Dans la suite, ils ont continué comme ils avoient commencé; parce qu'en général l'usage est la grande règle des peuples, et que d'ordinaire, lorsqu'ils ont un parti à prendre, ils n'examinent pas ce qu'ils doivent faire, mais ils cherchent ce qu'ils ont fait en pareilles circonstances. Plus vous étudierez l'histoire des nations, plus vous vous convaincrez que l'usage conduit les unes à leur agrandissement, comme il conduit les autres à leur perte.

Si les Carthaginois avoient tenu la même conduite que les Romains, c'eût été l'effet d'une politique éclairée : car elle auroit été en opposition avec les maximes que les circonstances avoient introduites. Devenus puissans de bonne heure, et presque sans obstacles, ils étoient accoutumés à dominer par la force, et ils jugeoient en conséquence que la force seule assure la domination. Ils n'ont donc pas senti le besoin de ménager les peuples. Ils ont appesanti le joug sur les alliés, comme sur les sujets ; et ils n'ont pas su conserver, parce qu'ils avoient acquis trop facilement.

Rome au contraire s'accroît plus lentement. Les ennemis se succèdent : elle en trouve par-tout où elle recule ses frontières, et pendant long-temps ils paroissent toujours plus redoutables. Au milieu de ces guerres, des villes sont détruites, des peuples sont exterminés, et tout ce qui résiste est tôt ou tard asservi. Cependant tous les peuples n'osent pas résister. Plusieurs, craignant le sort des vaincus, s'empressent de venir d'eux-mêmes au-devant des vainqueurs. Les uns demandent les droits de citoyens en tout ou en partie : les autres se croient trop heureux de conserver leurs lois, leurs magistrats, et de se gouverner eux-mêmes sous la protection de la république. Par-là, l'usage s'établit d'accorder de pareils priviléges, comme autant de récompenses. Cet usage dure, parce que c'est le caractère des usages de durer sur-tout dans les républiques, qui sont naturellement, pendant des siècles, ce qu'elles ont été d'abord. Elles conservent le même esprit, tant que les circonstances ne changent pas; et cela n'est pas étonnant, puisque le souverain est un corps qui ne meurt point, et qui se meut toujours en conséquence des premières impulsions. C'est en quoi le gouvernement républicain diffère du gouvernement monarchique, où l'autorité passe tout entière d'un homme à un homme, et où le souverain paroît quelquefois mourir à chaque changement de ministre.

Les circonstances furent à-peu-près les mêmes pour les Romains, tant qu'ils ne sortirent pas de l'Italie. Aussi conservèrent-ils les mêmes mœurs et la même conduite; et ils continuèrent d'étendre leur domination, par les mêmes moyens qu'ils l'avoient d'abord étendue.

Lorsqu'ils furent maîtres de l'Italie, la guerre étoit répandue parmi toutes les nations connues. Il y avoit des monarques qui vouloient asservir, il y avoit des peuples qui vouloient rester libres. Les Romains se montrèrent au milieu de ces troubles : moment favorable, où les foibles cherchoient une puissance qui les pût défendre, et qui ne parût pas les devoir subjuguer. Ils crurent l'avoir trouvée. Rome en effet ne pouvoit alors que protéger leur liberté. Si elle la menaçoit, le danger étoit loin encore, et il importoit de se soustraire à un danger présent. Ainsi, Marseille se fortifia de son alliance contre les Gaulois; Sagonte contre Carthage; les

Étoliens contre Philippe ; Attale, les Rhodiens et les Égyptiens, contre les Séleucides. Les Romains n'eurent donc qu'à s'abandonner au courant des circonstances, qui les entraînoient dans les Gaules, dans l'Espagne, dans la Macédoine, dans la Grèce, dans l'Asie, dans l'Égypte. La conquête de ces provinces s'offroit à eux, sans qu'ils l'eussent préparée. Ils n'avoient qu'à recevoir dans leur alliance les peuples qui les appeloient. En montrant quelques légions, ils les réunissoient contre l'ennemi commun : ils abattoient les grandes monarchies ; et parce que dans ces guerres, ils étoient la puissance dominante, lorsqu'elles étoient finies, ils se trouvoient la seule puissance, et tous les peuples passoient sous le joug, les alliés comme les ennemis.

Telles étoient au-dehors les circonstances qui favorisoient l'agrandissement des Romains. Voyons quelles étoient au-dedans celles qui le favorisoient encore.

Dans un gouvernement tel que celui de Rome, les généraux ne pouvoient pas former de grands projets de conquête. Forcés à se régler sur le temps de leur commandement, à ménager les alliés et même les vaincus, ils accordoient la paix, dès qu'ils avoient assez fait pour mériter le triomphe, et ils paroissoient se refuser d'eux-mêmes à de plus grands succès. Cette conduite, dictée par l'intérêt personnel, servit mieux la république que n'eût fait l'ambition du peuple et du sénat. Elle lui donna une apparence de justice et de modération, et elle fit croire que Rome ne prenoit les armes que pour défendre ses alliés.

Cette erreur livra les nations. Elles ne prirent aucune précaution contre un danger, qu'elles ne voyoient pas, parce qu'il étoit encore loin d'elles. Jusqu'alors elles n'avoient vu que des conquérans, qui, tels qu'Alexandre ou Cyrus, combattoient avec leurs seules forces, et ne combattoient que pour eux ; et elles n'avoient pas appris qu'on pouvoit parvenir à la monarchie universelle en combattant avec les forces des autres et pour les autres. Rome continua de montrer en apparence la même modération, tant que ses généraux, bornés dans le temps de leur commandement, furent obligés de donner la paix, lorsqu'ils pouvoient se promettre de nouveaux avantages. De la sorte elle cachoit son ambition, sans avoir projeté de la cacher. Elle s'agrandissoit insensiblement, et les peuples, qui s'étoient occupés de leurs querelles, ou qui l'avoient appelée à leur secours, furent étonnés de se voir asservis par une puissance, dont l'alliance avoit paru devoir assurer leur liberté.

<small>Circonstances où l'empire de la république romaine fut le mieux affermie.</small> Un empire, tel que celui d'Alexandre, est d'autant plus foible, qu'il est plus vaste. Tout s'y trouve toujours en disproportion. Comme le vainqueur est supérieur, lorsqu'il faut assujétir, parce qu'alors il agit avec toutes ses forces réunies; le vaincu devient supérieur à son tour, lorsqu'il faut conserver, parce qu'alors le conquérant est obligé de diviser ses forces.

Après la destruction de Carthage, l'empire de la république romaine étoit plus solidement établi, parce qu'elle ne l'avoit pas conquis avec ses seules forces. Les alliés, qu'elle avoit armés pour son agrandissement, avoient le même intérêt qu'elle-même à lui conserver ses conquêtes. Toutes les parties de cet empire se soutenoient donc mutuellement. Elles étoient comme en équilibre autour d'un centre commun. Tout s'y trouvoit en proportion. Les causes qui conservoient, étoient les mêmes que celles qui avoient subjugué; et les peuples se forçoient, les uns les autres, à plier sous un joug, que Rome seule n'eût pas pu leur imposer.

Cependant, quoique cet empire fût formidable par-tout où la république pouvoit réunir plusieurs alliés contre un ennemi, il étoit foible en Italie, où elle étoit abandonnée à ses propres forces, et environnée de peuples qui étoient prêts à se soulever. Aussi c'étoit-là qu'il falloit porter la guerre : mais ce projet étoit trop hardi pour tout autre qu'Annibal.

Lorsque toutes les nations seront au rang des sujets, Rome se trouvera dans la même position que si elle eût conquis avec ses seules armes. L'équilibre disparoîtra donc, et les forces du peuple souverain ne seront plus en proportion avec les forces des peuples subjugués. L'empire alors ne se soutiendra que par l'asservissement dont les nations se seront fait une habitude.

Il en naîtra un autre inconvénient : c'est que la république ne pourra pas s'assurer des armées qu'elle entretiendra dans les provinces. Ne connoissant plus Rome, dont elles seront éloignées, elles se donneront à leurs généraux, et de là naîtront des guerres civiles. Ce temps n'est pas loin. Les succès des dernières guerres l'ont avancé, et les nouvelles provinces romaines sont un premier pas vers la décadence.

Cette république ne fut donc jamais mieux affermie que lorsqu'elle se contenta d'être la puissance dominante. Mais forcée par sa constitution à s'agrandir, elle s'agrandira encore. Elle voudra tout envahir : elle ne verra que des sujets de triomphe dans des entreprises, qui ruineront sa constitution même jusques dans les fondemens. Elle enlevera les richesses de tous les souverains. Elle ruinera les royaumes, dont elle voudra faire des provinces. Elle détruira pour acquérir; et cependant elle croira avoir augmenté sa puissance, parce qu'elle comptera les peuples assujettis, et qu'elle ne considérera pas combien elle les a rendus misérables.

Plus les provinces s'épuiseront, plus elles seront asservies. Mais Rome, puissante uniquement par leur foiblesse, s'affoiblira tous les jours elle-même. Le luxe corrompra les mœurs : la prospérité achevera de détruire la discipline, que la mollesse condamnera : l'amour de la patrie s'éteindra peu-à-peu : le nombre des vrais citoyens diminuera tous les jours ; et Rome deviendra la proie des soldats qu'elle armera pour sa défense. Tel sera bientôt le sort de cette république. Nous la verrons obéir dans sa décadence à la force des circonstances, comme elle y a obéi dans sa prospérité.

Les progrès non interrompus des Romains, pendant plusieurs siècles, sont l'effet de la constance avec laquelle ils ont suivi certaines maximes ; et cette constance est ce qu'on a pris pour une politique réfléchie. Mais ces maximes dont on leur fait honneur, ils ne les ont point

Ce n'est point par politique que les Romains ont été constans dans certaines maximes.

méditées. Ils ont été constans dans des préjugés qui leur ont réussi, comme nous le sommes nous-mêmes dans des préjugés qui ne nous réussissent pas, et nous sommes plus étonnans qu'eux. En ce genre la constance est le caractère de toutes les nations.

C'est uniquement parce que les circonstances ne changeoient pas, ou changeoient peu, que les Romains continuoient d'être attachés aux maximes anciennes. En effet, la politique, variable par elle-même, change avec les chefs qui gouvernent : il n'y a donc que l'uniformité des circonstances qui puisse forcer un peuple à suivre constamment les mêmes maximes. Les circonstances changèrent sensiblement après la ruine de Carthage : nous verrons les maximes changer avec elles, et les Romains perdront cette constance qu'on prenoit pour politique de leur part.

Quand je dis que les circonstances peuvent seules rendre un peuple constant dans ses maximes, je parle en général : il faut excepter les Spartiates, dont la constance a été l'ouvrage de la politique, parce qu'elle étoit l'effet de la législation de Lycurgue ; et ce qui prouve le pouvoir des circonstances, c'est que ce législateur n'a réussi, que parce qu'il en arrêta le cours, et qu'il les rendit en quelque sorte immuables. Or, ce qu'il faut admirer dans la constance des Spartiates, ce ne sont pas les Spartiates mêmes, c'est Lycurgue : de même dans la constance des Romains, ce ne sont pas les Romains, c'est l'enchaînement des circonstances où ils se sont trouvés.

Après les observations que je viens de faire, je crois qu'on peut diminuer de l'admiration qu'on a communément pour la politique des Romains. Mais rendons justice aux progrès qu'ils ont faits dans l'art militaire. Nulle part la discipline n'a été plus parfaite, et ne s'est mieux soutenue. Ils devoient au reste perfectionner cet art, parce que c'étoit le seul qu'ils cultivoient, parce qu'ils le cultivoient sans interruption, et que d'ailleurs la plupart de leurs guerres étoient de na-

Les Romains ont été supérieurs dans l'art militaire.

ture à leur faire sentir le besoin de la discipline (1).

---

(1) On peut voir dans le quatrième livre des *Observations sur les Romains*, les causes et les effets de la discipline militaire des Romains.

CHAPITRE II.

Des effets que le luxe doit produire dans la république romaine.

LA vie simple et frugale à laquelle les Romains avoient été forcés pendant plusieurs siècles, paroissoit leur interdire les superfluités dont ils ne connoissoient pas l'usage. Ils aimoient cette simplicité dont ils s'étoient fait une habitude. Elle formoit leurs mœurs, elle régloit leur façon de penser, et elle entretenoit dans le gouvernement cette allure uniforme et constante qui en faisoit toute la force.

Le luxe, lorsqu'il commença, fut un objet de scandale, parce qu'il étoit contraire aux mœurs, à la façon de penser et au gouvernement. Le cri public, qui s'éleva contre ceux qui l'introduisoient, devoit en retarder les progrès ; et en effet, il les retarda. On vit des généraux porter au trésor public les dépouilles des nations vaincues, et ne

Le luxe, quand il commença, fut un objet de scandale pour les Romains.

rien réserver pour eux : tel fut, entre autres, Paul Émile.

<small>Comment ils s'y accoutumèrent.</small> Mais le cri public s'affoiblissoit, à mesure que le luxe se répandoit parmi les premiers citoyens. On s'accoutuma peu-à-peu aux nouveaux usages. Les anciens tombèrent insensiblement dans l'oubli. On ne s'en souvint que pour les mépriser. On ne connut plus le scandale ; et il fut honteux de ne pouvoir pas s'écarter de la simplicité de ses pères.

Le changement des mœurs ayant changé la façon de penser, les progrès du luxe en furent plus rapides. Le pauvre se corrompit à l'exemple du riche. Si des citoyens osèrent encore s'élever contre la corruption, on les regarda comme des hommes d'un autre siècle. On les tournoit en ridicule, ou du moins on les blâmoit, lors même qu'on étoit forcé à leur accorder quelque estime. Il étoit facile de prévoir que cette révolution dans les mœurs en préparoit une dans le gouvernement.

<small>Quand il s'est introduit chez eux.</small> C'est après la guerre de Syrie, et dans l'intervalle de la seconde guerre punique à la troisième, que le luxe s'est sur-tout in-

troduit parmi les Romains, et a commencé à faire passer chez eux les mœurs de l'Orient. Alors plusieurs lois furent portées particulièrement contre le luxe de la table. Mais elles prouvent un abus, dont elles ne furent pas le remède. Tous les jours, de plus en plus en contradiction avec les mœurs, les lois somptuaires devinrent tous les jours plus inutiles.

Dès que les Romains, renonçant à leur première simplicité, commençoient à mettre les superfluités au nombre des choses nécessaires, ils devoient se porter rapidement à tous les excès du luxe ; car ils avoient toujours été avides, et ils étoient devenus assez puissans pour donner un libre cours à leur avidité. Leur utilité avoit été leur unique règle : la force avoit fait leurs droits, au besoin la perfidie avoit suppléé à leur foiblesse. Nous avons vu parmi eux les plus puissans s'approprier les domaines de la république, usurper les terres des particuliers, enlever à leurs concitoyens jusqu'à la liberté. Cette façon de penser, que le gouvernement même avoit entretenue jusqu'alors, devoit influer de

Ils devoient faire des progrès rapides.

plus en plus dans les mœurs, à mesure qu'on se faisoit de nouveaux besoins. Comment les Romains, maîtres de dépouiller les nations les plus opulentes, auroient-ils pu ne pas leur enlever toutes les choses de luxe ?

Comment l'usage autorisoit les magistrats à fouler les peuples.

L'an de Rome 581, peu avant la guerre de Persée, le consul L. Posthumius Albinus, envoyé par le sénat dans la Campanie, ordonna aux magistrats des Prénestins de lui préparer une maison, de venir au-devant de lui, et de lui fournir tous les chevaux et toutes les bêtes de charge, dont il avoit besoin pour son voyage. Jusqu'alors les consuls n'avoient jamais rien exigé de pareil. C'est la république qui leur fournissoit les choses nécessaires pour les commissions qu'elle leur donnoit. Les villes par où ils passoient, n'étoient pas même tenues de leur préparer un logement : ils logeoient chez des particuliers avec qui ils étoient liés d'hospitalité. Posthumius, qui avoit passé à Préneste dans un temps où il n'étoit pas en magistrature, voulut, dit-on, se venger des Prénestins, parce qu'ils ne lui avoient pas rendu les honneurs qu'on ne devoit qu'aux magistrats.

Cet exemple, imité par d'autres, devint bientôt un usage. Alors les magistrats de la république parurent autorisés à imposer aux peuples telles charges qu'ils jugeoient à propos, et ils se firent des droits des malversations qu'ils commettoient. Le sénat se hâta de faire publier dans toutes les villes un décret, par lequel il défendoit de rien exiger au-delà de ce qu'il auroit réglé. Il faisoit connoître par-là qu'il désapprouvoit les vexations; mais il ne les empêcha pas. Si, dans la suite, des consuls ou des préteurs furent accusés d'en avoir commis, ils eurent ordinairement assez de crédit pour se faire absoudre. Le tribun L. Calpurnius Piso, croyant arrêter cet abus, fit passer une loi qui autorisoit les peuples à se pourvoir devant les juges contre les magistrats concussionnaires. Cette loi fut portée la première année de la troisième guerre punique, c'est-à-dire, dans un temps où elle étoit visiblement en contradiction avec l'esprit même du gouvernement. Elle devoit être sans force, puisque le sénat donnoit lui-même l'exemple de la perfidie et de l'injustice.

<small>Avidité avec laquelle les Romains recherchent les choses de luxe.</small>

Les Romains passèrent presque subitement de la plus grande simplicité à la recherche des choses de luxe. Dans les commencemens, encore incapables de les apprécier par eux-mêmes, ils s'y portèrent d'abord avec plus d'avidité que de goût : ils parurent n'en faire cas, que parcequ'elles avoient un prix chez les peuples auxquels ils les enlevoient, et ils les envahirent avec une sorte de férocité. C'étoient des soldats qui alloient au butin.

Quand une nation sait jouir des choses de luxe, ses mœurs deviennent plus douces, parce qu'elles s'amollissent. Alors il y a une sorte de lâcheté dans son caractère. Moins capable des fatigues qu'il faudroit prendre pour se procurer de nouvelles superfluités, elle se repose dans la jouissance de celles qu'elle a, et elle paroît moins avide.

Mais les Romains avoient apporté le luxe chez eux, et ils ne s'amollissoient pas encore. C'est qu'il leur avoit été plus facile de dépouiller les nations que d'apprendre à jouir des superfluités qu'ils leur enlevoient. Ils conservoient donc le même courage, ou plutôt la même férocité qu'ils avoient eue, lorsque leur manière de vivre étoit encore simple et frugale; et par conséquent ils étoient d'autant moins capables de mettre des bornes à leur avidité, qu'ils recherchoient les choses de luxe avec moins de connoissance.

Lorsque les généraux ne s'étoient pas encore fait un besoin de ces choses, ils paroissoient ne dépouiller les nations, que pour triompher avec plus de magnificence; et après avoir étalé des richesses, que le peuple, dans les commencemens, regardoit avec plus d'étonnement que d'envie, ils les déposoient dans le trésor public pour les besoins de l'état. Par-là, l'esprit du gouvernement devenoit tous les jours plus avide. Il le devenoit sans scrupule, parce que l'utilité publique le justifioit : et les Romains s'accoutumoient à regarder les dépouilles des peuples vaincus, comme le principal fruit de leurs victoires.

Dans les commencemens, l'avidité eut pour objet d'enrichir le trésor public.

Cette avidité, qui caractérisoit le gouvernement, fut entretenue par l'empressement des nations à rechercher la protection du peuple romain. Elles se ruinèrent pour l'acheter ou pour la conserver, et Rome ne mit plus de bornes aux tributs qu'elle imposoit. Elle crut avoir des droits à tout ce qu'on ne pouvoit pas lui refuser.

<small>Dans la suite les généraux furent avides pour s'enrichir eux-mêmes.</small>

Dès que le gouvernement devenoit tous les jours plus avide, il n'étoit pas possible que les généraux, qui s'accoutumoient au luxe des provinces conquises, se fissent toujours un point d'honneur d'être désintéressés. Ils détournèrent donc à leur profit une partie des trésors qu'ils enlevoient aux nations : ils imposèrent des tributs dont ils ne rendoient aucun compte : ils vendirent leur protection : ils s'approprièrent les biens des particuliers et des provinces ; en un mot, ils commirent, dans leurs départemens, les vexations que le gouvernement de la république commettoit par-tout.

<small>Effets que cette avidité devoit produire.</small>

L'intervalle de la seconde guerre punique à la troisième, est le temps où les provinces étoient une source plus abondante de richesses. Mais l'avidité, qui tarira cette source, armera bientôt les Romains les uns contre les autres. Rome sera déchirée par des guerres civiles. Elle finira par avoir un maître ; et les revenus d'un empire, qui absorbera toutes les richesses des nations les plus opulentes, ne suffiront pas à un seul homme.

Pendant que le luxe se répandoit, les Romains conservoient des usages qui s'étoient établis dans les temps où ils ne le connoissoient pas ; et ces usages rendoient le luxe encore plus pernicieux pour eux.

<small>L'oisiveté qui contribue à l'agrandissement de la république, devoit rendre le luxe plus pernicieux.</small>

Ils auroient cru se dégrader en cultivant les arts : c'est un vieux préjugé, que les circonstances avoient fait naître. Il étoit naturel qu'une nation de soldats abandonnât les arts à ses esclaves ; et dès qu'elle les leur avoit abandonnés, il étoit naturel encore qu'elle dédaignât de les cultiver elle-même. En temps de paix, les Romains, qui n'avoient point de camp, étoient donc dans une grande oisiveté. Tel étoit le sort de la plus grande partie des citoyens, que les censeurs distribuoient ordinairement dans les quatre tribus de la ville.

Pendant cinq siècles ou environ, cette oisiveté ne contribua pas peu à l'agrandissement de la république. Car Rome auroit eu moins de soldats, si les citoyens avoient été plus occupés; et c'est la nécessité de subsister, qui faisoit desirer la guerre. Si le peuple se plaignoit de n'avoir point de part aux champs qu'il avoit conquis, les patriciens l'appaisoient en cédant, à chaque fois, quelque partie de l'autorité. Comme tous les tyrans, plus avares qu'ambitieux, ils aimoient mieux abandonner des magistratures que des arpens de terres; et parce que les dissentions n'étoient favorables qu'à l'ambition des tribuns, chaque année la guerre devenoit l'unique ressource du peuple, qui avoit toujours été trompé dans son attente, et qui devoit l'être encore. Or cette ressource fut assurée, tant que les Romains ne portèrent pas leurs armes hors de l'Italie.

La république devoit pencher vers sa ruine, aussitôt que le changement des circonstances changeroit l'influence des causes qui l'avoient élevée. C'est ce qui arriva après la seconde guerre punique, et plus sensiblement encore après la troisième. Alors la guerre ne pouvoit plus faire diversion aux dissentions domestiques, parce qu'il n'étoit pas possible de mener à l'ennemi, d'un moment à l'autre, une grande partie des citoyens; et le peuple, à qui le butin manquoit, restoit sans ressource, parce qu'il ne savoit pas subsister de son travail. Cependant il étoit plus nombreux que jamais. Or un peuple oisif, qui n'a pas de quoi subsister, et qu'on ne peut arracher à ses dissentions, sera naturellement porté à causer des révolutions dans le gouvernement : car il n'a d'espérance que dans les troubles, et sa cupidité est excitée par le luxe qui lui rend sa misère plus sensible.

Si pendant un temps le partage de l'autorité fut l'objet des dissentions, ce sera désormais le partage des richesses. Les pauvres se soulèveront, parce qu'ils n'ont rien à perdre. Les riches s'armeront, parce qu'ils ont tout perdu, s'ils cessent d'être riches; et l'or, qui distingue seul les citoyens, coûtera plus à céder que les dignités.

Il coûtera d'autant plus à céder, qu'il tiendra lieu de tout dans un gouvernement où tout deviendra vénal. Celui qui sera assez riche pour acheter les suffrages, sera sûr d'obtenir les magistratures :

celui qui les obtiendra, sera sûr de s'enrichir encore; et on les ambitionnera par avarice.

Les mêmes usages sont bons ou mauvais suivant les circonstances. Un peuple sans arts et sans métiers, est ce qu'il falloit à Rome, tant que la guerre se fit en Italie; parce qu'alors cette ville n'avoit besoin que de soldats. Il n'en fut pas de même dans la suite. Plus un empire est étendu, plus il importe que la capitale soit remplie de citoyens laborieux. Ainsi, comme le désœuvrement du peuple avoit été une des causes de l'agrandissement de la république, il devoit être aussi une des causes de sa décadence.

Au lieu de soldats, Rome ne renfermoit qu'une populace affamée, que la prospérité de l'état rendoit insolente, et que la misère soulevoit contre les riches. Pour la faire subsister, on étoit contraint de prendre dans le trésor public, et de distribuer du blé, du lard, de l'huile et autres choses semblables. Cependant cette populace, qui croyoit avoir conquis l'univers, ne pouvoit se résoudre à vivre uniquement d'aumônes ; et elle demandoit des terres, que les propriétaires ne vouloient pas céder.

Tôt ou tard, le luxe ruine les nations chez lesquelles il s'introduit. Il y a un temps, à la vérité, où il paroît multiplier la masse des richesses. Il anime l'industrie, il multiplie les arts, il fait fleurir le commerce : il met tout en valeur, en un mot, et il fait jouir de tout. *Le luxe ruine tôt ou tard les états.*

Il met tout en valeur, dis-je, excepté l'agriculture, à laquelle il nuit nécessairement, comme nous l'avons prouvé ailleurs. Il suffit de rappeler ici que les souverains, pour fournir à leur superflu et à celui des grands, sont dans la nécessité de multiplier les impôts ; et qu'après les avoir multipliés, ils sont dans la nécessité de les multiplier encore. De génération en génération, ils sont d'autant moins riches, qu'ils font plus d'efforts pour augmenter leurs revenus ; parce que d'un côté, tout renchérit pour eux comme pour leurs sujets, et que de l'autre, la source des richesses se tarit, à mesure que les campagnes tombent en friche.

Mais le luxe ne ruine l'agriculture qu'insensiblement, et pendant un temps, il porte l'abondance dans les villes où les citoyens qui n'ont rien, sont assurés de vivre de leur travail. Si c'est un avantage, au moins n'est-il que passager.

Comme le luxe force les plus riches à dépenser continuellement au-delà de ce qu'ils ont, il viendra un temps où ils seront réduits malgré eux à vivre d'économie. Alors les arts de luxe cesseront d'être cultivés, ceux qui en vivoient tomberont dans la misère, et les villes seront ruinées comme les campagnes.

<small>Effets qu'il a produits à Rome.</small> Le luxe des Romains, qui ruinoit les provinces conquises, ruina de bonne heure l'agriculture en Italie, parce que les grands sacrifièrent, à leur magnificence et à leurs caprices, les terres dont ils s'étoient emparés ; et comme les citoyens regardoient au-dessous d'eux de cultiver les arts, il arriva qu'à Rome, le luxe n'eut pas même l'avantage passager de faire subsister les pauvres.

Le peuple étoit donc dans la misère, et souvent les citoyens qui paroissoient dans l'opulence, se trouvoient pauvres eux-mêmes, parce qu'ils l'étoient de tout ce qu'ils n'avoient pas. Dans cet état des choses, il ne pouvoit naître que des troubles : d'un côté, le trésor public ne suffisoit pas aux besoins d'une populace nombreuse, qui manquoit de pain, et qui n'en savoit pas gagner; de l'autre, les lois ne pouvoient réprimer les grands, dont l'avidité dépouilloit indistinctement les sujets de la république, les alliés et les citoyens. D'après ces considérations, vous jugez, Monseigneur, que les dissentions, qui ont été suspendues par des guerres, ne tarderont pas à recommencer, et qu'elles seront bien différentes de celles que nous avons vues.

CHAPITRE III.

Jusqu'au tribunat de Tibérius Gracchus.

<small>Après avoir observé les causes de la grandeur des Romains, il reste à observer les révolutions dans les mœurs et dans le gouvernement.</small>

L'ÉTUDE de l'histoire, comme je l'ai déjà remarqué, ne demande pas, Monseigneur, qu'on apprenne tout ce qui est arrivé. Il y a un choix à faire, et nous sommes conduits dans ce choix par l'objet que nous nous proposons.

Jusqu'ici nous avons considéré tout ce qui a pu contribuer à la grandeur des Romains. Actuellement que plusieurs nations ont été subjuguées, et que nous prévoyons la chûte des monarchies qui subsistent encore, il nous reste à observer les révolutions dans les mœurs et dans le gouvernement jusqu'à la ruine de la république. C'est par rapport à cet objet que je choisirai les faits dont je vous entretiendrai.

<small>Conduite des Romains dans la guerre d'Espagne.</small>

La guerre continuoit en Espagne, et

les Romains s'y montroient tels qu'ils s'étoient montrés en Afrique. Nous avons vu que Viriathus avoit défait le préteur Vétilius. Il eut de nouveaux succès : il eut aussi des revers. Mais, tant qu'il vécut, il soutint avec gloire tout l'effort des ennemis. Humain, juste, intrépide, endurci à la fatigue, grand capitaine, il n'eut jamais d'autres intérêts que ceux des peuples dont il prenoit la défense : il partageoit également avec ses soldats le butin et le danger, et il étoit à leur tête comme un chef parmi ses égaux.

Q. Cécilius Métellus Macédonicus commandoit depuis deux ans en Espagne, lorsqu'on lui donna pour successeur, Q. Pompéius Népos, qui, sans talens et sans naissance, s'étoit élevé au consulat par une perfidie. Lélius, ami de Scipion l'Africain, demandoit le consulat. Pompéius, qui feignoit d'être ami de l'un et de l'autre, s'offrit de solliciter pour Lélius, et le supplanta.

Av. J. C. 141,
de Rome 613.

Ennemi de Pompéius, Métellus donna des congés à tous les soldats qui en demandèrent : il dissipa les munitions de guerre et de bouche, et il ordonna de laisser mourir de faim les éléphans. A cette conduite d'un homme qui avoit paru jusqu'alors aussi bon citoyen que bon général, on pouvoit juger qu'on n'étoit pas loin des temps où la république seroit tout-à-fait sacrifiée à des vues particulières. Si Métellus, parce qu'il étoit ennemi de Pompéius, vouloit le faire échouer, il auroit pu s'en reposer sur l'incapacité de ce consul, qui n'eut aucun succès, quoique son armée fût au moins de trente mille hommes.

Leur conduite avec Viriathus.

Pendant que Pompéius faisoit la guerre aux Arvaques, Viriathus, qui l'année précédente avoit vaincu le proconsul Fabius Servilianus, le défit encore, et le poussa dans un poste, d'où les Romains pouvoient difficilement lui échapper. Dans cette conjoncture, il fit des propositions, parce qu'il crut pouvoir assurer la paix;

Av. J. C. 141, de Rome 613.

et par le traité, que le sénat et le peuple ratifièrent, on convint de garder de part et d'autre tout ce qu'on possédoit. Viriathus avoit alors étendu sa domination sur le Tage et sur l'Ebre, et les Romains commençoient à se lasser de cette guerre, qui duroit depuis neuf ans.

Si Viriathus comptoit sur la foi des traités, il ne connoissoit pas le sénat. Dès l'année suivante, les hostilités recommencèrent. On avoit continué le commandement à Pompéius dans l'Espagne citérieure; et dans l'Espagne ultérieure, le consul Q. Servilius Cépio avoit succédé à son frère Fabius Servilianus. Servilius, aussitôt qu'il fut arrivé dans sa province, commença par chercher des prétextes pour rompre la paix; et bientôt après, sans en chercher davantage, il arma ouvertement. Le sénat même l'y autorisa.

Viriathus, qui n'avoit pas prévu cette perfidie, fut réduit à fuir devant l'armée du consul. Ses alliés ne lui donnèrent aucun secours. Comme ils n'avoient pas pu se concerter pour leur défense commune, ils n'osèrent prendre les armes, et quelques-uns furent même forcés de se soumettre aux Romains. Alors Servilius médita une nouvelle trahison. Il offrit la paix, si on lui livroit les chefs de plusieurs villes, qui s'étoient soustraites à la république;

et lorsqu'on les lui eut livrés, il y mit une nouvelle condition : il demanda que Viriathus livrât ses armes, et s'abandonnât lui-même à la discrétion du sénat. La guerre continua. Il n'étoit pas néanmoins au pouvoir du consul de la conduire avec succès : car ses troupes, auxquelles il étoit odieux, le méprisoient, et se soulevoient contre lui. Il fit assassiner Viriathus.

<small>Av. J. C. 140, de Rome 614.</small>

<small>Leur conduite avec les Numantins.</small>

Pompéius assiégeoit alors Numance. Après avoir ruiné ses troupes devant cette place, il fit avec les Numantins un traité qui les déshonoroit; et lorsque, l'année suivante, il remit le commandement au consul M. Pompilius Lénas, il eut l'impudence de nier ce traité qu'il avoit conclu en présence des principaux officiers de l'armée. Popilius renvoya la décision de cette affaire au sénat, et suspendit les hostilités. Mais Pompéius persista toujours à nier un fait de la dernière évidence; et le sénat, qui ne vouloit pas la paix, jugea qu'il n'y avoit point eu de traité.

<small>Av. J. C. 137, de Rome 617.</small>

Popilius, ayant recommencé la guerre, fut battu, et perdit une partie de son armée. Le consul C. Hostilius Mancinus, qui lui succéda, ne fit que des fautes, et n'éprouva que des revers. Ses soldats, effrayés à la vue des ennemis, n'osoient plus sortir du camp. Il résolut de s'éloigner, et il choisit une nuit pour sa retraite. Mais, quoiqu'il eût vingt mille hommes, quatre mille Numantins qui le poursuivirent, firent un grand carnage de ses troupes, et le poussèrent dans des défilés, où ils l'enfermèrent. Il leur envoya un héraut pour entrer en composition.

Les Numantins refusèrent de traiter avec lui : ils avoient appris à se méfier des généraux de la république. Heureusement pour les Romains, ils crurent pouvoir donner leur confiance au questeur Tibérius Sempronius Gracchus, dont la probité étoit reconnue ; et Gracchus sauva l'armée. Ils étoient bien simples, si la probité d'un seul citoyen les rassuroit contre le sénat.

Le traité que Tibérius Gracchus fit avec eux, étoit assez justifié par la nécessité où l'on avoit été de le conclure ; et s'il étoit honteux pour la république, toute l'infamie en retomboit sur Hostilius. Ce consul, qui eut ordre de venir rendre compte de sa conduite, fut remplacé par son collègue, M. Émilius Lépidus, qui fit la guerre aux Vaccéens contre la défense du sénat, et qui perdit six mille hommes dans une déroute.

La conduite du sénat avec les Numantins fut la même que celle qu'il avoit tenue avec les Samnites, après le traité des Fourches Caudines. Il ordonna qu'Hostilius et tous ceux qui avoient garanti le dernier traité, seroient livrés à l'ennemi ; et Hostilius, se piquant d'autant de générosité que Sp. Posthumius, invita lui-même le peuple à autoriser ce décret. Mais le peuple ne consentit point que Gracchus fût livré, et Hostilius qu'on livra seul ne fut pas accepté par les Numantins.

Av. J. C. 135,
de Rome 618.

Cette nouvelle perfidie ne releva pas les affaires des Romains. Contre une ville où il n'y avoit jamais eu plus de huit mille soldats, il fallut enfin armer jusqu'à soixante mille hommes: on en donna le commandement à Scipion l'Africain, qu'on jugea seul capable de terminer cette guerre, et encore ce général ne crut-il devoir marcher contre

Av. J. C. 133,
de Rome 621.

les Numantins, qu'après avoir employé une année à rétablir la discipline dans les troupes. Numance fut rasée, et on vendit tous les citoyens qui survécurent à la ruine de leur ville.

Pendant cette guerre, on voit que les Romains vont ouvertement à la tyrannie par toutes sortes de voies ; que les généraux, sans égard pour les ordres du sénat, ne forment des entreprises que pour assouvir leur avidité ; et que, dans la prospérité de la république, la discipline commence à se perdre. Une révolte des esclaves en Sicile va nous faire remarquer d'autres abus. Elle commença deux ans avant la ruine de Numance.

Les citoyens riches avoient rempli les campagnes de Sicile et d'Italie d'esclaves, qu'ils traitoient avec plus de dureté que leurs bêtes, parce qu'ils les acquéroient à plus vil prix. Leur avarice sordide et barbare, qui refusoit à ces malheureux jusqu'aux choses les plus nécessaires, les forçoit à vivre de brigandage. Ils les y invitoient eux-mêmes, afin d'être dispensés de les nourrir ; et ils les protégeoient contre les poursuites

Soulèvement des esclaves.

des préteurs, auxquels il étoit difficile d'en faire justice.

En Sicile, où ce désordre étoit plus grand qu'ailleurs, les esclaves marchoient en troupes, et formoient des bandes de voleurs, qui commettoient impunément toutes sortes de violences. Ce genre de vie, où ils faisoient ensemble l'essai de leur courage, leur fit connoître leurs forces, et ils résolurent de se soustraire à des maîtres aussi avares que cruels. Un de leurs chefs, nommé Eunus, à la tête de soixante-dix mille, prit toutes les marques de la royauté. Il se faisoit appeler Antiochus, parce qu'il étoit de Syrie; et bientôt on compta jusqu'à deux cent mille esclaves qui se soulevèrent dans les différentes parties de la Sicile. Ces brigands commirent des cruautés inouies. Ils se défendoient en désespérés, comme des hommes qui n'avoient pour ressources que la victoire ou la mort. Quatre préteurs, qu'on envoya contre eux, furent successivement battus. Le consul C. Fulvius, collègue de Scipion l'Africain, les combattit sans succès. Son successeur au consulat, L. Calpurnius Piso, le même qui avoit fait passer la loi contre les magistrats concussionnaires, remporta sur eux la première victoire ; et l'année suivante, le consul P. Rupilius Népos acheva de les exterminer. Ceux qui ne périrent pas dans les combats, expirèrent sur la croix. Pendant cette guerre, à Rome et dans plusieurs villes d'Italie, les esclaves formèrent une conspiration qui fut découverte, et qui n'eut pas de suite.

<small>Av. J. C. 13e, de Rome 622.</small>

Aux désordres que les citoyens puissans causoient dans les provinces, on peut juger de l'abus qu'ils faisoient de leur crédit à Rome même. Une loi, portée pendant la guerre de Numance, donne occasion de remarquer qu'ils ne laissoient plus au peuple la liberté des suffrages.

<small>Loi qui règle que les élections se feront par scrutin.</small>

Jusqu'à l'an de Rome 615, les suffrages avoient été donnés de vive voix. Cette manière de procéder aux élections avoit l'avantage de pouvoir éclairer le peuple sur les candidats, auxquels il devoit la préférence, parce qu'on discutoit publiquement le mérite de ceux qui se présentoient. Mais quand le temps fut arrivé où l'avidité commençoit à faire briguer les magistratures, les citoyens puissans employèrent les menaces et la violence pour se rendre maîtres des élections ; et le peuple sentit qu'en continuant de donner ses suffrages de vive voix, il n'avoit plus la liberté de choisir ses magistrats. Alors on fit une loi qui régla que désormais les élections se feroient par scrutin, c'est-à-dire, en comptant les billets où chacun auroit écrit le nom de celui qu'il choisissoit.

Cette loi rendit la liberté des suffrages. Mais le peuple, qui se corrompoit, ne devoit jouir de cette liberté, que pour vendre les magistratures ; et le secret du scrutin favorisoit tout-à-fait ce nouvel abus. Quand il n'y a plus de mœurs, les lois paroissent moins faites pour remédier aux inconvéniens, que pour les constater.

CHAPITRE IV.

Du tribunat de Tibérius Gracchus.

Il y avoit à Rome une populace immense, les plus grandes richesses, la plus grande pauvreté, et tous les vices qui vont à la suite du luxe. Alors naquirent des troubles qui ne finiront qu'avec la république. Ils commencèrent l'année de la ruine de Numance, lorsque Scipion étoit encore devant cette place qu'il tenoit bloquée.

<small>Circonstances où les troubles commencent sous le tribunat de Tibér. Gracchus.</small>

<small>Av. J. C. 137, de Rome 621.</small>

Gracchus, offensé de ce qu'on n'avoit point eu d'égard pour le traité dont il étoit l'auteur, fut encore irrité contre le sénat, qui l'eût livré aux Numantins, si le peuple ne s'y fût opposé. Sensible à cette injure, il chercha l'occasion de se venger, et il se fit élire tribun. Quoique plébéien, il jouissoit par sa famille d'une grande considération. Il étoit beau-frère de Scipion, gendre d'Ap-Claudius prince du sénat; et son père, deux fois consul, avoit obtenu les honneurs du triomphe. C'est ce même Sempronius qui avoit épousé Cornélie, fille du premier Africain. D'ailleurs avec une réputation de courage, de prudence et de probité, Gracchus avoit encore une éloquence qui le mettoit bien au-dessus des orateurs de son temps, et une figure qui paroissoit donner un nouveau prix à son éloquence et aux autres qualités de son ame.

Motifs de Tibérius pour renouveler la loi Licinia.

Il entreprit de renouveler la loi Licinia, par laquelle il étoit défendu à tout citoyen d'avoir plus de cinq cents arpens de terre. L'objet de ce tribun n'étoit pas uniquement de soulager la misère du peuple : il vouloit sur-tout que les campagnes fussent désormais cultivées par des citoyens, jugeant les esclaves dont elles étoient remplies, inutiles pour la guerre et dangereux pendant la paix.

Oppositions des riches.

Il y avoit long-temps que la loi Licinia étoit tombée dans l'oubli. Elle paroissoit proscrite, et les riches ne s'attendoient pas à la voir revivre. Il seroit difficile de se représenter la fureur avec laquelle ils s'élevèrent contre les desseins de Tibérius. On n'avoit jamais rien vu de semblable dans les querelles fréquentes que le partage des terres avoit autrefois suscitées. C'est que l'avarice s'étoit accrue avec les richesses, et que le temps étoit arrivé où on défendroit ses biens par toutes sortes de violences, parce qu'on les avoit acquis par toutes sortes de voies.

Le tribun, qui prévoyoit les oppositions des riches, avoit apporté quelque adoucissement à la loi Licinia. Il consentoit que chaque enfant de famille pût avoir en propre deux cent cinquante arpens; et il n'exigeoit pas qu'en restituant les terres qu'on avoit usurpées, on rendît compte des fruits dont on auroit joui. Mais ces adoucissemens mêmes aigrissoient les riches, parce que l'équité, dont on paroissoit user à leur égard, les rendoit plus odieux, s'ils ne se laissoient pas dépouiller. Ils traitèrent Tibérius de séditieux, de perturbateur du repos public. Parce qu'ils ne voyoient qu'eux dans la république, ils l'appeloient l'ennemi de l'état; et ils l'accusoient d'aspirer à la tyrannie, parce qu'il prenoit les intérêts du peuple.

Adoucissemens que Tibérius apportoit à cette loi.

Plus ils déclamoient contre lui avec ani- *Raisons avec les-*

<small>quelles il combattoit les riches.</small> mosité, plus lui-même il montroit de modération. Il leur demandoit s'ils ne pourroient pas vivre avec cinq cents arpens. Il leur représentoit la misère des citoyens, auxquels ils refusoient des terres. Il s'élevoit contre l'abus qui, ôtant aux pauvres la ressource de vivre en cultivant les champs des riches, autorisoit les grands propriétaires à nourrir dans de vastes domaines leurs esclaves plutôt que leurs concitoyens. *Les bêtes sauvages*, disoit-il, *ont des tanières pour se retirer ; et des hommes, qu'on dit les maîtres de l'univers, n'ont pas un toit pour se mettre à couvert des injures du temps : il ne leur reste que les cicatrices des blessures qu'ils ont reçues dans les combats.* Il lui étoit d'autant plus facile de rendre la multitude favorable à ses desseins, qu'il plaidoit pour le peuple devant le peuple même. Le jour ayant été pris pour la publication de la loi, le sénat s'assembla.

<small>Comment les riches se défendoient.</small> A en juger par le passé, il sembloit que cette compagnie entreroit en composition. En effet, elle eût abandonné des dignités pour conserver ses terres : mais

elle ne pouvoit plus faire de ces marchés, et elle étoit moins disposée que jamais à se laisser dépouiller. Si quelques sénateurs vouloient qu'on eût égard aux plaintes des tribuns, le plus grand nombre rejetoit avec indignation un avis qui tendoit à diminuer leur fortune. Ces terres dont on les vouloit déposséder, les uns disoient les tenir de leurs pères, les autres assuroient les avoir acquises de bonne foi. Quelques-uns, voilant leur avarice du prétexte de la religion, disoient que leurs ancêtres étoient enterrés dans ces terres, et qu'ils en défendroient les sépulchres jusqu'à la mort. On parla d'employer la violence contre Tibérius ; et, après bien des avis, on s'en tint au parti qui avoit réussi tant de fois, c'est-à-dire, à la voie d'opposition. On choisit à cet effet le tribun M. Octavius Cécina, qui, quoiqu'ami de Tibérius, entra facilement dans les vues des riches, parce qu'il étoit riche lui-même, et qu'il eût beaucoup perdu si la loi eût été portée.

Il est certain que la loi Licinia avoit de grands inconvéniens. Il s'agissoit de rui-

Inconvéniens de la loi Licinia.

ner les premières familles, qu'on regardoit comme le soutien de la république. Les recherches, auxquelles elle obligeoit, pouvoient occasionner bien des troubles. Il en devoit naître des procès sans fin. Après avoir réduit les plus grands propriétaires à cinq cents arpens, il n'étoit pas sûr qu'il restât des terres pour tous les citoyens qui n'en avoient pas; et il paroissoit au contraire que la loi, qui devoit ruiner les riches, ne pouvoit pas pourvoir au soulagement de tous les pauvres. C'est sur ces motifs qu'Octavius fonda son opposition.

<small>Elle passe après que Tibérius a fait déposer le tribun Octavius qui s'y opposoit.</small>
Tibérius cependant ne renonça pas à ses desseins. Il remonta à l'institution du tribunat : et, après avoir montré quel en avoit été le motif, il représenta que si le peuple avoit pu déposer un roi, et abolir la royauté même, il pouvoit, à plus forte raison, déposer un tribun qui abuseroit de son autorité, et abolir le tribunat, si cette magistrature devenoit contraire à ses intérêts. Il demanda donc que le peuple décidât, qui, de lui ou d'Octavius, lui étoit contraire ou favorable; et que celui des deux qui seroit déclaré avoir abusé des

priviléges de sa place, fût déposé sur-le-champ.

Cette entreprise, jusqu'alors sans exemple, lui réussit : Octavius fut déposé. La loi Licinia ne trouva plus d'opposition, et on nomma, pour la faire exécuter, trois commissaires, Tibérius, son beau-père, Ap. Claudius, et son frère C. Gracchus, qui servoit alors sous Scipion au siége de Numance.

Puissance de Tibérius.

Tibérius disposa de la place d'Octavius en faveur d'un homme qui lui étoit dévoué. Alors absolu dans le tribunat, il fut en quelque sorte maître de la république. Il pouvoit suspendre les fonctions de tous les magistrats, et aucun d'eux ne pouvoit rien entreprendre sans son consentement.

Tant de crédit pouvoit le faire soupçonner d'aspirer à la tyrannie. Ses ennemis s'en prévalurent. Ils formèrent des complots contre lui, et sa vie fut en danger. Il falloit donc qu'il humiliât le sénat ou qu'il pérît dans son entreprise. C'est pourquoi, déterminé à ne plus garder de ménagement, il résolut de transporter toute

Il fait de nouvelles propositions qui soulèvent le sénat.

la puissance au peuple. Il proposa d'abréger le temps de service des soldats, d'appeler au peuple de tous les jugemens, et de mettre dans les tribunaux autant de chevaliers que de sénateurs. Le sénat étoit sur-tout offensé de cette dernière proposition, lorsque de nouveaux projets l'irritèrent encore davantage.

Av. J. C. 133, de Rome 621.

Attalus Philométor, dernier roi de Pergame, mourut cette année. Il légua ses états au peuple romain; et déjà les sénateurs regardoient d'un œil avide la succession de ce prince, dont ils se croyoient les héritiers. Ce fut à cette occasion que Tibérius leur porta le coup auquel ils parurent le plus sensibles. Il proposa de partager entre les plus pauvres citoyens tout le mobilier d'Attalus, et de donner au peuple la disposition des revenus du royaume de Pergame. A cette proposition, les sénateurs jurèrent de se venger, à quelque prix que ce fût, du tribun qui l'avoit faite.

Il demande à être continué dans le tribunat.

Tibérius, pour exécuter ses projets, demandoit à être continué dans le tribunat. Il avoit contre lui le sénat, les grands et les tribuns jaloux de son crédit. Mais le peuple lui étoit favorable. Il venoit de s'assembler au Capitole, et il alloit procéder à l'élection, lorsqu'on vint dire à Tibérius, que les sénateurs avoient résolu de l'attaquer jusques dans son tribunal. En effet, leurs esclaves, armés de bâtons, les attendoient à la porte du sénat.

Il s'agissoit de faire connoître au peuple le danger qui menaçoit son tribun. Le tumulte étoit grand : les ennemis de Tibérius l'augmentoient à dessein, et il ne lui fut pas possible de se faire entendre. Réduit à s'exprimer par des gestes, il toucha sa tête des deux mains, pour faire comprendre qu'on en vouloit à sa vie. Aussitôt un bruit se répand, jusques dans le sénat, que Tibérius demande la couronne. Les sénateurs, qui ne cherchoient qu'un prétexte pour user de violence, feignent de prendre l'alarme. Scipion Nasica, fils de celui qui avoit été reconnu pour le plus honnête homme de la république, exhorte le consul P. Minucius à faire périr le prétendu tyran, assurant qu'il n'y

Il est assommé par les sénateurs.

a pas un moment à perdre, si on veut conserver la liberté; et sur le refus de ce magistrat, qui ne crut pas devoir être l'instrument de la vengeance de quelques citoyens, il marche lui-même à la tête des sénateurs de son parti. Leurs esclaves, qui les précèdent, frappent surtout ce qui s'oppose à leur passage. Le peuple prend la fuite : Tibérius est assommé : plus de trois cents de ses partisans périssent avec lui, et le sénat continua de sévir, pendant plusieurs jours, contre tous ceux qu'il jugea avoir été favorables aux desseins du tribun. Voilà la première dissention de cette espèce. Ce furent les sénateurs qui l'ensanglantèrent. Leurs premiers coups tombèrent sur un citoyen, dont la personne étoit réputée sacrée ; et ils le tuèrent dans le Capitole même, où le peuple étoit assemblé.

CHAPITRE V.

Jusqu'à la mort de Caïus Gracchus.

C'est pendant le tribunat de Tibérius, que Calpurnius vainquit en Sicile les esclaves qui s'étoient révoltés. Cette guerre ne finit que l'année suivante. Alors il y avoit de pareils soulèvemens en Asie : et la cause en étoit la même. Attale étant mort pendant ces troubles, Aristonicus, fils naturel d'Eumène, arma pour lui les esclaves, et se rendit maître du royaume de Pergame. Son règne fut court. Vainqueur, la première année, du consul P. Licinius Crassus, qui perdit la vie, la suivante il fut vaincu et fait prisonnier par le consul M. Perpenna, qui mourut de maladie peu après sa victoire. Il orna le char de triomphe de Manius Aquilius, qui avoit succédé à Perpenna dans le département de l'Asie, et il fut jeté dans une prison où on l'étrangla.

Aristonicus, qui se rend maître du royaume de Pergame, est fait prisonnier, et étranglé.

Av. J. C. 132, de Rome 622.

Av. J. C. 120, de Rome 623.

Indignation du peuple après la mort de Tibérius.

La mort de Tibérius n'avoit pas rétabli le calme. Le peuple, qui se la reprochoit, n'attendoit que le moment de la venger. Il voyoit avec indignation, qu'au mépris de la loi Valéria, on eût banni et même fait mourir plusieurs citoyens; et il faisoit prévoir qu'à son tour il mépriseroit les lois, à l'exemple du sénat. La violence devoit donc décider désormais du sort de la république.

Scipion Nasica est contraint de s'exiler.

On insultoit Scipion Nasica : on le traitoit publiquement d'assassin, de sacrilége : on parloit de lui faire son procès. En vain le sénat donna un décret pour le justifier. Il le fallut soustraire à la haine publique, et on l'envoya en Asie. On prit pour prétexte la guerre d'Aristonicus. Mais cette commission fut un véritable exil. Nasica mourut à Pergame quelque temps après.

Le sénat feint de consentir à l'exécution de la loi Licinia.

Dans la vue d'appaiser le peuple, le sénat feignit de consentir à l'exécution de la loi agraire, et on nomma, pour succéder à Tibérius dans cette commission, P. Licinius Crassus, beau-père de Caïus Gracchus. Crassus périt, comme je l'ai dit, dans la guerre contre Aristonicus;

et Ap. Claudius étant mort sur ces entrefaites, tout parut suspendu. Cependant le sénat, qui crut devoir feindre encore, consentit qu'on donnât deux nouveaux collègues à Caïus Gracchus. Le choix tomba sur M. Fulvius Flaccus, et sur C. Carbo: deux hommes plus faits pour exciter des séditions, que pour conduire une entreprise.

Afin de juger de ceux que la loi Licinia condamnoit à être dépouillés, les triumvirs firent sommer tous les propriétaires de donner une déclaration exacte de la quantité d'arpens qu'ils possédoient. Mais les plus riches, trop puissans pour obéir, mirent des gens armés sur leurs terres, et les plus foibles implorèrent la protection du sénat et des grands. Cette affaire excitoit de grands troubles, lorsque Scipion l'Africain, sans combattre directement la loi Licinia, trouva le moyen de l'éluder.

Malgré les alliances qui étoient entre les maisons Cornélia et Sempronia, il n'y avoit jamais eu d'union entre elles. Les Scipions s'étoient toujours déclarés hautement contre les entreprises de Tibérius.

Scipion l'Africain empêche que cette loi ne soit exécutée.

Av. J. C. 129, de Rome 625.

On les soupçonnoit d'avoir tous contribué à la mort de ce tribun, ou du moins de l'avoir tous approuvée, et Scipion l'Africain vivoit mal avec sa femme, sœur des Gracques. La haine, qui divisoit ces deux maisons, devoit enfin éclater par un crime.

Comme les riches étoient, pour la plupart, en procès sur les bornes de leurs possessions, Scipion représenta que, tant qu'on n'auroit pas terminé ces procès, il ne seroit pas possible de connoître quelles terres on devoit enlever à ceux qui en avoient plus de cinq cents arpens. En conséquence, il demanda qu'on marquât d'abord les bornes précises des terres que chacun possédoit; et, parce que la connoissance de cette affaire passoit les pouvoir des triumvirs, il proposa de nommer une nouvelle commission pour en juger, ou de donner aux triumvirs des pouvoirs plus étendus.

On auroit pu répondre qu'il importoit peu de rechercher quelles étoient les prétentions réciproques des grands propriétaires; que le pouvoir donné aux triumvirs de restreindre leurs possessions, renfermoit implicitement le pouvoir d'en marquer les bornes ; et qu'enfin, pour remplir l'esprit de la loi, il suffiroit de laisser à chacun cinq cents arpens. Mais le peuple, trompé par le raisonnement de Scipion, consentit à la proposition de ce sénateur. Peut-être aussi les triumvirs se flattèrent-ils qu'on leur conficroit la nouvelle commission. On la donna au consul C. Sempronius Tuditanus.

Tuditanus, qui parut d'abord s'occuper de cette affaire, l'abandonna bientôt après, sous prétexte que la guerre l'appeloit en Illyrie ; et la colère des triumvirs qui se voyoient les mains liées, retomba sur Scipion. Ils lui reprochèrent son ingratitude envers le peuple, qu'il trahissoit, et qui cependant l'avoit élevé à deux consulats contre toutes les règles ; et ils le forcèrent à s'expliquer sur la mort de Tibérius, comptant que par sa réponse il se rendroit odieux à l'un ou à l'autre parti. *Je la crois juste*, répondit Scipion, *s'il est vrai que Tibérius ait aspiré à la tyrannie.* Le peuple parut indigné à cette réponse, et Fulvius Flaccus s'emporta jus-

Devenu odieux aux triumvirs, il est assassiné.

qu'à menacer Scipion. Le lendemain, ce sénateur fut trouvé mort dans son lit.

Aux indices manifestes d'une mort violente, les soupçons tombèrent sur Flaccus, sur Cornélie mère des Gracques, et sur Sempronia, qu'on accusoit d'avoir fait entrer les assassins dans la chambre de son mari. On ne fit aucune information sur l'attentat qui enlevoit ce grand homme à la république. Le peuple craignoit, dit-on, que Caïus ne fût trouvé coupable.

Cet événement suspendit les dissentions. On fut quelque temps sans parler de la loi Licinia, et Caïus parut même vouloir désormais ne prendre aucune part aux affaires. Il n'y renonçoit pas néanmoins. Il se préparoit dans le silence au rôle qu'il vouloit jouer, et il s'appliquoit à cultiver en lui le talent de la parole, si nécessaire pour conduire la multitude. Quelques années après, il monta dans la tribune aux harangues pour défendre un de ses clients. Aux acclamations avec lesquelles il fut reçu, on connut les dispositions du peuple à son égard. Il parla avec une éloquence qui entraîna tous les suffrages, et qui donna de l'inquiétude aux riches. Ils résolurent de tout tenter pour l'empêcher de parvenir au tribunat.

Caïus avoit servi avec distinction au siége de Numance. Soit qu'il voulût achever de se faire une réputation par les armes, soit qu'il jugeât devoir s'éloigner pour quelque temps, il demanda de l'emploi dans l'armée de Sardaigne, et on lui donna celui de questeur. C'étoit le premier grade pour arriver aux dignités. Pendant sa questure, il fut cher aux alliés et aux troupes. Avec des mœurs austères, il étoit indulgent pour les autres. Il donnoit l'exemple de la discipline : il étoit d'un grand désintéressement, et il avoit un courage à toute épreuve.

Il obtient la questure.

Av. J. C. 126 de Rome 628.

Deux ans après il revint à Rome, et il obtint le tribunat, malgré les cabales des grands, qui employèrent toutes sortes de moyens pour lui donner l'exclusion. Aussi éloquent que son frère, mais plus véhément, il en reprit les projets avec audace; et il afficha autant de haine contre le sénat, que de zèle pour les intérêts du peuple.

Il est du tribun. Lois qu'il publie.

Tibérius avoit projeté de donner les droits de cité à tous les peuples d'Italie. Il paroît que Caïus les donna à ceux du Latium et à quelques autres. En même temps, il arrêta que les colonies latines auroient les mêmes prérogatives que les colonies romaines ; et que parmi celles-ci, celles qui n'avoient pas droit de suffrage l'auroient désormais, lorsqu'il s'agiroit de porter de nouvelles lois. Par ces réglemens il augmentoit le nombre de ses partisans ; et c'étoient autant de suffrages qu'il acquéroit.

<small>Av. J. C. 123, de Rome 631.</small>

Il ordonna que personne ne seroit contraint de porter les armes avant l'âge de dix-sept ans, et qu'on habilleroit les soldats aux dépens du public. Il régla à un prix très-modique le blé qu'on distribuoit tous les mois aux citoyens peu aisés. Il fit même faire des distributions gratuites. Enfin il proposa de construire des greniers publics pour prévenir la disette ; et ayant été chargé de la conduite de cet ouvrage, il l'exécuta avec une grande magnificence.

<small>Il ôte les jugemens aux sénateurs, et les transporte aux chevaliers.</small>

Ces réglemens étoient agréables à la multitude ; mais il importoit à Caïus d'intéresser dans ses projets les plus riches d'entre le peuple : et il se flatta d'y réussir, s'il leur procuroit des distinctions qui jusqu'alors n'avoient appartenu qu'au sénat.

Les sénateurs en possession de tous les tribunaux, avoient seuls l'administration de la justice : ils étoient les arbitres de la fortune des citoyens, et à ce titre ils jouissoient d'une grande autorité et d'une grande considération. Leur enlever cette prérogative, c'étoit tout-à-la-fois les humilier, et élever contre eux un parti puissant, qui auroit intérêt à les humilier de plus en plus. Tibérius, qui avoit formé ce projet, n'avoit pas eu le temps de l'exécuter. Caïus le reprit dans une circonstance favorable, et l'exécuta.

Aurélius Cotta et Manius Aquilius, convaincus de concussion, avoient échappé à la rigueur des lois, et la prévarication des juges étoit si manifeste, que le sénat n'osa s'opposer ouvertement aux mesures qu'il convenoit de prendre pour prévenir de pareils abus. Caïus saisit cette occasion, pour faire voir combien il importoit à la sûreté des citoyens, que les sénateurs n'eussent plus l'administration de la justice ; et il fit passer une loi qui leur ôtoit les jugemens pour les donner aux chevaliers.

<small>Commencement de l'ordre équestre.</small> Aux deux ordres qui étoient autrefois dans la république, celui des patriciens et celui des plébéiens, nous avons vu qu'il en succéda deux autres, celui du sénat et celui du peuple. Il en va naître un troisième, celui des chevaliers.

Depuis Servius Tullius jusqu'aux Gracques, les chevaliers, destinés à servir dans les légions, ont joui de plusieurs distinctions. Ils formoient les dix-huit premières centuries; et en conséquence, ils avoient le premier rang dans les comices par centuries, et ils y opinoient les premiers. Leur paie étoit triple de celle des fantassins. Ils avoient encore une triple part dans toutes les distributions qui se faisoient aux troupes. On leur donnoit le double d'arpens, ou même davantage, lorsqu'on établissoit une colonie; et quand on campoit, on les exemptoit de travailler aux retranchemens. Ils portoient une phalère, c'est-à-dire, un baudrier orné de clous dorés; un anneau d'or, comme les sénateurs ; et dans certaines cérémonies, une robe blanche, bordée de pourpre, rayée de larges bandes de même couleur, et que, par cette raison, on nommoit *trabea*.

Par ces distinctions, ils se trouvoient les premiers d'entre le peuple : cependant ils étoient du même ordre, au moins pour le plus grand nombre. Mais la loi qui les introduisoit dans les tribunaux, les ayant mis en concurrence avec les sénateurs, on s'accoutuma à les regarder comme un ordre à part, et ils se placèrent entre le sénat et le peuple. C'est alors proprement que commença l'ordre équestre. Il se distinguera de plus en plus, parce qu'il aura des intérêts séparés de ceux du peuple et de ceux du sénat (1).

Caïus, à qui cet ordre devoit en quelque sorte la naissance, avoit un parti puissant, et attiroit à lui toute l'autorité. Continuellement environné d'ambassadeurs, de ma-

Pouvoir de Caïus.

―――――

(1) M. le Beau a éclairci ce point d'histoire dans des dissertations qu'il a faites à ce sujet: Mém. de l'Acad. des Inscrip. tom. 28.

gistrats, de gens de guerre, d'hommes de lettres, d'artisans, d'ouvriers, il sembloit s'être chargé seul de tous les soins du gouvernement, et rien ne se faisoit sans lui. Cette puissance, odieuse au sénat, eût été suspecte dans une république, si le caractère de Caïus n'eût pas écarté tout soupçon.

<small>Il est continué dans le tribunat.</small> Les sénateurs attendoient impatiemment la fin de ce tribunat, et Caïus lui-même ne demandoit pas à être continué. Mais le peuple qui mettoit en lui toute sa confiance, lui donna ses suffrages pour l'année suivante. Il est le premier qui ait obtenu cette magistrature sans l'avoir briguée.

<small>Moyen employé par les sénateurs pour diminuer son crédit.</small> Effrayé de tant de faveur, le sénat fut au moment d'employer encore la violence. Cependant, après de longs débats, le parti le plus modéré prévalut. Livius Drusus, un des collègues de Caïus, étoit plein de <small>Av. J. C. 122, de Rome 632.</small> bonnes intentions. Il vouloit la paix : il eût été jaloux de la procurer. Mais cet ouvrage étoit au-dessus de ses forces. Les sénateurs jugèrent qu'ils pourroient faire servir à leurs desseins la droiture et la

simplicité de cet homme, qu'ils connoissoient d'ailleurs pour un esprit borné. Ils n'exigèrent pas de lui qu'il s'opposât aux propositions de Caïus ; ils lui conseillèrent au contraire d'en faire de plus favorables au peuple; et ils lui promirent que le sénat, qui le croyoit seul capable de rétablir le calme, et qui, par cette raison, vouloit contribuer à lui donner du crédit, le soutiendroit dans tout ce qu'il voudroit entreprendre. On demandoit seulement qu'il rendît témoignage au peuple des bonnes intentions de cette compagnie.

Ce tribun donna dans le piége qu'on lui tendoit. Il ne fut plus possible à Caïus de proposer des lois avantageuses, qu'aussitôt Drusus n'en proposât de plus avantageuses encore; et parce qu'en renchérissant sur son collègue, il paroissoit toujours l'interprète du sénat, ce corps en devenoit moins odieux. Drusus s'applaudissoit de partager le crédit de Caïus, et les sénateurs voyoient avec plaisir un partage qui diminuoit la puissance de leur ennemi. Mais ce moyen ne procuroit au sénat qu'un avantage passager, et il étoit tout-à-fait propre à entretenir les dissentions.

Il conduit une colonie à Carthage.

Malgré les imprécations qui avoient été faites contre ceux qui entreprendroient de rétablir Carthage, le peuple, à la sollicitation du tribun Rubrius, ordonna que cette ville seroit rebâtie ; et Caïus, qui avoit appuyé la proposition de ce tribun, se chargea d'y conduire lui-même une colonie de six mille hommes. Il y avoit de l'imprudence à s'éloigner dans une conjoncture où son crédit diminuoit.

Son absence lui est nuisible.

En effet, son absence fut favorable à Drusus, qui s'appliqua sur-tout à rendre odieux Fulvius Flaccus. Il représenta ce triumvir comme un séditieux, qui cherchoit son élévation dans les troubles. Il l'accusa même d'avoir tenté de soulever les peuples d'Italie, et on parla de lui faire son procès.

Il ne peut pas rétablir son crédit.

Caïus ayant appris le danger qui menaçoit son ami, se hâta de revenir à Rome. Il n'avoit été absent que deux mois : cependant il trouva son parti bien refroidi. Il proposa de nouvelles lois ; c'étoit le seul moyen de regagner la faveur du peuple.

Pour être plus assuré que ses lois seroient reçues, il fit venir à Rome un grand nombre des étrangers auxquels il avoit fait donner le droit de suffrage. Mais le consul Fannius, à la sollicitation du sénat, leur ordonna de sortir incessamment de la ville ; et Caïus, qui leur ordonnoit de rester, et qui leur promettoit main forte, vit un de ces étrangers, son hôte et son ami, traîné en prison par les licteurs, et il le vit sans oser s'y opposer. Sur ces entrefaites, il eut encore l'imprudence d'aliéner ses collègues.

On devoit donner dans la place publique un combat de gladiateurs, et on y avoit élevé des échafauds pour la commodité des principaux citoyens. Caïus, préférant la commodité du peuple, ordonna de les abattre ; et malgré les oppositions des autres tribuns, qui tiroient peut-être quelque profit de ces échafauds, il les fit enlever lui-même la veille des jeux. Offensés de la hauteur avec laquelle il se conduisoit, ses collègues se concertèrent pour l'exclure du tribunat aux comices suivans. Ils ne purent pas cependant lui enlever la pluralité des suffrages : mais ils firent un rapport infidelle du scrutin.

Le consul Opimius jure la perte de Caïus.

Av. J. C. 121 de Rome 633.

Caïus étoit rentré dans une condition privée, et Opimius, son plus cruel ennemi, avoit été élevé au consulat. Le nouveau consul, fier de sa naissance et plein de mépris pour le peuple, paroissoit capable des partis les plus violens. Escorté d'un corps de troupes étrangères, et environné des grands qui traînoient à leur suite une foule de clients et d'esclaves, il insultoit Caïus dans tous les lieux où il le rencontroit, impatient d'engager une querelle avec un homme désarmé, qu'il avoit résolu de faire périr.

Il arme.

Dans le dessein de faire casser les lois des Gracques, il avoit convoqué l'assemblée du peuple, et le jour où elle devoit se tenir, il sacrifioit, suivant l'usage, au Capitole, lorsqu'un de ses licteurs fut tué par les gens de Flaccus, auxquels il avoit fait une insulte. Aussitôt, comme si la mort d'un licteur eût mis l'état en danger, le sénat ordonna aux consuls de *pourvoir à ce qu'il n'arrivât aucun dommage à la république.* Revêtu par ce décret d'une autorité absolue, Opimius commanda aux sénateurs et aux chevaliers de prendre les armes, et de se trouver le lendemain sur la place, chacun avec deux esclaves armés.

Le lendemain, dès la pointe du jour, Flaccus s'empara du mont Aventin. Caïus vint le joindre. Affligé des maux dont il se reprochoit d'être la cause, il lui persuada d'entrer en accommodement. Mais Opimius, qui vouloit la mort de l'un et de l'autre, mit leur tête à prix, marcha contre eux, et dissipa facilement une populace attroupée. Flaccus fut égorgé dans un bain, où il crut se cacher; et Caïus, qui n'avoit pas tiré l'épée, se réfugia dans un temple, où il se fit tuer par un de ses esclaves. Plus de trois mille hommes périrent dans cette émeute. Cependant le cruel Opimius éleva un temple à la Concorde, comme pour insulter aux mânes des citoyens dont il avoit répandu le sang.

Mort de Caïus.

Av. J. C. 121, de Rome 633.

Toutes les lois des Gracques furent abolies. Un tribun, gagné par le sénat, ayant représenté combien il étoit difficile de faire un nouveau partage des terres, demanda que ceux qui avoient plus de cinq cents arpens, payassent, à proportion de l'étendue de leurs possessions, une certaine rede-

Les lois des Gracques sont abolies.

vance, dont le produit seroit distribué aux pauvres citoyens ; et qu'en conséquence ils fussent reconnus pour propriétaires légitimes de toutes leurs terres. Le peuple, trompé par l'appât qu'on lui présentoit, reçut cette loi : les grands, qui ne craignirent plus d'être recherchés, étendirent leurs domaines par toutes sortes de moyens; et bientôt ils cessèrent de payer l'imposition, à laquelle ils s'étoient soumis.

CHAPITRE VI.

Considérations sur les causes et sur les effets des dissentions de la république.

Après l'expulsion des rois, les plé- Origine des dissentions. béiens auroient été les maîtres, si, dans les assemblées du peuple, tous les suffrages eussent été comptés. Mais appelés aux comices par centuries, ils n'y venoient que pour être témoins des délibérations qui se prenoient sans eux, et ils se voyoient forcés d'obéir à des lois qu'ils n'avoient pas faites.

Les appeler à ces assemblées, et y opiner sans prendre leurs suffrages, c'étoit les y admettre en apparence, et les en exclure de fait; c'étoit reconnoître qu'ils avoient droit à la puissance législative, et ne leur laisser néanmoins aucune part à la législation. On avoit donc abusé de leur simplicité. S'ils ouvroient les yeux, il étoit naturel qu'ils songeassent à recouvrer par la force ce qu'on leur avoit enlevé par artifice.

Il eût été possible d'entretenir l'erreur où ils étoient. Il est au moins vraisemblable qu'ils n'auroient pas tenté de faire des changemens dans le gouvernement, si on n'avoit pas abusé de l'autorité qu'on usurpoit sur eux. Mais la tyrannie devoit être odieuse dans les patriciens, comme elle l'avoit été dans les rois. Le peuple réclama donc contre le partage inégal, que Servius Tullius avoit fait de la souveraineté; et il connut que, pour n'être pas vexé, il avoit besoin de commander.

Il le connut, dis-je; mais ce ne fut que par degrés. Comme l'autorité étoit loin de lui, il n'étoit pas naturel que sa première pensée fût de s'en saisir. Il lui suffisoit de n'être pas opprimé. C'est pourquoi il se retira sur le mont Sacré, et il obtint des tribuns. Telle fut l'origine des dissentions.

Les tribuns ne devoient pas se borner à la voie d'opposition.

On ne se borne pas à la défensive, lorsqu'on peut attaquer ceux qu'on a lieu de craindre. Il arriva donc que du droit de s'opposer aux entreprises des patriciens, les tribuns se firent un droit de former eux-mêmes des entreprises.

L'ambition étoit le motif de toutes leurs démarches. Ils voulurent d'abord que la puissance tribunicienne fût redoutable aux patriciens : ils aspirèrent ensuite à partager avec eux toutes les dignités.   *Motif qui les faisoit agir.*

La raison pour laquelle ils avoient été créés, n'étoit donc en général pour eux que le prétexte qui les faisoit agir. En paroissant vouloir s'opposer à l'oppression, ils avoient toute autre vue. La tyrannie constante des patriciens contribuoit elle-même à tromper le peuple : car en le forçant à se mettre sous la protection de ses magistrats, elle lui faisoit prendre pour zèle de leur part ce qui n'étoit qu'ambition.

Les tribuns ne tardèrent pas à se rendre redoutables. C'est la sixième année après leur création que Coriolan fut exilé. Alors les comices par tribus devinrent un tribunal qui jugea les patriciens.   *Moyen qu'ils avoient pour acquérir de l'autorité.*

Pour acquérir de jour en jour plus de puissance, il suffisoit aux tribuns d'étendre le ressort des comices par tribus, et de resserrer celui des comices par centuries. C'est à quoi ils s'appliquèrent.

<small>Préjugés qui défendoient les prérogatives des patriciens.</small>

Par ces changemens l'autorité passoit aux plébéiens. Les patriciens néanmoins conservèrent long-temps toutes leurs prérogatives. Comme les préjugés avoient mis une distance étonnante entre les familles patriciennes et les familles plébéiennes, et que la religion même ne permettoit pas de confondre ces deux ordres, il sembloit que le peuple, parce qu'il avoit toujours donné les dignités aux patriciens, ne pouvoit prendre sur lui de les donner aux plébéiens.

<small>Comment ces préjugés font place à une nouvelle manière de penser.</small>

Mais les patriciens, comptant trop sur des préjugés, qui faisoient d'eux comme une espèce à part, forcèrent le peuple à s'appercevoir de l'avilissement où il avoit été réduit. Alors on demanda, pourquoi, dans une république où les citoyens avoient tous le même droit à la liberté, tous ne participoient pas aux mêmes honneurs ; et cette question, qu'on agitoit, devoit détruire l'opinion qui donnoit au plus grand nombre l'exclusion aux magistratures et au sacerdoce.

Les deux ordres se rapprochoient donc : ils tendoient à se confondre, à mesure qu'une nouvelle manière de penser sapoit les préjugés qui s'étoient élevés entre eux, comme autant de barrières.

Mais cette nouvelle manière de penser ne pouvoit s'établir que lentement. C'est pourquoi les plébéiens ont été long-temps avant d'entrer en partage des dignités. Les patriciens d'ailleurs avoient plusieurs moyens pour se maintenir dans la possession des priviléges exclusifs qu'ils s'arrogeoient. Par le nombre des clients attachés à chacun d'eux, ils avoient une grande influence dans les élections. Le sénat gagnoit un tribun, qui s'opposoit aux propositions de ses collègues. S'il appréhendoit la réunion des suffrages en faveur d'un plébéien, il faisoit paroître sur les rangs un patricien agréable au peuple : il créoit un dictateur pour présider aux comices : il suscitoit une guerre, qui suspendoit les entreprises des tribuns : enfin il entroit en composition, et il cédoit quelque chose pour ne pas tout perdre.

Moyens des patriciens pour défendre leurs prérogatives.

Combien ils avoient d'avantages dans les querelles qui s'élevoient.

Ce qui étoit sur-tout favorable au premier ordre, c'est que la multitude, peu capable de tenue, passe facilement de la plus grande résistance à la plus grande soumission. Le peuple, qui ne connoissoit par ses forces, ne s'en servoit que par intervalles. Il menaçoit d'une retraite : il refusoit de s'enrôler : il portoit des lois pour fonder ses prétentions : il se rendoit juge des patriciens, qui lui étoient contraires. Mais d'une année à l'autre il cédoit tout-à-coup, parce qu'il avoit des tribuns moins entreprenans, parce qu'il se laissoit tromper aux promesses des consuls, parce qu'il survenoit une guerre, ou seulement quelque événement qu'il n'avoit pas prévu.

La suppression des dettes et le partage des terres étoient les grands moyens des tribuns. Ils ne cessoient de dire au peuple qu'il resteroit asservi tant que les magistratures ne seroient conférées qu'aux patriciens, et ils les obtinrent eux-mêmes. Mais en partageant les honneurs, ils se rapprochèrent du premier ordre, ils se confondirent avec lui, ils en prirent les intérêts, et le peuple perdoit ses protecteurs, dès qu'ils les avoit élevés.

Les patriciens se réunissoient pour défendre leurs prérogatives : les plébéiens ne se réunissoient pas également pour soutenir leurs prétentions. Les querelles, que ceux-ci élevoient, ne paroissoient que les querelles des principaux d'entre eux. Dans cet état des choses, les patriciens avoient de grands avantages.

Comment pendant plusieurs siècles, la pauvreté et l'amour de la liberté bannissoient de toutes les délibérations la corruption et la violence.

Les comices, où les différends se terminoient, pouvoient se passer en tumulte. Mais rien ne s'y décidoit qu'à la pluralité des suffrages; et, pour obtenir ce qu'on demandoit, il falloit, ou persuader le plus grand nombre, ou lui plaire.

Il n'étoit pas possible d'employer la corruption : car, chez un peuple pauvre, les suffrages ne se vendent pas, parce que personne ne les peut acheter.

On ne pouvoit pas non plus employer la violence. Dans une république où tous les citoyens étoient libres, ou vouloient l'être, on eût été soupçonné d'aspirer à la tyrannie, si, sous prétexte de défendre les intérêts du peuple, on eût osé prendre les armes

C'est ainsi que, pendant plusieurs siècles, la pauvreté et l'amour de la liberté ont éloigné, de toutes les délibérations publiques, la corruption et la violence.

Pourquoi, sous les Gracques, la violence préside aux délibérations publiques.

La seconde guerre punique avoit forcé les deux ordres à concourir également au bien commun, et ce concert se soutint jusqu'à le ruine de Carthage. Mais lorsqu'on n'eut plus rien à craindre au-dehors, les troubles recommencèrent au-dedans, et les dissentions prirent, sous les Gracques, un nouveau caractère.

Depuis long-temps il n'y avoit proprement ni patriciens ni plébéiens : les deux ordres, qui en avoient pris la place, cessoient en quelque sorte eux-mêmes. Il ne restoit que deux partis, celui des riches et celui des pauvres; et le sénat, comme le peuple, étoit condamné à obéir désormais aux plus riches citoyens.

L'or, autrefois inutile, étoit devenu nécessaire. L'amour des richesses prenoit donc la place de l'amour de la liberté. Les richesses, par conséquent, devoient être l'unique sujet des dissentions.

C'est que, si on étoit riche, on étoit tout.

On obtenoit les magistratures : quand on les avoit obtenues, on s'enrichissoit encore ; et la puissance n'étoit plus recherchée, que parce qu'elle promettoit de nouvelles richesses.

On reproche aux Gracques d'avoir transporté la puissance au peuple. Il est vrai que, dans une république riche, et corrompue, la démocratie ne pouvoit produire que des désordres : mais l'aristocratie n'en auroit guère moins produit. Depuis qu'il n'y avoit que des riches et des pauvres, ce n'étoit ni au peuple ni au sénat à commander, et Rome devoit bientôt avoir un maître.

Le passage d'un usage à l'autre n'est jamais brusque. Voilà pourquoi les sénateurs ne prirent pas ouvertement les armes contre Tibérius. Mais la violence leur ayant réussi, ils ne craignirent plus de les prendre contre Caïus ; et le consul Opimius fit entrer dans la ville un corps de troupes étrangères. Voilà un usage que le sénat introduit, et qui fera des progrès rapides. Il est aisé d'en prévoir les suites.

Effets que cet usage doit produire.

La force qui décidera de tout, fera passer toute l'autorité entre les mains des citoyens assez riches pour acheter les suffrages du peuple. Il faudra ou craindre les grands, ou se vendre à eux.

Dans un vaste empire, où il n'y a point de mœurs, et où par conséquent les lois se taisent, toutes les richesses se perdent dans un petit nombre de familles, qui se saisissent des magistratures, du commandement des armées, du gouvernement des provinces, et qui disposent de tout.

Quelles que soient les richesses de ces hommes puissans, ils les épuiseront pour entretenir leur luxe et leur crédit. S'ils veulent donc conserver l'autorité, il faudra qu'ils s'enrichissent de nouveau. Ils pilleront, par conséquent, les provinces, et ils les ruineront.

Ils s'attacheront les troupes par des largesses, et ils commanderont au citoyen qui ne se sera pas vendu.

Alors le sénat et le peuple ne seront rien. Réduits l'un et l'autre à chercher dans un grand, un protecteur contre un grand, ils s'humilieront devant tout. Il n'y aura plus de démocratie, ni d'aristocratie : il n'y aura que des chefs qui armeront incessamment les uns contre les autres.

CHAPITRE VII.

De la guerre de Jugurtha.

Irruption des Cimbres et des Teutons.

LES Romains avoient tourné leurs armes contre les Allobroges et les Averniens, et ils avoient réduit en province romaine les pays conquis sur ces peuples, lorsqu'une irruption des Cimbres et des Teutons parut menacer l'Italie. Ces barbares, sortis des environs de la mer Baltique, vainquirent dans la Norique le consul Cn. Papirius Carbo, et ils passèrent dans la Gaule, où ils défirent encore plusieurs armées consulaires. Alors se préparoit en Afrique une nouvelle guerre, qui devoit dévoiler l'avarice des premiers de la république. Massinissa avoit eu deux fils : Manastabal, qui

Commencemens de Jugurtha.

étoit mort avant lui, et Micipsa, qui hérita de tous ses états. Le premier laissa un fils naturel, nommé Jugurtha, que Massinissa n'avoit pas voulu reconnoître, et qu'il avoit laissé dans l'obscurité. Micipsa eut la générosité de faire élever cet enfant, et il lui donna la même éducation qu'à ses fils, Adherbal et Hiempsal.

Jugurtha se distingua parmi les jeunes gens de son âge : mais, à travers ses bonnes qualités, on démêla de bonne heure en lui une ame ambitieuse, et capable de tout oser. Micipsa, qui s'y étoit d'abord attaché, finit par le craindre ; et, pour l'éloigner, il lui donna le commandement des troupes qu'il envoyoit à Scipion l'Africain. Ce général étoit alors devant Numance.

C'étoit une maxime généralement reçue chez les anciens, que, dans les affaires de particulier à particulier, il faut avoir égard à la justice ; mais que, lorsqu'il s'agit de régner, on peut violer tous les droits. Les Romains, qui avoient moins de probité que jamais, se faisoient une règle de cette maxime, lorsqu'il s'agissoit pour eux de s'élever aux dignités de la république. De pareils hommes ne pouvoient qu'applaudir à l'ambition de Jugurtha. Ils lui promirent même la protection du sénat, l'assurant que, tant qu'il auroit de l'argent, il pouvoit compter sur les suffrages de cette compagnie ; et ils disoient vrai.

Les précautions de Micipsa furent donc pour ce jeune prince une occasion de s'enhardir dans les projets qu'il méditoit. Son esprit et son courage lui acquirent l'estime de toute l'armée. Il acheva de gagner, par des présens, les principaux officiers qu'il jugeoit pouvoir le servir à Rome, et il s'attacha les troupes qui lui avoient été confiées.

Il s'empare du royaume de Numidie.

Assuré de l'amitié des Romains, il revint en Numidie, où la réputation, qu'il s'étoit faite à la guerre, l'avoit devancé. Plein d'artifices avec le roi, il en gagna la confiance. Il se fit des créatures par ses largesses; il mit dans ses intérêts les ministres mêmes. Micipsa, dont l'âge avoit affoibli l'esprit, l'adopta, et lui donna une partie de son royaume.

A peine étoit-il mort, que Jugurtha fit poignarder Hiempsal. Adherbal, qu'il vouloit aussi faire périr, lui échappa, arma, fut défait, et chassé de la province qui lui avoit été donnée en partage; il vint à Rome implorer la protection du sénat.

Quelle que soit la corruption des mœurs, il y a des attentats qui sont faits pour exciter une indignation générale. Mais le public n'a, pour ainsi dire, que des premiers mouvemens ; et ce qu'il a d'abord vu avec horreur, il le voit bientôt de sang froid. A mesure qu'il s'occupa moins de cette affaire, le sénat connut qu'il étoit plus libre d'en décider. Il en délibéra donc long-temps, et le résultat fut d'envoyer en Afrique dix commissaires, pour prendre connoissance de ce qui s'étoit passé, et pour faire un nouveau partage de la Numidie entre Jugurtha et Adherbal.

<small>Prostitution du sénat et prévarication des commissaires qu'il envoie en Numidie.</small>

<small>Av. J. C. 117, de Rome 637.</small>

La conduite du sénat répondoit mal à l'indignation qu'on avoit d'abord vue dans le public. Mais elle étoit l'effet de l'argent que les ambassadeurs de Jugurtha avoient répandu. Comme les sénateurs se vendoient pour la première fois à un souverain, ils étoient sans doute encore à vil prix. Autrement il seroit difficile de comprendre que le roi de Numidie eût été assez riche pour corrompre un corps si nombreux.

Il le fut encore assez pour corrompre les commissaires, dont le chef étoit Opimius, magistrat aussi avare que cruel. Hiempsal passa pour avoir été l'agresseur : Jugurtha fut déclaré innocent ; et le partage des états se fit sur le plan qu'il proposa lui-même, c'est-à-dire, qu'on lui adjugea les meilleures provinces et les places les plus fortes.

Cependant, parce que la foiblesse d'Adherbal et la prostitution du sénat paroissoient lui offrir la Numidie entière, il arma quelque temps après ; et Adherbal, assiégé dans Cirthe, sa capitale, implora de nouveau la protection de la république.

L'or de Jugurtha ne permit pas d'ajouter foi à ses plaintes. Le sénat parut seulement avoir des doutes, et il fit partir trois commissaires pour s'assurer de la vérité, et pour ordonner aux deux princes de mettre bas les armes, supposé qu'ils les eussent prises.

Les mêmes moyens eurent le même succès. Les commissaires, à leur retour, assurèrent que Jugurtha n'avoit armé, que parce qu'il y avoit été forcé ; et, quoiqu'il leur eût été ordonné de rétablir la paix entre les deux princes numides, ils n'en avoient rien fait. On s'en plaignoit, lorsque le sénat reçut des lettres d'Adherbal qui le conjuroit, par les services de Massinissa son aïeul, de lui sauver au moins la vie.

On proposa d'envoyer une armée en Afrique. Mais les partisans de Jugurtha rejetèrent cet avis, sous prétexte qu'il engageroit la république dans des dépenses inutiles, et on nomma une nouvelle commission. On mit à la tête Émilius Scaurus, prince du sénat, illustre par sa naissance et considéré par ses services. Il paroissoit même qu'on pouvoit compter sur son intégrité. Il s'étoit refusé à l'or que les agens de Jugurtha distribuoient à Rome. On le savoit, comme on savoit ceux qui en avoient reçu ; car ce trafic se faisoit déjà publiquement. Il en fut néanmoins de cette commission, comme des autres. Scaurus, qui n'avoit pas voulu se vendre à Rome, se vendit en Afrique, parce qu'il crut que la chose seroit secrète. Quelque temps après, Adherbal fut réduit à se livrer à Jugurtha, qui le fit périr dans les tourmens.

<small>Le sénat déclare la guerre à Juguitha. Prévarication du consul Calpurnius.</small>

A cette nouvelle, il n'y eut à Rome qu'un cri contre la prévarication des commissaires. Le sénat crut alors devoir déclarer la guerre au roi de Numidie, et le consul L. Calpurnius Bestia eut ordre de passer en Afrique.

<small>Av. J. C. 111. de Rome 643.</small>

Bon général, mais d'une sordide avarice, Calpurnius, qui n'aspiroit au commandement que pour s'enrichir, regarda cette expédition, comme l'occasion la plus favorable à son avidité. Seulement, pour se mettre à l'abri de toute recherche, il imagina d'associer à ses brigandages des hommes puissans ; et, dans cette vue, il prit pour lieutenans Scaurus et quelques autres sénateurs.

Le roi de Numidie, pour écarter l'orage, envoya son fils à Rome, avec des ambassadeurs chargés de présens. Mais le sénat, forcé de céder à l'indignation publique, leur ordonna de sortir de l'Italie dans dix jours, à moins qu'ils ne fussent venus pour livrer au peuple romain le roi et le royaume de Numidie.

Calpurnius poussa d'abord la guerre avec vigueur. Il falloit se rendre redoutable, pour se faire acheter plus chèrement. En effet, on entra bientôt en marché, et on fit un traité, par lequel Jugurtha parut livrer son royaume et sa personne. Il vint même dans le camp des Romains, sans gardes et sans aucune marque de sa dignité : mais il avoit pris la précaution de se faire donner des otages. Après que cette scène eut été jouée, Calpurnius évacua la Numidie, Jugurtha jouit du fruit de ses crimes.

Cette dernière prévarication acheva de révolter les esprits, et le peuple résolut de punir les coupables. Opimius, cité par le tribun Memmius, fut banni et passa le reste de ses jours dans l'ignominie. Le même tribun, qui jetoit des soupçons sur Calpurnius et sur Scaurus, demanda que, pour éclaircir tout ce mystère d'iniquité, on fît venir à Rome le roi de Numidie. On applaudit à cette proposition et le préteur Cassius porta les ordres du peuple à Jugurtha.

Jugurtha comparoît devant le tribunal du peuple romain.

Av. J. C. 111, de Rome 643.

Ce prince obéit, comparut, et Memmius l'interrogea sur les crimes dont on l'accusoit, et le somma de déclarer ses complices. Mais le tribun C. Bébius, gagné par les présens de Jugurtha, lui défendit de répondre, et arrêta toute cette poursuite.

Le sénat lui ordonne de sortir de l'Italie.

L'impudence de ce magistrat mettoit le comble à la prévarication. Le peuple, justement irrité, fut au moment de sévir contre Jugurtha, sans égard pour les formes. On parla de donner sa couronne à Massiva, un autre petit-fils de Massinissa, qui s'étoit réfugié à Rome. Jugurtha le fit assassiner. Convaincu de ce nouveau crime par la déposition des assassins, il auroit pu être arrêté ; mais, comme il étoit venu sur la foi publique, le sénat lui ordonna de sortir de l'Italie. On dit qu'en se retirant il s'écria : *O ville vénale ! tu serois bientôt asservie, s'il se trouvoit un marchand pour t'acheter.*

La guerre recommence.

Av. J. C. 110. de Rome 644.

Sans égard pour le traité qu'avoit fait Calpurnius, on recommença la guerre; ou plutôt le consul Sp. Posthumius Albinus fut chargé de la faire, et ne la fit pas. Il parut avoir voulu se laisser tromper par des négociations que Jugurtha traînoit en longueur. Il fut au moins vivement soupçonné de connivence. Il revint à Rome pour présider aux comices, et il laissa le commandement à son frère Aulus Posthumius.

Aulus, avec beaucoup de présomption, peu de capacité et aussi peu de courage, se fût volontiers vendu ; mais Jugurtha le méprisa trop pour l'acheter. Dans l'espérance d'assouvir son avarice, il mit le siége devant une place où il croyoit que le roi de Numidie tenoit ses trésors : il n'en recueillit que la honte de passer sous le joug, et de souscrire à un traité qui ne fut pas ratifié.

Enfin un homme incorruptible, le consul Q. Cécilius Métellus eut la conduite de cette guerre. Il étoit d'une des premières familles, grand capitaine, cher au peuple comme à la noblesse. Il eut des succès et il les soutint jusqu'au bout. Il remporta deux grandes victoires, poussa Jugurtha jusqu'à l'extrémité de ses états, et le mit dans la nécessité de demander la paix. Cependant il ne s'en reposa pas uniquement sur le succès de ses armes. Incapable de se vendre, il ne craignoit pas

Métellus la fit avec succès.

Av. J. C. 109, de Rome 645.

d'employer la perfidie, et il corrompit les confidens de Jugurtha. Conseillé par un traître, ce prince livra son argent, ses éléphans, ses chevaux, ses armes; lorsqu'il croyoit avoir obtenu la paix, il fut contraint de recommencer la guerre, parce que le consul lui ordonna de se livrer lui-même. Métellus se croyoit peut-être justifié par l'usage, qui donnoit des exemples de pareilles trahisons. Cependant le temps des comices approchoit, et il étoit à craindre pour lui qu'un nouveau général ne lui enlevât la gloire de terminer la guerre de Numidie.

Commencemens de Marius. Parmi ses lieutenans, il y en avoit un que le peuple lui avoit donné. Caïus Marius, de la plus basse extraction, avoit passé par tous les grades militaires, et son élévation avoit été à chaque fois la récompense d'une action signalée. Métellus, qui le connut de bonne heure, et qui jugea de ses talens, contribua plus que personne à l'avancer. Mais il n'avoit pas eu occasion de démêler le caractère atroce de cet homme, dont l'ambition tenoit de la férocité. Elevé au tribunat par la protection de Métellus,

Marius déclama contre le luxe, l'avarice, les prévarications, le brigandage. Il n'étoit pas éloquent; mais les vices des grands lui tenoient lieu d'éloquence, et il avoit une intrépidité qui le faisoit craindre. Pendant qu'il étoit tribun, le senat le fit venir pour rendre compte de sa conduite, parce qu'il avoit proposé une loi malgré l'opposition du consul L. Aurélius Cotta. Marius, au lieu de penser à se justifier, brava le sénat, menaça le consul de l'envoyer en prison, fit arrêter Métellus qui le désapprouvoit, força Aurélius à lever son opposition, et la loi passa. Tout ingrat qu'il étoit, Métellus l'accepta pour lieutenant, sacrifiant ses ressentimens au bien public, et jugeant qu'il lui seroit utile.

En effet, Marius contribua aux succès de la guerre: mais il sembloit, à l'en croire, que Métellus n'y eût pas contribué. Attaché à le déprimer, il lui reprochoit de prolonger la guerre à dessein, ou d'avoir une lenteur naturelle qui ne lui permettoit pas de poursuivre ses avantages; et il assuroit que, dans une campagne avec la moitié moins de troupes, si on lui donnoit

Il supplante Métellus.
Av. J. C. 109, de Rome 647.

le commandement, il amèneroit à Rome Jugurtha mort ou vif. Ces discours qu'il répandoit dans l'armée, ses partisans les répétoient à Rome, et le peuple les écoutoit avec avidité. Depuis long-temps exclus des magistratures par les principaux citoyens, qui se les transmettoient comme de main en main, le peuple étoit flatté de l'élévation d'un homme nouveau, né sans fortune, et il se préparoit à lui donner ses suffrages. Telle étoit la disposition des esprits, lorsque Marius vint à Rome briguer le consulat, et l'obtint. On lui donna même, comme il le desiroit, l'Afrique pour département.

Av. J. C. 107,
de Rome 647.

Quoiqu'il eût dit qu'il ne lui falloit que la moitié des troupes de Métellus, il demanda de nouvelles recrues. Le peuple accourut à l'envi sous ses enseignes, et surtout la populace qui le regardoit comme un consul de sa classe. Il fit les levées sans choix, ou plutôt il parut préférer ceux qui étoient sans biens, et que par cette raison la loi et l'usage exemptoient de la milice. C'est un abus que Marius introduit et qui pourra devenir dangereux; car de pareils soldats sont moins à la république qu'au général. Métellus revint à Rome. Il dissipa les calomnies d'un ennemi qui avoit joint l'outrage à l'ingratitude; et on lui décerna tout d'une voix l'honneur du triomphe et le surnom de *Numidique.*

Jugurtha, qu'il avoit presque entièrement dépouillé, venoit d'obtenir des secours de Bocchus, roi de Mauritanie. C'est contre les forces réunies de ces deux princes que Marius eut à combattre. Il leur enleva d'abord plusieurs places: cependant il se laissa surprendre, et il fut au moment d'être entièrement défait. Mais, avant que la nouvelle en fût arrivée à Rome, il rempor'a deux victoires, et il mit les ennemis hors d'état de tenir la campagne.

<small>Fin de la guerre.</small>

<small>Av. J. C. 104, de Rome 650.</small>

Ces revers déterminèrent Bocchus à séparer ses intérêts de ceux de son allié. Il obtint de Marius une suspension d'armes, et il envoya des ambassadeurs à Rome pour traiter de la paix. Ils lui rapportèrent cette réponse : *Le sénat et le peuple romain n'oublient ni les services ni les injures*

Puisque Bocchus se repent de sa faute ; ils lui en accordent le pardon. Pour ce qui est de la paix et de leur alliance, il les obtiendra quand il les aura méritées. Le sénat vouloit que Bocchus livrât Jugurtha. Le roi de Mauritanie se refusa d'abord à cette proposition, soit qu'il en fût choqué, soit qu'il feignît de l'être. Mais enfin il livra ce malheureux prince à Sylla, qui étoit questeur de l'armée, et qui avoit conduit toute cette négociation. Après avoir orné le triomphe de Marius, Jugurtha fut jeté dans un cachot, où on le laissa mourir de faim.

Av. J. C. 104, de Rome 650.

Objet du livre suivant.

Nous avons vu comment l'exemple avoit autorisé les rapines des gouverneurs de province ; et nous venons de voir, dans la guerre de Numidie, qu'il paroît autoriser les prévarications de toutes espèces. A peine un sénateur se prostitue, que presque tout le sénat est prostitué. Ce n'est rien encore, et il semble que les Romains ne fassent que s'essayer aux forfaits. Nous verrons bientôt les attentats passer comme en usage ; et, au milieu des horreurs dont nous serons témoins, l'histoire de la république ne sera plus que l'histoire de quelques chefs de parti, qui répandront le sang des citoyens pour assouvir leur vengeance, leur avarice ou leur ambition. Mon dessein n'est pas de m'arrêter sur des détails qu'on peut chercher dans les historiens. Je me propose seulement d'observer les progrès des abus et de la corruption.

LIVRE DIXIÈME.

CHAPITRE PREMIER.

Marius et Sylla.

<small>Guerre des Cimbres et des Teutons.</small>

LES Cimbres et les Teutons, dont nous avons parlé, continuoient leurs ravages dans les Gaules, et venoient de remporter une victoire qui répandoit l'épouvante jusques dans Rome. La défaite des Romains leur avoit coûté, à eux ou à leurs alliés, plus de quatre-vingt mille hommes.

<small>Av. J. C. 105. de Rome 649.</small>

<small>Marius paroît la seule ressource de la république.</small>

Métellus étant trop âgé pour une guerre qui demandoit autant d'activité que de courage, les nobles furent forcés de céder aux cris du peuple qui mettoit toute sa ressource dans Marius; et ce général, qui étoit encore en Numidie, fut nommé consul, quoique la loi ne permît pas d'élire un absent, et qu'elle exigeât dix ans d'intervalle d'un consulat à l'autre.

Les Barbares, qui menaçoient d'abord l'Italie, passèrent en Espagne, et laissèrent aux Romains le temps de se préparer à les repousser. Ils ne revinrent dans les Gaules qu'à la fin de l'année suivante, pendant laquelle Marius fut consul pour la troisième fois. On alloit procéder à l'élection des nouveaux consuls, lorsque ce général déclara qu'il ne prétendoit plus à cette magistrature, et que, si on la lui offroit, il la refuseroit. Mais c'étoit un artifice concerté avec le tribun Saturninus, qui, sur ces refus simulés, l'accusoit publiquement de trahir la patrie, et exhortoit le peuple à le forcer d'accepter. On lui conféra un quatrième consulat, et on lui donna pour collègue Q. Lutatius Catulus.

Av. J. C. 104, de Rome 649.

Catulus marcha contre les Cimbres, qui avoient pris la Norique pour entrer dans l'Italie par le Trentin. Marius eut pour département les Gaules, où étoient les Teutons, qui se proposoient de prendre leur chemin par la Ligurie. Il les taille en pièces près de la ville d'Aix. Les Barbares

Il défait les Teutons.

Av. J. C. 102, de Rome 652.

laissèrent sur la place deux cent mille hommes, et quatre-vingt-dix mille furent faits prisonniers. Cette multitude, au reste, étoit moins une armée qu'une peuplade. Marius faisoit un sacrifice, et rendoit grâces aux dieux de sa victoire, lorsqu'il apprit qu'il avoit été nommé consul pour la cinquième fois.

Et les Cimbres. C'est dans les premiers mois de ce consulat que les Cimbres, qui ignoroient le désastre des Teutons, franchirent les Alpes. Catulus recula devant eux, et re- *Av. J.-C. 101, de Rome 653.* passa le Pô. Il paroit que l'effroi, qui s'étoit répandu dans son armée, eût livré Rome aux Cimbres, si, sans perdre de temps, ils se fussent avancés jusqu'à cette capitale. Mais Marius ayant joint Catulus, ils furent exterminés dans la plaine de Verceil. Cent vingt mille furent tués, et soixante mille faits prisonniers. Cette même année, Manius, Aquilius, collègue de Marius, termina une guerre qui duroit depuis trois ans. C'étoit une nouvelle révolte des esclaves de la Sicile.

Il obtient un sixième consulat. Accoutumé au commandement, Marius brigua un sixième consulat. Il auroit feint de ne plus prétendre à cette dignité, s'il avoit pu se flatter qu'elle lui seroit offerte. Mais, voyant que sa faveur diminuoit à mesure que ses services devenoient moins nécessaires, il acheta les suffrages de ceux qui avoient le plus de crédit dans les tribus. Il fut élu : il donna l'exclusion à Métellus, et il obtint pour collègue L. Valérius Flaccus, qui lui étoit tout-à-fait dévoué. Ce grand nombre de consulats consécutifs est un abus qui accoutumera le peuple à voir le même homme à la tête du gouvernement.

Jaloux de son autorité, Marius s'associa deux scélérats, parce que le temps étoit arrivé où le pouvoir devoit être le fruit du crime. Ces deux hommes étoient Apuléius Saturninus que nous avons vu tribun, et Servilius Glaucia, alors préteur, sénateurs l'un et l'autre. Métellus, pendant sa censure, les eût chassés du sénat, si son collègue ne s'y fût opposé. Ils avoient donc à se venger, et Marius s'unit à eux dans le dessein de perdre Métellus.

Il médite la perte de Métellus.

Av. J.C. 100, de Rome 654.

Pour exécuter ce complot, Saturninus brigua le tribunat; et, ayant trouvé dans

A cet effet Saturninus de concert avec lui,

aspire au tribunat, et l'obtient par violence.

A. Nonius un concurrent qui dévoila ses crimes, et à qui le peuple donnoit la préférence, il le fit assassiner à l'issue même des comices. Glaucia, complice de cet assassinat, convoqua, le lendemain de grand matin, une nouvelle assemblée, à laquelle les partisans de ces deux hommes se rendirent les premiers ; et Saturninus fut élu tumultuairement, avant que la plus grande partie des citoyens eût pu se rendre sur la place. Ce tribun, escorté d'assassins dont il avoit fait sa garde, se maintint non seulement dans le tribunat; il se rendit encore maître des délibérations dans les assemblées du peuple.

Loi agraire, proposée par Saturninus.

Par la défaite des Cimbres, on avoit repris des terres dont ces Barbares s'étoient emparés. Il auroit été juste de les rendre aux premiers propriétaires. Saturninus proposa de les donner aux pauvres citoyens de la campagne, c'est-à-dire, à ces hommes sans aveu que Marius avoit, contre l'usage, reçus dans les légions. Il ajouta que, si le peuple portoit cette loi, le sénat seroit obligé de l'approuver dans cinq jours, et que chaque sénateur en feroit serment dans le temple de Saturne, sous peine d'être exclus du sénat, et d'être condamné à une amende de vingt talens. Le jour indiqué pour délibérer sur cette loi étant arrivé, les habitans de la ville et quelques tribuns s'y opposèrent hautement ; mais ils furent chassés à coups de pierres et de bâtons par les gens de la campagne qui s'étoient rendus en grand nombre à l'assemblée ; et la loi passa.

Il s'agissoit de savoir le parti que prendroit le sénat. Marius le convoqua. Il parla comme s'il eut désapprouvé tout ce qui avoit été fait dans l'assemblée du peuple ; et son avis fut, ou du moins parut être, de ne point prêter le serment proposé par Saturninus. Mais il ne feignoit de penser ainsi, que pour engager les sénateurs, et sur-tout Métellus, à se déclarer ouvertement contre la loi ; et, quand il vit qu'ils s'y opposoient tous, il commença à voir du danger dans l'avis qu'il avoit ouvert. Il craignoit, disoit-il, une sédition de la part des paysans dont la ville étoit remplie ; et il proposa un serment équivoque, par lequel on promettoit d'observer la loi, s'il y avoit loi:

<small>Conduite de Marius. Bannissement de Métellus.</small>

ajoutant que, lorsque les habitans de la campagne se seroient retirés, on annulleroit tout ce qui auroit été fait. Par ce piége qu'il tendit aux sénateurs, il les entraîna au temple de Saturne, et ayant, contre leur attente, prêté un serment pur et simple, il les força en quelque sorte à en prêter un semblable. Métellus, qui eut seul le courage de se refuser à toute espèce de serment, fut banni par le peuple, c'est-à-dire, par les paysans qui avoient fait la loi. La plus saine partie des citoyens s'élevoit contre ce jugement, et on eût pris les armes, si Métellus ne s'y fût opposé.

Mort de Saturninus. Rappel de Métellus. Marius passe en Asie.

Après l'exil de ce sénateur, Saturninus, assuré de la protection du consul, se crut tout permis. Il en vint à ce point de violence, que, voulant procurer le consulat à Glaucia, il fit assassiner Mémius, parce qu'il en craignoit la concurrence. Cet assassinat fut comme le signal d'une guerre civile. On prit les armes; on se battit sur la place; on en chassa Saturninus et Glaucia, qui se réfugièrent dans le Capitole avec leurs partisans. Marius, a qui le sénat ordonna de les poursuivre, parut d'abord obéir avec répugnance. Il obéit cependant ; et il les abandonna comme de vils instrumens dont il s'étoit servi; ils furent tous assommés. L'année suivante, redevenu simple particulier, il eut le chagrin de voir Métellus rappelé par les vœux de tous les citoyens; et il s'embarqua pour l'Asie, sous prétexte d'accomplir un vœu qu'il disoit avoir fait à la mère des dieux. On a prétendu encore qu'il se proposoit de sonder les desseins de Mithridate, roi de Pont; se flattant que, s'il pouvoit allumer une guerre dans l'Orient, il auroit le commandement des armées.

Nous voyons sous ce consulat les progrès de la violence dont Scipion Nasica avoit donné le premier exemple. Désormais la plupart des tribuns, semblables à Saturninus, ne seront que des séditieux qui se vendront aux citoyens puissans. Ils aviliront le sénat, ils sacrifieront les intérêts du peuple, et l'autorité sera à qui aura l'audace de l'usurper. Escortés de quelques satellites, ces tribuns ne cesseront d'ameuter la populace, et ils se croiront les maîtres. Ils seront néanmoins anéantis, si

Violences des tribuns.

un général se montre à la tête des légions.

Or il n'est pas vraisemblable que les généraux, qui se seront assurés de leurs soldats, souffrent que d'autres qu'eux commandent dans Rome.

Abus des assemblées tumultueuses.

Les assemblées tumultueuses qui viennent de commencer, sont un autre abus qui fera encore des progrès rapides. Il y aura des plébiscites qu'on portera si tumultuairement, que le peuple n'en aura aucune connoissance. Le sénat sera exposé au même désordre, et ce corps verra des sénatus-consultes qu'il ne saura pas avoir faits. Enfin, quand on aura accoutumé le public à des décrets qui ne seront connus ni du peuple ni du sénat, on ne se donnera plus la peine d'assembler tumultuairement ni l'un ni l'autre, et on produira des décrets supposés. C'est par cette suite d'abus que l'anarchie conduira la république à la servitude.

Brigandages; suites des progrès du luxe.

Cette révolution sera hâtée par le luxe qui croît sensiblement d'un jour à l'autre, et qui fait croître avec lui l'avidité des magistrats. Comme les publicains, ou ceux qui levoient les impôts, étoient en général tirés de l'ordre équestre, le brigandage s'exerçoit impunément depuis que les chevaliers étoient en possession des tribunaux : car les publicains se trouvoient tout-à-la-fois juges et parties, ou du moins ils pouvoient se promettre d'avoir un grand crédit auprès de leurs juges. D'ailleurs il arrivoit rarement qu'ils fussent réprimés par les magistrats, qui, étant pour la plupart coupables de concussion, avoient à ménager eux-mêmes l'ordre des chevaliers. C'est ainsi que tout concouroit à la ruine des provinces et du gouvernement.

Marius revint à Rome. Il ne jouit plus de la même considération ; on avoit presque oublié ses victoires. Cependant d'autres capitaines commençoient à gagner la faveur du peuple. On distinguoit parmi eux L. Cornélius Sylla que nous avons vu questeur dans l'armée de Numidie. {Comment Sylla commence à gagner la faveur du peuple.}

Patricien, et d'une des plus illustres familles, Sylla joignoit aux avantages de la figure tous les talens qui font réussir dans une république. Éloquent, il persuadoit d'autant mieux que son éloquence étoit soutenue par des manières nobles, aisées et en apparence pleines de franchise. Prodigue de louanges quand il parloit des autres, et modeste quand il parloit de lui, il faisoit taire la jalousie, et on lui pardonnoit une supériorité dont il ne sembloit pas s'appercevoir. Affable, il prévenoit ceux qu'il pouvoit obliger ; il leur ouvroit sa bourse ; il ne redemandoit jamais l'argent qu'il avoit prêté. Enfin, tout-à-la-fois occupé de ses plaisirs et de ses devoirs, il cherchoit sur-tout la gloire, et il paroissoit également propre aux voluptés et aux fatigues. Mais, sous des dehors séduisans, il cachoit l'ame la plus cruelle.

Sylla s'appliquoit sur-tout à mériter l'estime des soldats. Assidu et courageux, il alloit au-devant des occasions où il pouvoit partager avec eux les travaux et les dangers. Dans la guerre de Numidie, il acquit la confiance de Marius, qui lui donna le commandement en chef d'un corps séparé ; et il devint bientôt un objet de jalousie pour ce général. Il le suivit néanmoins dans les Gaules ; mais il en reçut tant de dégoût, qu'il passa dans l'armée de Catulus qui lui donna une confiance entière.

La haine de Marius ne contribua pas peu à le mettre à la tête d'un parti puissant. C'est à lui, comme nous l'avons vu, que Bocchus livra Jugurtha. Or la noblesse affecta de relever ce service, parce qu'elle eût voulu attribuer à tout autre que Marius la gloire d'avoir terminé la guerre de Numidie; et, par cette première démarche, elle se vit intéressée à saisir désormais toutes les occasions de préférer en tout Sylla à Marius. Il ne négligeoit pas lui-même les petits moyens qui pouvoient contribuer à sa réputation. Il se servoit toujours d'un cachet où il avoit fait graver Bocchus lui livrant Jugurtha, comme pour renouveler sans cesse le souvenir de cet événement.

La noblesse intéressée à le mettre au-dessus de Marius.

Le sénat n'avoit donc plus d'autre ressource que d'opposer un grand à un grand. Pour ne pas obéir à un chef qui avoit la faveur du peuple, il lui falloit un chef à lui-même, c'est-à-dire, un protecteur. Alors, les dissentions, qui s'élevoient auparavant entre les deux ordres, devenoient des querelles où les chefs de l'un et de l'autre étoient seuls intéressés. Dans cet état des choses,

Pour ne pas obéir au peuple, le sénat est dans la nécessité d'obéir à un chef.

il survint des troubles qui furent les avant-coureurs des guerres civiles.

Pourquoi les Romains deviennent jaloux des droits de cité qu'ils accordoient facilement dans l'origine, et pourquoi les alliés commencent à rechercher ces droits.

Quoique la république fût dans l'usage d'accorder différens priviléges aux peuples qui lui étoient soumis, il paroît que les alliés furent assez long-temps avant d'ambitionner les droits de cité romaine. Attachés à leurs coutumes, il aimoient mieux se gouverner par leurs lois. Mais, lorsqu'ils s'apperçurent des prérogatives que ces droits conféroient, ils tentèrent tout pour les obtenir; et ce fut la cause qui avoit fait prendre les armes aux Latins, l'an de Rome 414.

Les alliés desiroient ces droits plus que jamais, depuis que les Gracques les leur avoient fait espérer; mais les Romains, qui dans l'origine les accordoient si facilement, vouloient désormais les conserver pour eux. Ils en étoient jaloux, par la même raison qui les faisoit alors ambitionner aux alliés. Le changement des circonstances avoit fait changer de part et d'autre la façon de penser.

Lorsque Rome transformoit en citoyens les peuples vaincus, c'est qu'elle étoit foible, et cette foiblesse ne pouvoit pas faire desirer d'être Romain. Elle n'eut pas le même besoin d'augmenter le nombre de ses citoyens lorsqu'elle eut accru sa puissance, et elle ne vouloit plus l'augmenter. Cependant les droits de cité, qui étoient les prerogatives de la souveraineté même, devenoient plus grands à mesure que Rome étendoit son empire. Il ne faut donc pas s'étonner s'ils seront un sujet de guerre entre les Romains et les alliés.

Les tribunaux étoient un autre sujet de dissentions. Les sénateurs n'attendoient que l'occasion de les recouvrer, et les prévarications des chevaliers sembloient la faire naître. Ils portoient l'iniquité dans leurs jugemens, jusqu'à condamner, comme coupables de concussion, les magistrats qui avoient voulu réprimer les vexations des publicains. On en vit un exemple dans la condamnation de P. Rutilius, citoyen vertueux, mais odieux aux chevaliers parce qu'il vouloit empêcher les brigandages qu'ils commettoient dans les provinces. *Prévarications des chevaliers dans les tribunaux.*

Enfin la loi agraire, renouvelée par les Gracques, continuoit d'exciter les murmures du peuple, qui se plaignoit que les *Mécontentement du peuple.*

promesses des tribuns eussent toujours été sans effet. Il régnoit donc un mécontentement général.

Drusus, pendant son tribunat, sème des troubles.

Av. J. C. 91, de Rome 663.

Dans ces circonstances, le tribun M. Livius Drusus, fils de celui qui avoit partagé la faveur du peuple avec Caïus Gracchus, entreprit de tout changer, soit qu'il fût bien intentionné, soit, comme il est plus vraisemblable, qu'il ne cherchât qu'à semer des troubles. Il alluma l'esprit de révolte dans toute l'Italie.

Il promit aux alliés les droits de citoyen, au peuple des terres, et au sénat des tribunaux. Il vouloit par-là se les attacher les uns et les autres : mais il paroît que son principal dessein étoit de servir le sénat et de le rendre agréable au peuple, afin d'humilier plus sûrement les chevaliers.

Il porte des lois en faveur du peuple.

Il proposa d'abord des lois agraires, des colonies et des distributions de blé avec une telle profusion, qu'il disoit lui-même n'avoir laissé aucune largesse nouvelle à faire ; en même temps il déclaroit qu'il agissoit de concert avec le sénat. Il y eut néanmoins à ce sujet de violentes contestations, et les lois ne furent reçues qu'après que Drusus eut fait conduire en prison le consul L. Marcius Philippus qui s'y opposoit.

Les sénateurs demandoient qu'on ôtât les tribunaux aux chevaliers, et qu'on les leur rendît. Mais Drusus arrêta seulement que les juges seroient désormais tirés en égal nombre de l'ordre des sénateurs et de celui des chevaliers. Cette loi, qui fut autorisée par les suffrages des tribus, portoit encore qu'on pourroit poursuivre tout juge qui auroit prévariqué dans l'exercice de son ministère. Cet article offensa presque autant les chevaliers que celui qui les forçoit à partager les jugemens avec les sénateurs. Jusqu'alors les iniquités qui se commettoient dans les tribunaux avoient été impunies, et ils auroient voulu qu'elles l'eussent toujours été.

Il partage les tribunaux entre les sénateurs et les chevaliers.

Il restoit à tenir la parole qui avoit été donnée aux alliés. Ils avoient appuyé Drusus de tout leur pouvoir. S'ils n'avoient pas voix dans les délibérations publiques, ils y influoient au moins par leurs liaisons avec les citoyens. D'ailleurs ils étoient venus à Rome en grand nombre, et leur présence pouvoit beaucoup dans un temps où la violence faisoit passer les lois.

<small>Les alliés se soulèvent, parce qu'ils n'obtiennent pas les droits de cité, qu'il leur avoit promis. Il est assassiné.</small>
Cependant les Romains voyoient avec peine qu'on voulût donner les droits de cité à tous les peuples d'Italie. Le sénat jugeoit que ce projet nuiroit à son autorité, parce qu'il fortifieroit le parti du peuple. D'ailleurs il étoit d'autant moins porté à favoriser le tribun, qu'il étoit mécontent de n'avoir pas obtenu tout ce qu'il demandoit. Enfin les gens sensés regardoient avec raison, comme une chose monstrueuse, une république formée de tant de nations différentes. Drusus connut donc qu'il ne lui étoit pas possible de remplir les engagemens qu'il avoit pris avec les alliés. Ils s'en apperçurent eux-mêmes. Dès-lors ils résolurent d'obtenir par les armes les droits qu'on leur refusoit, et toute l'Italie parut prête à se soulever. Cette guerre, dont on étoit menacé, répandoit l'alarme dans Rome : Drusus, qu'on accusoit d'en être la cause, en devint odieux : ses ennemis, enhardis par la haine publique, conspirèrent contre sa vie, et ils l'assassinèrent. Les soupçons tombè-

rent sur un de ses collègues, Q. Varius.

Le consul Marcius Philippus fit casser toutes les lois de Drusus; ce qui mécontenta le sénat et le peuple. On accusa ce tribun d'avoir engagé les alliés à prendre les armes: on informa contre ses partisans, qu'on cita comme complices de cette conspiration. *Sa mort suivie de troubles.*

Ce fut un prétexte pour jeter des soupçons sur les premiers personnages de la république; et cette recherche occasionna des troubles, pendant lesquels les alliés se préparèrent à soutenir leurs prétentions.

Sur le plan de la république romaine, ils avoient formé celui d'une république qu'ils nommèrent Italique. Corfinium, dans le pays des Péligniens, étoit la capitale où siégeoit un sénat composé de cinq cents députés des peuples ligués. C'est de ce corps qu'on devoit tirer les magistrats. On avoit élu deux consuls et douze préteurs. *République italique, ou ligue des alliés.* *Av. J. C. 90, de Rome 664.*

Les peuples de la Gaule Cisalpine, qui étoient sujets plutôt qu'alliés, ne prirent point de part à cette guerre. Les Latins, les Ombriens et les Toscans restèrent dans l'alliance des Romains. Les principaux peuples confédérés étoient les Marses, les *Peuples qui entrent dans cette ligue.*

Samnites, les Campaniens et les Lucaniens. Après avoir fait tous leurs préparatifs, ils députèrent à Rome, présumant que, parce qu'ils étoient armés, on pourroit avoir égard à leur demande. Le sénat, soutenant le caractère de fermeté qu'il avoit montré dans d'autres conjonctures, refusa d'entendre les députés, et déclara qu'il ne leur donneroit audience que lorsque ceux qui les envoyoient auroient renoncé à leur confédération.

<small>Comment finit la guerre sociale, qui auroit pu être funeste à la république romaine.</small>

Les alliés faisoient la principale force des Romains. Ils fournissoient deux fois plus de troupes. Ils avoient les mêmes armes, la même discipline, la même expérience, et des capitaines dont la valeur et la capacité étoient reconnues. Quel que fût le succès de cette guerre, il paroissoit devoir être funeste à la république romaine. Des défaites la livroient à des peuples impatiens de se venger; et des victoires ruinoient ses propres forces, puisqu'elles ruinoient des pays d'où elle tiroit auparavant la plus grande partie de ses soldats. Elle leva plus de vingt légions. Aux deux consuls Julius César et P. Rutilius, elle donna pour lieutenans avec le titre de proconsuls, les généraux qui avoient le plus de réputation, C. Marius, Cn. Pompéius, Cornélius Sylla, P. Licinius Crassus. Jamais elle n'avoit eu dans l'Italie tant d'armées à-la-fois : jamais aussi elle n'avoit été attaquée à-la-fois par tant d'ennemis, tous également redoutables. Elle eut des revers, elle eut des succès. La fortune passa et repassa d'un parti à l'autre : Marius même soutint mal sa réputation. Le sénat, craignant enfin les suites de cette guerre, se relâcha en faveur des alliés qui n'avoient pas encore pris les armes, ou qui offrirent les premiers de les quitter. Par cette conduite, il jeta la défiance parmi les peuples confédérés, qui, se flattant d'obtenir séparément de meilleures conditions, traitèrent chacun en particulier. Les Samnites furent les seuls qui ne posèrent pas les armes.

On accorda à tous les autres les droits de cité. Mais, au lieu de les distribuer dans les trente-cinq tribus anciennes, où par leur nombre ils auroient été maîtres des délibérations, on créa pour eux huit

On crée pour les alliés huit tribus nouvelles.

Av. J. C. 88. de Rome 666.

tribus nouvelles qui devoient voter les dernières. Par cette disposition, on réduisoit à un vain titre le droit de suffrage, qu'on paroissoit leur accorder.. Ils ne seront pas long-temps à s'en appercevoir, et il en naîtra de nouveaux troubles.

Marius se ligue avec le tribun Sulpicius, pour enlever à Sylla le commandement de l'armée contre Mithridate.
Sylla, qui venoit de se distinguer parmi les généraux de la république, étoit alors consul; et on lui avoit donné le département de l'Asie mieure, avec la commission de faire la guerre à Mithridate, roi de Pont.

Ce choix réveilla la jalousie de Marius, qui, quoique âgé de plus de soixante-dix ans, auroit voulu commander seul les armées de la république. Comme il avoit sur-tout desiré d'être chargé de la guerre d'Orient, il n'y renonça pas encore. Il se ligua avec le tribun P. Sulpicius, homme éloquent, audacieux, puissant par le nombre de ses clients, considéré par ses grandes richesses, ennemi déclaré de Sylla, et jaloux de la noblesse qu'il vouloit humilier.

Troubles à ce sujet.
Pour se rendre maître des délibérations publiques, ce tribun se proposa d'abroger

les huit dernières tribus, et de distribuer les nouveaux citoyens dans les anciennes. S'il faisoit passer cette loi, il attachoit les alliés à son parti, et il s'assuroit du plus grand nombre des suffrages dans chaque tribu.

Les consuls Cornélius Sylla et Q. Pompéius, comptant suspendre au moins les entreprises de Sulpicius, ordonnèrent des fêtes, pendant lesquelles il étoit défendu de vaquer à aucune affaire. Le tribun vint néanmoins à l'assemblée qu'il avoit convoquée. A la tête d'un corps de satellites qu'il appeloit l'anti-sénat, il somma les consuls de révoquer leurs fêtes, afin que le peuple pût donner ses suffrages : et, sur leur refus, il marcha contre eux, et mit aux mains les nouveaux citoyens avec les anciens. Le fils de Q. Pompéius, qui étoit gendre de Sylla, fut tué en voulant secourir son père, qui se cacha dans la foule ; et Sylla, poursuivi, se jeta dans la maison de Marius, où il trouva un asyle, mais il fut obligé de retourner sur la place, et de déclarer qu'il supprimoit toutes les fêtes qu'il avoit ordonnées. Aussitôt après il alla se mettre à la tête des troupes qu'il avoit commandées pendant la guerre sociale, et qui le devoient suivre en Orient. Quant à Pompéius, il se tenoit caché.

<small>Sylla, à qui Sulpicius ôte le commandement de l'armée contre Mithridate, marche à Rome à la tête des légions.</small>

Maître de la ville par la retraite des deux consuls, Sulpicius incorpora les nouveaux citoyens dans les anciennes tribus. Il fit ensuite décerner à Marius le commandement de l'armée contre Mithridate, et Marius envoya deux tribuns légionnaires pour en prendre possession en son nom. Mais Sylla étoit à la tête de cette armée. C'étoient des troupes qu'il avoit gagnées par ses largesses : elles savoient combien il étoit prodigue, et il leur offroit déjà les dépouilles de l'Orient. Devoit-on présumer qu'il obéiroit? Le décret même qu'on avoit porté contre lui, ne paroissoit-il pas l'autoriser à opposer la force à la violence? A peine eut-il besoin de laisser entrevoir ses desseins. Ses soldats le prévinrent. Ils le conjurèrent de les mener contre les ennemis qu'il avoit à Rome, avant de les conduire en Asie, et ils assommèrent les officiers de Marius. Sylla marcha. Il avoit six légions. Il est vrai qu'il fut abandonné des officiers généraux qui commandoient sous lui : mais Q. Pompéius vint le joindre, et ce concert avec son collègue sembloit donner à sa cause une apparence de justice.

Voilà le premier général qui marche contre Rome. Il donne un exemple qui sera suivi. Les soldats, accoutumés à se faire des droits par la violence, veulent commander à leur tour; et, parce que l'avarice est devenue le vice de tous les citoyens, ils ne voient plus Rome comme leur patrie, ils la voient comme une ville opulente qui s'offre à leur avidité.

Marius et Sulpicius n'avoient point de troupes. Ils crurent que les magistrats seroient respectés. Les préteurs Brutus et Servilius allèrent au-devant des consuls, leur défendirent de continuer leur marche. Ils furent insultés et maltraités par les soldats.

Rien ne l'arrête. Il entre dans Rome comme dans une place ennemie.

A cette violence, on pouvoit juger à quoi Marius et Sulpicius devoient s'attendre. Il ne leur restoit qu'à interposer l'autorité du sénat, et ils envoyèrent, au nom de cette compagnie, de nouveaux députés qui supplièrent les consuls de ne pas approcher de Rome plus près de cinq milles, leur promettant qu'on travailleroit à leur procurer incessamment une entière satisfaction. Sylla feignit d'accepter la médiation du sénat. Il ordonna même, en présence des députés, de marquer le camp dans l'endroit où il étoit. Mais ils furent à peine partis, que, ne voulant pas donner à Marius le temps de lever des troupes, il continua sa marche, et il entra dans Rome comme dans une ville ennemie. Marius et Sulpicius en sortirent après une foible résistance. Sylla sauva la ville du pillage.

Il réforme le gouvernement. La conduite des consuls ne pouvoit être justifiée que par la nécessité où ils avoient été de réprimer l'audace de Sulpicius. Sylla assembla le peuple. Il représenta que les tribuns en se rendant maîtres des comices, s'étoient arrogé toute la puissance législative; qu'ils avoient avili le sénat, et, en quelque sorte, anéanti la puissance consulaire; qu'ils étoient devenus comme les seuls magistrats de la république; et que l'autorité qu'ils usurpoient étoit la source de tous les désordres.

Pour détruire ces abus, il proposa de rétablir les comices par centuries dans leur première forme ; de supprimer les comices par tribus; de défendre qu'on portât désormais aucune loi devant le peuple, sans y avoir été autorisé par le sénat; de déclarer que tout citoyen, qui auroit exercé le tribunat, seroit incapable de toute autre magistrature; et d'interdire aux tribuns ces harangues continuelles, qui n'étoient propres qu'à exciter des séditions. Ces propositions, faites par un consul qui étoit à la tête des légions, ne pouvoient être rejetées. On cassa ensuite le décret qui donnoit à Marius le commandement de l'armée contre Mithridate, et on annulla la loi de Sulpicius, par laquelle les nouveaux citoyens avoient été distribués dans les anciennes tribus.

Les lois de Sylla rétablissoient l'autorité du sénat, réprimoient les tribuns, contenoient le peuple, et coupoient les abus par la racine. Mais, à en juger par la constitution actuelle de la république, elles ne pouvoient subsister. Il est évident que l'autorité avoit passé toute entière aux armées : par conséquent, ce qu'un général faisoit, un autre le pouvoit défaire; et désormais

La république, par sa constitution, ne peut plus avoir de règles fixes.

les révolutions doivent être fréquentes.

Depuis le traité qui avoit terminé la guerre sociale, la république étoit un assemblage monstrueux de plusieurs peuples, qui, par leur position, avoient des intérêts différens : et, comme ces peuples, lorsqu'ils n'étoient encore qu'alliés, avoient été sous la protection des premières familles romaines, ils épouseront, devenus citoyens, les passions de ces familles, et les factions se renouvelleront continuellement.

Il est vrai qu'en rejetant les alliés dans les nouvelles tribus, on rend nul le droit de suffrage qu'on leur accorde. Mais qu'importe dans quelles tribus on les place, depuis que la violence fait les lois ?

Si, aux intérêts différens des deux classes de citoyens, les anciens et les nouveaux, nous ajoutons les intérêts du sénat, ceux du peuple et ceux de l'ordre équestre, nous connoîtrons tous les prétextes dont l'ambition se servira pour former des partis puissans, et nous jugerons que l'autorité ne peut plus avoir de règles fixes.

Sylla proscrit douze sénateurs.

En réformant le gouvernement, Sylla paroissoit avoir vengé les injures faites au sénat* : il vengea bientôt les siennes par la proscription de C. Marius, du jeune Marius son fils, du tribun Sulpicius, et de neuf sénateurs du même parti. Le sénat fut forcé de donner un décret qui les déclaroit ennemis publics, qui ordonnoit la confiscation de leurs biens, et qui permettoit de les mettre à mort. On offroit même des récompenses à ceux qui apporteroient leurs têtes.

Marius, abandonné de ses amis, dénué de tout, erra long-temps, fut arrêté, échappa comme par miracle, et se réfugia en Afrique où il trouva son fils. Sulpicius, trahi par un de ses esclaves, fut livré aux soldats qui le poursuivoient ; et on apporta sa tête à Sylla, qui la fit exposer sur la tribune aux harangues. Ces proscriptions sont le dernier terme de la violence, et le commencement des horreurs dont Rome sera le théâtre. Entre deux hommes ambitieux, la république n'aura plus de citoyens qui osent se déclarer pour elle, ou elle les verra proscrits par l'un des deux partis, et même par tous deux.

La tête d'un tribun exposée sur son propre

affecte une conduite modérée.

tribunal, le mépris des lois dans la proscription de plusieurs sénateurs, l'injure faite à la république même, dans la condamnation d'un consulaire qui avoit sauvé Rome et l'Italie, l'humiliation du peuple et l'avilissement du sénat, qui ne paroissoit avoir recouvré l'autorité que pour être l'instrument des vengeances de Sylla, toutes ces choses répandoient une consternation générale. Le consul, qui craignit alors d'irriter de plus en plus les esprits, affecta une modération qui n'étoit pas dans son caractère. Lorsqu'il tint les comices pour l'élection des magistrats de l'année suivante, il vit qu'on n'avoit aucun égard à sa recommandation, et il ne s'en offensa pas. Il dit même qu'il étoit bien aise qu'on jouît de la liberté qu'il avoit rendue; et, pour soutenir cette modération apparente, il ne tenta point d'empêcher qu'on élût, pour l'un des consuls, L. Cornelius Cinna, ami de Marius et attaché au parti du peuple. Peu après être sorti de magistrature, il partit pour l'Orient.

Mithridate, roi de Pont.

Le royaume de Pont, ainsi nommé parce qu'il étoit le long du Pont-Euxin, qui le bornoit au nord, avoit été le partage d'un frère de Xerxès. C'est de ce prince que descendoit Mithridate, surnommé Eupator.

Ce prince étoit monté sur le trône à l'âge de douze ans, l'an de Rome 631. A peine eut-il pris les rênes du gouvernement, qu'il fit périr son frère et sa mère. Ces attentats, des exploits contre les Scythes, et des conquêtes au nord du Pont-Euxin, sont à-peu-près tout ce qu'on sait des trente premières années de son règne. On dit que ses tuteurs avoient employé toutes sortes de moyens pour le faire périr, et on raconte à ce sujet des choses peu vraisemblables.

Cruel et sanguinaire, comme l'étoient alors presque tous les monarques de l'Orient, Mithridate ne vivoit pas comme eux dans la mollesse : il avoit plutôt la férocité des nations sauvages qu'il avoit vaincues. Endurci à la fatigue, grand capitaine, il formoit à la discipline les Scythes et d'autres peuples, qui lui fournissoient continuellement de nouveaux soldats ; et, comme il ne pouvoit s'agrandir qu'aux dépens des Romains ou de leurs alliés, il n'attendoit que le moment où il pourroit leur faire la guerre avec avantage.

Il fait la guerre aux alliés des Romains.

Il paroît qu'il regarda, comme une circonstance favorable pour lui, les irruptions des Cimbres et des Teutons, lorsque les Romains faisoient la guerre à Jugurtha. Du moins c'est vers ce temps qu'ayant fait assassiner Ariarathe, roi de Cappadoce, il tua le fils aîné de ce prince, chassa le second, qui survécut peu à ses malheurs, et se rendit maître de ce royaume, où il établit un de ses fils.

Peu après néanmoins, les Cappadociens, autorisés par un décret du sénat, élurent pour roi Ariobarzane, que Sylla, alors propréteur de Cilicie, mit sur le trône. Mithridate, sensible à l'affront que lui faisoient les Romains, dissimula jusqu'à ce qu'il eût tout préparé pour en tirer vengeance. Il fit alliance avec le roi d'Arménie, Tigrane, un des plus puissans monarques de l'Orient, et descendant d'Artaxe, gouverneur qui s'étoit soustrait à la domination des Séleucides. Tigrane détrôna Ariobarzane, et dans le même temps Nicomède, qui succéda à son père sur le trône de Bithynie, fut chassé par Socrate, à qui le roi de Pont donna des secours.

Les deux princes dépouillés implorèrent la protection du sénat, et furent rétablis l'un et l'autre. Mithridate ne dissimula plus. Il pouvoit compter sur plusieurs peuples, qui étoient entrés dans son alliance. Il avoit deux cent cinquante mille hommes d'infanterie, cinquante mille chevaux, un grand nombre de chariots armés en guerre, et plus de quatre cents vaisseaux. Les circonstances paroissoient favorables à ses desseins. C'étoit alors le fort de la guerre sociale, et les nations de l'Asie, livrées à l'avarice des proconsuls, aux vexations des publicains, et aux injustices qu'on leur faisoit sous toutes sortes de prétextes, sembloient attendre un libérateur. Enfin les contrées où il alloit porter la guerre promettoient un riche butin aux soldats. *Il résout de la faire aux Romains mêmes.*

Les Romains avoient dans l'Asie mineure trois armées, indépendamment des troupes de Nicomède et d'Ariobarzane. Elles furent ruinées, et Mithridate conquit la Bithynie, la Cappadoce, la Phrygie, la Mysie, la Lycie, la Pamphilie, la Paphlagonie et *Conquêtes qu'il fait sur eux.*

plusieurs autres provinces romaines. Il renvoya sans rançon les Grecs, qu'il avoit faits prisonniers. Il leur fournit même tout ce dont ils avoient besoin pour retourner chez eux. Cette politique, qui lui donna une réputation de clémence, lui ouvrit les villes, et son général Archélaüs conquit la Thrace, la Macédoine, la Grèce ; et d'Athènes où il établit sa résidence, il soumit la plupart des îles Cyclades. Alors, comme pour braver le sénat, le roi de Pont fit égorger, en un jour marqué, les Romains ou Italiens, qui se trouvèrent dans les villes de la Grèce et de l'Asie mineure. On prétend qu'il périt dans ce massacre jusqu'à cent cinquante mille personnes. Voilà ce qui venoit de se passer dans l'Orient, lorsque Sylla débarqua dans la Grèce avec cinq légions.

Av. J. C 87, de Rome 667.

A son arrivée, les Grecs revinrent sous la domination des Romains, avec la même facilité qu'ils avoient passé sous celle de Mithridate. Athènes seule résista, parce qu'Archélaüs s'y étoit enfermé ; et Sylla, qui l'assiégea, ne s'en rendit maître que l'année suivante. Les Athéniens recouvrèrent la liberté, c'est-à-dire, qu'ils furent

Sylla recouvre la Grèce pendant qu'il sé soit à Rome une révolution à le gouvernement.

libres autant qu'on peut l'être, quand la liberté est le bienfait d'une puissance qui commande.

Archelaüs s'étoit retiré avec sa flotte dans le port de Munichia, lorsque Taxile, son frère, qui avoit sous ses ordres plus de cent mille hommes, passa de la Macédoine dans la Grèce. Alors supérieur sur terre, et maître de la mer, il se proposoit de traîner la guerre en longueur, en se bornant à couper les vivres aux Romains qui commençoient à souffrir de la disette. Ce parti étoit d'autant plus sage, qu'ôtant toute espérance de victoire à Sylla, il le forçoit à périr, ou à retourner honteusement à Rome. Mais Archélaüs, cédant malgré lui à son frère et aux autres généraux, engagea une action dans la Béotie, et fut entièrement défait près de Chéronée. Mithridate, ayant appris cette nouvelle, se hâta d'envoyer dans la Grèce une seconde armée de quatre-vingt mille hommes, qui fut exterminée dans la plaine d'Orchomène.

Par ces victoires, Sylla venoit de recouvrer la Grèce, et c'est alors que la faction, qui lui étoit contraire, le faisoit déclarer ennemi de la république. Il vit arriver dans son camp, sa femme, ses enfans et un grand nombre de sénateurs qui l'invitoient à venir au secours de son parti. Cinna avoit fait une révolution dans le gouvernement. C'étoit un homme sans mœurs et sans considération : mais il avoit de l'audace, et il se trouvoit à la tête d'un parti qui devoit dominer, parce que Sylla étoit absent.

<small>Le consul Cinna, chassé de Rome, est déposé par le sénat.</small>

Ce consul, projetant de faire rappeler Marius, voulut d'abord s'assurer des alliés. A cet effet, il résolut de les incorporer de nouveau dans les anciennes tribus, et il convoqua les comices pour en porter la loi. Cette entreprise, à laquelle s'opposoit son collègue Cn. Octavius, mit aux mains les anciens citoyens et les nouveaux; et après un combat sanglant, Cinna, qui avoit mal pris ses mesures, fut chassé de Rome et déposé par le sénat, qui lui substitua L. Cornélius Mérula.

<small>Av. J. C. 87, de Rome 667.</small>

Sertorius le suivit. C'étoit un homme nouveau; mais, par ses talens et par les qualités de son ame, il auroit mérité d'être à la tête de la république. Il se trouvoit engagé dans le parti de Marius, parce qu'il avoit servi sous ce capitaine, et qu'il lui avoit des obligations. D'ailleurs Sylla l'avoit fait exclure du tribunat.

La guerre continuoit toujours avec les Samnites, et la république leur opposoit plusieurs armées. Elle en avoit une auprès de Capoue, que Cinna fit entrer dans son parti. Après avoir gagné les principaux officiers, il se rendit au camp. Les soldats auxquels il représenta que sa déposition violoit leurs droits, et que son attachement aux intérêts du peuple étoit l'unique cause qui le rendoit odieux aux sénateurs, le reconnurent pour consul, et lui prêtèrent serment. Comme sa querelle devenoit celle des alliés, ils se déclarèrent encore pour lui, et toute l'Italie parut en armes.

Il arme.

Rome étoit presque sans défense. Les consuls Octavius et Mérula avoient peu de troupes, et ils pouvoient difficilement compter sur quelques secours. De toutes les armées qui reconnoissoient encore l'autorité du sénat, les deux principales, étoient, l'une sous les ordres de Pompéius Strabo, et l'autre sous ceux de Métellus Pius, fils de Métellus Numidicus. Le premier de ces généraux te-

Rome est presque sans défense.

noit une conduite fort équivoque, et le second, qui eût voulu secourir sa patrie, étoit arrêté par la guerre des Samnites.

Marius, qui revient en Italie, se joint à Cinna. Marius n'étoit plus en Afrique. Le préteur de cette province lui ayant envoyé un licteur avec ordre de sortir de son gouvernement : *Rapporte à ton maître*, dit Marius au licteur, *que tu as vu Marius, banni de son pays, assis sur les ruines de Carthage.* Il s'embarqua aussitôt, et, après avoir passé l'hiver dans son vaisseau, il revint en Italie.

Cinna fit part de cette nouvelle à Sertorius, et le consulta sur la conduite qu'il devoit tenir. Sertorius lui représenta qu'il étoit assez puissant par lui-même, que Marius s'arrogeroit toute l'autorité, et que d'ailleurs c'étoit un homme sur la foi duquel on ne pouvoit pas compter. Mais comment le renvoyer, dit Cinna, si c'est moi qui l'ai appelé ? Dès que cela est, repartit Sertorius, il n'est plus temps de délibérer : il ne vous reste qu'à veiller sur lui, comme sur vos ennemis.

L'arrivée de Marius acheva de déterminer les alliés à prendre le parti de Cinna.

Des soldats romains qui avoient servi sous lui vinrent même en grand nombre lui offrir leurs services ; et il arma un corps d'esclaves, dont il fit sa garde.

Rome fut comme investie par quatre armées que commandoient Marius, Cinna, Sertorius et Papirius Carbo. Pompéius Strabo, qui jusqu'alors n'avoit fait aucun mouvement, s'approcha, et donna quelques secours aux assiégés. Mais la maladie se mit dans ses troupes : il fut tué lui-même d'un coup de tonnerre, et son armée se dissipa. Les soldats se dispersèrent, ou passèrent dans le camp des assiégeans.

Ils assiègent Rome, qui leur ouvre ses portes.

Av. J. C. 87, de Rome 667.

Sur ces entrefaites, les Samnites se déclarèrent pour Cinna. Cependant Cn. Octavius étoit sorti de Rome, et tenoit la campagne. Il avoit joint à ses troupes l'armée de P. Crassus et celle de Métellus Pius. Il avoit assez de forces pour vaincre ; mais il n'osa rien hasarder, il perdit tout. Le peuple commença bientôt à se plaindre du sénat qu'il accusoit d'être l'auteur de la guerre. Le nombre des partisans de Marius et de Cinna s'accrut à mesure qu'on murmura plus haut : et cependant les assiégeans, par les liaisons qu'ils avoient dans la ville, y excitoient continuellement de nouveaux murmures. On négocioit secrètement avec eux: on passoit dans leur camp : chacun ne paroissoit occupé que de ses intérêts particuliers, et le sénat se vit menacé d'un soulèvement général. Dans cette extrémité, réduit à reconnoître Cinna pour consul, il l'invita à rentrer dans Rome, et ne lui demanda, pour toute condition, que d'épargner le sang des citoyens.

Cruauté de Marius. Cinna entra : mais Marius, feignant de respecter les lois, s'arrêta à la porte. Il représenta, qu'ayant été banni par un décret public, il falloit qu'un nouveau décret autorisât son retour, et il demanda qu'on assemblât le peuple. Cependant à peine deux ou trois tribus eurent donné leurs suffrages, qu'il se jeta dans la ville, suivi de quatre mille esclaves armés. Il leur avoit donné la liste des citoyens qu'il proscrivoit. On assure même qu'ils avoient ordre de poignarder tous ceux à qui il ne rendoit pas le salut. Ils se répandirent dans tous les quartiers. On ferma les portes de la ville, afin que personne ne pût leur échapper ; et on exposa, sur la tribune aux harangues, les têtes qu'ils avoient abattues. Pendant ces proscriptions, qui durèrent plusieurs jours, ils se portèrent à de tels excès, que Cinna même crut les devoir exterminer. Ils furent tous égorgés dans une nuit.

La tête de Sylla fut mise à prix. On dé- *Décret porté contre Sylla.* molit sa maison : on confisqua ses biens : les lois, promulguées sous son consulat, furent cassées : ses amis, tous également enveloppés dans la proscription, périrent, ou furent forcés à se bannir.

Cinna et Marius se désignèrent consuls *Mort de Marius. Son fils hérite de son pouvoir, Valérius élu consul, part pour l'Asie.* pour l'année suivante. Mais Marius n'exerça que quelques jours ce nouveau consulat. Il mourut le 13 janvier. Le jeune Marius, aussi cruel que son père, et uni comme lui avec Cinna, hérita de tout son pouvoir. L. Valérius Flaccus, élu consul, partit pour l'Asie. Il se chargeoit de la guerre contre Mithridate; et il se proposoit d'empêcher, *Av. J. C. 86, de Rome 668.* s'il étoit possible, le retour de Sylla.

Valérius sans talens, et naturellement *Valérius est tué par Fimbria, son lieutenant.* haut, affectoit d'autant plus de hauteur, qu'il croyoit cacher par-là son incapacité. Il n'en étoit que plus odieux aux soldats qui le méprisoient ; et cependant Flavius Fimbria, son lieutenant, avoit leur estime. Ces deux hommes ne purent s'accorder. D'altercation en altercation, ils passèrent aux injures. Toute l'armée prit parti pour le lieutenant. Elle se souleva contre le consul, et Fimbria tua de sa main Valérius son général. Il avoit été un des ministres des cruautés de Marius.

Fimbria prend le commandement de l'armée. Ses succès contre le roi de Pont.

Les soldats, aussi coupables que Fimbria, lui prêtèrent serment ; et ce capitaine, jugeant qu'il seroit innocent tant qu'il seroit à la tête des légions, ne songea qu'à conserver l'autorité qu'il avoit usurpée. Il présumoit d'ailleurs que, s'il avoit des succès, il seroit également recherché par les deux partis qui divisoient la république. Il en eut. Il battit les lieutenans de Mithridate : il battit Mithridate même : il le chassa de Pergame, il l'assiégea dans Pitane, ville maritime de la Troade ; et ce roi fût infailliblement tombé entre les mains des Romains, si Licinius Lucullus, qui commandoit la flotte de Sylla, eût voulu bloquer le port de Pitane. Fimbria l'en sollicitoit. Mais il refusa de contribuer aux succès d'un général qui s'étoit emparé du commandement par un crime, ou plutôt qui étoit d'un parti contraire au sien. Le roi de Pont, à qui la mer étoit ouverte, se sauva à Mitilène.

Tant de revers firent desirer la paix à Mithridate. Il se croyoit d'ailleurs dans une conjoncture favorable pour obtenir des conditions moins désavantageuses : car il n'ignoroit pas combien Sylla devoit desirer de repasser en Italie. Mais le général romain traita avec la même hauteur que si la guerre d'Asie eût été l'unique chose qui l'occupoit. Quand il eut dicté les articles de la paix, il ne se relâcha sur aucun ; et il parut accorder comme une grâce à Mithridate une entrevue dans une ville de la Troade. Ariobarzane et Nicomède furent rétablis : le roi de Pont, réduit dans les premières bornes de ses états, abandonna toutes ses conquêtes; il livra soixante-dix galères, et il paya deux mille talens pour les frais de la guerre. *Mithridate demande la paix. Sylla lui fait la loi. Av. J.C. 88, de Rome 665.*

Fimbria étoit alors dans la Lydie. Sylla marcha contre lui, moins pour le com- *Fimbria est abandonné de ses troupes, qui se donnent à Sylla.*

battre, que pour lui débaucher ses troupes. Il pouvoit se flatter d'y réussir, parce qu'il étoit en état de leur faire de grandes largesses. Fimbria fut abandonné, et se tua.

<small>Brigandage de Sylla. Il se dispose à revenir en Italie.</small>

Pendant cette expédition, soit en Grèce, soit en Asie, Sylla, enrichi des dépouilles des nations, acheva de corrompre son armée. Il se fit livrer les trésors qu'on gardoit dans les temples. Il condamna les peuples de l'Asie mineure à payer vingt mille talens. Il livra même les biens des particuliers à l'avidité de ses troupes, et c'est ainsi qu'il s'assura des soldats. Ils jurèrent d'être à lui tant que la guerre civile dureroit, et il s'embarqua pour l'Italie. On devoit trembler à Rome quand on songeoit aux brigandages qu'il avoit exercés.

<small>Cinna est tué. Les consuls de l'année suivante sont du même parti.</small>

Cinna, consul pour la quatrième fois, s'étoit continué dans le consulat de sa seule autorité. Cependant il pouvoit peu compter sur l'affection de ses troupes. Elles lui déclarèrent qu'elles ne combattroient pas contre leurs concitoyens. Elles se soulevèrent, et il fut tué par un centurion lors-

<small>Av. J. C. 84, de Rome 679.</small>

qu'il se proposoit d'aller au-devant de Sylla, et de porter la guerre en Dalmatie.

Carbon, consul pour la seconde fois, acheva l'année sans se donner de collègue. Il paroît néanmoins qu'il ne put pas se continuer dans le consulat ; mais il fit tomber les suffrages sur deux hommes de son parti, L. Cornélius Asiaticus et Cn. Junius Norbanus.

Sylla, qui aborda selon les uns à Brindes, selon d'autres à Tarente. pénétra sans obstacles jusques dans la Campanie. Il avoit tout au plus quarante mille hommes. La discipline qu'il fit observer à ses troupes prévint d'autant plus en sa faveur, que, depuis son absence, on gémissoit sous la tyrannie du parti contraire. Métellus Pius fut un des premiers à se joindre à lui. Il lui amenoit peu de troupes ; mais il jouissoit d'une considération qui paroissoit mettre la justice dans le parti qu'il embrassoit.

Arrivée de Sylla en Italie.

Av. J. C. 83, de Rome 671.

Les forces des consuls montoient à deux cent mille hommes qui formoient plusieurs corps sous différens chefs. Ils avoient pour eux la république, au nom de laquelle ils paroissoient agir ; ils pouvoient compter sur

Forces des consuls.

les nouveaux citoyens qui avoient été distribués dans les anciennes tribus, et leur parti se fortifioit encore de tous ceux qui craignoient le ressentiment de Sylla. A Rome même, le sénat et le peuple oublioient leurs divisions, et se réunissoient contre ce général qui paroissoit également redoutable aux deux ordres.

<small>Sylla défait le consul Norbanus.</small>

Si la guerre traînoit en longueur, Sylla pouvoit s'affoiblir. Il lui importoit donc de ne pas perdre de temps; mais il lui importoit aussi de mettre, s'il étoit possible, le public de son côté. C'est pourquoi il montra d'abord des vues pacifiques, et il tenta d'ouvrir une négociation avec le consul Norbanus. Ses députés furent insultés; c'est ce qu'il souhaitoit. Il ne demandoit qu'un prétexte pour combattre, et il vainquit.

<small>Il débauche l'armée du consul Scipion.</small>

Après cet avantage, il n'en parut que plus sensible aux maux dont la république étoit menacée. Il feignit d'être prêt à mettre les armes bas, si on lui donnoit une satisfaction; et il vint camper vis-à-vis du collègue de Norbanus.

Scipion, qui vouloit sincèrement la paix, crut que Sylla la desiroit comme lui. Les deux généraux eurent une entrevue; ils convinrent de quelques préliminaires, et il y eut une suspension d'armes pendant laquelle les soldats, sous prétexte de visiter leurs parens ou leurs amis, passèrent d'un camp dans l'autre. Il fallut peu de temps pour débaucher toute l'armée de Scipion. Elle se rendit à Sylla, et le consul n'apprit la défection de ses troupes que par les soldats qui vinrent l'arrêter dans sa tente. Sylla ne souffrit pas qu'on lui fît aucun outrage. Il lui permit même de se retirer, à condition qu'il ne prendroit plus les armes contre lui.

Marcus Licinius Crassus, fils de Publius, destiné à partager avec Sylla les périls de la guerre et les dépouilles de ses concitoyens, étoit d'une famille qui avoit été proscrite par Marius. Son père et son frère périrent. Il n'échappa que difficilement, et il se tint caché jusqu'au retour de Sylla en Italie. Ce général, l'ayant chargé de faire des levées dans le pays des Marses, il lui amena un corps de troupes. *Crassus lui amène un corps de troupes.*

Vers le même temps, le fils de Pompéius Strabo, Cn. Pompéius que nous nommons *Pompée lui en amène un autre.*

Pompée, vint à la tête de trois légions, joindre Sylla. Il s'étoit ouvert un passage par la défaite de Brutus, un des chefs du parti contraire. Sylla, qui voulut reconnoître ce service, le salua empereur : titre qu'on ne donnoit aux généraux de la république que lorsqu'ils avoient remporté une victoire. Pompée, quoiqu'il n'eût pas encore vingt-trois ans, et qu'il n'eût passé par aucune magistrature, avoit levé ces troupes dans le Picénum, où sa famille avoit un grand nombre de cliens. Tel étoit alors le pouvoir d'un simple particulier. Les distinctions dont il jouit dans le camp de Sylla excitèrent la jalousie de Crassus, et furent la source de la haine qui éclata depuis entre ces deux hommes.

P. Céthégus, qu'il avoit proscrit, se joint à lui.

Enfin Sylla fortifia encore son parti d'un des sénateurs qu'il avoit proscrits, P. Céthégus, auparavant son ennemi déclaré, homme d'ailleurs fait pour l'intrigue et pour les factions.

Les consuls Marius et Carbon font alliance avec les Samnites.

Ses ennemis travailloient de leur côté à acquérir de nouvelles forces. Marius le fils et Carbon, qui avoient été élus consuls, renouvelèrent leur alliance avec les Samnites, qui leur fournirent soixante mille hommes. Ce n'est pas que ce peuple prît plus d'intérêt à Marius qu'à Sylla : c'est contre les Romains qu'il continuoit de faire la guerre ; et il avoit un excellent général dans Poncius Télésinus, capitaine qui ne cédoit en valeur et en capacité à aucun autre.

Sertorius, au sortir de sa préture, passa en Espagne, province qui lui avoit été donnée pour département, et où il songeoit à s'assurer un asyle. Il connoissoit les chefs du parti dans lequel il se trouvoit engagé, et il comptoit peu sur eux. En effet, ils n'éprouvèrent que des revers. Marius, vaincu par Sylla, s'enferma dans Préneste, où il fut investi ; et Rome ouvrit ses portes au vainqueur. Sylla se plaignit du décret qui avoit été porté contre lui : il parut déplorer la nécessité où il se trouvoit de se venger par les armes : et il fit vendre les biens de ses ennemis, qui s'étoient enfuis à son approche.

Cependant Norbanus et Carbon, qui avoient fait de vains efforts pour secourir Marius, regardèrent leurs affaires comme désespérées, et quittèrent l'Italie. Le premier se retira à Rhodes, où il se tua : le second, qui passa en Afrique, tomba peu après entre les mains de Pompée qui le fit mourir. Il restoit néanmoins encore un parti qui parut formidable à Sylla même.

Télésinus, général des Samnites, menace Rome.

Ce général, qui étoit retourné à son camp de Préneste, marchoit au-devant des Samnites, qui venoient à lui pour le forcer dans ses lignes ; et il avoit ordonné à Pompée de les prendre en queue, pendant qu'il les attaqueroit de front. Il croyoit qu'ils n'avoient d'autre dessein que de délivrer la ville assiégée. Mais Télésinus formoit un projet plus hardi. Il se déroba pendant la nuit, et parut le lendemain à la vue de Rome, qui étoit sans défense, et dont il juroit la ruine.

Sylla vient au secours des Romains.

A son approche, toute la jeunesse prit les armes à la hâte, et fit une sortie pour retarder la marche des Samnites, et donner à Sylla le temps d'arriver. Ce général avançoit à grands pas, précédé de sept cents chevaux qui tombèrent sur les premières troupes de Télésinus. Il arriva lui-même peu d'heures après ; et, donnant à peine à son armée quelques momens de repos, il chargea les ennemis.

Les détails de cette journée ne sont pas venus jusqu'à nous. Nous savons seulement que l'aile gauche des Romains, où commandoit Sylla, fut mise en déroute par Télésinus qui commandoit à son aile droite; et que les soldats qui s'enfuirent jusqu'au camp de Préneste y répandirent le bruit que leur général étoit mort, et que Rome étoit au pouvoir des Samnites. Cependant Crassus, vainqueur à l'aile droite de l'armée romaine, avoit poursuivi les ennemis jusqu'à la ville d'Antemne. Télésinus, forcé de livrer un nouveau combat, avoit été tué : et sa mort étoit le salut de Rome, si Rome, que Sylla menaçoit, pouvoit se croire sauvée. La vie des citoyens étoit au pouvoir de ce vainqueur barbare, qui exerça les plus horribles cruautés.

Télésinus est tué dans un combat.

Il visita le champ de bataille, qu'il trouva couvert de plus de cinquante mille morts, et il fit encore égorger dans le même lieu huit mille prisonniers. Les troupes qui restoient des débris de tant d'armées

Massacres que Sylla fait de ses ennemis.

vaincues lui ayant envoyé des députés, il leur fit dire qu'il donneroit la vie à ceux qui s'en rendroient dignes par la mort de leurs compagnons. Ces malheureux tournèrent leurs armes les uns contre les autres, et six mille qui échappèrent à ce massacre vinrent se rendre à lui. Voilà sous quels auspices il entra dans Rome à la tête de ses troupes.

Il fit enfermer dans le cirque les six mille hommes dont je viens de parler, et il convoqua le sénat dans le temple de Bellone qui étoit auprès. Il haranguoit, lorsqu'on entendit tout-à-coup les cris de ces prisonniers qu'on massacroit par son ordre. N'écoutez pas ce bruit, dit-il aux sénateurs effrayés ; ce sont des rebelles que je châtie, et il continua son discours. Plus féroce que Marius, il sembloit savourer le sang qu'il répandoit, et chercher, en quelque sorte, des raffinemens jusques dans la cruauté.

Des proscriptions. Il déclara, dans une assemblée du peuple, qu'il ne pardonneroit à aucun de ses ennemis ; et, ayant fait afficher, dans la place publique, les noms de quarante sénateurs et de seize cents chevaliers qu'il proscrivoit, il fixa le prix de chaque tête à deux talens. Deux jours après il proscrivit encore quarante sénateurs et un grand nombre des plus riches citoyens, déclarant déchus des droits de cité les fils et les petits-fils des proscrits, et ordonnant que ceux qui auroient sauvé un proscrit seroient proscrits eux-mêmes. Il ne sacrifioit pas seulement des victimes à sa vengeance, il livroit encore à l'avidité de ceux qu'il nommoit ses amis, tous les citoyens dont ils vouloient avoir la dépouille. *Malheureux que je suis! c'est ma maison d'Albe qui me proscrit*, disoit Quintius Aurélius, qui avoit toujours vécu dans l'éloignement des affaires et dans l'obscurité. Crassus, qui obtint de Sylla la confiscation des biens de plusieurs proscrits, devint, par cette voie, le plus riche des Romains. On vit des esclaves récompensés pour avoir assassiné leurs maîtres. On vit des frères, des fils même.... Ce n'étoit pas assez pour Sylla de répandre le sang, il falloit encore qu'il outrageât la nature dans ce qu'elle a de plus sacré.

Il enveloppa, dans ses proscriptions,

des provinces entières. Il acheva de ruiner le pays des Samnites. Il s'empara des biens, des maisons et des territoires de toutes les villes d'Italie qui avoient été dans le parti de Marius ; et il en fit la récompense de ses soldats. Il donna de la sorte des établissemens à quarante-sept légions : on peut juger du nombre des malheureux qu'il réduisoit à la mendicité.

Quel terme mettras-tu donc à la misère de tes concitoyens, osa lui demander en plein sénat Caïus Métellus ? *Nous n'attendons pas de toi que tu pardonnes : mais délivre-nous d'une incertitude pire que la mort, et du moins apprends-nous ceux que tu veux sauver. Je n'en sais encore rien moi-même*, répondit froidement Sylla. *Jusqu'à présent j'ai proscrit ceux dont je me suis souvenu, je proscrirai les autres à mesure que je m'en rappellerai les noms.*

<small>Il fait égorger les Prénestins.</small> Pendant que Rome étoit le théâtre de ces horreurs, Préneste ouvrit ses portes, et Sylla s'y transporta. Marius s'étoit tué. On passa au fil de l'épée tout ce qui étoit en âge de porter les armes ; et douze mille

hommes, enfermés dans un même lieu, furent égorgés sous les yeux de Sylla.

Rome étoit sans consuls, et Sylla avoit besoin d'un titre pour donner force de loi aux usurpations qu'il avoit faites, et aux changemens qu'il se proposoit de faire. Il se retira pour quelques jours à la campagne, après avoir ordonné d'élire un entre-roi. Le choix étant tombé sur L. Valérius Flaccus, il lui écrivit que la république avoit besoin d'un dictateur : il offrit de l'être, et il fut élu par le peuple pour un temps illimité, ce qui étoit contraire aux usages anciens. Il n'y avoit pas eu de dictateur depuis la seconde guerre punique.

Il est nommé dictateur.

Av. J. C. 82, de Rome 672.

Revêtu de la dictature, Sylla se saisit du trésor public : il disposa des biens des particuliers ; il usurpa tout, en un mot. Il usoit du droit de conquête dans sa patrie comme dans un pays ennemi ; et, s'il prodiguoit les richesses à ses créatures, il en exigeoit une dépendance entière : on eût dit qu'il falloit ou être proscrit par Sylla, ou être son esclave.

Comment il exerce la dictature.

Il mit dans le sénat trois cents chevaliers, pour remplacer les sénateurs qui avoient péri dans la guerre ou par les proscriptions ;

Changemens qu'il fait dans le gouvernement.

et, pour diminuer l'autorité des chevaliers, il leur ôta les tribunaux qu'il rendit au sénat. Il donna les droits de citoyens à dix mille esclaves, qui prirent, suivant l'usage, le nom de leur patron.

Comme il se proposoit sur-tout de réprimer l'ambition des citoyens qui aspiroient aux magistratures, et de diminuer l'autorité des tribuns, il arrêta qu'on ne pourroit obtenir la préture qu'après avoir été questeur; qu'on ne donneroit le consulat qu'à ceux qui auroient exercé la préture; que la même dignité ne seroit conférée, pour la seconde fois, que dix ans après en avoir été revêtu; que les tribuns seroient tirés du corps des sénateurs; qu'il ne leur seroit point permis de proposer des lois au peuple; et que le tribunat excluroit, de toute autre magistrature, tout citoyen qui l'auroit exercé. Ces lois furent portées dans l'assemblée du peuple, et, comme on peut penser, sans opposition. Mais une loi plus étonnante, et qui passa encore, ratifia tout ce qu'il avoit fait et tout ce qu'il feroit dans la suite.

Il abdique.   Après avoir usurpé une autorité absolue,

après l'avoir exercée par des proscriptions, Sylla, dès la troisième année de sa dictature, abdiqua en présence du peuple qu'il avoit assemblé. Il renvoya ses gardes, il se promena sur la place, et il se retira, accompagné d'un petit nombre d'amis. Le peuple étonné respectoit encore le dictateur dans le simple particulier, et paroissoit douter de ce qu'il voyoit : il n'y eut qu'un jeune homme qui osa l'insulter. *Ce jeune homme,* dit Sylla sans daigner lui répondre, *sera cause qu'un autre n'abdiquera pas.* L'année suivante, il mourut dans son lit, âgé de soixante ans.

Av. J. C. 79, de Rome 675.

Av. J. C. 78, de Rome 676.

Il paroît que la vengeance, plutôt que l'ambition, avoit armé Sylla, et qu'il ne se saisit de l'autorité que parce qu'elle s'offrit à lui. Il n'avoit pas médité d'asservir la république : mais la république, impuissante par elle-même, devoit obéir à celui des deux partis qui vaincroit.

Il a asservi la république sans l'avoir projeté.

Sylla, maître de Rome, n'oublioit pas que l'opinion armoit contre un tyran le bras de chaque citoyen ; et, par conséquent, il devoit penser que l'amour de la liberté étoit plus à redouter pour lui que le ressenti-

Raisons de son abdication.

ment de ses ennemis. Sa vie étoit donc continuellement en danger s'il conservoit la dictature : au contraire, s'il l'abdiquoit, il pouvoit se flatter de vivre sous la protection des lois. Ses jours devenoient chers à la république même. Il la protégeoit encore, quoique simple particulier ; car il pouvoit armer pour elle, comme pour lui, ces soldats auxquels il avoit donné des établissemens, et qui veilloient à sa sûreté. Il n'étoit donc pas à craindre que, tant qu'il vivroit, aucun citoyen osât aspirer à la tyrannie ; et il n'étoit pas non plus à présumer que personne attentât à la vie d'un homme que tant de bras étoient prêts à secourir ou à venger.

CHAPITRE II.

Pompée et César.

LE parti du peuple, que Sylla paroissoit avoir ruiné, pouvoit se relever, et celui de la noblesse pouvoit être ruiné de nouveau. Incapable de conserver par eux-mêmes l'autorité, ils n'étoient puissans que par leurs chefs; et ils servoient seulement de prétexte aux grands, qui devoient passer et repasser de l'un à l'autre, dans la vue de les subjuguer tous deux. L'état de la république, par conséquent, n'étoit point assuré.

A la tête du parti de la noblesse, étoient Pompée, Crassus et Métellus. Celui-ci jouissoit d'une grande considération. Il s'étoit le premier déclaré pour Sylla. Il avoit vaincu Norbanus et Carbon. On le regardoit comme un grand capitaine; et la mémoire de son père le rendoit cher au sénat et au peuple.

Crassus.

Par la victoire remportée sur Télésinus, Crassus avoit terminé la guerre civile. Couvert de gloire, il avoit encore le crédit que donnoient les richesses. Quoiqu'il les eût acquises par des voies honteuses, il n'en étoit pas moins considéré, parce que la corruption étoit venue au point que rien ne déshonoroit.

Pompée.

Pompée éclipsoit tous les autres généraux. Nous avons vu qu'il étoit à la tête d'une armée victorieuse lorsqu'il joignit Sylla. L'année suivante il se signala encore par deux victoires. Quand la guerre eut été finie en Italie, il passa en Afrique contre Hiertas, roi de Numidie, et contre Cn. Domitius, qui avoit été proscrit. Il les vainquit, et ils périrent l'un et l'autre. A son retour, Sylla le salua du nom de grand; et, quoique simple chevalier, il obtint les honneurs du triomphe; chose jusqu'alors sans exemple.

Général sans avoir passé par les grades militaires, Pompée avoit donc eu des succès brillans dans un âge où les autres citoyens n'étoient que soldats. Plein de confiance, il s'en promettoit de nouveaux: on en attendoit de lui; et, parce qu'on le jugeoit moins d'après ce qu'il avoit fait que d'après l'opinion de ce qu'il pouvoit faire, tout le monde s'accordoit à le regarder comme le premier homme de la république : le sénat sur-tout en portoit ce jugement. C'est ainsi que tout concouroit à donner le plus grand éclat à la réputation de Pompée.

Le peuple n'avoit point de chef. Les tribuns étoient sans pouvoir, lorsque M. Émilius Lépidus, l'année même de la mort de Sylla, se proposa de faire casser les lois du dictateur. Il comptoit sur les alliés qu'il vouloit rétablir dans les anciennes tribus, et auxquels il offroit de restituer les terres que Sylla avoit données à ses soldats. Mais si, par ce projet, il se les attachoit, il aliénoit les anciens citoyens : il armoit contre lui tous ceux qui avoient porté les armes sous le dictateur; et, ce qui nuisoit plus encore à son ambition, c'est qu'il étoit sans considération parmi les troupes. L'année suivante il fut défait par Q. Lutatius Catulus, son collègue; et il entraîna dans sa perte Brutus et Perpenna, deux généraux

Lépidus entreprend de faire casser les lois de Sylla.

Av. J. C. 78, de Rome 675.

qui commandoient dans la Gaule Cisalpine, et qui s'étoient déclarés pour lui. Le premier fut obligé de se rendre à Pompée, qui le fit poignarder quelques jours après. Le second passa en Espagne avec les débris de son armée. Quant à Lépidus, il mourut en Sardaigne, où il s'étoit retiré.

<small>Sertorius en Espagne.</small> A peine arrivé en Espagne, Sertorius en étoit sorti, parce qu'il avoit été suivi d'un lieutenant de Sylla, qui ne lui avoit pas laissé le temps de s'établir. Il s'enferma dans Carthagène avec trois mille hommes, et il s'embarqua aussitôt qu'il eut des vaisseaux. Il couroit les mers, lorsque les Lusitaniens l'invitèrent à se mettre à leur tête. Alors quoiqu'il n'eût que huit à dix mille hommes, il soumit presque toute l'Espagne. Les Romains en armèrent néanmoins contre lui plus de cent vingt mille, et ils en donnèrent le commandement aux généraux qui avoient le plus de réputation.

<small>Il y crée un sénat.</small> La Lusitanie devint l'asyle des proscrits qui purent échapper au dictateur. Ils s'y rendirent en si grand nombre, que Sertorius en forma un sénat de trois cents membres. Il regardoit ce corps comme le vrai

sénat romain. Il en tiroit les magistrats, il lui conservoit toute la souveraineté, et il ne donnoit aux Espagnols aucune part au commandement. Il sembloit que Rome devoit être où il étoit lui-même, et il déclaroit n'avoir armé que pour rendre la liberté à la république.

Malgré cette façon de penser, il n'en étoit pas moins cher aux Lusitaniens. Ses succès les lui attachoient. Heureux sous son gouvernement, ils n'étoient pas jaloux de se gouverner eux-mêmes; et ils regardoient comme un grand avantage de n'être plus exposés aux rapines des magistrats que Rome leur envoyoit. D'ailleurs il eut l'art de persuader que les dieux veilloient sur lui. Il fit croire qu'une biche, qu'il avoit apprivoisée, étoit un présent de Diane, et qu'elle l'avertissoit de ce qu'il devoit faire, ou de ce qu'il pouvoit craindre.

Il est cher aux Lusitaniens.

Métellus Pius, qui commandoit en Espagne depuis quatre ans, n'avoit pas été un obstacle aux progrès de Sertorius. Le sénat chargea de cette guerre Pompée, et lui donna les troupes qui avoient vaincu Marius et Cinna.

Métellus et Pompée contre Sertorius.

Av. J. C. 79, de Rome 674.

Perpenna, qui craignoit de se donner un chef, ne songeoit pas à se réunir à Sertorius. Mais ses soldats, qui comptoient peu sur sa capacité, l'y forcèrent aussitôt qu'ils eurent appris que Pompée arrivoit. Cependant réduit, malgré lui, à n'être que subalterne, il ne renonçoit pas au commandement.

Le nom seul de Pompée remplit toute l'Espagne d'une grande attente, et les peuples parurent se préparer à une révolution. Ce jeune général en montra plus de confiance. Jaloux des succès dont il se flattoit, il craignit d'en partager la gloire avec un autre, et il résolut de se tenir toujours séparé de Métellus. Mais sa réputation s'obscurcit bientôt, et celle de Sertorius en reçut un nouvel éclat. Sa première entreprise le couvrit de honte.

Mépris de Sertorius pour Pompée.

Il tenta de secourir une ville que les Lusitaniens assiégeoient; et lorsqu'il croyoit les avoir enfermés, il se trouva enfermé lui-même entre deux camps. *J'apprendrai à l'écolier de Sylla,* disoit Sertorius, *qu'un général doit regarder derrière lui.* Il se rendit maître de la place, qu'il fit brûler

Av. J.C. 77, de Rome 677.

aux yeux de Pompée. Il n'étoit pas cruel ;
mais il vouloit humilier ce général. L'année
suivante il le vainquit près de Sucrone ,
et *il eût renvoyé cet enfant à ses parens,
après l'avoir corrigé comme il le méritoit,*
si Métellus ne fût survenu. C'est avec ce
mépris qu'il traitoit Pompée.

 Pompée reconnut enfin qu'il y avoit du *Avantages de Sertorius.*
danger pour lui à s'éloigner de Métellus ,
et ces deux généraux réunirent leurs troupes. Alors, supérieurs en forces , ils engagèrent une action générale dans laquelle
ils eurent l'avantage. Sertorius cependant
n'en fut pas moins redoutable ; car il les
chassa de tous les pays qui lui obéissoient ,
et Pompée se retira jusques dans la Gaule
Narbonnaise. Métellus, qui désespéroit de
vaincre ce général , promit cent talens et
vingt mille arpens de terres à celui qui
lui apporteroit sa tête.

 La mort de Sylla et cette guerre paru- *Mithridate fait alliance avec lui.*
rent à Mithridate une conjoncture favorable
à son ambition. Il leva une puissante armée ; *Av. J. C. 75, de Rome 679.*
et , pour entretenir une diversion utile à
ses desseins , il se proposa de faire alliance
avec Sertorius. Il comptoit trouver un allié

puissant dans un capitaine, supérieur aux deux généraux que Rome estimoit le plus. Il lui fit offrir de l'argent et des vaisseaux, demandant seulement qu'il fût autorisé à recouvrer les provinces qu'il avoit abandonnées par le traité fait avec Sylla.

Pour obtenir des secours du roi de Pont, Sertorius n'avoit donc qu'à donner son consentement à une chose qu'il ne dépendoit pas de lui d'empêcher. Il refusa néanmoins ce consentement. Il répondit aux ambassadeurs qu'il ne souffriroit point que leur maître formât des entreprises sur les provinces de la république ; et qu'il lui permettoit seulement de reprendre la Bithynie et la Cappadoce, deux royaumes sur lesquels le peuple romain n'avoit aucun droit : c'est ainsi que, des bords de la mer Atlantique, ce Romain, toujours occupé de la gloire de sa patrie, se croyoit fait pour prescrire des bornes à la monarchie de Mithridate. Le roi de Pont en fut étonné. Cependant il conclut un traité, en vertu duquel il lui fournit trois mille talens et quarante vaisseaux ; et Sertorius lui envoya un corps de troupes sous les ordres de M. Marius, un de ses sénateurs.

Marius commandoit en Asie avec la même autorité qu'un proconsul ; et le nom de celui qui l'avoit envoyé ouvroit à Mithridate la Bithynie et la Cappadoce, lorsque Perpenna fit assassiner Sertorius, et prit le commandement de l'armée. Pompée recueillit seul le fruit de cette trahison. Une victoire lui livra Perpenna, auquel il fit couper la tête. Tous les peuples se soumirent au vainqueur. Deux villes seulement, dont il fallut faire le siége, retinrent encore quelque temps Pompée en Espagne.

Sertorius assassiné. Pompée termine la guerre d'Espagne.

Av. J. C. 73, de Rome 681.

Alors une autre guerre commençoit en Italie. Quelques gladiateurs qu'on gardoit à Capoue, s'échappèrent, déterminés à combattre pour recouvrer leur liberté, plutôt que pour servir de spectacle au peuple. Ils avoient dans Spartacus un chef audacieux, capable de conduire une grande entreprise, et qui eût mérité d'être à la tête d'un peuple libre. Il attira dans son parti beaucoup d'esclaves ; et comme la misère sembloit ne laisser aux habitans

Guerre de Spartacus.

Av. J. C. 73. de Rome 681.

de la campagne d'autre ressource que la révolte, un grand nombre de paysans se joignirent à lui.

Le sénat crut d'abord que ce n'étoit qu'une émeute, que la présence des magistrats dissiperoit. Il en jugea autrement lorsque les troupes de deux préteurs eurent été taillées en pièces ; et il fit marcher les deux consuls, qui essuyèrent encore plusieurs défaites. Cependant Spartacus devenoit, par ses victoires, plus difficile à vaincre. Son armée grossissoit d'un jour à l'autre, et il eut sous ses ordres jusqu'à cent vingt mille hommes.

Pompée veut débuter à Crassus la gloire de l'avoir terminée.

Cette guerre duroit depuis trois ans, lorsque le sénat jeta les yeux sur Crassus, de tous les généraux celui qui avoit le plus de réputation après Métellus et Pompée, qui étoient encore en Espagne. Crassus termina cette guerre par deux grandes victoires. Spartacus fut tué ; et, de toute son armée, il n'échappa que cinq mille hommes qui se retirèrent dans les montagnes. Pompée, en revenant d'Espagne, rencontra ces brigands, qui, étant en petit nombre et sans chefs, lui offroient une victoire facile.

Av. J. C. 71.
de Rome 683.

Il les extermina, et il écrivit au sénat du même ton que s'il eût eu seul la gloire d'avoir délivré l'Italie. C'est ainsi qu'il soutenoit le surnom de Grand, en s'appropriant les succès des autres. Il pensoit, sans doute, que le public juge souvent les hommes d'après l'opinion qu'ils paroissent avoir d'eux-mêmes : c'est en effet anisi qu'il en juge toutes les fois qu'un parti puissant s'intéresse à leur réputation.

Crassus, qui aspiroit au consulat, dissimula son ressentiment, parce que Pompée, appelé à cette dignité par les vœux du peuple, auroit pu lui donner l'exclusion. Bien loin de se plaindre, il le fit prier de réunir leurs factions pour être élus l'un et l'autre. Pompée, considérant que cette démarche de Crassus étoit comme la confirmation de ce qu'il avoit écrit au sénat, consentit volontiers à agir de concert avec un rival qui ne lui contestoit rien, et ils furent élus tous deux.

Pompée et Crassus sont élus consuls.

Les lois de Sylla ne permettoient de conférer le consulat qu'à ceux qui avoient exercé la préture. Or Crassus avoit été préteur, et par conséquent son élection étoit dans les règles. Il n'en étoit pas de même de celle de Pompée. Il n'étoit que simple chevalier : il n'avoit pas même été questeur. Mais sa réputation le mit au-dessus des lois.

<small>Pompée et Crassus refusent de licencier leurs troupes.</small>

Nous avons déjà eu occasion de remarquer que, pour obtenir l'honneur du triomphe, il falloit n'être pas encore entré dans la ville ; et qu'au contraire il falloit y

<small>Av. J. C. 70, de Rome 684.</small>

être pour obtenir le consulat. Pompée et Crassus ne crurent pas devoir se soumettre à cet usage. Quoique, pour être élus consuls, ils fussent entrés dans Rome, ils prétendoient encore au triomphe ; et, sous ce prétexte, ils refusèrent de licencier leurs troupes. Pompée donnoit pour raison qu'il attendoit Métellus, qui devoit triompher avec lui : et Crassus déclaroit qu'il ne licencieroit son armée que lorsque Pompée auroit licencié la sienne. La jalousie qui éclatoit entre ces deux hommes faisoit craindre une guerre civile. Le sénat les supplia de se réconcilier. Tout le peuple, un jour d'assemblée, se jeta même à leurs genoux. On fit enfin parler la religion, et ils ne parurent se rapprocher que lorsque les aruspices eurent déclaré que la division des deux consuls menaçoit la république des plus grandes calamités. Le sénat, qui devoit connoître en cette occasion combien il étoit foible, crut avoir remporté une victoire. Il accorda les honneurs du triomphe aux deux consuls, et ils congédièrent leurs troupes.

Crassus avoit pour maxime qu'on n'étoit point riche quand on n'avoit pas de quoi soudoyer une armée. On peut juger de ses richesses par ses libéralités. Au commencement de son consulat, il fit servir dix mille tables pour traiter tout le peuple, et il distribua aux citoyens du blé pour trois mois.

Crassus recherche la faveur du peuple par des largesses;

Av. J. C. 70, de Rome 684.

Pompée rechercha la faveur de la multitude par des moyens encore plus sûrs que des largesses. Il rendit aux tribuns toute l'autorité dont Sylla les avoit dépouillés, et il fit passer une loi du préteur L. Aurélius Cotta, par laquelle il étoit ordonné de tirer les juges des trois ordres de la république; du sénat, des chevaliers, et des tribuns du trésor public qui étoient de l'ordre du peuple. Les prévarications

Pompée, par des lois agréables à la multitude.

des sénateurs avoient servi de prétexte à cette loi. Ils vendoient publiquement leurs suffrages. Il n'y avoit plus de justice, et c'étoit une maxime reçue, qu'un homme riche, quelque coupable qu'il fût, ne pourroit être condamné. Cependant, de quelque ordre qu'on tirât les juges, les prévarications ne devoient pas cesser, parce que tous trois étoient également corrompus.

Conduite de Pompée, lorsqu'il est sorti de magistrature.

Pompée, lorsqu'il fut sorti de magistrature, affecta de ne prendre aucune part aux affaires, soit qu'il voulût écarter les soupçons qu'il avoit donnés au sénat en recherchant la faveur du peuple, soit qu'il craignît de compromettre sa réputation dans des choses dont il n'avoit pas l'usage. Il se montroit rarement en public; il ne paroissoit jamais que suivi d'une foule de cliens. Cette conduite, qui avoit un air de dignité aux yeux de la multitude, pouvoit en imposer.

Guerre de Mithridate. Lucullus subjugue le Pont.

La guerre continuoit en Orient, depuis que Mithridate avoit fait alliance avec Sertorius, et on avoit envoyé contre ce prince les deux consuls L. Licinius Lucullus et M. Aurélius Cotta. Celui-ci, qui arriva le premier, se hâta d'autant plus de chercher l'ennemi, que Lucullus avançoit à grandes journées. Il se fit battre sur terre et sur mer; il fut bientôt hors d'état de tenir la campagne, et il s'enferma dans la ville de Calcédoine. Lucullus auroit pu entrer dans le Pont, où Mithridate avoit laissé peu de troupes. Ses officiers, mécontens de la conduite de Cotta, le lui conseilloient. Il aima mieux aller au secours de son collègue, déclarant que des conquêtes le touchoient moins que le salut d'un citoyen romain. En effet, il sauva Cotta.

Cysique étoit assiégée par terre et par mer, et Mithridate avoit rassemblé toutes ses forces pour se rendre maître de cette place qui lui auroit ouvert l'Asie mineure. Lucullus n'avoit que trente mille hommes de pied et deux mille cinq cents chevaux. Attentif à éviter une action générale, il se proposa de harceler les ennemis, de leur couper les vivres, et de les réduire par la disette. Tout lui réussit. Forcé à lever le siège, le roi de Pont s'enfuit par mer; son armée de terre fut battue dans la retraite;

et on prétend que cette entreprise lui coûta trois cent mille hommes. Il éprouva de plus grands revers les années suivantes. Ses flottes et ses armées de terre furent ruinées. Il abandonna son royaume, et il se réfugia chez Tigrane, roi d'Arménie.

<small>Av. J. C. 70, de Rome 684.</small> Lucullus acheva de subjuguer le Pont sous le consulat de Crassus et de Pompée.

<small>Puissance de Tigrane, roi d'Arménie.</small> Tigrane, foible dans les commencemens de son règne, étoit devenu, par une suite de prospérités, le plus puissant des monarques de l'Asie. Plusieurs fois vainqueur des Parthes, il leur avoit enlevé la Mésopotamie. Il avoit dompté les Arabes, exterminé presque entièrement la famille des Séleucides, et réuni à ses états le royaume de Syrie. Accoutumé à voir tout fléchir devant lui, il prenoit le titre de Roi des rois. Mais, quelle que fût sa puissance, il régnoit avec un faste qui sembloit présager la décadence de son empire. On ne doutoit pas néanmoins qu'il ne fût en état de rétablir Mithridate, et il étoit de son intérêt de s'opposer aux progrès des Romains.

<small>Lucullus porte</small> Cependant, quoiqu'il eût épousé la fille

la guerre dans l'Arménie.

du roi de Pont, il ne lui avoit donné aucun secours; et, depuis qu'il l'avoit reçu dans ses états, il n'avoit pas même daigné le voir. Lucullus lui députa pour lui demander de livrer Mithridate, ou, en cas de refus, pour lui déclarer la guerre. Le roi d'Arménie, offensé, répondit que, si on l'attaquoit, il sauroit se défendre. Alors il vit son beau-père, et il se concerta avec lui sur les moyens de repousser les Romains.

Il paroissoit téméraire à Lucullus de porter les armes dans l'Arménie. Obligé de laisser des troupes dans le Pont, il ne pouvoit conduire avec lui qu'environ vingt mille hommes. Il marcha néanmoins. Il passa l'Euphrate, le Tigre, et il vint camper devant Tigranocerte, capitale de Tigrane. Ce prince, surpris de l'audace des Romains, n'avoit pris aucune mesure pour s'opposer à leur marche. Il semble même avoir d'abord ignoré qu'ils approchoient. Il étoit si éloigné de le croire, qu'il fit mourir le premier qui lui en apporta la nouvelle. Il se retira vers le mont Taurus, où il avoit donné rendez-vous à ses troupes.

Il remporte deux grandes victoires.

Dans un pays ennemi, le proconsul ne pouvoit se soutenir que par des victoires. Il forma le siége de Tigranocerte, afin de forcer le roi à une bataille générale. En effet, il le vit arriver à la tête de deux cent mille hommes de pied et de soixante mille chevaux. Il laissa six mille hommes devant la place assiégée, et avec le reste de ses troupes il alla au-devant de cette armée, plus nombreuse que formidable. *Ils sont beaucoup*, disoit Tigrane, *si ce sont des ambassadeurs : mais, si ce sont des soldats, ils sont bien peu.* Il n'imaginoit pas qu'ils osassent l'attaquer. Il voyoit tous leurs mouvemens, et il se laissa en quelque sorte surprendre. *Quoi!* dit-il, *ces gens-là viennent à moi !* Il rangea son armée en bataille avec précipitation.

Av. J. C. 69. de Rome 685.

C'étoit le 6 octobre, jour auquel les Romains avoient été défaits par les Cimbres, et que, par cette raison, on avoit mis au nombre des malheureux. *Je le rendrai heureux*, dit Lucullus à ceux qui lui conseilloient d'éviter le combat ce jour-là. En effet, il remporta une victoire complète, et il retourna devant Tigranocerte qu'il prit d'assaut.

Mithridate ne s'étoit pas trouvé à la bataille. Il avoit été dans le Pont pour y faire des recrues; et, lorsqu'il revint, il rencontra Tigrane qui fuyoit encore. Ces deux rois employèrent l'hiver à faire des levées, et l'été suivant, ils ouvrirent la campagne avec une armée de soixante-dix mille hommes de pied et de trente-cinq mille chevaux. Mais, pour la former, Tigrane avoit évacué la Syrie; et Antiochus l'Asiatique, héritier des Séleucides, recouvra la plus grande partie du royaume de ses pères.

Les deux rois évitoient le combat, persuadés qu'en temporisant, ils ruineroient l'armée de Lucullus, ou qu'ils le forceroient à quitter l'Arménie. Le proconsul leur fit prendre une résolution plus hardie. Il marcha contre Artaxate, ville où Tigrane avoit laissé ses femmes et ses enfans avec les trésors qui lui restoient. Il jugea que les ennemis tenteroient de s'opposer à son passage. En effet, ils lui livrèrent une bataille qu'ils perdirent encore. Mithridate fut même des premiers à prendre la fuite.

Av. J. C. 89,
de Rome 686.

Il prend ses quartiers d'hiver dans la Mésopotamie.

Lucullus, après sa victoire, vouloit continuer sa marche vers Artaxate, et achever la conquête de l'Arménie. Il se proposoit même de tourner ses armes contre les Parthes ; mais ses soldats refusèrent de le suivre. Enrichis de butin, ils demandoient du repos. Il fut obligé de repasser le mont Taurus, et il vint prendre ses quartiers d'hiver dans la Mésopotamie, où il se rendit maître de Nisibe.

On n'attendoit pas de lui de si grands succès.

Lucullus avoit fait ses premières armes dans la guerre sociale. Depuis, il servit sous Sylla en qualité de questeur. Il commanda la flotte de ce général, et il remporta plusieurs victoires. Ce fut néanmoins contre l'attente de tout le monde qu'il fit de si grandes choses, lorsqu'il eut le commandement en chef ; et c'est ce qui a fait dire à Cicéron, qu'étant parti de Rome avec très-peu d'expérience dans la guerre, il étoit devenu grand général dans le trajet d'Italie en Asie.

Soulèvement de ses troupes. Mithridate recouvre son royaume.

Quoiqu'il eût de grandes qualités, il n'avoit pas l'art de se faire aimer des troupes. Il les aliénoit par sa hauteur. Cependant son armée étoit en partie composée des légions qui s'étoient soulevées contre Flaccus, qui avoient trahi Fimbria, et qui, sous Sylla, s'étoient accoutumées à la licence : il les contint dans le devoir pendant un temps ; mais elles devinrent indociles lorsqu'il voulut les exposer à de nouvelles fatigues.

Quel que fût leur mécontentement, peut-être auroient-elles continué de respecter leur général, si elles n'eussent pas été enhardies à la révolte par P. Clodius, homme factieux, sans mœurs et sans honte. Il souleva l'armée, et les choses vinrent au point, que les soldats refusèrent d'aller au secours des lieutenans que Lucullus avoit laissés dans le pays conquis sur Mithridate ; et ce prince recouvra son royaume. Sur ces entrefaites, arrivèrent des commissaires pour régler les affaires du Pont. Le sénat les avoit fait partir en conséquence des lettres que Lucullus avoit écrites lors de ses succès. Mais tout étoit changé. Les ennemis que ce général avoit à Rome sembloient déjà faire oublier ses victoires, et Pompée devoit bientôt en recueillir le fruit.

Dans la décadence des Séleucides, la

Guerre des Pirates.

Syrie, en proie aux ennemis qu'elle avoit au-dedans et au-dehors, fut sur-tout exposée aux pirateries des Ciliciens, qui alloient vendre à Délos les esclaves qu'ils faisoient dans ce royaume. Cette île étoit le marché où se faisoit ce commerce, qui devenoit tous les jours plus avantageux, parce que les esclaves étoient pour les Romains un fonds de richesses.

Les Ciliciens avoient d'abord été sous la protection des rois d'Égypte, ennemis des Séleucides. Mithridate les prit ensuite à son service. Quand il eut évacué l'Asie mineure, ils y exercèrent impunément la piraterie. Ils accrurent leurs forces pendant les guerres civiles, qui ne permirent pas aux Romains de les réprimer. Ils furent maîtres de plusieurs villes. Ils eurent des flottes nombreuses. Ils formèrent une espèce de république; et leur puissance, que les succès sembloient rendre légitime, ennoblit leur profession. Ils avoient même à leur tête des hommes distingués par leur naissance. On commençoit à croire qu'il étoit aussi glorieux de commander dans cette république que dans toute autre. Ils dominoient sur les mers. Ils infestoient toutes les côtes de la Méditerranée. Ils affamoient l'Italie. Ils affectoient sur-tout de braver les Romains.

Rome avoit armé contre eux plusieurs fois et avec peu de succès. Le peuple, qui souffroit de la disette, se plaignoit des généraux qu'on avoit employés dans cette guerre. Il jetoit les yeux sur Pompée qu'il croyoit seul capable de la terminer, et il parloit de lui accorder le pouvoir le plus étendu. Le tribun Gabinius, qui vouloit plaire au peuple et à Pompée, proposa de donner à ce général le proconsulat des mers, le commandement de toutes les côtes jusqu'à vingt lieues dans les terres, la liberté de lever autant de soldats et de matelots qu'il jugeroit à propos, la permission de prendre dans le trésor public sans rendre compte, et le choix de ses lieutenans. Cette proposition, qui paroissoit donner un maître à la république, souleva le sénat. Le consul Pison accusa Pompée d'aspirer à la tyrannie. Pompée lui-même feignit de ne point vouloir de la commission qu'on lui offroit. Mais le peuple s'obstinoit par les oppositions. Il y eut de longs débats : on

Pompée nettoie les mers. Pouvoir qu'on lui donne en cette occasion.

Av. J. C. 67, de Rome 687.

en vint même à la violence, et le décret fut porté.

Le nom seul de Pompée dissipoit déjà les pirates. Ce général n'eut pas de peine à vaincre leurs flottes dispersées. Il les poursuivit jusques dans la Cilicie, qu'il soumit entièrement : il ne lui fallut même que trois mois pour ruiner toutes leurs forces.

On charge Pompée de la guerre contre Mithridate, et on lui confie toutes les forces de la république.

Il venoit de nettoyer les mers lorsque le rapport des commissaires, qu'on avoit envoyés dans le Pont, faisoit penser à donner un successeur à Lucullus, qu'on avoit déjà révoqué. Le peuple jeta encore les yeux sur Pompée; et Manilius, un des tribuns, dressa un décret par lequel, conservant à ce proconsul tout ce qui lui avoit été accordé pour la guerre contre les pirates, il lui conféroit encore le gouvernement de l'Asie mineure et le commandement des armées contre Mithridate et Tigrane.

Av. J. C. 66, de Rome 688.

C'étoit livrer entre ses mains toutes les forces de la république. Cependant, lorsque cette loi fut proposée, les sénateurs, quoique tous la désapprouvassent en secret n'osèrent s'y opposer ouvertement. Pompée étoit alors trop puissant pour n'être pas

craint. Hortensius et Catullus eurent seuls
le courage d'exhorter le peuple à la rejeter.
Ils ne persuadèrent pas, et Manilius trouva
un appui dans César et dans Cicéron. Ces
deux sénateurs agissoient par des vues particulières. César cherchoit à plaire au peuple, dont Pompée étoit l'idole : ambitieux
de commander, il voyoit avec joie un exemple qui l'autoriseroit lui-même à prétendre
à la même puissance. Peut-être se flattoit-il
aussi qu'en accumulant les honneurs sur
un homme dont il connoissoit la vanité, il
exciteroit infailliblement l'envie contre lui,
et qu'il parviendroit à le perdre plus facilement. Quant à Cicéron, il devoit à son éloquence toute la considération dont il jouissoit. Mais, de quelque poids que l'éloquence
fût encore dans les délibérations, ce n'étoit
plus le temps où elle donnoit l'autorité; et
cet orateur, qui étoit naturellement timide
et incertain, cherchoit un appui dans un
citoyen puissant.

Pompée étoit en Cilicie quand il apprit *Sa dissimulation et sa jalousie.*
le décret qui avoit été porté en sa faveur.
O Dieux! s'écria-t-il, *faut-il que je sois
condamné à des travaux sans fin! Quand*

pourrai-je donc jouir du repos, et me dérober à l'envie ? Sa dissimulation ne trompa personne. Il décela bientôt lui-même ses vrais sentimens. Il ne put cacher la jalousie que lui donnoient les succès de Lucullus. Il ne fut occupé qu'à déprimer ce général, et il intrigua pour lui faire refuser les honneurs du triomphe.

Lucullus ne triompha que trois ans après. Les publicains, dont il avoit empêché les vexations, se réunirent contre lui aux partisans de Pompée. Il est vrai qu'on pouvoit lui reprocher de s'être enrichi, et on le lui reprocha. Mais au moins ses richesses n'étoient que les dépouilles de Tigrane et de Mithridate; et tous les peuples, alliés ou sujets de la république, se louoient de sa douceur et de sa justice.

Pompée chasse Mithridate du Pont, et Tigrane se soumet. Les forces du roi de Pont consistoient alors dans trente mille hommes de pied et dans deux ou trois mille chevaux. Pompée, maître de la mer, et bien supérieur sur terre, le chassa de ses états dans Av. J. C. 66, de Rome 688. une seule campagne. A l'approche des Romains, Tigrane mit à prix la tête de son beau-père. Il se hâta même de livrer sa couronne et sa personne à la discrétion du vainqueur ; et on vit ce roi des rois arriver sans suite dans le camp de Pompée, et s'humilier devant lui. Le proconsul ne lui laissa que l'Arménie.

Mithridate, qui s'étoit retiré chez les nations du Nord, erroit de péril en péril, et invitoit les Barbares à prendre les armes pour lui. Pompée, qui voulut d'abord le poursuivre, vainquit les Ibériens et les Albaniens, et s'avança jusqu'à trois journées de la mer Caspienne. Il ne jugea pas devoir s'engager plus avant, et il abandonna le roi de Pont pour marcher contre Antiochus l'Asiatique, qu'il détrôna, quoique Lucullus l'eût reconnu. Il réduisit la Syrie en province romaine. Alors, parce qu'il avoit porté les armes de la république, d'un côté jusqu'à la mer Caspienne, il crut qu'il ne manquoit plus à sa gloire que de les porter encore jusqu'à la mer Rouge. Ce projet, qu'il ne put exécuter, n'étoit pas d'un homme qui cherchoit le repos.

Il réduit la Syrie en province romaine.

Mithridate en formoit lui-même un plus grand. Il se proposoit de conduire en Italie des nations barbares qu'il avoit armées.

Mort de Mithridate.

Il est difficile de croire qu'il eût réussi dans une expédition si hasardeuse, lui qui n'avoit eu des succès que lorsque les Romains ne pouvoient pas s'occuper de ce qui se passoit en Asie. Quoi qu'il en soit, son armée, effrayée de cette entreprise, se révolta. Elle donna la couronne à Pharnace, son fils, qui l'avoit soulevée, et il perdit la vie. Il soutenoit la guerre depuis quarante ans.

<small>Pompée rétablit Hircan.</small> Pompée étoit en Palestine lorsqu'il apprit la mort de ce monarque. Il venoit de faire la guerre aux Arabes Scénites, qu'il étoit plus aisé de vaincre que de trouver; et il marchoit à Jérusalem pour rétablir Hircan, sur qui Aristobule, son frère, avoit usurpé le trône. Il y avoit alors environ trente ans que le grand sacrificateur des Juifs avoit pris le diadême, comptant sur la protection des Romains, et plus encore sur la foiblesse des rois de Syrie et d'Égypte.

<small>Il règle les affaires du Pont.</small> Après avoir rétabli Hircan, Pompée retourna dans le Pont. Il y fit tous les réglemens qu'il jugea nécessaires. Il donna à Pharnace le royaume du Bosphore Cim-

mérien, qui étoit un démembrement de la monarchie de Mithridate. Il déclara ami et allié du peuple romain ce fils parricide ; il alla passer l'hiver à Éphèse, où il disposa tout pour son retour en Italie.

Lorsque, cinq ans auparavant, il en étoit parti, il avoit laissé Rome dans un calme apparent. Mais la corruption des mœurs devoit être dans peu la cause de bien des troubles.

<small>Désordres que les richesses avoient dans Rome.</small>

Les richesses de toutes les nations se trouvoient dans les maisons de quelques particuliers, à qui l'usage faisoit une loi de dissiper leur bien en profusions, et qu'il autorisoit, pour réparer leur fortune, à commettre toutes sortes de brigandages. Sans être jamais assez riches, les plus riches causoient une misère générale ; et le luxe, qui s'étoit introduit parce qu'on avoit de l'argent, avoit fini par rendre l'argent d'une rareté étonnante. La raison en est sensible.

L'argent est plus rare à proportion qu'il circule moins. Or le luxe nuit à la circulation, parce que, plus il ouvre les canaux par où l'argent passe pour fournir aux besoins superflus, plus il bouche ceux par où il devroit passer pour fournir aux besoins nécessaires. Alors l'argent circule comme un fleuve, où se perdent, par des souterrains, toutes les eaux d'une vaste campagne, et qui, répandant la fécondité sur ses bords, ne laisse au loin, ou même à peu de distance, que des champs arides.

Avant Sylla, les Romains s'enrichissoient des dépouilles des nations. Il leur apprit à s'enrichir de leurs propres dépouilles. Dèslors il n'y eut plus de fortune assurée, et l'argent ne parut circuler que pour faire passer et repasser continuellement un petit nombre de citoyens de la misère à l'opulence, et de l'opulence à la misère. Au milieu de ce désordre, il sembloit qu'on ne pût être véritablement riche, que lorsqu'on auroit envahi tous les trésors de l'empire ; et la puissance cessoit en quelque sorte d'être l'objet de l'ambition, pour devenir le dernier terme de l'avarice.

Catilina. A la tête de ceux qui croyoient ne pouvoir réparer leur fortune ruinée qu'en usurpant la tyrannie, étoit L. Sergius Catilina, d'une famille patricienne des plus illustres.

Élevé dans le tumulte des guerres civiles, *Son caractère.*
il avoit été un des ministres des cruautés
de Sylla. Sous la protection du dictateur,
il étoit parvenu aux dignités. Il avoit été
questeur. Il avoit commandé en Afrique,
en qualité de préteur. Dans ces emplois
il se déshonora par des malversations, et
cependant il ne lui fut pas possible de s'enrichir, parce qu'avec quelque avidité qu'il
s'abandonnât aux rapines, il dissipoit avec
plus de profusion encore. Livré au vice des
son enfance, il paroissoit se précipiter d'a-
byme en abyme, entraîné, comme par nécessité, d'un crime dans un autre, et cher-
chant son salut dans de nouveaux forfaits.

Il se fit une étude de séduire les jeunes *Comment il*
gens des plus nobles familles. En les éga- *forme un parti.*
rant dans le vice, il les engagea dans
ses crimes et dans ses périls. Il avoit pour
lui des chevaliers, des patriciens, des sénateurs, des hommes perdus de dettes ou
de débauches, et des femmes sans mœurs,
qui, par leur naissance, par leurs intrigues
ou par leur beauté, contribuoient à gros-
sir son parti. Enfin, il s'étoit assuré d'une
partie des soldats de Sylla, qui, après avoir

dissipé tout ce qu'ils avoient ravi sous ce dictateur, desiroient une nouvelle guerre civile qui leur livrât une seconde fois les dépouilles de leurs concitoyens. Il promettoit aux uns l'abolition des dettes; aux autres la proscription des riches; aux plus ambitieux les dignités de la république; à tous, Rome à piller. Mais, avec plus d'audace que d'habileté, il couroit à sa perte, et il dut à la corruption générale, plutôt qu'à ses talens, le parti qui se dévoua pour lui. Il avoit déjà échoué dans une conjuration, et il eût été poursuivi dès-lors si un tribun ne se fût opposé aux informations que le sénat avoit ordonnées. Les soupçons qu'on avoit contre lui ne le firent pas renoncer à ses desseins. Il prit d'autres mesures. Il demanda le consulat, et il projeta d'avoir pour collègue C. Antonius, qu'il se flattoit, quand il seroit temps, de faire entrer dans ses vues. Mais il ne pouvoit obtenir cette dignité qu'après s'être lavé des concussions dont on l'accusoit.

Catilina brigue le consulat.

Av. J. C. 64, de Rome 690.

Conduite de Cicéron à son égard.

Cicéron, qui briguoit ausssi le consulat, songeoit moins à donner l'exclusion à Catilina qu'à C. Antonius. Quoiqu'il le crût coupable, et qu'il dît *qu'il seroit déclaré innocent si on jugeoit qu'il ne fait pas jour en plein midi*, il se proposoit de le défendre, se flattant, *s'il le faisoit absoudre, de se le rendre favorable, et disposé, s'il en arrivoit autrement, à prendre patience.* C'est ainsi qu'à Rome on prostituoit son éloquence. Les juges, remarquoit Cicéron, *sont tels que nous les voulons.* Aussi Catilina fut-il renvoyé absous. On ne sait, au reste, si cet orateur prit en effet la défense d'une si mauvaise cause.

La raison de sa conduite en cette occasion, c'est qu'il avoit besoin d'un parti puissant pour obtenir le consulat. Comme il étoit sans naissance, il avoit contre lui toute la noblesse; et ses talens mêmes, parce qu'ils excitoient l'envie, paroissoient un obstacle à son élévation. Mais sur ces entrefaites, le secret de la conjuration ayant commencé à transpirer, il parut l'homme le plus capable de veiller au salut de la république; et le danger dont on se croyoit menacé applanit pour lui les voies du consulat. Catilina, devenu suspect, fut rejeté;

<small>On refuse le consulat à Catilina, et on le donne à Cicéron.</small>

et on nomma pour second consul C. Antonius, qui, étant d'un caractère à ne rien prendre sur lui, paroissoit fait pour obéir aux conseils d'un collègue.

Conjuration de Catilina.

Av. J. C. 63, de Rome 691.

Intimidés par l'exclusion donnée à Catilina, et plus encore par l'élection d'un magistrat aussi éclairé que Cicéron, plusieurs des conjurés se détachèrent d'un parti dont ils commençoient à prévoir la ruine. Catilina cependant s'obstina dans ses projets avec la même audace. Il fit des amas d'armes. Il envoya C. Mallius en Toscane, Septimius dans le Picénum, C. Julius dans la Pouille, pour lever secrètement des troupes, et pour s'assurer sur-tout des soldats qui avoient servi sous Sylla.

Pendant qu'il faisoit des préparatifs, on apprit que Pompée, après avoir subjugué l'Orient, revenoit à la tête d'une armée victorieuse. Il ne se déconcerta pas. Résolu de prévenir le retour de ce général, il assembla les conjurés. Il leur représenta que Rome étoit sans défense, que Mallius avoit déjà levé des troupes en Toscane ; et le jour fut pris pour assassiner Cicéron, pour mettre le feu dans cent quartiers de la ville à-la-fois, et pour égorger, à la faveur du tumulte, tous les citoyens qu'il avoit proscrits. Il se proposoit de réserver seulement, comme otages, les enfans de Pompée.

Mais Cicéron étoit averti de toutes les mesures que prenoient les conjurés. Un de leurs chefs, Q. Curius, après s'être ruiné auprès de Fulvia, femme d'une illustre maison, s'apperçut qu'il cessoit de lui plaire depuis qu'il n'étoit plus en état de payer ses complaisances criminelles. Se voyant alors réduit à ne pouvoir lui donner que des espérances, il lui révéla quelque chose de la conjuration sur laquelle il fondoit sa fortune. Fulvia, qui ne vouloit pas être compliquée dans une affaire de cette espèce, en découvrit ce qu'elle avoit appris à quelques sénateurs. Cicéron la vit lui-même. Il se servit d'elle pour engager, par des récompenses, Curius à tout révéler. Il y réussit. Dans la suite cet homme le fit avertir par Fulvia de tout ce qui se tramoit, et il fut en quelque sorte présent à tous les conseils des conjurés.

<small>Cicéron est instruit des desseins des conjurés.</small>

Revêtu de toute l'autorité par un sénatus-consulte, qui ordonnoit aux consuls de

<small>Précautions qu'il prend.</small>

veiller au salut de la république, Cicéron mit dans les différens quartiers de la ville des corps-de-gardes pour arrêter les incendiaires ; il assembla des troupes ; il envoya, dans les principales villes d'Italie, les sénateurs les plus capables d'y maintenir l'ordre ; et il promit une amnistie ou même des récompenses, aux conjurés qui révéleroient le secret de la conjuration.

<small>Il n'a pas des preuves suffisantes.</small> Aucun d'eux ne parla. Cependant il avoit besoin d'une déposition dans les formes pour procéder, par la rigueur des lois, contre un homme qui avoit pour parens et pour amis les premiers de Rome et du sénat. Le public, inquiet des précautions qu'il voyoit prendre, ne savoit que penser. Les partisans de Catilina répandoient, sur les rapports que Cicéron faisoit au sénat, des doutes que la probité reconnue de cet orateur ne dissipoit pas entièrement. Ils l'accusoient d'avoir rêvé une conjuration, ou de l'avoir imaginée pour perdre des citoyens qui lui étoient odieux ; et ils le tournoient en ridicule sur ce que, dans ses rapports, il disoit toujours : *Il m'est revenu :* expression dont il se servoit, soit parce qu'il

n'avoit pas de preuves de nature à être reçues en justice, soit parce qu'il ne jugeoit pas prudent de nommer encore ceux qui l'avoient instruit, et dont il pouvoit tirer de nouvelles lumières.

Il étoit difficile de se persuader que Crassus et César fussent les complices de Catilina. Mais, parce qu'ils avoient eu des liaisons avec lui, on pensoit qu'ils avoient au moins quelque connoissance de la conjuration, et il leur importoit d'écarter les soupçons qu'on jetoit sur eux. C'est pourquoi ils donnèrent l'un et l'autre des avis au consul. Crassus lui apporta des lettres anonymes, qui lui avoient été remises pour lui et pour quelques autres sénateurs, et par lesquelles on l'avertissoit de sortir au plus tôt de Rome, s'il vouloit veiller à la conservation de ses jours. *Crassus lui apporte des lettres anonymes.*

Ces lettres augmentoient l'alarme. Cependant Catilina eut l'audace de venir au sénat; mais tout le monde s'éloigna de lui. Il fut foudroyé par l'éloquence de Cicéron; et, lorsqu'il entreprit de se justifier, il s'éleva un murmure qui le força de sortir. Il partit la nuit suivante pour se mettre à la *Catilina arme ouvertement.*

tête des troupes que Mallius avoit assemblées. Il laissoit à Rome Lentulus, Céthégus et d'autres chefs de la conjuration.

<small>Dispositions des esprits dans cette conjoncture.</small>

Le sénat le déclara ennemi de la république, ordonna au consul Antonius de marcher contre lui, confia la garde de la ville à Cicéron, et promit une amnistie aux soldats s'ils quittoient les armes avant un jour marqué. Cependant la multitude paroissoit faire des vœux pour Catilina. Misérable et corrompue, elle desiroit une révolution, parce qu'elle n'avoit rien à perdre, et qu'elle mettoit toute sa ressource dans les malheurs publics. Mais si ce chef eût réussi, il n'est pas vraisemblable qu'il eût joui long-temps du fruit de sa victoire. Pompée, Crassus et César n'auroient pas voulu fléchir sous un tel maître.

<small>Les conjurés qui étoient restés à Rome, tentent d'engager dans leur parti les députés des Allobroges.</small>

Il y avoit alors à Rome des députés des Allobroges. Ils y étoient venus pour demander justice des vexations sous lesquelles ils gémissoient. Comme il ne leur avoit pas été possible de payer chaque année les impôts, il se trouvoit que leurs dettes, par les usures des fermiers de la république, montoient plus haut que la valeur même

<small>Av. J. C. 63, de Rome. 691.</small>

de leurs terres, et dans l'impuissance de les acquitter, ils étoient exposés à voir vendre, comme esclaves, leurs femmes et leurs enfans. L'usure, qui avoit été de tout temps parmi les Romains la cause la plus ordinaire de dissentions, étoit alors le plus grand fléau des peuples conquis.

Le sénat n'ayant eu aucun égard aux représentations des Allobroges, Lentulus et Céthégus se flattèrent, s'ils les gagnoient, d'en tirer un puissant secours ; et, après avoir pris des précautions pour s'assurer d'eux, ils crurent pouvoir s'ouvrir. Ils leur révélèrent donc le plan de la conjuration, et ils leur firent espérer de grands avantages s'ils prenoient les armes pour Catilina ; mais le plus difficile étoit de leur donner des sûretés.

En révélant au sénat le secret de la conjuration, les Allobroges pouvoient se flatter de se le rendre favorable : ils voyoient au contraire plus de danger que d'avantages dans les offres des conjurés. Ils allèrent chez Q. Fabius Sanga, leur patron. Ils lui firent part des propositions qui leur avoient été faites, et Fabius instruisit le

Ces conjurés sont arrêtés et convaincus.

consul, qui leur ordonna de paroître disposés à tout entreprendre. On convint qu'ils exigeroient un traité signé des chefs de la conjuration; et que, pour l'obtenir, ils représenteroient que, sans cet acte, il ne leur seroit pas possible d'engager leur nation à prendre les armes. Ils l'obtinrent. On leur donna Volturtius pour les conduire à Catilina, qui devoit ratifier le traité, et leur départ fut arrêté pour la nuit suivante. Cicéron, qu'on ne tarda pas d'avertir, envoya sur leur chemin deux préteurs, qui enlevèrent les Allobroges et Volturtius, et qui se saisirent de leurs papiers. Alors, muni des preuves de la conjuration, il fit conduire au sénat Lentulus, Céthégus et trois de leurs principaux complices. Volturtius, à qui on promit sa grace, avoua tout: les autres furent convaincus, et on les envoya dans différentes maisons pour y être gardés.

Le sénat les juge, et ils sont exécutés.

Aux mouvemens que cet événement causa parmi leurs partisans, Cicéron eut lieu de craindre qu'il ne s'élevât quelque tumulte pour les délivrer. Comme le danger pressoit, et qu'il importoit de prendre promptement une dernière résolution, il invita le sénat à décider du sort des prisonniers. D. Junius Silanus, en qualité de consul désigné, opina le premier, et conclut pour la mort. Cet avis passoit, lorsque César fit un discours étudié, qui concluoit à une prison perpétuelle. Il parla avec tant de force, que ceux qui avoient opiné avant lui, revinrent à son avis : Silanus même s'en rapprocha.

César étoit violemment soupçonné. On disoit même qu'il y avoit eu des dépositions contre lui; et on croyoit que Cicéron ne les avoit rejetées, que parce qu'il craignoit que cet homme, assez puissant pour échapper à la rigueur des lois, ne tentât de sauver aussi les autres criminels. La clémence de César étoit donc suspecte : elle le parut sur-tout à Caton. Ce sénateur, quand ce fut à lui d'opiner, peignit vivement le danger auquel la république avoit été exposée : il parut même jeter des soupçons sur César, et il ramena le sénat au premier avis.

Sur un sénatus-consulte, et sans porter l'affaire devant le peuple, Cicéron fit exécuter les conjurés. Il crut que la circonstance l'autorisoit à se mettre au-dessus des lois. Dans la suite, on lui en fera un crime : mais dans le moment il n'en reçut que des applaudissemens. On lui donna les noms de Second Fondateur de Rome et de Père de la Patrie ; et tous les ordres s'empressèrent à lui témoigner leur reconnoissance.

<small>Catilina vaincu et tué.</small>

<small>Av. J. C. 62, de Rome 692.</small>

Cette exécution déconcerta les conjurés qui étoient à Rome, et causa des désertions dans le camp de Catilina. Environné d'ennemis, n'ayant point de retraite, ce chef, réduit à tenter le hasard d'une bataille, fut défait par Pétréius, lieutenant d'Antonius, et perdit la vie dans le combat. Antonius céda le commandement, soit qu'il eût, comme il le disoit, une attaque de goutte, soit que plutôt, comme on l'en a soupçonné, il feignît une maladie pour ne pas participer lui-même à la perte de Catilina.

<small>Cicéron, regardé comme le patron de l'ordre équestre.</small>

La gloire que Cicéron acquit pendant son consulat rejaillit sur l'ordre équestre dans lequel il étoit né. Il fit si bien valoir les services des chevaliers dans la conjuration de Catilina, que la république crut leur devoir son salut. Il les réconcilia avec le sénat. Il leur procura des distinctions, et il leur donna plus de consistance qu'ils n'en avoient eu jusqu'alors. Il fut regardé comme le patron de l'ordre équestre.

Les recherches, après la mort de Catilina, pour découvrir tous les complices de la conjuration, firent encore tomber des soupçons sur César, et il fut accusé. Mais il se défendit à l'abri de la faveur du peuple, de la préture qu'il venoit d'obtenir, du souverain pontificat qui lui avoit été conféré l'année d'auparavant, et du témoignage de Cicéron, qui reconnut avoir reçu de lui de grandes lumières.

César, accusé d'avoir été complice de la conjuration de Catilina.

Av. J. C. 62, de Rome 691.

Caïus Julius César, d'une maison des plus anciennes, forma de bonne heure le projet d'assujettir sa patrie, et se fit un plan dont il ne parut jamais s'écarter; n'allant que par degrés à la domination, préparant les circonstances, ou, lorsqu'il ne les avoit pas prévues, les saisissant comme s'il les avoit fait naître. Il reçut de la nature une valeur à toute épreuve, une ame élevée, un esprit vaste, une élo-

Caractère de César.

quence forte et persuasive, et tous les avantages de la figure. Parfaitement bien fait, il avoit de la noblesse dans le maintien, des grâces dans ses mouvemens, et dans toutes ses manières un air d'affabilité qui lui gagnoit les cœurs. Il avoit, en un mot, toutes les qualités aimables : mais les mœurs de son siècle lui donnèrent tous les vices, à la cruauté près. Avide, prodigue, sans décence, il ne respecta rien, il sacrifia tout à son ambition; et, quoiqu'il ne fût pas cruel par caractère, il étoit prêt à l'être par politique, si la cruauté pouvoit contribuer à son élévation.

Proscrit par Sylla, il en devient plus circonspect.

Il n'avoit que dix-huit ans lorsque Sylla usurpa l'autorité. Il eut l'audace de lui résister. Il fut proscrit, et il n'obtint sa grâce qu'à la sollicitation de ses amis. Il sortit de Rome, où il ne revint qu'après la mort du dictateur. Pour un ambitieux, il avoit commis une imprudence. Il en devint plus circonspect. Il apprit à ne pas précipiter ses démarches, et il se fit une étude d'aller de dessein en dessein, sans laisser rien transpirer de ce qu'il projetoit. Il vit naître la conjuration de Catilina : il fut dans le secret; mais il ne se compromit pas. Il observoit seulement si les troubles lui ouvriroient le chemin à la tyrannie.

Il partagea la faveur du peuple avant d'avoir été dans aucune magistrature. Il est vrai que ses largesses l'avoient endetté de treize cents talens, et qu'il paroissoit au bout de ses ressources. Cependant, lorsqu'il fut édile, il donna des spectacles, qui surpassèrent en magnificence tout ce qu'on avoit vu jusqu'alors.

Il partage de bonne heure la faveur du peuple.

Pour avoir un parti, il songeoit à faire revivre la faction de Marius lorsque, pendant son édilité, la mort de Julie, sa tante, et veuve de ce capitaine, lui fournit l'occasion d'essayer les dispositions du peuple. C'étoit un usage assez fréquent de faire l'oraison funèbre des dames romaines qui mouroient avancées en âge. César monta dans la tribune, en apparence pour faire l'éloge de Julie, et, dans le vrai, pour faire celui de Marius, dont il montra au peuple la statue et les trophées ; il les fit même placer dans le Capitole.

Il veut faire revivre la faction de Marius.

Le dictateur avoit abattu ces monumens; et, puisque tout ce qu'il avoit fait portoit le sceau du souverain magistrat, aucun particulier ne pouvoit, sans se rendre suspect, les relever de son autorité privée. Aussi César fut-il accusé d'aller ouvertement à la tyrannie : mais il eut pour lui tout le peuple.

<small>Il humilie le parti de Sylla.</small>

Encouragé par ce succès, il résolut d'humilier le parti de Sylla. A cet effet, il se fit donner une commission pour connoître des crimes de meurtre, et il condamna ceux qui avoient tué des proscrits. Il fit grâce à Catilina, parce qu'il vit moins en lui un concurrent, qu'un séditieux capable de faire naître des troubles. Enfin, il rappela ceux que Sylla avoit bannis, donnant pour raison qu'ils avoient été condamnés par un homme qui s'étoit saisi de l'autorité les armes à la main. Si par cette conduite il se rendoit suspect au sénat, il se faisoit des partisans : le peuple, qui le regardoit comme son protecteur, lui destinoit déjà toutes les dignités.

<small>Il allioit les petites choses et les grandes qualités.</small>

Cicéron, qui avoit démêlé l'ambition de César, se rassuroit lorsqu'il considéroit le soin qu'il prenoit de ses cheveux, et d'autres petites choses qui ne s'allient pas d'ordinaire avec les grandes qualités. Mais César allioit tout. Quoique d'un tempérament délicat, il avoit une ame qui le rendoit capable des fatigues les plus longues et les plus rudes. Il étoit préteur l'année que Catilina périt, et que Pompée revint à Rome.

Av. J.C. 62, de Rome 692.

Maître d'asservir sa patrie, Pompée licencia ses troupes; et, redevenu simple citoyen, il parut encore le premier homme de la république. Sa modération le couvroit de gloire aux yeux du sénat, qui, le jugeant incapable d'attenter à la liberté, lui donna une confiance entière. Aux yeux du peuple qui n'apprécie rien, il offroit ses conquêtes, la magnificence de son triomphe, et les revenus du fisc augmentés d'un tiers. Parce qu'il s'étoit trouvé enveloppé dans les circonstances qui achevoient la grandeur des Romains, il paroissoit l'avoir achevée lui-même. Il devenoit l'unique objet de l'admiration publique : sa vanité étoit satisfaite, et il avoit plus de vanité que d'ambition.

Gloire de Pompée à son retour d'Asie. Sa modération. Son caractère.

Conduit par la fortune à ce haut degré

de gloire, il étoit plus grand qu'il n'avoit pu l'espérer. C'est Perpenna, c'est Crassus, c'est Lucullus, qui ont successivement travaillé à son élévation. Il semble qu'il ait moins eu le mérite de faire de grandes choses, que le bonheur de venir à propos pour recueillir des succès. Il avançoit dans la route qui s'ouvroit devant lui; il s'arrêta lorsqu'il ne lui restoit qu'un pas à faire; et, ne pouvant prendre sur lui d'usurper une autorité que le peuple ne lui offroit pas, il parut borner son ambition à n'avoir point d'égal.

On louoit son désintéressement. Il n'étoit ni avide, ni prodigue; il avoit des mœurs irréprochables. Humain, généreux, il pardonnoit facilement les injures: il se réconcilioit de bonne foi, et il paroissoit avoir de l'éloignement à s'engager dans des entreprises qui l'auroient forcé à commettre des violences.

Avec ce caractère, il ne pouvoit pas avoir les vices qui donnent de l'audace; et c'est ce qui a garanti Rome du joug qu'il auroit pu lui imposer. Il ambitionnoit le commandement; mais, dans le commandement, il cherchoit moins la puissance que l'éclat ; et, comme il eût voulu tout obtenir des suffrages du peuple, il ne lui restoit plus que l'intrigue pour devenir le maître de la république. Peut-être le seroit-il devenu si, de son temps, il ne se fût pas trouvé un homme capable d'aller à la tyrannie à force ouverte.

Le jour de son triomphe fut le dernier terme de son élévation. Le peuple, dont la faveur est toujours inconstante, commençoit à se faire une nouvelle idole ; et les regards se détournoient de dessus Pompée devenu citoyen, pour se porter sur César qui montoit aux dignités.

Au sortir de la préture, César obtint le gouvernement de l'Espagne ultérieure ; mais ses créanciers s'opposèrent à son départ ; et il ne put partir que lorsque Crassus se fut rendu sa caution. Crassus s'intéressoit à lui parce qu'il le vouloit opposer à Pompée. *César, propréteur en Espagne. Son plan et sa conduite.* *Av. J. C. 61, de Rome 693.*

César, qui comptoit peu sur la faveur du peuple, ne la briguoit que pour obtenir le commandement ; et, bien différent de Pompée, il ne cherchoit dans le commandement que la puissance, c'est-à-dire, les richesses et l'affection des soldats. Il savoit que, tant qu'il pourroit faire des largesses, il auroit, dans le sénat et dans le peuple, un parti puissant, et qu'il commanderoit à tous les ordres lorsqu'il auroit attaché les soldats à sa fortune.

C'est conformément à ces vues qu'il se conduisit dans son gouvernement. Cher aux soldats par sa valeur, il acheva de les gagner par ses libéralités. Il revint l'année suivante après avoir vaincu les ennemis, et pris des places dans la Galice et dans la Lusitanie. Avec l'or qu'il avoit enlevé aux provinces, il paya ses dettes, qui montoient à huit ou dix mille talens. Il en contracta bientôt de nouvelles. Il abandonnoit ses biens à ses créatures, les accoutumant à fonder leur fortune sur ses largesses.

<small>De retour en Italie, il réconcilie Crassus et Pompée.</small>

En arrivant en Italie, il avoit demandé tout-à-la-fois le triomphe et le consulat: deux choses dont l'une exigeoit qu'il fût dans la ville; et l'autre, qu'il restât à la tête de son armée. Comme on ne voulut pas se relâcher en sa faveur, il renonça au

<small>Triumvirat.</small>

<small>Av. J. C. 601 de Rome 694.</small>

triomphe, et il vint à Rome briguer le consulat.

Pompée et Crassus avoient chacun leur faction. En se déclarant pour l'un ou pour l'autre, César auroit toujours eu à combattre contre un parti puissant. Il imagina de les réconcilier, afin de se servir d'abord de leur crédit, et de former ensuite pour lui un seul parti des deux factions qui leur étoient dévouées.

Ils entrèrent l'un et l'autre dans ses vues : Crassus, parce qu'il avoit besoin d'un appui ; Pompée, parce que son crédit diminuoit. On refusoit de donner des terres à ses vétérans, et de ratifier sans examen ce qu'il avoit fait en Asie, quoiqu'il eût mis dans ses intérêts le tribun Flavius Népos, et que les consuls L. Afranius et Q. Métellus lui dussent le consulat.

La réconciliation de Crassus et de Pompée parut aux moins clairvoyans l'ouvrage d'un bon citoyen. César cependant devoit seul en recueillir le fruit. Bientôt ces trois hommes, par leurs factions réunies, disposèrent de tout dans la république : c'est ce qu'on nomma triumvirat. Crassus, toujours avare, ne songeoit qu'à amasser de nouvelles richesses : Pompée, toujours vain, jouissoit du crédit qu'il venoit de recouvrer : César, qui flattoit la vanité de l'un et l'avarice de l'autre, gagnoit insensiblement les partisans des deux. C'est ainsi qu'il commençoit à partager avec eux l'autorité, pour l'attirer ensuite toute à lui. Crassus et Pompée n'étoient plus entre ses mains que des instrumens qu'il faisoit servir à son élévation.

Caton s'élève inutilement contre les desseins des triumvirs et contre les mœurs de son siècle.

Caton ne cessoit de représenter qu'on avoit tout à craindre de l'union de ces trois hommes. Il jugeoit avec raison que la république ne pouvoit plus se maintenir, qu'autant que les citoyens les plus puissans, divisés d'intérêts, seroient un obstacle les uns aux autres. Sévère, inflexible et vertueux sans ostentation, il se roidissoit contre les mœurs de son siècle. Il auroit voulu ramener les mœurs anciennes ; mais ses cris étoient impuissans comme ses exemples. Les vices se roidissoient eux-mêmes contre une vertu qui les combattoit ; et, si elle étoit respectée des vrais citoyens, les ambitieux et les hommes corrompus la tournoient en ridicule.

César, assuré d'obtenir le consulat, vou- Bibulus est donné à César pour collègue dans le consulat.
loit avoir pour collègue un homme dont il
pût disposer, et il répandoit de l'argent à
cet effet. Mais les sénateurs se cotisèrent,
répandirent de plus grosses sommes, et
firent tomber le choix sur M. Calpurnius
Bibulus, entièrement dévoué aux intérêts
de leur corps. Le sénat faisoit donc ouvertement un trafic des magistratures. Il y
étoit même en quelque sorte forcé, et Caton
le justifioit sur ce principe, que le bien de
la république est préférable à ses lois. Un
gouvernement est bien près de sa ruine,
lorsque ceux qui le veulent soutenir sont
réduits à autoriser, par leur exemple, de
pareils abus.

César consul fut un tribun factieux re- César consul se conduit comme un tribun factieux.
vêtu de la puissance consulaire. Au crédit
qu'il avoit par lui-même, il joignoit celui
de Crassus et celui de Pompée. Il employoit
la violence qui avoit passé en usage, et il Av. J. C. 59, de Rome 695.
la rendoit en quelque sorte légitime aux
yeux du peuple dont il paroissoit ménager
les intérêts.

Il se proposa de distribuer aux pauvres Loi agraire qu'il porte au sénat.
citoyens, qui auroient trois enfans ou da-

vantage, les terres de Campanie, qui, depuis la prise de Capoue sur Annibal, faisoient partie du domaine de la république.

Il porta d'abord au sénat la loi qu'il avoit dressée, et il la présenta avec des modifications qui pouvoient la faire recevoir. Il ne comptoit pas néanmoins sur l'agrément des sénateurs; mais leur refus les rendoit odieux, et l'autorisoit à recourir au peuple. Il ne cherchoit qu'un prétexte pour disposer de tout sans consulter le sénat.

Cette affaire occupa plusieurs séances. Les sénateurs différoient de conclure, parce qu'ils ne vouloient pas donner leur consentement, et qu'ils n'osoient le refuser. Caton s'éleva seul ouvertement contre la loi proposée. Il jeta même des soupçons sur les motifs qui faisoient agir le consul. César l'envoya en prison. Il est vrai que, voyant l'indignation que produisoit cette violence, il engagea un tribun à le délivrer aussitôt.

Il la fait passer dans une assemblée du peuple.

La loi, ayant été portée devant le peuple, passa dans une assemblée tumultueuse, où les triumvirs avoient répandu leurs satellites. Bibulus, qui s'y opposoit, vit briser les faisceaux de ses licteurs, fut insulté lui-même, et n'osa plus reparoître en public. Tout avoit été concerté entre les triumvirs, ou plutôt César lui-même faisoit agir et parler ses collègues. Pompée déclara que, si quelqu'un se présentoit avec l'épée pour s'opposer à la loi, il prendroit l'épée et le bouclier pour la défendre. Cependant, par ce propos inconsidéré, il perdoit son crédit auprès du sénat, et il servoit César qui devenoit seul l'objet de la reconnoissance du peuple.

On nomma des commissaires pour distribuer des terres à vingt mille familles; et César, à l'exemple du tribun Saturninus, assura, par un serment qu'il fit prêter au peuple et au sénat, l'exécution de la loi qu'il venoit de faire passer. Pompée obtint alors tout ce qui lui avoit été refusé à son retour d'Asie. Lucullus vouloit s'y opposer; mais, ayant été menacé par le consul, il fut réduit à se jeter à ses pieds.

Il en fait jurer l'exécution.

César, pour mettre dans ses intérêts les chevaliers, leur fit accorder une remise d'un tiers sur le bail des fermes de l'Asie. Il disposa des gouvernemens en faveur de

Il dispose de tout.

ses créatures. Il prit pour lui celui de l'Illyrie et de la Gaule Cisalpine ; et Métellus Céler, qui commandoit dans la Gaule Transalpine, étant mort, il demanda cette province au sénat qui n'osa la lui refuser parce qu'il l'eût demandée au peuple. Il prit tous ces gouvernemens pour cinq ans.

Bibulus est sans autorité.

Pendant que ces choses se passoient, Bibulus, du fond de sa retraite, n'imagina d'autre moyen pour s'opposer aux délibérations du peuple, que de déclarer jours de fêtes tous les jours de l'année, et il faisoit afficher des édits contre les triumvirs. César n'eut aucun égard aux ordonnances de son collègue. Il se conduisit comme s'il eût été seul consul ; ce qui faisoit dire à Cicéron que ce consulat étoit celui de Jules et de César.

Murmures contre les triumvirs. Ils auroient pu gagner Cicéron.

Quoique les triumvirs se fissent une étude de flatter le peuple, leur tyrannie excitoit néanmoins un mécontentement général. Ce n'étoit que plaintes et murmures, dit Cicéron, et on parloit avec la plus grande liberté. Cependant personne ne songeoit à remédier aux maux. Si on résiste, ajoute cet orateur, on exposera la vie de tous les citoyens ; et si on continue de céder, ce sera infailliblement la ruine de la république. Cicéron, qui parloit ainsi, n'avoit pas le courage de résister ouvertement. Il se contentoit de gémir en secret. Peut-être même les triumvirs se le seroient-ils attaché, s'ils avoient su combien il desiroit une place d'augure qui vint à vaquer. C'est lui-même qui en fait l'aveu dans une de ses lettres à Atticus ; tant il est vrai qu'alors les plus honnêtes gens étoient prêts à tout sacrifier à leur ambition. César, ayant employé inutilement d'autres moyens pour le gagner, résolut de l'éloigner du gouvernement.

P. Clodius, le même qui avoit soulevé l'armée de Lucullus, coupable de profanation et de plusieurs autres crimes, avoit échappé au châtiment par la prévarication des juges. Le vice triomphoit, et tous ceux qui conservoient quelque reste de pudeur, gémissoient à la vue des juges et du coupable. Lentulus et Catilina, disoit Cicéron, ont été absous deux fois ; Clodius, absous comme eux, est un nouveau fléau qui menace la république. Il avoit déposé contre

P. Clodius, ennemi de Cicéron, se lieue avec les triumvirs et obtient le tribunat.

lui, et il continuoit de le poursuivre ouvertement. Cet homme néanmoins étoit à redouter.

Clodius avoit du crédit parmi la multitude. Il le devoit à sa naissance, à son éloquence, à ses prodigalités et à son audace. Pompée, à son retour d'Asie, se lia avec lui ; et César, qui ménageoit tous les factieux, le rechercha. Ils se réunirent tous trois contre Cicéron.

Dans le dessein de citer cet orateur pour avoir fait mourir, contre les lois, Lentulus, Céthégus et d'autres complices de Catilina, Clodius aspiroit au tribunat ; mais, parce qu'il étoit d'une famille patricienne, il avoit fait jusqu'alors des tentatives inutiles. Il falloit donc qu'il se fît adopter dans une famille plébéienne ; chose sans exemple, et qui, par cette raison, avoit besoin d'être autorisée par une loi. Cette loi fut proposée. Pompée et César la firent passer, et Clodius, devenu plébéien, obtint le tribunat.

Précautions de César avant de partir pour les Gaules.

César, dont alors le consulat alloit expirer, et qui se disposoit à partir pour les Gaules, pouvoit craindre qu'en son absence Pompée ne brisât les liens qui les unissoient l'un à l'autre. Pour les resserrer, il lui fit épouser Julie, sa fille unique, femme d'esprit, qui prit beaucoup d'empire sur son mari. Il épousa lui-même Calpurnie, fille de Pison, qu'il avoit fait désigner consul, et auquel on donna pour collègue A. Gabinius, homme tout-à-fait dévoué aux triumvirs. C'est ce même Gabinius qui, étant tribun, avoit fait donner à Pompée le proconsulat des mers. Il étoit perdu de dettes; il avoit été l'ami de Catilina; il s'abandonnoit à la débauche sans pudeur. Pison, tout aussi corrompu, sembloit l'être par principes, et ajoutoit à tous ses vices l'hypocrisie. Voilà les hommes que César laissoit à la tête du gouvernement. Par ces précautions, la république continua d'être sous la puissance des triumvirs, et Clodius, assuré de leur appui, fut maître d'assouvir sa vengeance.

Il rechercha la faveur du peuple; il écarta les obstacles qui pouvoient s'opposer à ses desseins; et, quand il eut tout préparé, il fit porter une loi qui condamnoit à l'exil quiconque auroit fait

Cicéron exilé.

mourir un citoyen sans forme de procès.

Cicéron prit le deuil. Presque tous les chevaliers le prirent avec lui. Bientôt après le sénat donna un décret qui ordonnoit à tous les citoyens de le prendre, comme dans une calamité publique. Cicéron parut en suppliant devant le peuple, mais accompagné de vingt mille jeunes gens des plus nobles familles.

Cependant les consuls se déclaroient ouvertement contre lui. Pompée, à qui il avoit rendu des services essentiels, l'abandonnoit lâchement. Clodius, à la tête d'une troupe de gens armés, l'insultoit. Enfin César, qui étoit sorti de Rome avec la qualité de proconsul, et qui n'avoit pas la liberté d'y rentrer, se tenoit dans les faubourgs, et menaçoit de venir, s'il le falloit, au secours du tribun. Les légions qu'il commandoit étoient prêtes à marcher.

Quelques amis conseilloient à Cicéron de prendre les armes. Hortensius et Caton lui persuadèrent de céder. Il se bannit lui-même. Aussitôt le décret de son exil fut porté. On vendit ses biens, et on rasa ses maisons. Il soutint son malheur avec peu de courage, disposé à ménager désormais le parti qu'il auroit lieu de redouter.

Caton, ferme et intrépide, ne tenoit qu'au parti de la liberté. Clodius, qui voulut encore l'éloigner, lui fit donner une commission, et l'envoya dans l'île de Chipre.

Caton est envoyé dans l'île de Chipre.

Av. J. C. 59, de Rome 669.

L'année que Numance fut détruite, Attale, comme nous l'avons remarqué, laissa par testament ses états au peuple romain. Quarante et quelques années après, vers le temps où Mithridate se préparoit à la guerre, Ptolémée Apion disposa aussi de la Cyrénaïque et de la Lybie en faveur de la république. Sur la fin de la guerre des alliés, Ptolémée Alexandre lui légua les royaumes d'Égypte et de Chipre; et, quelques années après, Nicomède III lui laissa la Bithynie. Si, par de pareilles dispositions, les souverains livroient leurs peuples à la rapacité des magistrats et des fermiers de la république, ils ne faisoient que prévenir ce qui devoit arriver tôt ou tard, et ils leur procuroient au moins la paix.

Royaumes légués au peuple romain.

Le sénat avoit pris possession, dans le temps, des royaumes de Pergame, de Cyrène et de Bithynie, et les avoit réduits en provinces romaines ; mais, lorsque Ptolémée Alexandre légua ses états, il ne régnoit plus. Il avoit été chassé par les Alexandrins qui donnèrent la couronne à Ptolémée Aulète, et l'île de Chipre étoit devenue le partage de Ptolémée, frère du nouveau roi d'Égypte. Alexandre ne léguoit donc que des droits ; et, pour les faire valoir, il falloit que les Romains prissent les armes. C'est ce qu'ils ne pouvoient que difficilement, parce qu'alors ils déclarèrent la guerre à Mithridate, et que l'année suivante fut le commencement de la guerre civile suscitée par Cinna. Clodius reprit cette affaire pendant son tribunat. Il fut décidé que les royaumes d'Égypte et de Chipre appartenoient à la république ; et Caton, à la sollicitation du tribun, fut chargé, malgré lui, de dépouiller Ptolémée, et de réduire l'île de Chipre en province romaine ; ce qu'il exécuta.

Exemple du trafic que les magistrats faisoient de leur pouvoir.

On ne forma point d'entreprise sur l'Égypte, parce que, sous le dernier consulat, Ptolémée Aulète venoit d'être déclaré ami et allié du peuple romain ; titre qu'il acheta, ae Pompée et de César, six mille talens. Il n'en fut pas plus assuré sur le trône. Forcé, pour payer cette somme, à surcharger ses peuples, il les souleva, et il fut réduit à s'enfuir hors de ses états. Quelque temps après, Gabinius, qui commandoit dans la Syrie en qualité de proconsul, le rétablit à la sollicitation de Pompée. Il en coûta encore à ce prince dix mille talens. Voilà un exemple du trafic que faisoient du pouvoir les magistrats et les généraux de la république.

Il y avoit à peine deux mois que Cicéron avoit été exilé, lorsque Clodius osa insulter Pompée. Il se croyoit déjà maître dans Rome, et il ne voyoit pas qu'il n'avoit été que l'instrument d'une faction puissante. Pompée offensé résolut de travailler au rappel de Cicéron. Cette affaire néanmoins trouva de grands obstacles ; elle causa bien des tumultes, et elle ne put être terminée que l'année suivante, à la sollicitation des nouveaux consuls. Mais enfin Clodius succomba, et Cicéron, après seize mois d'exil, revint comme en triomphe. Tout le peuple sortit au-devant de

Rappel de Cicéron.

Av. J. C. 57, de Rome. 697.

lui. On célébra son retour par des fêtes et par des sacrifices ; et on rebâtit des deniers publics toutes ses maisons.

<small>On donne à Pompée la surintendance des vivres pour cinq ans.</small>

Il avoit été abandonné par Pompée, livré même ; mais il lui devoit son rappel, et il ne tarda pas à lui en témoigner sa reconnoissance. La cherté du blé causoit des émeutes ; Rome étoit menacée d'une disette, et le sénat délibéroit sur les moyens de ramener l'abondance. Cicéron, qui représenta Pompée comme l'unique ressource de la république dans les temps difficiles, proposa de lui donner pour cinq ans la surintendance des vivres dans toute l'étendue de l'empire. Cet avis ayant été suivi, on dressa un Sénatus-consulte en conséquence, et on chargea les consuls de le porter au peuple.

Le décret du sénat ne pouvoit pas ne pas être confirmé par un plébiscite. Dans les dispostions où étoit le peuple, le tribun Messius jugea même qu'on ne donnoit pas à Pompée un pouvoir assez étendu. Il demanda qu'on lui accordât encore une flotte, une armée, la liberté de disposer des finances, et, dans toutes les provinces où il paroîtroit, une autorité supérieure à célle des propréteurs et des proconsuls. Pompée déclaroit qu'il s'en tenoit au sénatus-consulte; mais ses partisans agissoient pour faire passer la loi du tribun, et il paroît aussi que ce fut celle qui passa.

Cependant l'épuisement du trésor public ne permit pas à Pompée de ramener facilement l'abondance. La cherté continua. On s'en prit à lui, et il perdit beaucoup dans l'esprit du peuple. A mesure que sa considération diminuoit, les ennemis du triumvirat se déclaroient plus ouvertement. Clodius trouvoit en eux un appui ; et Pompée, presque sans pouvoir au milieu des factions qui troubloient la république, se voyoit humilié par cet homme qu'il avoit soutenu de tout son crédit.

Pompée perd de son crédit, et les deux autres triumvirs paroissent n'avoir plus besoin de lui.

Il se reprochoit alors d'autant plus d'avoir aliéné le sénat, que, dans la situation où il étoit, les deux autres triumvirs paroissoient n'avoir pas besoin de lui. Il se voyoit éclipsé par César qui, du fond des Gaules, où il se couvroit de gloire, commandoit dans Rome; et en même temps il se voyoit abandonné de Crassus. Ce triumvir, qui ne pouvoit être puissant que par César, se déclaroit contre Pompée, et se joignoit à ses ennemis.

<small>César quoiqu'absent, est tous les jours plus puissant à Rome. Sa conduite.</small>

César paroissoit prendre peu de part à ce qui se passoit à Rome. Il vouloit qu'on le crût uniquement occupé des affaires de son gouvernement. Cependant il présidoit en quelque sorte aux comices; il influoit jusques dans les délibérations du sénat; son argent lui faisoit des créatures qui veilloient à ses intérêts. Pour se rapprocher, il venoit passer les hivers dans la Gaule Cisalpine; plus à portée de servir ceux qui lui étoient dévoués, il envoyoit des soldats aux assemblées du peuple, lorsqu'il jugeoit à propos d'user de violence. Le lieu de son séjour étoit le rendez-vous des hommes perdus de dettes, de tous ceux qui avoient de mauvaises affaires, des prétendans aux magistratures, et en même temps de ce qu'il y avoit de plus distingué dans toute l'Italie. Il donnoit aux uns, il promettoit aux autres, il les ménageoit tous. Aussi empressé d'acquérir ses ennemis que de conserver ses amis, il n'agissoit ni par inquiétude, ni par animosité ; et ses démarches qu'il précipitoit et ralentissoit à propos laissoient à peine appercevoir jusqu'où il portoit son ambition.

Je ne parlerai point des guerres qu'il fit dans les Gaules ; on peut s'en instruire dans ses commentaires. Je remarquerai seulement qu'elles n'étoient pour lui qu'un des moyens qui devoient servir à ses projets. Ses conquêtes ajoutoient tous les jours à sa réputation ; il s'attachoit les soldats ; il amassoit des sommes immenses, et il les prodiguoit. Il est vrai que, pour être en état de faire des largesses, il acquéroit par toutes sortes de voies. Il se seroit déshonoré si les Romains avoient été moins corrompus ou moins éblouis de ses succès. Mais on ne voyoit que ses victoires, et l'argent qu'il savoit répandre achevoit de le justifier. Le sénat, importuné des plaintes des alliés, parut vouloir lui faire rendre compte de sa conduite, et il finit par lui donner des éloges ; il ordonna même des actions de grâces aux dieux pour des brigandages qu'il auroit dû punir.

La division qui étoit entre les triumvirs *La division des*

enhardit leurs ennemis. Pompée les excitoit lui-même, parce qu'il n'étoit pas fâché qu'on s'élevât contre une puissance qui lui échappoit. C'est pourquoi Cicéron censura publiquement la conduite que César avoit tenue pendant son consulat. Il fit plus. Il proposa de casser la loi agraire que le sénat et le peuple avoient juré d'observer. Alors L. Domitius Ahenobarbus aspiroit au consulat. Ouvertement contraire aux triumvirs, il étoit sur-tout ennemi de César, et il se proposoit de lui ôter le gouvernement des Gaules.

Le parti qui se formoit contre les triumvirs les mit dans la nécessité de se réunir. César vouloit écarter l'orage dont il étoit menacé; Pompée cherchoit à recouvrer l'autorité qu'il avoit perdue; et Crassus, nécessaire à l'un et à l'autre, avoit besoin des deux pour être quelque chose. Comme César ne pouvoit pas sortir de son gouvernement, Crassus le vint trouver à Ravenne, et Pompée le vit à Lucques. Ils renouvelèrent leurs engagemens. Ils arrêtèrent entre eux que Crassus et Pompée seroient consuls l'année suivante; qu'au sortir de leur consulat ils auroient pour cinq ans les deux principaux gouvernemens ; et que César seroit continué dans celui des Gaules pour le même nombre d'années. Tout cela fut exécuté; mais, après avoir usé d'artifice pour réussir, il fallut encore employer la violence.

Les triumvirs s'étant rapprochés, Cicéron ne pouvoit conserver l'amitié de Pompée, s'il refusoit de chercher celle de César; et, pour plaire à l'un et à l'autre, il falloit encore qu'il se réconciliât avec Crassus, contre qui il s'étoit toujours déclaré. Il fit tout ce qu'on exigea de lui. Il écrivit même à César : il le loua sur bien des choses qu'il n'avoit pas toujours approuvées : et il opina dans le sénat pour lui conserver les deux Gaules. Il est vrai qu'il avoit quelque honte d'avoir si subitement changé de langage. Mais il jugeoit que ce n'étoit plus le temps du patriotisme ; et qu'ayant à se plaindre de la foiblesse ou de la perfidie de ceux qui se disoient du bon parti, il devoit, par une démarche éclatante, rompre pour jamais avec eux, et se lier sans retour avec ceux

Cicéron recherche l'amitié des triumvirs.

qui auroient le pouvoir et la volonté de le défendre. Ces raisons, qui ne le justifioient pas, le rendirent suspect à tous les partis ; et on le représentoit comme un homme foible, qui abandonnoit ses amis pour ramper devant ses ennemis.

<small>Pompée fait construire un théâtre à demeure.

Av. J. C. 55, de Rome 699.</small>

Il y avoit cent ans que Valérius Messala et Cassius Longius, censeurs quelques années avant la troisième guerre punique, avoient ordonné la construction d'un théâtre à demeure, où l'on pût donner des jeux dans tous les temps de l'année. Cet édifice étoit déjà fort avancé, lorsque Scipion Nasica représenta que la commodité qu'on vouloit procurer au peuple augmenteroit la passion pour les spectacles : passion qu'il convenoit plutôt de réprimer dans un temps où la licence des pièces dramatiques contribuoit visiblement au dépérissement des mœurs. Il fut écouté. On démolit cet édifice. Le sénat donna même un décret par lequel il ordonna que les théâtres, construits à chaque fois qu'on en voudroit faire usage, ne subsisteroient qu'autant de temps que dureroient les jeux. Sans égard pour ce décret, Pompée, qui cherchoit la faveur du peuple, fit bâtir un théâtre à demeure, où quatre mille spectateurs pouvoient être placés commodément.

Après avoir fait des lois inutiles pour réprimer le luxe de la table, et pour empêcher les prévarications qui se commettoient dans les jugemens, Pompée et Crassus osèrent porter une loi contre les brigues. C'étoit une dérision de leur part. Leur intention n'étoit pas de les faire cesser. Pompée sur-tout vouloit qu'il y en eût. Aussi continuèrent-elles sous les consulats suivans avec plus de violence que jamais, et elles causèrent les plus grands désordres. Les candidats exposoient publiquement leur argent sur la place. Les chefs des factions prenoient les armes pour faire élire ceux qui les avoient payés. Le peuple, qui ne s'assembloit que pour en venir aux mains, se séparoit souvent sans avoir pu faire d'élection, et la république fut huit mois sans magistrats.

Pompée entretient les troubles dans la république.

Sur ces entrefaites, Crassus, qui avoit eu la Syrie pour département, périt dans la guerre qu'il faisoit aux Parthes, et Julie

Les liens qui unissoient César et Pompée sont entièrement rompus.

mourut vers le même temps. Les liens qui avoient uni Pompée et César étoient donc rompus, et ils ne pouvoient plus se renouer. Les circonstances où ces deux hommes se trouvoient ne le permettoient pas.

César, à la tête d'une armée victorieuse qui étoit à lui, partageoit au moins la faveur du peuple, et n'avoit plus besoin de Pompée. Dans la position où il se trouvoit, il ne cherchoit qu'un prétexte pour commencer la guerre, et il attendoit qu'on le lui fournît.

Quant à Pompée, il fondoit toutes ses espérances dans l'anarchie qu'il entretenoit à dessein. Persuadé que le sénat et le peuple seroient forcés de venir à lui, comme au seul homme capable de rétablir l'ordre, il se flattoit d'être le maître de la république avant que César fût en état de le traverser. Il croyoit avoir déjà tout préparé. Ses partisans ne cessoient de dire qu'il étoit temps que Rome fût gouvernée par un seul magistrat, et ils proposoient de le nommer dictateur. Il comptoit obtenir, par des intrigues, la même puissance que Sylla avoit usurpée par les armes; et, d'après le plan qu'il s'étoit fait, il n'avoit pas voulu s'éloigner. C'est par ses lieutenans qu'il gouvernoit l'Espagne, que le sort lui avoit donnée pour département.

Peut-être le sénat lui auroit-il accordé la dictature. Bibulus proposa de le nommer consul sans collègue. C'étoit composer sur le titre, lorsqu'on ne pouvoit pas refuser le pouvoir. Caton appuya l'avis de Bibulus, jugeant que tout gouvernement étoit préférable à l'anarchie, et invitant Pompée à user avec modération de la puissance que les circonstances mettoient dans la nécessité de lui accorder.

<small>Pompée consul sans collègue.</small>

<small>Av. J. C. 51, de Rome 702.</small>

Cette proposition étonna de la part de deux hommes dont on connoissoit le zèle pour la république : mais elle prouvoit aussi qu'il n'y avoit pas d'autre ressource, et leur avis passa. Les sénateurs jugeoient d'ailleurs que Pompée, flatté de se voir seul à la tête du gouvernement, romproit entièrement avec César. En effet, il parut dès-lors s'attacher au parti du sénat, et il ne s'en sépara plus.

Comme l'ambition de Pompée étoit la principale cause des troubles, il ne lui fut pas difficile de rétablir l'ordre ; et il le rétablit. Pour arrêter les violences, il fit rechercher ceux qui en avoient commis : mais, violateur des lois qu'il portoit lui-même, il se conduisit avec beaucoup de partialité. Il parut s'être réservé le droit de sauver les coupables auxquels il s'intéressoit.

Il prend un collègue. Consuls désignés.

Après sept mois, il prit pour collègue Q. Métellus Scipio dont il venoit d'épouser la fille ; et, lorsqu'il en fut temps, il permit de procéder à l'élection des consuls pour l'année suivante. Elle se fit sans violence et sans troubles. Les nouveaux consuls furent Ser. Sulpicius et M. Claudius Marcellus. Le premier paroissoit d'un caractère à n'épouser vivement aucun parti, le second se déclaroit ouvertement contre César.

Pompée continue d'avoir la principale autorité.

Pompée, qui avoit obtenu pour cinq nouvelles années une prolongation de son gouvernement en Espagne, étoit sorti de Rome, où la qualité de proconsul ne lui

Av. J. C. 51 de Rome 703.

donnoit aucun commandement : mais il se tenoit dans les faubourgs, d'où il étoit encore l'ame de toutes les délibérations. Depuis son dernier consulat, il paroissoit le protecteur du sénat et de la république.

Quoique sans titre, il étoit de fait le premier magistrat. Il se saisissoit peu-à-peu de l'autorité, et il régnoit sans violence.

<small>Av. J. C. 51, de Rome 703.</small>

César, qui, après son consulat, avoit pris le gouvernement des Gaules pour cinq ans, avoit depuis obtenu une prorogation pour cinq autres : et le temps de son commandement ne devoit expirer que dans trois. Ce terme paroissoit long à Pompée, qui attendoit avec impatience le moment où César licencieroit ses troupes, et reviendroit à Rome simple particulier.

<small>Il attend avec impatience que César ait licencié ses troupes.</small>

Mais César ne vouloit pas être simple particulier, lorsque Pompée, qu'on avoit continué dans le gouvernement d'Espagne, seroit encore à la tête des légions, et se tiendroit aux portes de Rome. Il se proposoit, après avoir achevé de soumettre les Gaules, de demander le consulat par procureur. S'il l'obtenoit, il passoit tout-à-coup de son gouvernement au consulat; et il y passoit avec dix légions de vieilles troupes attachées à sa fortune. Alors il étoit armé, et il l'étoit mieux que Pompée.

<small>Mesures de César.</small>

Pour rompre les mesures de César, Pompée fit renouveler la loi qui défendoit de

<small>Pompée les veut rompre, et ne les rompt pas.</small>

conférer les magistratures aux absens. Mais il soutint mal cette démarche. Croyant avoir encore des ménagemens à garder, il fit bientôt après ajouter à la loi : *A moins qu'on ne soit dispensé nommément de demander en personne.* Or les dix tribuns s'accordèrent pour faire donner cette dispense à César, et elle lui fut donnée sans opposition.

<small>Proposition du consul Marcellus, qui veut désarmer César.</small>

Cependant le consul M. Marcellus proposa au sénat d'ordonner à César de quitter le commandement des Gaules au premier mars de l'année où l'on alloit entrer, et de l'obliger en même temps à venir à Rome demander le consulat en personne. De pa-

<small>Av. J C. 51, de Rome 703.</small>

reils ordres étoient injustes ; et, quand ils ne l'auroient pas été, il auroit été prudent, avant de les donner, de savoir comment on se feroit obéir. Sur quoi pouvoit-on se fonder pour retrancher deux ans du commandement de César et pour priver ce général d'une dispense qui venoit de lui être accordée ? Et quelles forces avoit la république pour s'assurer de l'obéissance d'un homme qui étoit à la tête de dix légions ? Les partisans de César crièrent à l'injustice, et le consul Sulpicius, qui respectoit les lois, s'opposa à la proposition de son collègue.

Pompée, forcé à dissimuler, la désapprouvoit lui-même en public, et en même temps il songeoit à la faire passer l'année suivante. Dans cette vue, il fit nommer au consulat Caïus Marcellus, cousin de Marcus; et il appuya de son crédit C. Scribonius Curio pour le faire élire tribun. Curion avoit de l'audace et de l'éloquence, et jusqu'alors il s'étoit toujours déclaré contre César.

Pompée songe à faire passer cette proposition sous les consuls de l'année suivante.

César tenta inutilement de gagner C. Marcellus. Il réussit mieux auprès du collègue de ce consul, L. Émilius Paulus, qui promit de ne point agir contre lui. Il lui en coûta neuf cents talens, seulement pour réduire Paulus au silence : il donna une somme bien plus considérable à Curion, et il s'en assura encore. Ce tribun le servit d'autant mieux, qu'on ne le soupçonnoit pas de s'être laissé corrompre.

César gagne un des consuls et le tribun Curion.

L'année suivante, C. Marcellus proposa d'envoyer un nouveau proconsul dans les Gaules. Paulus se tut, comme il en étoit convenu, et Curion applaudit à la proposition du consul. Mais il ajouta que, pour assu-

Curion rompt les mesures de Pompée.

Av. J. C. 50, de Rome 704.

rer la liberté, il falloit qu'en même temps Pompée abdiquât le proconsulat d'Espagne et licenciât ses troupes. Cette proposition ayant, comme il l'avoit prévu, soulevé les partisans de ce général, il se confirma dans l'opinion qu'elle ne seroit point acceptée; et ce fut pour lui une raison d'insister avec plus de force. Il conclut que, si deux hommes, aussi puissans que Pompée et César, ne quittoient pas en même temps le commandement des armées, il étoit d'avis de les déclarer l'un et l'autre ennemis de la république.

Motifs qui donnent de la confiance à Pompée. Sur ces entrefaites, Pompée, tombé dangereusement malade à Naples, recouvra la santé, et sa convalescence fut célébrée dans toute l'Italie par des fêtes et par des sacrifices. Jamais joie n'avoit été si générale et si vive. D'après ces démonstrations, jugeant de l'attachement des peuples, Pompée crut n'avoir plus à ménager César, et il cessa de dissimuler. Une autre cause contribuoit encore à lui donner de la confiance.

Sous prétexte que les Parthes menaçoient la Syrie, le sénat avoit ordonné que

Pompée et César fourniroient chacun une légion pour être envoyée dans cette province; et César les avoit fournies toutes deux, parce que Pompée, dans cette occasion, lui en redemanda une qu'il lui avoit prêtée. Ceux qui avoient été chargés de porter à César le décret du sénat avoient répandu, à leur retour, qu'il étoit haï de ses troupes, et qu'elles l'abandonneroient aussitôt qu'elles auroient repassé les Alpes. Pompée compta sur ces rapports, qu'on ne faisoit sans doute que pour lui plaire. Il ne garda plus de mesures. Il se moqua même de ceux qui craignoient César; et, lorsqu'on lui demandoit quelles forces il lui opposeroit, il répondoit que par-tout où il frapperoit du pied il en sortiroit des légions.

César, plus circonspect, affectoit d'autant plus de modération, qu'il remarquoit plus de confiance dans la conduite de ses ennemis. Il souscrivoit à la proposition de Curion : il invitoit Pompée à y souscrire; il s'étudioit à mettre de son côté toutes les apparences de la justice. Telles étoient les dispositions qu'il montroit, lorsqu'il vint passer l'hiver dans la Gaule Cisalpine.

César s'étudie à mettre de son côté les apparences de la justice.

Av. J. C. 50, de Rome 704.

Il apprit en y arrivant que les deux légions, destinées pour l'Asie par un décret du sénat, avoient été données à Pompée.

Il écrit au sénat.

Il ne pouvoit donc pas douter qu'on n'armât contre lui, et il en écrivit au sénat à deux reprises différentes ; se plaignant du peu d'égard qu'on avoit pour ses services ; protestant qu'il quitteroit le commandement si Pompée le quittoit ; déclarant que, si ce général vouloit le retenir, il sauroit se maintenir de son côté ; et ajoutant qu'il seroit dans peu de jours à Rome pour y venger ses injures.

Le sénat lui ordonne de licencier ses troupes.

Ses dernières lettres arrivèrent à Rome au commencement de janvier. A peine les consuls permirent-ils de délibérer. Il fut arrêté précipitamment que César licencieroit son armée dans un jour marqué ; et que, s'il n'obéissoit, il seroit poursuivi comme ennemi de la république. Ce fut en vain que les tribuns Marc-Antoine et Q. Cassius s'opposèrent à ce décret. On ne respecta ni leur opposition ni leur caractère. Forcés à sortir de Rome, ils se rendirent au camp de César, où Curion les avoit précédés. Le sénat avoit déjà ordonné aux consuls, aux

Av. J. C. 49, de Rome 705.

préteurs, aux tribuns et aux proconsuls *de veiller au salut de la république.*

La conduite inconsidérée de Pompée et des consuls fournissoit enfin à César le prétexte qu'il cherchoit. Il harangua ses troupes. Il fit le récit des injures qu'il avoit reçues. Il se plaignit du décret qu'on venoit de porter contre lui. Il appuya principalement sur le peu de respect qu'on avoit eu pour la personne sacrée des tribuns. Les soldats, qui depuis neuf ans servoient sous ses ordres, jurèrent tous qu'ils étoient prêts à défendre l'honneur de leur général, et à venger les injures faites aux magistrats du peuple.

<small>César s'assure de ses soldats.</small>

César étoit alors à Ravenne, où il n'avoit qu'une légion, c'est-à-dire, cinq mille hommes de pied et trois cents chevaux. Il envoya ses ordres au reste de ses troupes qui étoient dans leurs quartiers d'hiver; et, sans les attendre, il s'avança vers le Rubicon, assuré du succès de son entreprise s'il étonnoit ses ennemis par sa hardiesse et par sa célérité.

<small>Il passe le Rubicon.</small>

Il étoit défendu à tout général de sortir sans permission des terres de son gouvernement; et, comme celui qui commandoit dans la Gaule Cisalpine menaçoit plus qu'aucun autre la liberté, il y avoit un ancien décret, par lequel le sénat dévouoit aux dieux infernaux, et déclaroit sacrilége et parricide, quiconque à la tête d'une légion ou même d'une cohorte, passeroit le Rubicon. César s'arrêta sur le bord de cette rivière. *Si je passe*, dit-il, *combien je vais faire de malheureux! mais je suis perdu si je diffère à passer.* Il passa, et il se rendit maître de Rimini, où Marc-Antoine et Cassius le joignirent.

<small>Troubles que cette nouvelle produit à Rome.</small> A cette nouvelle, Rome crut avoir à ses portes César avec dix légions; et cependant Pompée, à qui le sénat avoit remis toute l'autorité, se troubloit. Sans troupes, sans places de retraite, exposé aux reproches que lui attiroit son peu de prévoyance, il ne trouvoit que des oppositions dans son parti même. Chacun se croyoit en droit de lui donner des conseils : peu se montroient disposés à lui obéir. Le sénat, qui s'assembloit tumultuairement, ne prenoit aucune résolution. Le peuple méconnoissoit les magistrats. Chaque citoyen

sembloit vouloir être l'arbitre de son sort, et la république paroissoit sans chef.

Cette disposition des esprits ne laissoit en Italie aucune ressource à Pompée. Il ne comptoit pas sur les deux légions qui avoient servi sous César. Ses autres troupes étoient en petit nombre, et n'avoient jamais fait la guerre. Il se hâtoit d'en faire lever dans toute l'Italie; mais c'étoit trop tard. César devoit arriver avant qu'on les eût rassemblées. Les villes lui ouvroient leurs portes : son armée grossissoit, pour ainsi dire, à chaque pas, et sa clémence achevoit de dissiper ses ennemis. Il pardonnoit à tous ceux qui tomboient entre ses mains : protestant qu'il ne desiroit que la paix, la promettant si Pompée consentoit à une entrevue, et déclarant qu'il n'étoit sorti de son gouvernement que pour se défendre et pour venger les tribuns. Par cette conduite, il se faisoit attendre comme un libérateur; et, pour se rendre maître de Rome, il n'avoit plus qu'à se montrer.

Peu de ressources de Pompée à l'approche de César.

Ses partisans ne se cachoient pas. Pompée, qu'ils bravoient en quelque sorte, n'osoit faire prendre les armes au peuple.

Pompée passe en Épire.

Il sortit de Rome, suivi des consuls et de la plus grande partie des sénateurs. Bientôt après il abandonna l'Italie, et passa en Épire. Il comptoit sur les forces de l'Orient, de ces pays qui avoient été auparavant le théâtre de sa gloire. En partant il déclara qu'il traiteroit en ennemis tous ceux qui ne le suivroient pas. César, plus sage, déclara qu'il reconnoissoit pour amis tous ceux qui ne seroient pas contre lui.

Pourquoi César ne le suit pas. Pour terminer promptement la guerre, il importoit à César de poursuivre Pompée sans différer, et de ne pas lui laisser le temps de rassembler toutes les forces de l'Orient. Mais il n'avoit pas assez de vaisseaux, et d'ailleurs il lui importoit aussi de ne pas livrer l'Italie aux lieutenans que Pompée avoit en Espagne. Occupé de ces deux objets, il résolut de marcher contre ces lieutenans, pendant qu'il feroit tout préparer pour son passage dans la Grèce.

César à Rome.

Av. J. C. 49, de Rome 705.
Il n'y avoit que soixante jours qu'il avoit passé le Rubicon, et il étoit maître de toute l'Italie. Il se rendit alors à Rome, où le peuple le reçut avec de grandes acclamations. Il assembla ce qui restoit de séna-

teurs. Il entreprit de se justifier, c'est-à-dire, de mettre de son côté une apparence de justice; et il proposa d'envoyer des députés à Pompée pour traiter d'accommodement. Personne ne voulut se charger de cette commission.

Malgré la clémence qu'il affectoit, et qui étoit même dans son caractère, il donna de terribles impressions contre lui, lorsqu'il voulut se saisir du trésor public. Il fit enfoncer les portes; il menaça de mort le tribun Métellus, et il parla comme s'il eût été maître de la fortune et de la vie de tous ceux qu'il avoit vaincus. Dans le besoin qu'il avoit d'argent, il ne craignoit pas de commettre des attentats qu'il jugeoit utiles à ses desseins.

Il partit de Rome après avoir pourvu à la sûreté de l'Italie, et disposé des gouvernemens de Sardaigne, de Sicile et d'Afrique, provinces dont il vouloit s'assurer. Lorsqu'il arriva dans les Gaules, Marseille venoit de se déclarer pour Pompée. Il en forma le siége, et, ayant laissé devant cette place C. Trébonius, il continua sa route.

Il part pour l'Espagne.

Il la soumet. Défaite de ses lieutenans.

Av J. C. 49, de Rome 705.

L'expédition d'Espagne ne dura qu'une campagne. Afranius, qui commandoit dans l'Espagne citérieure, après avoir été long-temps harcelé, fut forcé de se rendre, se trouvant sans ressources et hors d'état de faire une retraite. Alors tous les peuples se déclarèrent pour César; et, à son approche, Varron, qui commandoit dans l'Espagne ultérieure, se soumit. Le siége de Marseille duroit encore. Cette place se rendit lorsque César reparut. Tout lui réussissoit où il étoit; mais il éprouvoit des revers où il n'étoit pas. P. Cornélius Dolabella et C. Antonius, qui commandoient pour lui sur les côtes d'Illyrie, furent défaits par les lieutenans de Pompée; et, en Afrique, Curion, vaincu par Juba, roi de Mauritanie, perdit la vie et toute son armée.

Il revient à Rome lorsqu'il avoit été nommé dictateur.

César revint à Rome, où le préteur M. Émilius Lépidus venoit de le nommer dictateur. Il est vrai que ce magistrat avoit usurpé sur les droits des consuls, et que, par conséquent, cette nomination étoit contre toutes les règles; mais César avoit besoin d'un titre, et il lui importoit peu de quelle manière il l'acquéroit.

En qualité de dictateur, il présida aux *Il est élu consul, et part pour Brindes.* comices pour l'élection des magistrats de l'année suivante. Il fut élu consul, et il prit pour collègue P. Servilius Isauricus. Il pa- *Av. J. C. 48, de Rome 706.* roissoit donc agir désormais au nom de la république; et, par-là, il reprenoit sur ses ennemis l'avantage qu'ils avoient d'abord eu sur lui. Il fit quelques réglemens, abdiqua la dictature, et partit pour Brindes, où il avoit donné rendez-vous à douze légions et à toute sa cavalerie.

Ces légions n'étoient pas complètes : elles *Ses forces.* ne formoient qu'environ quarante mille hommes. Il avoit perdu beaucoup de soldats dans les combats, dans les marches, et les maladies en avoient fait périr un grand nombre pendant l'automne. D'ailleurs il n'avoit de vaisseaux que pour embarquer vingt mille hommes de pied et six cents chevaux.

Pompée, occupé depuis plusieurs mois *Forces de Pompée.* à ses préparatifs, avoit neuf légions complètes, composée de citoyens romains. Il en attendoit encore deux, que Métellus Scipion lui amenoit de Syrie. Il avoit trois mille archers, douze cohortes de frondeurs, sept mille chevaux, et des corps de troupes qu'il avoit tirés de la Thrace, de la Macédoine, de la Thessalie et de plusieurs autres provinces. Enfin ce qui lui donnoit, sur-tout, un grand avantage, c'étoit le nombre de ses vaisseaux : ses flottes le rendoient maître de la mer.

<small>César passe en Épire.</small>

César, ayant embarqué sept légions, mit à la voile, et prit terre le lendemain entre les rochers des monts Cérauniens. Il arriva avant que ses ennemis eussent été informés de son départ. Il avoit évité les ports qu'il savoit occupés par leurs flottes. Aussitôt qu'il eut débarqué, il renvoya ses vaisseaux à Brindes, pour transporter le reste de ses troupes.

<small>Av. J. C. 48, de Rome 706.</small>

<small>Les deux armées en présence.</small>

A son arrivée, presque toute l'Épire se soumit, parce que les villes ne croyoient pas devoir fermer leurs portes à un consul. Maître d'Apollonie, il marchoit à Dyrrachium, où les ennemis avoient leurs magasins. Mais Pompée, étant arrivé à temps pour couvrir cette place, il s'arrêta en-deçà du fleuve d'Apsus, et il attendit là le reste de ses troupes, que Marc-Antoine ne put lui amener que quelque mois après, sur la fin de l'hiver. Pompée étoit campé sur l'autre bord du fleuve avec toutes ses forces.

Je ne parlerai pas des propositions de paix faites par César. Elles n'étoient pas sincères : il savoit bien qu'elles ne seroient pas acceptées. Plus on lui répondoit avec hauteur, plus il affectoit de faire des avances. Peut-être aussi ne vouloit-il ouvrir une négociation que dans l'espérance de débaucher une partie des troupes de Pompée.

César souffroit de la disette ; et Pompée, maître de la mer, et supérieur sur terre, pouvoit vaincre sans combattre, s'il tiroit la guerre en longueur. C'étoit d'abord son dessein ; et, pendant quelque temps, il n'engagea que des combats qui n'étoient pas décisifs. Pour le forcer à une action générale, ou pour l'affamer s'il s'y refusoit obstinément, César entreprit de l'enfermer dans des lignes. De hauteur en hauteur il éleva des forts ; et, quoique l'armée ennemie fût plus nombreuse que la sienne, il l'enveloppa de manière qu'elle manqua d'eau et de fourrages. Cette position des deux armées engagea une action où la fortune, qui décide souvent du sort des combats, enleva

Action où Pompée a l'avantage.

la victoire à César qui avoit forcé le camp de Pompée, et, bientôt après, l'enleva à Pompée qui eût taillé en pièces ses ennemis s'il eût su vaincre, comme le disoit César, ou si, comme il le disoit lui-même, il n'eût pas craint une embuscade. Quoi qu'il en soit, il eut l'avantage, et les troupes de César furent véritablement mises en déroute.

César et Pompée passent dans la Thessalie. Métellus Scipion étoit arrivé en Macédoine, où César avoit deux légions sous les ordres de Cn. Domitius Calvinus. Tant que Pompée campoit sur la côte, ses flottes entretenoient l'abondance dans son armée. Il pouvoit au contraire, souffrir de la disette s'il s'avançoit dans les terres. Pour l'engager à s'éloigner de la mer, César prit le chemin de la Macédoine. Il jugeoit d'ailleurs, après l'échec qu'il avoit reçu, devoir donner à ses troupes le temps de se rassurer. Pompée le suivit, soit pour aller au secours de Scipion, soit pour tomber, s'il le pouvoit, sur Domitius.

César joignit Domitius dans la Thsesalie, où les blés étoient prêts à couper. Cette raison le détermina à s'arrêter dans cette province. Il en fit le théâtre de la guerre. Pompée arriva quelques jours après, et joignit Scipion, avec qui il partagea le commandement.

Pleins de confiance depuis le dernier combat, les partisans de Pompée avoient regardé la retraite de César comme une fuite. Ils comptoient si fort sur la victoire, qu'au lieu de penser aux moyens de vaincre, ils se disputoient déjà entre eux les dépouilles de l'ennemi. La guerre ne leur paroissoit plus que l'affaire d'un jour; et, dans l'impatience de retourner en Italie, ils se plaignoient de la lenteur de Pompée, auquel ils reprochoient de vouloir se perpétuer dans le commandement. Ce général, accoutumé, dès sa jeunesse, aux applaudissemens, avoit le foible de ne pouvoir souffrir d'être désapprouvé. Il résolut donc d'engager une action générale dans les plaines de Pharsale où il étoit campé. Il fut entièrement défait.

Confiance du parti de Pompée, qui est entièrement défait.

Av. J. C. 48, de Rome 705.

Ptolémée Aulète, qui avoit de grandes obligations à Pompée, ne vivoit plus. Il avoit laissé la couronne à Ptolémée, l'aîné de ses fils, et à Cléopatre, l'aînée de ses filles

Pompée se retire chez Ptolémée, qui étoit en guerre avec Cléopatre sa sœur. Il est égorgé.

ordonnant qu'ils s'épouseroient, et qu'ils régneroient conjointement. Il nomma le peuple romain exécuteur testamentaire, et son testament, qu'il envoya à Rome, fut déposé entre les mains de Pompée.

Malgré les dispositions d'Aulète, Cléopatre fut chassée du trône par les ministres de Ptolémée; mais cette princesse ne fut pas sans ressources. Elle se retira en Syrie, où elle leva des troupes; et elle revint, à la tête d'une armée, pour former le siége de Péluse. Son frère étoit allé au-devant d'elle pour couvrir cette place; et les deux armées campoient sur la côte, lorsqu'elles virent arriver Pompée, qui croyoit que l'Égypte seroit un asyle pour lui. En effet, on parut d'abord empressé à le recevoir. Mais les députés, qu'il avoit envoyés à Ptolémée, ayant eu l'imprudence d'inviter les soldats à ne pas abandonner un général, sous qui plusieurs d'entre eux avoient autrefois servi, les ministres du roi en prirent de l'ombrage, et résolurent de faire périr Pompée. Peut-être aussi que, le méprisant dans sa disgrace, ils croyoient se faire un mérite auprès de César, en lui immolant cette victime; et ils l'immolèrent.

Informé de la route qu'il avoit prise, César avoit fait voile vers Alexandrie. Le sort funeste de Pompée lui arracha des larmes. Il détourna les yeux avec horreur, lorsqu'on lui présenta sa tête. Il lui fit rendre les honneurs accoutumés; et, de ce jour, il commença à répandre ses bienfaits sur ceux qui avoient suivi le parti de ce général malheureux. *César pleure la mort de Pompée.*

Aulète ayant nommé le peuple romain exécuteur testamentaire, César prétendit que c'étoit aux consuls de la république à prendre connoissance des contestations qui s'élevoient au sujet du testament. En conséquence il se porta pour juge entre Ptolémée et Cléopatre, et il leur ordonna de licencier leurs troupes. *Il se porte pour juge entre Ptolémée et Cléopatre.*

Il ne paroissoit pas en état de faire respecter son autorité; car il n'avoit amené avec lui que huit cents chevaux et deux légions qui ne composoient qu'un corps de deux mille deux cents hommes. Déjà le peuple d'Alexandrie s'étoit ameuté plusieurs fois, parce qu'il regardoit les fais- *Ptolémée arma contre lui.*

ceaux qui précédoient le consul comme une insulte faite à la dignité royale; et bientôt César, dans le quartier qu'il occupoit, se vit assiégé par les troupes du roi. Les ministres de ce prince le soupçonnoient avec fondement d'être favorable à Cléopatre.

César, vainqueur, dispose de la couronne d'Égypte.

Cette guerre, qui commença dans le mois d'août, dura tout l'hiver. Ptolémée y périt, la bibliothèque d'Alexandrie fut brûlée; et César, dans le temps qu'à Rome on le nommoit dictateur, courut en Égypte les plus grands dangers. Il dut son salut à son courage et aux secours qui lui vinrent d'Asie. Vainqueur, il donna la couronne à Cléopatre, et lui associa Ptolémée, prince âgé de onze ans, et frère du dernier roi.

Av. J. C. 47
de Rome 707.

Après avoir vaincu Pharnace et réglé les affaires de l'Orient, il revient à Rome, où il y avoit de grands désordres.

La passion qu'il conçut pour Cléopatre le retint encore quelques mois en Égypte. Il en sortit enfin pour marcher contre Pharnace, qui s'étoit emparé du royaume de Pont. C'est ce même Pharnace à qui Pompée avoit laissé le Bosphore Cimmérien.

César a rendu compte, en trois mots, de la rapidité de cette expédition : *Veni, vidi, vici*; je suis venu, j'ai vu, j'ai vaincu. Cependant il n'avoit amené avec lui qu'une légion, qui, en arrivant dans le Pont, se trouva réduite à mille hommes ; et le reste de ses forces ne consistoit qu'en trois légions peu exercées, et qui avoient été défaites par Pharnace. Déjotarus, roi de la petite Arménie, en fournit une. Domitius Calvinus, qui commandoit alors dans l'Asie, amena les deux autres. César avoit laissé le reste de ses troupes en Égypte, soit pour défendre Cléopatre et Ptolémée contre les révoltes, soit pour les retenir eux-mêmes dans le devoir.

Après avoir vaincu et ruiné Pharnace, il régla les affaires de l'Orient. De retour à Rome, vers le temps des comices, il fut élu consul et dictateur pour l'année suivante. C'étoit son troisième consulat et sa troisième dictature. Rome avoit besoin de sa présence. Les troupes, qui étoient restées en Italie, ne connoissoient plus la discipline. Dans la ville, les factions causoient les plus grands désordres, et la république paroissoit livrée à l'anarchie. Cependant la guerre n'étoit pas finie. Le parti de Pompée s'étoit relevé en Afrique, et César pouvoit se reprocher le temps qu'il avoit perdu en Égypte. Si ses ennemis avoient pu prévoir cette lenteur qui démentoit son caractère, il est vraisemblable qu'ils en auroient tiré un grand avantage.

<small>Il passe en Afrique, où le parti de Pompée s'étoit relevé.</small>

César se hâta de passer en Afrique, où C. Métellus Scipion et Caton s'étoient retirés après la bataille de Pharsale. Il aborda, dans le mois de décembre, aux environs d'Adrumète, avec trois mille hommes de pied et cent cinquante chevaux : le reste de ses troupes ne put même arriver que bien lentement. Les forces des ennemis paroissoient néanmoins formidables ; car Scipion à la tête de dix légions et d'une cavalerie nombreuse, avoit encore dans son alliance Juba, roi de Mauritanie. Mais César comptoit sur sa réputation, sur le nom de Marius dont la mémoire étoit chère aux Africains, et sur les titres de consul et de dictateur. En effet ces motifs lui ouvrirent les portes de plusieurs villes, et causèrent des désertions dans l'armée ennemie. D'ailleurs il savoit éviter le combat comme il savoit l'engager à propos.

<small>Av. J. C. 47, de Rome 708.</small>

<small>Ruine de ce parti.</small>

La circonspection avec laquelle il étoit obligé de se conduire, retint l'activité qui lui étoit naturelle. Dans les Gaules, il avoit eu à combattre contre des hommes accoutumés à employer la valeur plutôt que la ruse : en Afrique, au contraire, c'étoit contre la ruse qu'il avoit, sur-tout, à se précautionner, et il falloit du temps pour exercer les soldats dans ce nouveau genre de guerre. Ils s'y exercèrent pourtant assez promptement ; et, après avoir eu l'avantage dans plusieurs combats, ils remportèrent une victoire complète près de Thapsus. Scipion périt, lorsqu'il vouloit passer en Espagne. Caton se tua dans Utique. Juba, chassé de ses états, perdit la vie. Son royaume fut réduit en province romaine, et César revint à Rome sur la fin de juillet.

Av. J. 4
de Rome 708.

Av. J. C. 46,
de Rome 708.

Dans un homme qui n'a qu'à commander, la vengeance est toujours l'effet d'une ame cruelle ou pusillanime. La clémence étoit naturelle à César autant que la valeur ; et son premier soin, à son retour d'Afrique, fut de rassurer le sénat et le peuple, qui pouvoient craindre de trouver en lui un Marius ou un Sylla. Il se conduisit comme s'il n'avoit jamais eu d'en-

Clémence de
César.

nemis. Il pardonna non seulement aux partisans de Pompée; ils furent encore l'objet de ses grâces, et, parmi eux, il éleva aux magistratures ceux qui méritèrent son estime.

Il triomphe. Tant de fois vainqueur, il n'avoit pas encore triomphé : il n'en avoit pas trouvé le moment. Le repos dont il commençoit à jouir le lui offroit; et il triompha, dans le cours d'un mois, des Gaules, de l'Égypte, de Pharnace et de Juba. Il fit des largesses aux soldats, il en fit au peuple, et il donna des spectacles de toutes espèces.

Il fait divers réglemens. Aussi grand magistrat que grand capitaine, César réforma les abus. Il porta des lois pour l'administration publique. Il réprima le luxe. Ayant connu, par le dénombrement du peuple, qu'il y avoit la moitié moins de citoyens qu'avant les guerres civiles, il donna ses soins à réparer la population, et il corrigea le calendrier, dans lequel il y avoit une erreur de soixante-sept jours (1). Cette

---

(1) Pour faire concourir l'équinoxe du calendrier

réforme fit dire que le dictateur, non content d'assujettir la terre, vouloit encore gouverner les cieux. Cicéron fit même à ce sujet de mauvaises plaisanteries, dont César ne s'offensa point.

---

avec l'équinoxe astronomique, César fut obligé d'ajouter soixante-sept jours à l'année de Rome 708. En même temps il régla qu'à commencer à 709 les années seroient de 365 jours, et que, de quatre ans en quatre ans révolus, il y en auroit une de 366. Cette année, qu'on nomma Julienne, est plus longue de onze minutes que l'année solaire ; erreur qui a depuis été corrigée dans le calendrier grégorien.

L'erreur du calendrier romain venoit de Numa. Ce prince, ayant fait l'année lunaire de 355 jours, avoit réglé que, pour se retrouver avec le cours du soleil, on intercaleroit, de deux ans en deux ans, un mois qui seroit alternativement de 22 et de 23 jours ; en sorte que l'année intercalaire comprendroit tantôt 377 jours, et tantôt 378. Par-là, l'année moyenne des Romains se trouvoit de 366 jours. Elle étoit donc trop longue d'un jour, et par conséquent chaque année anticipoit d'un jour sur la suivante.

Une autre cause contribua encore à répandre de la confusion dans le calendrier. C'est que, dans le siècle de César, les intercalations étoient devenues

530 HISTOIRE

Ruine du parti des fils de Pompée.

Pendant qu'à Rome il régloit le gouvernement, les fils de Pompée, Cnéus et Sextus, formoient un nouveau parti en Espagne. La domination de César étoit donc exposée à de nouveaux hasards ; et, pour l'assurer, il falloit vaincre encore. Mais une victoire qu'il remporta sous les murs de Munda termina enfin la guerre civile.

Av. J. C. 45, de Rome 709.

Honneurs qu'on rend à César.

A son retour, il offensa les Romains, parce qu'il triompha des deux Pompées. Il est vrai qu'il y fut en quelque sorte invité par le sénat, qui, à la nouvelle de la victoire de Munda, se livra aux démonstrations d'une joie excessive, et ordonna des

---

une affaire de cabale ; les magistrats intriguant pour faire intercaler ou pour l'empêcher, suivant qu'il étoit de leur intérêt de prolonger l'année ou de la raccourcir.

Avant César, l'erreur du calendrier romain n'avoit jamais été corrigée que fort grossièrement. Au milieu de ses occupations, il avoit trouvé des momens pour s'appliquer à l'astronomie. Il a même écrit sur ce sujet, et Ptolémée le cite parmi les observateurs auxquels il doit des lumières. Il employa à la réformation du calendrier l'astronome Sosigène.

fêtes en action de grâces. Mais c'est qu'on vouloit exciter contre lui l'envie et la haine : dans cette vue, la flatterie, qui l'avoit déjà comblé d'honneurs, lui en prodigua de toutes espèces. On lui donna le titre de Père de la Patrie. On le créa consul pour dix ans, dictateur perpétuel et censeur unique sous le titre d'inspecteur des mœurs. On déclara sa personne sacrée et inviolable. On lui permit de porter toujours une couronne de laurier. On lui accorda le droit d'assister aux jeux dans une chaire dorée, une couronne d'or sur la tête. Par le même décret on ordonna qu'après sa mort on placeroit toujours cette chaire et cette couronne dans les spectacles. Enfin on lui éleva une statue avec cette inscription : *A César demi-dieu :* et on la plaça dans le Capitole, vis-à-vis de celle de Jupiter. On lui décerna même les honneurs divins, sous le nom de *Jupiter Julius*, et il eut des autels, des temples, des prêtres, etc. Quant au titre d'empereur, on le lui donna dans une acception nouvelle ; c'est ce qu'il faut expliquer.

Tant que les consuls restoient à Rome, ils n'étoient que simples magistrats, et on *On le nomme empereur. Nouvelle acception de ce mot.*

ne les reconnoissoit pour généraux de la république que lorsqu'un décret leur avoit donné le commandement des troupes. Alors ils faisoient les sacrifices accoutumés, et ils sortoient pour se mettre à la tête des légions. Si, après la campagne, on leur accordoit le triomphe, ils conservoient le commandement jusques dans la ville, mais seulement pour le jour de leur entrée. Hors ce cas unique, ils cessoient d'être généraux aussitôt qu'ils reparoissoient dans l'enceinte du *pomerium*. La raison de cet usage est qu'ils auroient été maîtres de la république s'ils avoient commandé dans Rome comme dans un camp. Nous avons vu que Pompée s'établit dans les faubourgs, parce qu'il vouloit commander, et que cependant il ne vouloit pas s'éloigner.

Lorsque les consuls avoient eu des succès, leurs soldats les saluoient empereurs; et, si le sénat leur confirmoit ce titre, ils pouvoient se flatter d'obtenir le triomphe. Mais, dès qu'ils avoient triomphé, ils perdoient le titre d'empereur ainsi que le commandement.

Or ce titre, qui n'étoit que passager dans

les consuls, devint perpétuel dans César; et on y ajouta, pour prérogatives, qu'il commanderoit sans sortir de Rome, et qu'il disposeroit de toutes les armées avec un pouvoir absolu. Pour étendre ainsi la signification de ce mot, on ne fit qu'en faire un prénom, et on dit : *Imperator C. J. Cæsar*, au lieu de dire, comme on avoit fait jusqu'alors, *C. Julius Cæsar imp e ratr.* C'est en ce sens qu'Auguste et ceux qui lui succéderont seront nommés empereurs.

Les projets que formoit le dictateur auroient beaucoup contribué à sa gloire, s'il eût eu le temps de les exécuter. Il se proposoit de décorer Rome, de former une bibliothèque, de faire un corps de droit civil, de dresser une carte de l'empire, de creuser à l'embouchure du Tibre un port capable de recevoir les plus grands vaisseaux, de dessécher les marais Pomptins qui rendoient le Latium mal-sain, de couper l'isthme de Corinthe pour réunir la mer Égée et la mer Ionienne, et de rebâtir Corinthe et Carthage. Projets qu'il formoit.

Afin d'avoir plus de places à donner, il porta le nombre des préteurs à seize, et Il multiplioit les récompenses.

celui des questeurs à quarante. Il institua deux nouveaux édiles qu'il nomma *Céréales*, parce qu'ils devoient avoir l'inspection sur les blés. Il accorda les ornemens consulaires à dix anciens préteurs; récompense qui dédommageoit du consulat ceux qui ne l'avoient pas obtenu, quoiqu'ils eussent des titres pour y prétendre; et, ce qui ne s'étoit pas pratiqué depuis les rois, il créa de nouveaux patriciens, entre autres, Octavius son neveu, et Cicéron. Enfin il introduisit l'usage de faire abdiquer le consulat au bout de quelques mois, afin de pouvoir le conférer à d'autres. En général il ne laissoit échapper aucune occasion d'accorder des grâces. Le consul Fabius Maximus étant mort le dernier décembre, il lui substitua pour quelques heures Caninius Rébilus. *Hâtons-nous*, disoit Cicéron, *d'aller faire notre compliment à Caninius, avant qu'il soit sorti de magistrature.* De pareilles nouveautés offensoient le sénat et le peuple parce qu'elles avilissoient le consulat; mais César, qui vouloit récompenser ses créatures, ne s'assujettissoit pas aux usages.

Revêtu des premières magistratures, César paroissoit respecter les priviléges des comices. Il n'eut pas les mêmes égards pour ceux du sénat. Il sembloit ne pouvoir cacher son mépris pour ce corps qui auparavant s'étoit déclaré ouvertement contre lui, et qu'il voyoit alors à ses pieds. Sans daigner le consulter, il portoit des décrets qu'il donnoit pour des sénatus-consultes; et il les souscrivoit des premiers noms de sénateurs qui s'offroient à lui.

<small>Le sénat étoit humilié.</small>

Le sénat étoit donc humilié. Les grands, dont autrefois les rois et les peuples recherchoient la protection, n'étoient plus rien par eux-mêmes. Ils n'avoient de crédit qu'autant qu'ils avoient la faveur de César; et ils gémissoient en secret, quand ils considéroient la révolution qui les précipitoit aux pieds d'un seul homme.

Mais le peuple, depuis long-temps vendu aux grands, ne s'appercevoit pas que son sort eût empiré. Il regardoit le dictateur comme son ouvrage. Il s'applaudissoit d'avoir remis l'administration entre les mains d'un magistrat qui étoit à lui. En l'élevant, il paroissoit avoir recouvré

<small>Le peuple ne croyoit pas avoir rien perdu.</small>

la supériorité. Il jouissoit de l'humiliation du sénat, et il croyoit n'avoir rien perdu lui-même, parce qu'on ne l'avoit pas encore privé du droit de s'assembler. Séduit d'ailleurs par les exploits de César, il sembloit n'ouvrir les yeux que pour voir ce qu'il y avoit de grand dans ce grand homme; et, sans se précautionner contre la tyrannie, il se livroit avec le même enthousiasme avec lequel il défendoit autrefois sa liberté. Cependant le dictateur, qui ne négligeoit aucun moyen de plaire au peuple, se l'attachoit tous les jours par de nouvelles largesses; il l'entretenoit dans l'abondance, il l'occupoit de spectacles, et il l'accoutumoit à lui abandonner peu-à-peu tous les soins du gouvernement.

Il n'étoit plus possible de rétablir le gouvernement républicain.

Dans cette disposition des esprits, on ne pouvoit plus se flatter d'établir la république dont les fondemens étoient ébranlés depuis si long-temps. César pouvoit périr; mais il étoit facile de prévoir que de nouvelles guerres civiles seroient les jeux funèbres qui lui étoient préparés. Les Romains devoient combattre pour le choix d'un maître lorsqu'ils n'en auroient plus;

parce que, dans la corruption où se trouvoient les mœurs, la ressource des grands étoit dans la domination, et celle du peuple dans la servitude.

Cependant des républicains plus zélés qu'éclairés jugèrent que la tyrannie devoit cesser à la mort du tyran, et ils formèrent une conjuration contre César. Les uns, tels que M. Brutus, croyoient s'armer pour la patrie; les autres, tels que C. Cassius, ne songeoient qu'à venger des injures personnelles. C'étoient des hommes que le dictateur combloit de bienfaits; plusieurs avoient toujours été attachés à son parti; quelques-uns avoient la plus grande part à sa confiance, et il se livroit à eux sans précautions. Il avoit cassé sa garde, jugeant qu'il vaut mieux mourir une fois que de craindre toujours la mort.

Conjuration contre César.

Tel est le pouvoir des mots. On avoit réuni toute la souveraineté dans la personne du dictateur. Cependant, comme si quelque chose eût manqué à sa puissance, il desiroit le titre de roi; et les Romains qui ne lui refusoient que ce titre, croyoient conserver encore quelque liberté tant qu'ils

Il aspire à royauté, et est assassiné

ne le lui accorderoient pas. Lorsque ceux qui vouloient le flatter ou le perdre tentèrent de mettre le diadéme sur sa tête, ils ne firent qu'exciter l'indignation du peuple.

Plusieurs tentatives inutiles ne les rebutèrent pas. César, voulant venger la défaite de Crassus, se proposoit de porter la guerre en Orient. Ses partisans assurèrent qu'on lisoit dans les livres des Sibylles, que les Parthes ne seroient vaincus que par un roi. En conséquence, ils imaginèrent qu'en bornant César à n'être que dictateur par rapport à Rome et à l'Italie, on pourroit le déclarer roi par rapport aux autres provinces. Ils convinrent avec lui d'en faire la proposition au sénat, et il le convoqua pour les Ides de mars, c'est-à-dire, le quinze. Le bruit se répandoit donc qu'il aspiroit à la royauté. Les conjurés, saisissant ce moment qui paroissoit les assurer de l'approbation du peuple, l'assaillirent au milieu du sénat, et lui portèrent vingt-trois coups de poignard. Ainsi périt ce grand homme, dans la cinquante-sixième année de son âge.

A la vue de ses assassins, qui entreprennent de se justifier, les sénateurs reculent d'effroi. Sans les écouter, ils se dispersent à l'instant, et portent de tous côtés les regrets, la crainte ou l'horreur, suivant les sentimens qui les agitent. Les conjurés, qui n'ont pu les arrêter, se jettent après eux dans les rues. Les poignards encore sanglans à la main, ils crient qu'ils ont tué le roi de Rome. Ils parlent d'un tyran aimé comme on eût parlé autrefois d'un tyran odieux; et bientôt ils sont effrayés eux-mêmes lorsqu'ils considèrent la consternation qu'ils répandent. Reconnoissant alors, mais trop tard, qu'ils ont mal jugé des dispositions du peuple, ils se retirent dans le Capitole; et, pour se mettre en garde contre des citoyens qu'ils avoient cru sauver, ils arment une troupe de gladiateurs.

CHAPITRE III.

Marc-Antoine et Caïus Octavius.

<small>Il s'agit de décider si les conjurés seront punis ou récompensés.</small>

LES amis de César, qui s'étoient d'abord cachés, parurent en public aussitôt qu'on les eut avertis des dispositions du peuple. M. Émilius Lépidus, général de la cavalerie,

<small>Av. J. C. 44, de Rome 710.</small>

alla se mettre à la tête d'une légion, qu'il amena dans le champ de Mars; et Antoine, alors consul, se saisit de l'argent et des papiers du dictateur.

Ambitieux l'un et l'autre, ils méditoient de nouveaux troubles, et la mort de César à venger n'étoit pour eux qu'un prétexte. Ils s'assuroient secrètement de tous les partisans de ce grand homme : mais, avant de se montrer à leur tête, ils croyoient devoir sonder le sénat, et s'autoriser des résolutions qu'ils lui feroient prendre. Antoine le convoqua.

Quelque intérêt qu'eussent les conjurés à

s'y trouver, aucun d'eux n'y osa venir. Il s'agissoit de décider si on les puniroit ou si on les récompenseroit : question qu'on ne pouvoit résoudre qu'après avoir examiné si César avoit été un tyran ou un magistrat légitime.

Si César avoit été un magistrat légitime, il falloit ratifier tout ce qu'il avoit fait, et les conjurés méritoient d'être punis. Ils méritoient au contraire des récompenses, si César avoit été un tyran ; et, ce qui ne pouvoit s'exécuter sans donner lieu à des troubles, c'est qu'alors il falloit casser toutes les ordonnances du dictateur, déposer tous les magistrats qu'il avoit nommés, et révoquer tous les gouverneurs auxquels il avoit donné des provinces. Enfin il falloit encore traîner ignominieusement dans les rues le corps de César, et le jeter ensuite dans le Tibre : spectacle qui n'auroit pas manqué de révolter le peuple.

Ces considérations, qui ne permettoient pas de flétrir la mémoire de César, furent le sujet des représentations que fit Antoine, et il jouissoit de l'embarras où il jetoit les sénateurs. Il lui importoit peu que les conjurés fussent déclarés innocens ou coupables. Pour avoir un prétexte de les poursuivre tôt ou tard, il lui suffisoit que César ne fût pas déclaré tyran; et il ne méditoit leur perte qu'autant qu'elle seroit pour lui un moyen de s'élever.

<small>Embarras des sénateurs.</small>

Jamais le sénat n'avoit eu à délibérer sur une matière si importante et si délicate. Il n'y étoit point préparé, et cependant la chose demandoit une décision prompte. Les sénateurs, assemblés tumultuairement, n'avoient pas eu le temps de se concerter. Ils se défioient mutuellement les uns des autres; et, quoiqu'il n'y eût que deux partis, on les discernoit si peu, qu'on ne savoit à qui donner sa confiance. Parmi les républicains zélés, quelques-uns avoient le courage de rendre des actions de grâces aux conjurés : ils demandoient même qu'on leur décernât des récompenses. Mais le plus grand nombre paroissoit intimidé, lorsqu'ils considéroient les bras prêts à s'armer pour venger la mort du dictateur. Enfin plusieurs avoient intérêt que les actes de César fussent confirmés, parce qu'autrement ils auroient perdu les magistratures ou les gouvernemens qu'ils tenoient de lui.

Dans cette confusion, le sénat, pour contenter tous les partis, fit un décret qui supposoit que César avoit été tout-à-la-fois un tyran et un magistrat légitime. Un tyran, parce qu'on arrêta que les conjurés ne seroient pas poursuivis : un magistrat légitime, parce qu'on ordonnoit que ses réglemens seroient ratifiés. On crut tout concilier par cette contradiction. En effet on concilia tout pour un moment. *Décret du sénat.*

On fit ensuite la distribution des gouvernemens, conformément aux dispositions faites par César. Par-là, les principales provinces furent données aux chefs des conjurés; à M. Brutus la Macédoine et l'Illyrie, à C. Cassius la Syrie, à C. Trébonius l'Asie mineure, à Tillius Cimber la Bithynie, et à Décimus Brutus la Gaule Cisalpine. *Gouvernemens donnés aux chefs des conjurés.*

Av. J. C. 44, de Rome 710.

Antoine ne s'opposa point aux arrangemens pris en leur faveur. Il consentit même à voir Brutus et Cassius; et à la modération avec laquelle il se conduisoit, on auroit cru pouvoir compter sur la paix Ce e modération néanmoins étoit trop suspecte pour dissiper toute inquiétude, et il sembloit que le sénat affectât, pour se rassurer, de louer d'autant plus le consul qu'il le craignoit davantage.

<small>On ordonne que le testament de César soit exécuté, et on lui décerne les honneurs de la sépulture.</small>

César avoit confié son testament à Pison, son beau-père, et Pison se proposoit d'en faire l'ouverture. Il ne paroissoit pas qu'on eût aucun prétexte pour s'y opposer. Dès qu'on avoit ratifié tous les actes de César, pouvoit-on lui contester la liberté de disposer de ses biens? Plusieurs sénateurs demandoient néanmoins que son testament fût supprimé : ils craignoient d'y trouver des dispositions capables de susciter de nouvelles querelles. Ils craignoient encore plus l'effet que pouvoit produire le spectacle des funérailles ; et, par cette raison, ils auroient voulu le priver des honneurs de la sépulture. Mais si la religion ne permettoit pas de refuser ces honneurs aux moindres citoyens, les pouvoit-on refuser au souverain pontife ? Après de longues contestations, on les lui décerna, et on consentit que son testament fût exécuté.

<small>Effet que produisent sur le peuple ce testa-</small>

César adoptoit C. Octavius, petit-fils de sa sœur Julie : il l'instituoit héritier pour la plus grande partie de ses biens : il lui donnoit pour tuteurs plusieurs des conjurés mêmes : il lui substituoit Décimus Brutus : il faisoit enfin des legs au peuple et à chaque citoyen.

Les largesses, dont le peuple étoit l'objet, renouveloient sa douleur, et sa reconnoissance tournoit en indignation contre les conjurés, lorsque l'appareil des funérailles attira le concours de tous les citoyens. Le corps étoit sur un lit de parade, dans une espèce de petit temple qu'on avoit élevé au milieu de la tribune aux harangues ; et Antoine, monté sur cette tribune, alloit prononcer l'oraison funèbre du dictateur.

Après avoir fait lire les sénatus-consultes qui décernoient à ce grand homme des honneurs de toute espèce, il fit le récit de ses victoires et de ses conquêtes. Il parla de sa clémence ; il exagéra toutes ses vertus : *C'est à ces titres*, disoit-il, *que nous avons juré sa personne sacrée et inviolable, et voilà nos sermens.* Il montroit le corps de César. Alors il étale, aux yeux du peuple qui fondoit en larmes, la robe encore sanglante du dictateur, et il fait voir, dans une représentation en cire, les vingt-trois coups de poignard qui lui ont été portés. A ce spectacle, le cri de la vengeance se mêle à celui de la douleur : on fait un bûcher de tout ce qui tombe sous la main; et, pendant que les uns jettent dans les flammes ce qu'ils ont de plus précieux, les autres volent aux maisons des conjurés pour les réduire en cendres. Ils furent repoussés.

Les chefs des conjurés sortent de Rome.

Av. J. C. 44, de Rome 710.

Antoine avoit levé le masque. Les conjurés ne pouvoient plus douter qu'il ne méditât leur perte. Embarrassés dans les piéges qu'il leur tendoit, il n'y avoit plus à Rome de sûreté pour eux; et ils voyoient combien ils s'étoient trompés lorsqu'ils avoient jugé qu'après la mort du tyran la liberté se rétabliroit d'elle-même. Décimus Brutus partit pour la Gaule Cisalpine, Trébonius pour l'Asie mineure, et Tillius Cimber pour la Bithynie. Ces provinces, comme nous l'avons vu, leur avoient été assignées. Ils y trouvoient un asyle, et ils pouvoient s'y fortifier.

Mais Brutus et Cassius, alors préteurs, ne pouvoient aller dans leurs gouvernemens qu'après que l'année de leur magistrature seroit expirée ; et Brutus, parce qu'il avoit le département de la ville, ne pouvoit pas même s'absenter plus de dix jours. Antoine qui n'étoit pas fâché de les éloigner, fit dispenser celui-ci de la loi qui l'obligeoit à résidence; et le sénat, pour colorer leur fuite, leur donna la commission de faire venir d'Asie et de Sicile les blés nécessaires à l'approvisionnement de la ville. Ils sortirent alors de Rome. Il semble qu'ils auroient dû passer sur-le-champ dans leurs gouvernemens. Si d'un côté la chose étoit irrégulière, de l'autre il leur importoit de s'assurer des légions, et de venir promptement au secours de D. Brutus et du sénat. Mais, parce qu'ils ne perdirent pas toute espérance de rentrer dans Rome, ils restèrent en Italie.

Antoine ne savoit pas, comme César, aller de dessein en dessein sans se découvrir. Naturellement emporté, il brusquoit les circonstances ; et, après avoir fait précipitamment une démarche qui le déceloit, il se voyoit réduit à faire une démarche contraire, pour dissiper des soupçons qu'il ne dissipoit pas. Il n'avoit point encore de

Conduite peu mesurée d'Antoine.

parti formé. Cependant plusieurs des conjurés prenoient possession de leurs gouvernemens. Il les forçoit à prendre des mesures contre lui, et il forçoit le sénat à faire des vœux pour eux.

<small>Pour gagner la bienveillance du sénat, il fait donner le commandement des flottes à Sextus fils de Pompée.</small>

Il songea à réparer son imprudence. Quoique devant le peuple il eût juré de venger la mort de César, il tint dans le sénat un autre langage. Il parla de cette mort comme d'un accident qu'on ne devoit attribuer qu'à la colère des dieux. Il dit qu'il falloit ensevelir le passé dans l'oubli, et ne penser désormais qu'à réunir les esprits divisés. Des deux fils de Pompée, Cnéus étoit mort peu après la bataille de

<small>Av. J. C. 44, de Rome 710.</small>

Munda; Sextus vivoit encore, et il étoit en Espagne où il avoit relevé son parti. Antoine proposa de le rappeler, de lui restituer l'équivalent des biens de son père, et même de lui donner le commandement sur toutes les flottes de la république. Le sénat applaudit à toutes ces propositions, donna un décret en conséquence; et Sextus après avoir rassemblé tout ce qu'il put de vaisseaux, vint s'établir à Marseille, d'où il observa les événemens.

Il y avoit à Rome un certain Amatius, qui se disoit petit-fils de Marius. A la tête d'une populace séditieuse, il avoit élevé un autel à la mémoire du dictateur; il y faisoit faire des sacrifices, et il menaçoit hautement de venger la mort de César. Arrêté par ordre d'Antoine, il fut conduit dans une prison et étranglé.

Il fait étrangler Amatius.

Dolabella, que César, lorsqu'il se proposoit de passer dans l'Orient, avoit désigné pour lui succéder dans le consulat, avoit, en conséquence pris possession de cette magistrature. Jaloux de partager avec son collègue la bienveillance du sénat, il renversa l'autel élevé à César ; il dissipa la populace qui s'attroupoit autour de ce monument, et il punit de mort les chefs qui l'ameutoient.

Dolabella, collègue d'Antoine, achève de dissiper les émeutes du peuple.

Ces voies de fait étoient condamnées par les lois. Cependant le sénat, bien loin de les désapprouver, donnoit au contraire de grands éloges aux consuls, parce qu'il vouloit irriter le peuple contre eux. Antoine sur-tout s'exposoit aux reproches d'ingratitude et d'inconstance. Devenu odieux à la multitude, il s'en fit un mérite auprès du sénat. Il feignit de craindre pour ses jours

Antoine obtient une garde.

Il demanda des gardes, et on lui permit de se faire accompagner par quelques soldats vétérans.

Alors il prit pour gardes de vieux soldats et d'anciens officiers, qui avoient servi sous ses ordres dans les armées de César; et il en réunit auprès de lui jusqu'à six mille. C'étoient des hommes sur la valeur desquels il pouvoit compter. Cependant ils ne se donnoient à lui que dans l'espérance de venger la mort du dictateur. Il devoit donc perdre leur confiance, s'il ne se déclaroit pas hautement contre les conjurés. Par eux, il étoit maître dans Rome; mais lui-même il dépendoit d'eux.

Il abolit la dictature. Sa puissance. Il sembloit qu'il fût condamné à donner des soupçons et à les dissiper tour-à-tour. Lorsqu'il vit que sa garde nombreuse effrayoit les sénateurs, il voulut les rassurer. Dans cette vue, il proposa d'abolir la dictature, et la loi en fut portée dans une assemblée du peuple. En abolissant cette dignité, alors odieuse au sénat dont autrefois elle avoit été la grande ressource, il vouloit faire croire qu'il n'y aspiroit pas. Mais qu'importoit qu'il fût dictateur ou consul?

Appuyé de Lépidus qu'il avoit fait souverain pontife, et de ses deux frères dont l'un étoit préteur et l'autre tribun, il disposoit de tout ; et, sous son nom, César mort régnoit plus despotiquement que César vivant. Parce qu'un sénatus-consulte avoit confirmé tous les réglemens du dictateur, Antoine donnoit, comme autant de lois, tous les réglemens qu'il faisoit lui-même. Les ordonnances qu'il vouloit publier, il les avoit trouvées dans les papiers de César. Sous ce prétexte il faisoit un trafic des immunités, des priviléges, des grâces de toute espèce: il rappeloit les exilés, il aliénoit le domaine de la république, il vendoit, en un mot, aux citoyens, aux peuples, aux rois, tout ce qu'on vouloit acheter. Les sommes immenses qu'il amassoit par cette voie lui auroient fourni les moyens d'assurer son autorité, si, moins prodigue et moins inconsidéré, il avoit su user de ses richesses et de sa puissance.

A peine les deux chefs des conjurés furent sortis de Rome, qu'il fit donner à Dolabella le gouvernement de Syrie, et il obtint pour lui celui de Macédoine. Brutus et Cassius de *Il dépouille Brutus et Cassius de leurs gouvernemens.*

Av. J. C. 44, Rome 710.

furent dépouillés par un plébiscite. Le sénat donna au premier l'ile de Crète, et au second la Cyrénaïque. Antoine voulut bien qu'on leur accordât ce foible dédommagement. Les choses étoient dans cet état lorsque C. Octavius vint à Rome pour recueillir la succesion de son grand-oncle.

C. Octavius ose se porter pour héritier de César. Octavius étoit fils d'un sénateur, nommé Caïus Octavius, qui avoit exercé la préture, et d'Accie, fille d'Accius Balbus, qui avoit épousé Julie, sœur de César. Il étoit, depuis six mois, à Apollonie, pour achever dans cette ville, ses études et ses exercices, lorsqu'il apprit la mort du dictateur. Tout paroissoit lui défendre de penser à faire valoir ses prétentions. Il n'avoit que dix-huit ans. A cet âge pouvoit-il se flatter de devenir tout-à-coup le chef d'un parti assez puissant pour s'élever malgré le sénat qui favorisoit les conjurés, et malgré Antoine qui avoit déjà, en quelque sorte, usurpé la tyrannie? Si, en arrivant en Italie, il n'étoit pas respecté des deux partis qui divisoient la république, s'il ne les forçoit pas l'un et l'autre à le ménager, il étoit perdu sans ressource. Son sort dépendoit du succès de sa première démarche.

Ses amis, qui ne considéroient que les dangers auxquels il s'exposoit, jugeoient qu'il n'y avoit de sûreté pour lui que dans une vie obscure. Octavius fut plus hardi, parce qu'il étoit ambitieux, et peut-être aussi parce qu'il n'avoit que dix-huit ans. Non seulement il osa se porter pour héritier de César, il se proposa encore de le venger; et il ne désespéra pas de s'élever à la même puissance. Il manquoit de valeur. Peut-être l'ignoroit-il; mais il se sentoit de l'audace, et il en avoit d'autant plus que son inexpérience ne lui permettoit pas de prévoir les obstacles qu'il auroit à surmonter.

Il se hâta de passer en Italie. Cependant il étoit si peu assuré de la disposition des esprits, qu'il évita d'aborder à Brindes : il débarqua à quelque distance de cette ville, et il envoya reconnoître s'il pouvoit y entrer sans danger. Mais aussitôt que les soldats, qui étoient en garnison dans cette place, eurent appris son arrivée, ils sortirent au-devant de lui. C'étoient des vétérans qui avoient servi sous son oncle. Ils

En arrivant en Italie, il se trouve à la tête d'un parti.

Av. J. C. 44, de Rome 710.

l'introduisirent dans Brindes, et ils l'en rendirent maître en quelque sorte.

A ce premier succès, l'entreprise d'Octavius commençoit à n'être plus aussi téméraire qu'elle avoit pu le paroître. Il jugea sans doute que l'exemple, donné par les soldats de Brindes, deviendroit contagieux. Il vit donc que le nom de César lui donneroit des armées. Dès-lors, quoiqu'il ne fût pas encore autorisé à porter ce nom, il le prit, et il se fit appeler *C. Julius César Octavianus*. Je continuerai de le nommer Octavius.

Il partit de Brindes pour se rendre à Rome. Sur sa route il fut accueilli des parens, des affranchis de son oncle, et des vétérans à qui le dictateur avoit donné des terres. Tous demandoient à venger la mort de César : tous se plaignoient d'Antoine qui avoit ménagé les meurtriers; et ils paroissoient chercher un chef dans ce jeune homme que leur général avoit jugé digne de porter son nom. Octavius flatta leurs espérances, mais sans se compromettre. Avant de se déclarer ouvertement, il vouloit tout observer : il sentoit la nécessité de régler ses démarches sur les circonstances où il se trouveroit.

En traversant la Campanie, il vit Cicéron qui étoit alors à une de ses campagnes près de Cumes. Il songeoit à ménager cet orateur qui, de son côté, cherchoit un appui contre Antoine. Cicéron se lia avec lui. Flatté des avances d'Octavius qui l'appeloit son père, et qui disoit ne vouloir se conduire que d'après ses conseils, il ne voulut rien prévoir, et il résolut de l'appuyer de tout son crédit.

Enfin, lorsque Octavius approchoit de Rome, il vit arriver, au-devant de lui plusieurs magistrats et une partie du peuple. De tous ceux qui avoient été attachés à César, Antoine fut le seul qui ne témoigna aucun empressement de voir le fils de son général. Il ne daigna pas même lui envoyer un de ses gens. Quoique cette conduite pût être mal interprétée, Octavius n'en parut point offensé. Au contraire il excusoit Antoine, disant qu'à son âge il étoit fait pour prévenir le premier magistrat de la république.

Pour être autorisé à porter le nom de

Parti qui lui étoit contraire.

son oncle, il falloit qu'il se présentât devant le préteur, et qu'il fît enregistrer solemnellement la déclaration par laquelle il acceptoit l'adoption de César. C'est ce qu'il fit dès le lendemain de son arrivée à Rome. Cet acte sembloit lui faire un devoir de poursuivre les meurtriers de son père. Cependant le sénat leur avoit accordé une amnistie. Antoine y avoit donné son consentement. S'il ne vouloit pas lui-même venger le dictateur, il ne souffriroit pas qu'un autre le vengeât. Enfin plusieurs des conjurés se fortifioient dans leurs gouvernemens ; et D. Brutus, qui étoit dans la Gaule Cisalpine, paroissoit devoir commander à toute l'Italie. Voilà le parti qu'Octavius avoit à combattre. Ses amis en étoient effrayés ; mais il auroit cru se déshonorer s'il eût renoncé par crainte à une adoption qui lui étoit si glorieuse. C'est pourquoi il ne balança pas. S'il eût hésité, l'empressement de ceux qui venoient à lui se fût ralenti ; en se hâtant, il enflammoit leur zèle de plus en plus.

Ce parti n'étoit pas aussi redoutable qu'il le paroissoit.

D'ailleurs ses ennemis n'étoient pas aussi redoutables qu'ils le paroissoient. Le sénat, foible par lui-même, devoit ménager Octavius, dès qu'Octavius auroit un parti puissant, Antoine aliénoit ceux qui lui étoient le plus dévoués, s'il se déclaroit ouvertement contre le fils de César. D. Brutus pouvoit peu compter sur ses soldats, parce qu'ils avoient servi sous le dictateur. Cimber et Trébonius étoient trop loin pour venir à son secours. Enfin les meilleures troupes de la république demandoient la mort des conjurés, ou plutôt c'étoit un prétexte pour elles d'allumer une guerre civile, et elles n'attendoient que le moment d'être conduites à Rome. Dans de pareilles circonstances, si Octavius savoit se conduire, tout devenoit favorable à son ambition ; mais les fautes d'Antoine le serviront encore mieux.

Octavius, après avoir fait enregistrer sa déclaration, alla sur-le-champ voir Antoine. Il le remercia d'abord de son attachement pour la mémoire du dictateur, et de l'éloge qu'il en avoit fait. Il se plaignit ensuite du consentement qu'il avoit donné à l'amnistie accordée aux conjurés. Il ne lui dissimula pas qu'il se proposoit de les pour-

Entrevue d'Octavius et d'Antoine.

suivre ; il le pressa de se joindre à lui ; il le pria de ne pas au moins s'opposer à ses desseins. Enfin il lui demanda, en qualité d'héritier, l'argent qui avoit été trouvé chez César, et dont il avoit besoin pour s'acquitter envers le peuple.

Plus les projets de ce jeune homme étoient hardis, moins Antoine le croyoit capable de les soutenir; il ne vit en lui qu'un téméraire. Il lui répondit qu'il s'étoit trompé, s'il se flattoit de succéder un jour à la puissance du dictateur. Il lui peignit les dangers auxquels il s'exposoit, et il lui conseilla de sacrifier ses ressentimens au bien public et à sa propre sûreté. Quant à l'argent, il le lui refusa, sous prétexte que c'étoit l'argent même de la république, dont César s'étoit emparé.

Octavius, qui veut acquitter les legs de son grand-oncle, est traversé par Antoine.

Octavius fut outré de ce refus. Il voyoit que le motif du consul étoit de le priver de la faveur du peuple, en lui ôtant les moyens de l'acheter. Il se hâta de mettre en vente les terres et les maisons de César, déclarant qu'il n'avoit accepté la succession que pour acquitter les legs portés par le testament. Mais la plus grande partie de ces effets furent réclamés, ou comme ayant été usurpés sur l'état, ou comme ayant été enlevés à des particuliers; et pour donner plus de force à ces oppositions, Antoine, qui les avoit suscitées lui-même, fit rendre par le sénat un décret qui ordonnoit des recherches sur l'administration des deniers publics pendant la dictature. Octavius opposoit à ce décret celui qui ratifioit les actes de César. Il prouvoit d'ailleurs, par des contrats, l'acquisition légitime des biens qui lui étoient contestés. Tout cela le jetoit dans de longues procédures, et ne lui permettoit pas de remplir si tôt ses engagemens envers le peuple. C'est ce qu'on vouloit. Il sut tirer avantage de la situation dans laquelle on croyoit l'avoir embarrassé. Il vendit son patrimoine pour acquitter une partie des legs: il se plaignit d'Antoine qui l'avoit mis dans l'impuissance de les acquitter entièrement; et le peuple, qui applaudissoit à sa libéralité, se déclara ouvertement contre le consul.

Nous avons vu que le sénat avoit ordonné que la chaire et la couronne de César seroient, à perpétuité, placées dans tous les

<small>La garde d'Antoine désapprouve les difficultés qu'il fait à Octavius.</small>

spectacles. En conséquence de ce décret, Octavius les fit porter aux jeux que donnoit Critonius, alors édile. Critonius refusa de les recevoir, et Antoine défendit même à Octavius de les mettre aux jeux qu'il devoit donner lui-même. Mais cette défense déplut au peuple; elle souleva même contre le consul jusqu'à ses propres gardes. Ils menacèrent de l'abandonner, s'il continuoit de persécuter le fils de César.

<small>Elle les réconcilie. Antoine obtient la Gaule Cisalpine.</small>

Forcé à se justifier, Antoine dissimula. Il consentit à se réconcilier avec Octavius; et les chefs de sa garde les ayant rapprochés, ils se promirent l'un à l'autre d'agir désormais de concert, et de s'aider mutuellement de leur crédit. En effet ils se réunirent pour enlever la Gaule Cisalpine à D. Brutus. Le consul, qui vouloit ce gouvernement, dans l'espérance de se rendre maître de l'Italie, sut persuader à Octavius de contribuer à le lui procurer. En vain le sénat s'y opposoit; la proposition fut faite au peuple qui l'agréa, et qui donna la Macédoine à C. Antonius, frère d'Antoine.

<small>Pour perdre Octavius, Antoine devoit s'unir à lui.</small>

Pour partager la faveur, César s'unit à Pompée qu'il vouloit perdre. C'est ainsi qu'Antoine auroit dû se conduire avec Octavius. S'il lui eût facilité les moyens de s'acquitter envers le peuple, il eût été comme lui l'objet de la reconnoissance; et il se fût attaché tous les partisans de ce jeune homme, s'il eût affiché le même amour pour la mémoire de César, et le même desir de le venger. Un même intérêt les invitoit à se réunir, puisqu'ils avoient pour ennemis, l'un et l'autre, les conjurés et le sénat. Antoine ne devoit donc point craindre de partager l'autorité avec Octavius. Au contraire, en ne formant avec lui qu'un parti, il pouvoit espérer d'en devenir le seul chef. Octavius, si habile dans les intrigues, étoit sans expérience à la guerre; il manquoit même de courage. Antoine avoit servi en Syrie sous Gabinius. C'est lui qui avoit rétabli Ptolémée Aulète sur le trône d'Égypte. Il commença, dans cette guerre, à s'attacher les soldats dont il mérita l'estime. Depuis il se distingua toujours dans les armées de César. Il eut la plus grande part à la confiance de ce général, et on le regardoit avec raison comme un excellent capitaine. On peut donc présumer qu'en paroissant partager le commandement il auroit en effet commandé seul. Dès-lors il auroit cessé d'avoir un concurrent dans Octavius.

<small>Antoine se brouille avec Octavius.</small>
Plus soldat que politique, Antoine se crut déjà maître de l'Italie, parce qu'un plébiscite lui donnoit le gouvernement de la Gaule Cisalpine : gouvernement qu'il n'avoit pas encore, et qu'il falloit conquérir. Il ménagea si peu Octavius, qu'il menaça de le punir s'il continuoit de corrompre le peuple par des largesses. Parce qu'il l'avoit d'abord méprisé, il n'imaginoit pas le devoir craindre. Il ne considéroit pas qu'il irritoit le peuple en condamnant les libéralités qu'on lui faisoit, et qu'en persécutant le fils d'un homme auquel lui-même il devoit tout, il révoltoit contre son ingratitude tous ceux qui avoient servi sous le dictateur. C'est ainsi qu'il aliénoit ses partisans, et qu'il les forçoit de s'attacher à son rival.

<small>Octavius rend Antoine suspect à tous ceux qui s'intéressent à la mémoire de César.</small>
Octavius, plus habile, tiroit avantage de toutes les fausses démarches d'Antoine. Il excita contre lui le ressentiment du peuple; il l'exposa à l'indignation des colonies que César avoit établies dans l'Italie; il lui en-

leva même la confiance d'un grand nombre d'officiers et de soldats qui servoient dans sa garde ; il envoyoit de tous côtés des émissaires qui répandoient des soupçons sur la conduite équivoque du consul. En un mot, il travailloit sourdement à le rendre odieux à tous ceux à qui la mémoire de César étoit chère.

Antoine fut encore obligé d'avoir une explication avec les principaux officiers de sa garde. Ils lui représentèrent qu'il se perdoit, et qu'il les perdoit eux-mêmes par ses dissentions continuelles avec Octavius ; que son salut et le leur étoient attachés à la perte des conjurés ; que c'étoit là l'unique motif des engagemens qu'ils avoient contractés avec lui ; et que, mettant de côté tout autre intérêt, il devoit s'unir sincèrement avec Octavius pour tirer vengeance des assassins de César. Ces représentations produisirent une réconciliation aussi peu sincère que la première. Antoine cependant auroit pu juger que sa conduite lui faisoit perdre toute considération dans son parti.

Nouvelle réconciliation peu sincère de ces deux hommes.

Il venoit à peine de se réconcilier, qu'il accusa Octavius de l'avoir voulu faire assas-

Si Octavius n'eût pas eu Antoine pour concurrent, il seroit

siner. On ne sait pas s'il y avoit quelque fondement à cette accusation. Octavius s'en défendit comme d'une calomnie. Ce qu'il y a d'étonnant, c'est que Cicéron dit que les honnêtes gens croyoient la chose, et l'approuvoient. Quoi qu'il en soit, si Octavius se fût enlevé ce concurrent, il seroit parvenu plus difficilement à l'empire : je doute même qu'il y fût parvenu. Seul à la tête d'un parti, auroit-il à son âge inspiré la confiance aux soldats ? S'il l'eût d'abord inspirée, auroit-il soutenu cette confiance par sa capacité et par son courage ? Son parti n'avoit-il pas besoin d'un capitaine expérimenté pour l'opposer à Brutus, à Cassius et aux autres chefs des conjurés ? C'est Antoine qui vaincra pour Octavius, et il lui laissera recueillir le fruit de la victoire. Il l'a rendu cher à ceux qui s'intéressent à la mémoire de César, il va bientôt le rendre nécessaire au sénat ; et il aura tout-à-la-fois pour ennemis les conjurés, le sénat et Octavius.

Comme l'Italie étoit menacée d'une guerre civile, Brutus et Cassius en sortirent. Ils partirent pour l'Orient, dans le dessein de recouvrer les gouvernemens qui leur avoient été enlevés. Ils désespérèrent enfin de rentrer dans Rome avec quelque autorité, et ils reconnurent qu'il ne leur restoit d'autre ressource que d'opposer la force à la force.

Il y avoit dans la Macédoine six légions que César avoit destinées à la guerre contre les Parthes. Antoine en céda une à Dolabella qui partit pour la Syrie, et il fit venir les autres à Brindes. Lorsqu'il sut qu'elles y étoient arrivées, il alla se mettre à leur tête. On craignoit son retour. On ne doutoit pas qu'il ne se rendît maître du gouvernement, et que même il ne fît périr tous ceux qui lui étoient contraires. Il en avoit fait la menace. Octavius, qui avoit tout à redouter, leva dix mille hommes dans la Campanie, les conduisit à Rome à la sollicitation de Cicéron, prévint l'arrivée du consul, et se montra au peuple comme le défenseur de la patrie contre un tyran qui menaçoit de l'opprimer. *Antoine et Octavius arment. Av. J. C. 44, de Rome 710.*

Mais ses soldats étoient des vétérans, auxquels le dictateur avoit donné des établissemens, et qui croyoient avoir pris les armes pour le venger. Lorsqu'ils apprirent qu'on se proposoit de les faire marcher *Octavius est abandonné de la plus grande partie de ses troupes.*

contre Antoine, autrefois leur général, et actuellement consul. ils déclarèrent qu'ils ne marcheroient pas. Ils se retirèrent sous divers prétextes; et Octavius, qui n'avoit point de droit sur eux, n'en put retenir que trois mille. Avec si peu de forces, il ne jugea pas devoir attendre Antoine. Il sortit de Rome, et il alla du côté de Ravenne.

Antoine est au moment d'être abandonné des siennes.
Les troupes qu'Antoine avoit fait venir à Brindes se plaignoient qu'il eût laissé jusqu'alors la mort de César sans vengeance Il augmenta bientôt leur mécontentement par une sévérité déplacée, et il se vit au moment d'en être abandonné. Déjà elles se prétoient aux sollicitations d'Octavius qui les invitoit, par ses émissaires, à passer dans son parti. Antoine sentit alors la nécessité de les traiter avec moins de rigueur. Il songea à les ramener; et, lorsqu'il crut y avoir réussi, il vint à Rome à la tête d'une légion, pendant que les autres se rendoient à Rimini, le long de la mer Adriatique.

Octavius lui débauche deux légions.
Tout trembloit devant Antoine qui commandoit dans Rome comme dans un camp, lorsqu'il apprit qu'Octavius, qui avoit levé de nouvelles troupes, venoit de lui débau-

cher deux légions. Il lui importoit de prévenir la défection des autres. Il laissa donc Rome, et il partit pour aller se mettre à la tête du reste de ses troupes. Le sénat crut alors devoir son salut à Octavius qui avoit armé sans titre et contre un consul. Tel étoit donc l'état de la république : les soldats se vendoient aux chefs qui les vouloient acheter, et la puissance étoit aux plus audacieux.

Le consulat d'Antoine alloit expirer : car on étoit au mois de décembre. Les tribuns, ayant convoqué le sénat, proposèrent de charger les consuls désignés, C. Vibius Pensa et A. Hirtius, de pourvoir à ce que le sénat pût se tenir sûrement le premier janvier, et ils invitèrent les sénateurs à voir ce qu'il conviendroit de mettre alors en délibération.

Cicéron, qui prit la parole, attaqua personnellement Antoine, qu'il représenta comme ennemi de la république. Il applaudit au courage de Décimus qui se préparoit à se maintenir dans la Gaule Cisalpine, et il donna sur-tout de grands éloges au jeune Octavius, qui avoit sauvé le sénat des fu-

Assemblée du sénat où Cicéron parle contre Antoine et pour Octavius.

reurs du consul. Il conclut à porter le premier janvier un décret, pour approuver tout ce qu'Octavius et Décimus avoient fait contre Antoine, pour autoriser tout ce qu'ils feroient dans la suite, et pour leur décerner des récompenses à eux et à leurs troupes. Cet avis passa.

Antoine, outre sa garde, avoit trois légions. Décimus en avoit un égal nombre, et Octavius cinq. C'est Octavius qui offroit lui-même ses services au sénat. Il lui avoit écrit à cet effet. Il avoit besoin d'un titre; et, pour l'obtenir du sénat même, il refusa celui de propréteur que ses soldats voulurent lui donner. Le sénat, trompé par cette modération apparente, s'applaudissoit de voir la division dans le parti contraire aux conjurés. Il croyoit d'ailleurs pouvoir compter sur la soumission d'un jeune homme qu'il jugeoit n'avoir pas assez d'expérience pour se maintenir par lui-même. Enfin Cicéron acheva de le décider, parce qu'il se rendit caution pour Octavius : *J'assure, je garantis qu'Octavius sera toujours tel qu'il se montre aujourd'hui, et que nous pouvons desirer.*

En conséquence, le premier janvier Oc- Décret du sénat en faveur d'Octavius.
tavius obtint un sénatus-consulte qui pro-
mettoit à ses soldats de l'argent et des éta-
blissemens, et qui lui donnoit à lui-même Av. J. C. 43, de Rome 711.
le titre de propréteur, l'entrée au sénat, et le
privilége d'aspirer au consulat dix ans avant
l'âge porté par les lois. Devenu par ce décret
magistrat de la république, il joignit ses
troupes à celles des consuls Hirtius et Pansa;
et on vit le fils de César marcher, sous les
enseignes de ses ennemis, au secours d'un
des assassins de son père.

Il paroît que Décimus avoit peu de capa- Après deux combats, Antoine est forcé de passer dans la Gaule Transalpine.
cité et même peu de courage. Poussé vive-
ment par Antoine, il venoit de s'enfermer
dans Modène, lorsque l'armée du sénat arriva dans la Gaule Cisalpine. Il y eut deux
actions. Dans la première, Pansa reçut une
blessure mortelle : d'ailleurs la perte fut à-
peu-près égale des deux côtés. Dans la seconde, Antoine auroit été entièrement défait, si Hirtius n'eût pas été tué. Affoibli
par les pertes qu'il venoit de faire, il leva le
siège de Modène, et prit le chemin de la
Gaule Transalpine. Il se flattoit que M.
Émilius Lépidus, L. Munacius Plancus et

C. Asinius Pollio, trois anciens lieutenans de César, se déclareroient pour lui. Le premier étoit dans la Gaule Narbonnaise, qui faisoit partie de son gouvernement: le second commandoit dans la Gaule, et le troisième dans l'Espagne ultérieure.

<small>Bruit qui se répand contre Octavius.</small>

Il ne paroît pas qu'Octavius se soit distingué dans aucun des deux combats. Antoine l'accusa d'avoir fui. Il fut même exposé à des accusations plus odieuses encore. Le bruit courut que, pour s'assurer à lui seul le commandement des armées, il avoit fait assassiner Hirtius, et fait mettre du poison dans la blessure de Pansa. Ces attentats n'ont jamais été prouvés; mais malheureusement le caractère d'Octavius donnoit de la vraisemblance à de pareilles calomnies.

<small>Il ne veut pas ruiner le parti d'Antoine.</small>

En achevant de ruiner le parti d'Antoine, Octavius auroit préparé lui-même sa propre ruine. Aussi ne poursuivit-il pas ce général. Il laissa même passer un de ses lieutenans qui étoit à la tête de trois légions, et il lui permit de l'aller joindre. Ce lieutenant étoit P. Ventidius, dont nous aurons occasion de parler.

<small>Le sénat croit la guerre finie.</small>

Après la retraite d'Antoine le sénat regarda la guerre comme finie. Jugeant ce général sans ressource, il le déclara ennemi public, et il nomma une commission pour prendre connoissance de la conduite qu'il avoit tenue dans son consulat. Il donna le commandement de l'armée à Décimus, il saisit un prétexte pour lui décerner le triomphe, et il ne fit rien pour Octavius. Au contraire, il tenta de lui débaucher ses troupes, ou de le forcer à les licencier.

Octavius dissimula. Il ménageoit tout-à-la-fois Antoine et le sénat, attendant des conjonctures le moment favorable à son ambition. Pendant qu'il faisoit des démarches pour se réconcilier avec Antoine, il demanda le consulat. S'il l'obtenoit, il donnoit à sa cause l'appui de l'autorité publique : s'il ne l'obtenoit pas, il jugeoit que ses troupes, déjà mécontentes parce qu'on ne leur avoit pas donné l'argent qui leur avoit été promis, seroient irritées du refus du sénat, et qu'elles en seroient plus portées à la soutenir dans tout ce qu'il oseroit entreprendre.

Pendant qu'Octavius recherche Antoine, il demande le consulat que le sénat lui refuse.

De la part d'Octavius, la demande du consulat étoit tout-à-fait irrégulière. Comme il n'avoit que dix-neuf ans, il avoit encore quelques années à attendre, avant de pouvoir se prévaloir du privilége qui lui avoit été accordé (1). D'ailleurs il n'avoit été ni préteur, ni même questeur. Mais, en demandant le cousulat, il invitoit Cicéron à le demander avec lui, l'assurant qu'il se contenteroit du simple titre, qu'il lui laisseroit toute l'autorité, et qu'il ne recherchoit cette magistrature que pour avoir occasion de mettre bas les armes. L'orateur, toujours foible lorsqu'on le flattoit, donna dans le piége. Il ne crut pas néanmoins devoir aspirer lui-même ouvertement au consulat : il se désigna seulement d'une manière indirecte. Il proposa de donner pour collègue au jeune consul un gouverneur qui fût capable de le diriger. On rit de sa simplicité. On n'avoit garde d'élever à la première magistrature un jeune ambitieux qui avoit à venger la mort de César, et à qui cette vengeance pouvoit ouvrir le chemin à la tyrannie.

---

(1) Dans la règle, il falloit avoir plus de quarante ans pour être consul.

Antoine avoit alors passé les Alpes. Il eût péri s'il eût eu moins de courage, et si, par son exemple, il n'eût pas appris à ses soldats à supporter la disette et la fatigue. Quoique livré à ses passions, il étoit sobre, comme intempérant, suivant les circonstances; et, s'il devenoit vicieux lorsque la fortune lui étoit favorable, il paroissoit grand lorsqu'elle lui étoit contraire.

Antoine qui avoit passé les Alpes, les repasse à la tête de dix-sept légions.

Il fut joint par Ventidius, quand il descendoit dans les Gaules ; et il alla camper aux environs de Fréjus, assez près du camp de Lépidus. Ce général, qui feignoit d'être dévoué au sénat, affecta de se refuser à toute négociation : mais il ne parut prendre aucune mesure contre ses troupes, dont une grande partie, qui avoit servi sous César, étoit portée pour Antoine ; et les deux armées se réunirent. Il écrivit au sénat, comme pour se justifier, que cette réunion s'étoit faite malgré lui, et qu'il y avoit été forcé par la révolte de ses soldats, soit que la chose fût ainsi, soit que cette violence eût été concertée entre les deux généraux. Ce qu'il y a de vrai, c'est qu'Antoine se l'associa dans le commandement ;

il lui en laissa du moins les marques extérieures. Ayant ensuite été joint par Plancus et par Pollio, il repassa les Alpes : il avoit alors dix-sept légions.

<small>Octavius est élu consul.</small>

Le sénat déclara Lépidus ennemi public. Cependant, sans forces contre l'armée qui le menaçoit, il se vit dans la nécessité de recourir à Octavius auquel il continuoit de refuser le consulat. Octavius s'approcha de Rome à la tête de ses troupes. Il ne fut plus possible de lui rien refuser. On lui ouvrit les portes : il se saisit du trésor public : il le distribua à ses soldats : il se fit élire consul ; et, comme il n'avoit plus besoin de Cicéron, il prit pour collègue Q. Pédius, un de ses parens, et héritier en partie du dictateur.

<small>Il poursuit les meurtriers de César.</small>

Revêtu de l'autorité publique, il fit confirmer son adoption dans une assemblée des curies. Il poursuivit juridiquement les meurtriers de son père ; et, afin de pouvoir comprendre dans cette recherche un plus grand nombre de citoyens, la loi portoit qu'on informeroit contre tous les complices. Sextus Pompéius, qui n'avoit pas même eu connoissance de la conjuration, fut condamné, comme les autres à l'exil et à la confiscation des biens.

Chargé de la guerre contre Antoine, Octavius, qui feignoit de prendre encore les ordres du sénat, partit en apparence pour remplir cette commission ; mais il n'avoit plus besoin que d'une entrevue pour terminer la négociation qu'il traitoit depuis quelque temps, et on n'ignora pas long-temps ses vrais desseins. A peine fut-il hors de Rome, que Pédius, son collègue, proposa de révoquer les décrets portés contre Antoine et contre Lépidus. Le sénat obéit.

Il fait révoquer les décrets contre Antoine et contre Lépidus.

Hors d'état de se défendre tout-à-la-fois contre le consul et contre Antoine, Décimus voulut passer dans la Macédoine, où étoit alors M. Brutus. Mais, ayant été abandonné de ses troupes, il tomba entre les mains de ses ennemis, et on lui coupa la tête. Cette victime, qu'Antoine immoloit aux mânes de César, fut comme le préliminaire de sa réconciliation avec Octavius, qui lui fit faire des remerciemens.

Mort de Décimus Brutus.

Ils choisirent, pour le lieu de leurs conférences, une île du Panaro entre Bologne et Modène ; et ils s'y rendirent chacun de

Octavius, Antoine et Lépidus, sous le titre de triumvirs s'arrogent toute l'autorité.

leur côté, après que Lépidus, qui s'y transporta le premier, eut reconnu qu'il n'y avoit point d'embûches à craindre ni pour l'un ni pour l'autre. Toujours ennemis, ils ne s'estimoient pas assez pour se rapprocher avec confiance.

Ces trois hommes conférèrent dans cette île, pendant trois jours, à la vue de leurs gardes et de deux armées. Là, sous le titre de triumvirs, ils se saisirent de toute l'autorité, partageant entre eux les provinces et les légions. On laissa la Gaule Narbonnaise et l'Espagne à Lépidus. Antoine joignit à son gouvernement de la Gaule Cisalpine celui de la Gaule Transalpine. Il ne resta pour Octavius que l'Afrique où Cornificius commandoit au nom du sénat, et les îles de Sicile et de Sardaigne qui seront bientôt au pouvoir de Sextus Pompéius. Il fut pour lors obligé de se contenter de ce partage. Aucun des triumvirs n'osa s'approprier l'Italie, parce qu'on la regardoit comme la patrie commune, dont ils se disoient les défenseurs. Quant aux provinces orientales, elles étoient au pouvoir des conjurés.

ANCIENNE. 577

Antoine et Octavius convinrent de marcher incessamment contre les deux chefs, Brutus et Cassius, et de laisser à Rome Lépidus pour y maintenir l'autorité du triumvirat. Afin d'intéresser les soldats dans cette guerre, ils leur destinèrent dix-huit des principales villes d'Italie : ils jurèrent de leur en abandonner toutes les maisons et tout le territoire.

Comme Antoine et Octavius avoient été ennemis, on n'avoit pas pu se déclarer pour l'un sans se déclarer contre l'autre. C'est pourquoi ils eurent quelques difficultés à s'accorder sur le choix des victimes qu'ils immoleroient à leur vengeance. Il falloit qu'ils payassent réciproquement la tête d'un ennemi de la tête d'un ami ou d'un parent ; et ils firent cet échange sans être arrêtés ni par les liens du sang, ni par l'amitié, ni par la reconnoissance, sentimens qu'ils ne connoissoient pas. {Ils proscrivent leurs ennemis, leurs parens et leurs amis.}

Plus atroces que Sylla, ils violèrent les droits les plus sacrés de la nature ; et, comme s'ils avoient craint de ne pas montrer assez tôt toute leur férocité, ils affectèrent d'écrire, à la tête de la liste des proscrits, Paulus, frère de Lépidus, L. César, oncle d'Antoine, Plotius, frère de Plancus, Quintius, beau-père de Pollio, et C. Toranius, tuteur d'Octavius.

Mort de Cicéron.

Av. J. C. 43 de Rome 711.

Cette liste ne fut publiée qu'après leur arrivée à Rome, où ils s'étoient fait précéder par des soldats, qui avoient déjà immolé Cicéron et plusieurs autres citoyens illustres. Je ne parlerai que de la mort de cet orateur. Poursuivi par les assassins, Cicéron fait arrêter sa litière. Il les attend, les fixe, et leur tend la tête sans détourner les yeux de dessus celui qui le frappe : plus courageux dans cette occasion qu'il ne l'avoit été lors de son exil, soit que la mort ne fût pas ce qu'il craignoit davantage, soit que les malheurs de son siècle l'eussent enfin dégoûté de la vie. Grand homme à bien des égards, il eût mérité de vivre dans des temps plus heureux. Il mourut âgé de soixante-quatre ans.

Octavius, plus cruel que ses collègues.

On peut juger quelle étoit l'ame d'Octavius, qui immole Cicéron et Toranius à la haine d'Antoine. En effet, plus cruel que ses collègues, qui se laissoient toucher quelquefois, il se montroit inexorable, et il craignoit de mettre un terme à la proscription. Lépidus ayant assuré au sénat qu'elle étoit finie, Octavius déclara que, quoiqu'elle le fût, il ne prétendoit pas se lier les mains. Elle enveloppa tous les citoyens riches, dont les triumvirs vouloient la dépouille, et le nombre des proscrits paroît avoir été plus grand que sous Sylla.

Les triumvirs se firent confirmer, par un décret, l'autorité qu'ils s'arrogeoient par les armes. Le tribun P. Titius en fit la proposition, et on les établit pour cinq ans avec la puissance consulaire. Ils désignèrent des magistrats pour plusieurs années. Ils décernèrent de nouveaux honneurs à la mémoire de César. Ils jurèrent et firent jurer à tous l'observation des réglemens qu'ils avoient faits. Ils se permirent enfin des exactions de toute espèce. Cependant la crainte ou la flatterie leur donna les noms de bienfaiteurs et de sauveurs.

Un décret confirme aux triumvirs la puissance qu'ils ont usurpée.

Pendant la proscription, Sextus Pompéius, qui avoit été proscrit lui-même, se rendit maître de la Sicile, où il ouvrit un asyle aux proscrits. Ses vaisseaux, répandus le long des côtes de l'Italie, reçurent tous

La Sicile, qui obéit à Sextus Pompéius, devient l'asyle des proscrits.

ceux qui purent échapper aux triumvirs. Quelques-uns passèrent en Afrique, où commandoit Cornificius. D'autres allèrent joindre Brutus ou Cassius.

<small>Le sénat confirme à Brutus et à Cassius les gouvernemens dont ils se sont emparés.</small>

Brutus avoit trouvé dans la Grèce un grand nombre des soldats qui avoient servi sous Pompée, et qui s'attachèrent à lui, parce qu'il défendoit la même cause. Hortensius lui livra la Macédoine où il commandoit pour C. Antonius. En Illyrie, Vatidius fut forcé par ses troupes à lui abandonner le commandement ; et C. Antonius qui étoit alors dans cette province, ayant été enveloppé dans des marais d'où il ne pouvoit sortir, fut livré par ses propres soldats. En peu de mois Brutus se vit maître de la Grèce, de la Macédoine, de l'Illyrie et de la Thrace.

Cassius n'eut pas de moindres succès dans la Syrie, où, huit ans auparavant, il s'étoit fait une réputation par les armes. Questeur sous Crassus, il avoit échappé au désastre de ce général, et, avec les débris d'une armée presque détruite, il avoit repoussé les Parthes qui passèrent plusieurs fois l'Euphrate. Pendant que Dolabella, qui auroit pu le prévenir, enlevoit l'Asie mineure à Trébonius qu'il fit périr par trahison, Cassius s'établit dans la Syrie, et il étoit à la tête de douze légions, lorsque Dolabella vint pour le chasser de cette province. Il lui fut facile de s'y maintenir. Dolabella, assiégé par terre et par mer dans Laodicée, fut réduit à se tuer pour ne pas tomber entre les mains d'un ennemi qui auroit pu venger sur lui la mort de Trébonius.

Sur la première nouvelle des progrès de Brutus et de Cassius, le sénat s'étoit hâté de leur confirmer les gouvernemens dont ils venoient de s'emparer, et il les avoit revêtus l'un et l'autre de tous les pouvoirs qu'on décernoit aux proconsuls.

Ces deux généraux, après s'être assurés des provinces de l'Orient, rassemblèrent toutes leurs forces aux environs de Philippes, ville de Macédoine. Cette place située sur une montagne dominoit sur une vaste plaine, dans laquelle s'élèvent deux collines, distantes l'une de l'autre de mille pas. Brutus et Cassius campèrent sur ces deux collines, et tirèrent des lignes de commu-

Ces deux généraux rassemblent toutes leurs forces auprès de Philippes.

Av. J. C. 42, de Rome 712.

nication d'un camp à l'autre. Dans cette position, à l'abri de toute insulte, ils pouvoient, s'ils le jugeoient à propos, se tenir sur la défensive, et ils devoient être d'autant moins pressés de livrer bataille, qu'ils avoient derrière eux la mer qui apportoit l'abondance dans leurs camps. Leur armée étoit de quatre-vingt mille hommes de pied et de vingt mille chevaux.

<small>Les triumvirs viennent camper dans la plaine de Philippes.</small> Les troupes des triumvirs s'embarquèrent à Brindes, et passèrent heureusement en Épire, malgré les flottes ennemies qui croisoient les mers. Une maladie retint quelques jours Octavius à Dyrrachium ; Antoine se hâta de marcher en Macédoine, et vint camper dans la plaine de Philippes, à un mille des camps de Brutus et de Cassius. Lorsque Octavius l'eut joint, les deux armées, composées en grande partie de vieux soldats de César, montèrent à cent mille hommes de pied et à treize mille chevaux.

<small>Désavantage de leur position.</small> Supérieurs par le nombre et par la valeur expérimentée des troupes, les triumvirs avoient d'ailleurs tout le désavantage. Ils manquoient de bois. Pour avoir de l'eau,

ils étoient obligés de creuser des puits. Ils ne pouvoient tirer des vivres que de la Macédoine et de la Thessalie; et il étoit difficile qu'il leur en vînt d'Italie, faute de vaisseaux de guerre pour escorter leurs convois. Cependant les conjurés qui avoient de grandes flottes ne trouvoient point d'obstacle à faire venir de l'Orient toutes les provisions dont ils avoient besoin.

Si la guerre tiroit en longueur, l'armée des triumvirs devoit donc se ruiner par la disette. Il étoit par conséquent de leur intérêt d'engager promptement une action générale; par une raison contraire, il étoit de celui des conjurés de ne rien hasarder. Brutus en jugea autrement. Impatient de terminer la guerre, il pensoit moins à vaincre qu'à combattre, et il entraîna tous les avis. Cassius, moins impétueux et plus éclairé, s'y opposoit; mais il se trouvoit dans la même position où avoit été Pompée, et il consentit malgré lui à livrer la bataille.

Il étoit dangereux pour que la guerre tirât en longueur.

Brutus vainquit Octavius qu'il avoit en tête; et, ayant poussé jusqu'au camp ennemi que ses soldats pillèrent, il ne son-

Cassius est vaincu, et se tue.

gea qu'à poursuivre son avantage. Quand il revint, et qu'il se croyoit victorieux, il ne fut plus temps d'aller au secours de Cassius qui avoit été entièrement défait, dont le camp étoit au pouvoir d'Antoine, et qui, jugeant tout perdu, venoit de se tuer.

<small>Sa mort donne tout l'avantage aux triumvirs.</small>

Le désespoir précipité de Cassius donna seul tout l'avantage aux triumvirs. Ils avoient perdu beaucoup plus de monde; et le pillage de leur camp, qui étoit commun aux troupes d'Octavius et d'Antoine, augmentoit pour eux la difficulté de subsister. Les conjurés au contraire, qui trouvoient une retraite assurée dans le camp de Brutus, auroient facilement réparé leurs pertes. Mais la mort de Cassius leur enlevoit celui des deux généraux qui savoit le mieux la guerre.

<small>Pourquoi Brutus se détermine à engager une seconde action.</small>

Il y avoit dans les deux armées un pareil découragement. Il étoit causé dans l'une par la défaite de Cassius, et dans l'autre par celle d'Octavius. Antoine et Brutus ne songèrent d'abord qu'à rendre le courage à leurs troupes. Le premier y réussit facilement, parce que les soldats avoient une grande confiance dans sa capacité. Brutus n'avoit pas donné de lui la même opinion ; et il inspiroit d'autant moins de confiance, que son collègue en avoit inspiré davantage. L'armée de Cassius, tremblante à la vue des ennemis, étoit insolente avec son nouveau général ; et Brutus, naturellement doux, avoit peine à la contenir. Il voyoit d'ailleurs dans ses troupes un grand nombre de soldats qui lui étoient suspects, parce qu'ils avoient servi sous César. Il n'ignoroit pas que les triumvirs les sollicitoient à passer dans leur parti, et il avoit tout lieu de craindre des désertions. Ces motifs le déterminèrent à hasarder une seconde bataille.

Les triumvirs pouvoient compter sur leurs troupes ; mais ils souffroient de la disette. Les pluies d'automne, qui devenoient fréquentes et presque continuelles, les incommodoient d'autant plus, qu'ils campoient dans des lieux bas et marécageux. Enfin, ils n'attendoient point de nouveaux secours ; des vaisseaux qui leur apportoient d'Italie des munitions et des troupes avoient été battus et dissipés.

Une bataille étoit l'unique ressource des triumvirs.

Ils venoient d'apprendre cette nouvelle ; et ils se voyoient dans la nécessité de combattre, ou de périr s'ils ne combattoient pas.

<small>Brutus, qui l'ignore, est vaincu, et se tue.</small> Il y avoit vingt jours que ce combat naval s'étoit donné. Brutus cependant n'en eut aucune connoissance. Les généraux de la flotte victorieuse ne l'en informèrent pas; et un transfuge ayant répandu cette nouvelle dans son armée, on dédaigna de l'en instruire, parce qu'on n'y voulut pas croire. Le lendemain il livra la bataille, qu'il eût évitée sans doute s'il eût été mieux informé. Il fut vaincu. Il se tua, et avec lui finit le parti républicain.

<small>Puissance de Sex. Pompéius.</small> Sex. Pompéius n'étoit pas une ressource pour la république, à laquelle il paroissoit peu attaché. Il la menaçoit plutôt qu'il ne la secouroit. Maître de la Sicile, il venoit de s'emparer de la Sardaigne et de la Corse. Avec une flotte nombreuse et aguerrie, il dominoit sur toute la mer entre l'Italie et l'Afrique ; et les divisions que la victoire devoit semer entre les triumvirs pouvoient contribuer à l'accroissement de sa puissance.

Il ne paroît pas qu'Octavius ait eu au- *Conduite d'Octavius aux journées de Philippes.*
cune part à la dernière victoire. Dans la
première bataille, il s'enfuit dès le commencement de l'action, et il alla se cacher
dans des marais, d'où il ne sortit que lorsqu'il sut qu'Antoine étoit vainqueur. Encore ne se trouva-t-il à l'aile qu'il devoit
commander que parce que son médecin
crut voir en songe Minerve, qui ordonnoit
de le conduire hors du camp. Peut-être
ce songe ne fut-il qu'un artifice du médecin qui, ne comptant pas sur le courage d'Octavius, voulut se servir de la superstition pour le déterminer à se montrer
aux troupes.

Après la victoire, Antoine montra de *Sa cruauté.*
la générosité. Octavius, cruel parce qu'il
étoit lâche, ne fut que barbare. Il fit
égorger à ses yeux les prisonniers les
plus distingués; et, pendant qu'il se re-
paissoit de leur sang, il eut encore la lâcheté d'insulter à leur malheur.

Les deux triumvirs partagèrent entre *Antoine et Octavius partagent l'empire entre eux, et dépouillent Lépidus.*
eux l'empire, et dépouillèrent Lépidus, sous
prétexte qu'il avoit entretenu des intelligences avec Pompéius. Octavius s'appro-

pria l'Espagne et la Numidie. Antoine comprit dans son gouvernement la Gaule Transalpine, l'Afrique que Cornificius occupoit encore, et toutes les provinces qui avoient appartenu aux conjurés; il se chargea du moins d'y faire reconnoître l'autorité triumvirale, ce qui l'en rendoit maître.

<small>Octavius vient à Rome. Avantages et désavantages de sa position.</small>

Octavius, lésé dans ce partage, avoit d'ailleurs de quoi se dédommager. Il retournoit en Italie. Chargé de la distribution des récompenses, il devenoit seul l'objet de la reconnoissance des soldats. En résidant à Rome, il avoit pour lui les noms du peuple et du sénat. Enfin il obtint que la Gaule Cisalpine seroit incorporée à l'Italie. Cette province cessoit donc d'être un gouvernement, et les Alpes devenoient pour lui une barrière qu'il opposoit aux lieutenans d'Antoine.

<small>Av. J. C. 41, de Rome 713.</small>

Les vétérans, auxquels Octavius devoit assigner des terres et des maisons en Italie, montoient à plus de cent soixante-dix mille, et on leur avoit destiné les villes dont le territoire étoit le meilleur. La paix devenoit donc pour ces villes un temps de calamité. Il s'agissoit de dépouiller des citoyens pour récompenser des soldats, et ces récompenses assuroient à jamais l'asservissement de la république. Les cris des malheureuses victimes de cette tyrannie excitoient d'autant plus d'indignation contre les triumvirs, que le plus grand nombre de ceux qu'on dépouilloit se trouvoient réduits à une extrême pauvreté. D'ailleurs, la même disgrace enveloppoit des chevaliers et des sénateurs qui méritoient des égards, et dont le crédit donnoit du poids aux plaintes qu'ils faisoient eux-mêmes, et aux murmures du public. Il étoit également dangereux pour Octavius d'écouter ou de rejeter les représentations qu'on lui faisoit à ce sujet. S'il se relâchoit pour quelques-uns, il étoit obligé de se relâcher pour d'autres ; et cependant les soldats regardoient tout ce qu'on laissoit aux premiers propriétaires comme un bien qui leur étoit enlevé. Octavius connut alors à quoi l'exposoit l'avantage d'être le dispensateur des récompenses promises aux troupes. En effet, il se vit plus d'une fois en danger de périr par la fureur des soldats.

Il trouva même des obstacles qui furent l'occasion d'une guerre.

<small>Causes de la guerre de Pérouse.</small>

L'année précédente, sous le foible Lépidus, Fulvie, femme d'Antoine, avoit en quelque sorte exercé dans Rome la puissance triumvirale. Elle voyoit à regret l'autorité lui échapper. Assez audacièuse pour oser tout entreprendre, assez courageuse pour soutenir ses premières démarches, elle vouloit se venger d'Octavius qui lui étoit odieux, parce qu'elle n'avoit pas pu lui plaire. Son beau-frère, L. Antonius, alors consul, entra dans ses vues. Elle attira dans son parti plusieurs lieutenans d'Antoine, Ventidius, Pollio, Calénus et Plancus, qui avoient ramené en Italie une partie des soldats de son mari, et qui étoient à leur tête. Elle déclara que c'étoit à elle et à Lucius, son beau-frère, à distribuer des terres aux vétérans d'Antoine. Son objet étoit de partager avec Octavius la reconnoissance des troupes.

<small>Av. J. C. 41, de Rome 713.</small>

La famine se faisoit alors sentir dans Rome, et y causa plus d'une sédition. Il étoit difficile que l'Italie tirât des vivres du dehors, parce qu'elle étoit comme assiégée, soit par Sex. Pompéius, soit par Domitius

Ahénobarbus, qui avoit retenu sous ses ordres une partie de la flotte des conjurés. Dans une pareille conjoncture, Octavius ne craignoit rien tant qu'une nouvelle guerre. C'est pourquoi, après avoir représenté que, du consentement d'Antoine, il étoit seul chargé de la distribution à faire à toutes les troupes, il consentit que Lucius et Fulvie y présidassent conjointement avec lui

Comme ils ne cherchoient qu'un prétexte pour armer, ils rejetèrent cette offre, et ils se déclarèrent les protecteurs des citoyens qu'on vouloit dépouiller; publiant que les biens des proscrits, et les deniers qu'Antoine levoit actuellement en Asie, étoient plus que suffisans pour récompenser les soldats. Par cette conduite ils s'attachoient les villes dont ils paroissoient défendre la cause, et ils levèrent six légions : mais ils aliénèrent les vieilles troupes. Elles ne pouvoient pas mettre leurs espérances dans les biens des proscrits, qui avoient été dissipés, et dans les contributions qu'Antoine dissipoit en Orient. Ce qui acheva de les aliéner, c'est que Lucius menaça de rétablir le gouvernement consulaire : révolution pour la quelle il n'avoit ni assez de forces ni assez de talens. Ce n'étoit qu'un esprit vain et inconsidéré.

Plus Lucius se montroit contraire aux soldats, plus Octavius persistoit ouvertement dans le dessein de les mettre en possession des terres qui leur avoient été promises. Il les prit pour arbitres entre Lucius et lui. Tout-à-la-fois juges et parties, ils se déclarèrent pour Octavius.

<small>Fin de cette guerre.</small>

<small>Av. J. C. 40, de Rome 714.</small>

Cette guerre ne fut pas longue. Lucius, qui s'y étoit engagé inconsidérément, fut réduit, dès le commencement, à s'enfermer dans Pérouse, où il fut assiégé. Fulvie, qui étoit à Préneste avec quelques troupes, fit inutilement tout ce qui dépendoit d'elle pour engager les lieutenans de son mari à le secourir. La place étoit sans provisions : la famine mit bientôt dans la nécessité de capituler ; et Lucius, forcé par la nécessité, alla dans le camp de assiégeans moins pour capituler que pour se livrer à son ennemi. Il comptoit que le frère d'Antoine seroit épargné. Il ne fut pas trompé dans son attente. Octavius lui pardonna. Il traita même les soldats avec humanité, parce que c'étoient des soldats, et que ce titre étoit une raison pour les ménager. Mais il ne fit grace ni aux sénateurs, ni aux chevaliers. Il en choisit même trois cents pour être immolés, le jour des ides de mars, au pied d'un autel érigé à César. Après la ruine du parti de Lucius, les lieutenans d'Antoine se retirèrent auprès de leur général. Fulvie passa dans la Grèce, où elle tomba malade et mourut, et Octavius n'eut plus dans l'Occident d'autre ennemi que Pompéius.

Après la bataille de Philippes, Antoine fit quelque séjour dans la Grèce, et se concilia tout-à-fait l'affection des peuples. Il étoit franc, affable, populaire et généreux. Il plut sur-tout aux Athéniens, parce qu'il se fit initier à leurs mystères, et qu'il parut goûter leurs philosophes. *Antoine se concilie l'affection des Grecs.*

L'Asie, où il passa ensuite, étoit le théâtre où les généraux de la république paroissoient avec le plus d'éclat. Ils y décidoient du sort des souverains et des nations. D'un seul mot ils pouvoient faire les plus grands biens et les plus grands maux. On apportoit à leurs pieds les richesses de toutes les provinces : les rois venoient s'humilier de *Puissance des généraux romains en Asie.*

vant eux, et les peuples leur rendoient une espèce de culte. En Italie, Octavius éprouvoit des contradictions, et il avoit quelques ménagemens à garder : en Asie, Antoine pouvoit donner pour des lois ses volontés ou mêmes ses caprices.

Antoine en Asie. La servitude et la mollesse de l'Orient réveillèrent en lui tous les vices auxquels il étoit inclin. Grand dans le tumulte des affaires, il cessoit de l'être dans le repos. Alors il ne connoissoit plus aucune décence. Débauché jusqu'à la crapule, il vivoit avec des musiciens, des farceurs. L'intempérance et le faste régnoient à sa cour; et, comme il ne se refusoit rien à lui-même, il ne refusoit rien aussi aux compagnons de ses débauches.

Les peuples de l'Asie avoient été vexés par Brutus, et sur-tout par Cassius. Le triumvir, qui leur apportoit la paix, exigea d'eux le double tribut qu'ils avoient payé aux chefs des conjurés. La perception, qui s'en fit avec rigueur, occasionna bien des malversations, parce qu'Antoine donnoit trop facilement sa confiance, et que ceux qu'il employoit se croyoient autorisés à être avides et dissipateurs comme lui. Il est vrai que, lorsqu'il apprenoit qu'on avoit abusé de son nom, il punissoit les coupables, et qu'il s'occupoit à réparer les torts dont on se plaignoit; mais il ne pouvoit pas remédier à des désordres que son exemple reproduisoit continuellement.

Tous les peuples néanmoins ne furent pas foulés. Ceux qui étoient restés fidelles au parti de César éprouvèrent la reconnoissance d'Antoine: il les combla de bienfaits. Ses ennemis furent même l'objet de ses grâces, quand ils osèrent implorer sa clémence, et il ne fut inexorable qu'envers ceux qui avoient eu part à la conjuration. En général, il aimoit à donner: la libéralité étoit même un vice en lui, parce qu'il la portoit jusqu'à la prodigalité.

Les souverains, qui s'étoient déclarés pour les conjurés, eurent à se justifier, et Cléopatre fut, entre autres, obligée de se rendre auprès de lui, parce que Sérapion, qui commandoit pour elle dans l'île de Chipre, avoit donné des secours à Cassius. L'attachement néanmoins, qu'elle avoit toujours montré pour le parti de César, sembloit prouver que Sérapion avoit agi contre ses ordres.

<small>Cléopatre vient à Tarse où il l'attendoit.</small>

Cette princesse, qui avoit fait périr le dernier des Ptolémées, régnoit seule. Elle compta sur ses charmes et sur la foiblesse d'Antoine, et elle se rendit à Tarse, où il l'attendoit. Le Cidnus, qui traverse cette ville, se jette dans la mer, deux ou trois lieues au-dessous. Cléopatre remonta ce fleuve dans une gondole richement ornée, et se montra au peuple qui accouroit sur l'une et l'autre rive, telle que les poëtes représentent Vénus au sortir des ondes. Elle n'eut pas besoin de se justifier. Elle donna des fêtes à son juge. Elle lui fit de magnifiques présens; elle en fit à toute sa cour, et elle retourna en Égypte, bien assurée qu'Antoine ne tarderoit pas à la suivre.

Il se hâte de suivre cette reine en Égypte.

Les Parthes, qui n'avoient pas ignoré que César, lorsqu'il fut assassiné, se disposoit à leur faire la guerre, avoient favorisé Brutus et Cassius. Ils se préparoient même à leur envoyer des secours, quand ils apprirent la bataille de Philippes; et ils avoient rassemblé des forces considérables dans la Mésopotamie. Antoine, qui s'étoit d'abord proposé de marcher contre eux, abandonna ce dessein. Dans l'impatience de revoir Cléopatre, il ne fit que parcourir la Syrie; et, après en avoir réglé à la hâte les affaires les plus pressées, il se rendit en Égypte.

La guerre de Pérouse troubloit l'Italie, dans le temps même qu'Antoine s'oublioit auprès de Cléopatre. Les Parthes, qui jugèrent cette conjoncture favorable pour eux, firent une invasion dans les provinces romaines. Ils étoient conduits par Labiénus, fils de Labiénus, qui de lieutenant de César en étoit devenu l'ennemi. Ce Romain étoit resté à la cour d'Orode, roi des Parthes, à qui Brutus et Cassius l'avoient envoyé pour solliciter des secours.

Les Parthes font une invasion dans les provinces romaines.

Sur la nouvelle de l'invasion des Parthes, Antoine se préparoit à les repousser, lorsque les inquiétudes qu'il eut de la puissance d'Octavius, après la prise de Pérouse, le déterminèrent à passer en Occident. Il rencontra sur sa route Domitius Ahénobarbus, qui se soumit à lui avec toute sa flotte; et il fut encore recherché par Sex. Pompéius.

Prêts à en venir aux mains, Antoine et Octavius sont forcés à la paix, et font un nouveau partage de l'empire.

Av. J. C. 40,
de Rome 714.

Avec quarante légions, Octavius, qui n'avoit point de flotte, étoit menacé de subir la loi, si Antoine entreprenoit d'affamer l'Italie. Dans cette circonstance, il épousa

Scribonia, se flattant que Libon, dont elle étoit sœur, détacheroit de l'alliance d'Antoine Pompéius, son gendre. Cette négociation n'ayant pas réussi, il relégua en Espagne L. Antonius, avec le titre de proconsul, mais sans autorité, et obligea Lépidus de passer en Afrique avec six légions qui lui étoient suspectes parce qu'elles avoient servi sous Antoine. Après avoir pris ces précautions, il refusa l'entrée de Brindes à son collègue, sous prétexte qu'il amenoit avec lui Domitius, de tout temps ennemi du parti de César. Antoine mit le siége devant cette place.

Heureusement les troupes des deux triumvirs ne vouloient pas la guerre. Celles d'Octavius refusèrent de marcher contre Antoine dont elles respectoient la valeur, et celles d'Antoine désapprouvoient qu'il se fût uni avec Pompéius et avec Domitius. D'ailleurs, ayant jusqu'alors combattu les unes et les autres pour la même cause, elles avoient de la peine à se regarder comme ennemies. Elles forcèrent les deux triumvirs à la paix, et ils la conclurent par un partage de l'empire en deux départemens, dont la ville de Scodra, en Illyrie, fut la borne commune. Antoine conserva toutes les provinces orientales : les provinces occidentales restèrent sous la domination d'Octavius : Lépidus obtint l'Afrique ; et, pour mettre le sceau à la réconciliation, Antoine épousa Octavie, sœur d'Octavius.

Il ne suffisoit pas que les triumvirs eussent terminé leurs querelles. Pompéius affamoit l'Italie, et tout le peuple demandoit qu'on fît encore la paix avec lui. Octavius s'y opposoit d'abord ; mais, lorsqu'il se vit exposé à des émeutes qui mettoient sa vie en danger, il fut obligé d'y consentir.

Traité de paix avec Sex. Pompéius.

Av. J. C. 39 de Rome 715.

Cependant Pompéius ne se prêtoit à aucune proposition. Dans l'espérance d'obtenir des conditions plus avantageuses lorsque la famine auroit excité de nouveaux soulèvemens contre les triumvirs, il eût continué la guerre, s'il n'eût été forcé de céder aux instances des citoyens qui s'étoient retirés auprès de lui. Il conclut, malgré lui, un traité par lequel on lui accorda la Sicile, la Sardaigne, la Corse et l'Achaïe, pour tout le temps que les triumvirs conserveroient leurs départemens. Il s'engagea lui-même à évacuer les places qu'il occupoit en Italie, à défendre cette province contre les pirates, et à faire passer des blés à Rome. On stipula encore pour ses soldats, et pour les proscrits auxquels il avoit donné retraite.

Antoine retourne à Athènes.

Quelque temps après la conclusion de ce traité, Antoine quitta l'Italie, et partit pour Athènes où il passa l'hiver. Il goûtoit les Atheniens, qui savoient mieux flatter qu'aucun autre peuple ; et il leur plaisoit parce qu'il vivoit sans faste au milieu d'eux. Il leur donna des fêtes en réjouissance des victoires que Ventidius, son lieutenant, venoit de remporter sur les Parthes. Il y voulut présider lui-même comme simple magistrat des jeux ; et, dans cette occasion, il quitta toutes les marques de sa dignité.

Jaloux des succès de Ventidius, il passe en Asie.

Av. J. C. 39, de Rome 715.

Les Parthes avoient envahi la Syrie, la Palestine, la Cilicie, et ils avoient pénétré jusques dans la Carie. Ventidius recouvra toutes ces provinces ; mais la joie qu'Antoine en conçut ne fut pas exempte de jalousie. Impatient d'être à la tête de son armée, il partit d'Athènes au commencement de l'année suivante. Il arriva trop tard à son gré. Ventidius, déjà deux fois vainqueur, eut le temps de livrer une troisième bataille, d'où il sortit vainqueur encore. Ses victoires avoient même répandu une si grande consternation, qu'il eût mis en danger l'empire des Parthes s'il fût entré sur-le-champ dans la Mésopotamie. Il se contenta de réduire les villes de Syrie, qui tenoient encore pour eux, n'osant poursuivre ses avantages, dans la crainte d'irriter trop la jalousie de son général. Il assiégeoit dans Samosate Antiochus de Comagène ; et il avoit réduit ce prince à capituler, lorsqu'Antoine, qui approchoit, et qui vouloit au moins que cette place ne se rendît qu'à lui-même, lui envoya ordre de ne rien conclure avant son arrivée. Les offres des assiégés furent donc rejetées : ils s'en défendirent avec plus de courage : le siège traîna, et Antoine fut forcé de leur accorder la paix pour trois cents talens, au lieu de mille qu'ils avoient offerts à Ventidius.

Il n'avoit pas vaincu les Parthes ; le sénat cependant lui décerna le triomphe, parce que c'étoit l'usage d'accorder toujours cet honneur au général sous les auspices

Il cède à Ventidius le triomphe qu'on lui décerne.

Av. J. C. 38, de Rome 716.

duquel les lieutenans combattoient. Néanmoins il ne retourna pas à Rome. Il eut la générosité de céder le triomphe à Ventidius, et il partit pour Athènes, où il avoit laissé Octavie dont alors il étoit amoureux.

Ventidius avoit autrefois combattu contre la république. Il fut fait prisonnier dans la guerre sociale, et il orna le triomphe de Pompéius Strabo. Après cette disgrace, réduit à la misère, il servit dans les plus bas emplois. Mais, ayant suivi César dans les Gaules, il se fit connoître de ce général, qui savoit démêler le mérite. César l'éleva aux grades militaires. Il le fit sénateur, tribun du peuple, le désigna préteur; et Antoine, dont il devint le lieutenant, lui donna le consulat. Il est le premier qui ait triomphé des Parthes.

<small>Les triumvirs multiplient les magistrats.</small> Sous le dictateur, on avoit vu des consuls abdiquer avant le terme, et céder le consulat à des créatures de César. Sous les triumvirs, on ne créa les consuls que pour quelques mois; et, en nommant ceux qui commençoient l'année, on désignoit les successeurs qui les devoient remplacer. Cet usage, qui dégradoit le consulat, sera suivi

par les empereurs. L'objet des triumvirs étoit de multiplier les magistrats, pour avoir plus de récompenses à donner. Il y eut cette année soixante-sept préteurs. On voyoit, dans le sénat, de simples soldats, des affranchis et même des esclaves. Le désordre étoit au point que toutes les conditions se confondoient.

<small>Av. J. C. 38, de Rome 716.</small>

Quoique les lois fussent dans le mépris, Octavius feignoit quelquefois de les respecter. Amoureux de Livie, femme de Tibérius Néro qui la lui cédoit, il répudia Scribonia le jour même qu'elle étoit accouchée d'une fille. Livie cependant étoit grosse de six mois; et, dans les règles, elle ne pouvoit se marier avec lui qu'après avoir fait ses couches. Octavius, trop impatient pour attendre, auroit pu se mettre au-dessus de l'usage: mais il voulut avoir l'aveu du collége des pontifes. Il leur demanda donc si une femme, grosse de six mois, pouvoit légitimement épouser un second mari: il ne vouloit pas que cette question souffrît de difficultés, et elle n'en souffrit point.

<small>Octavius épouse Livie.</small>

<small>Av. J. C. 38, de Rome 716.</small>

Tibérius Néro, attaché de tout temps à

la république, avoit suivi le parti de Lucius Antonius. Après la prise de Pérouse, il s'enfuit avec sa femme et son fils Tibère, qui étoit encore à la mamelle. Ils n'échappèrent que difficilement au vainqueur, qui vraisemblablement les eût alors immolés aux mânes de César. Ils revinrent à Rome à la suite d'Antoine, qui les réconcilia avec Octavius. Livie, qui mit le sceau à la réconciliation, accoucha, au bout de trois mois de son mariage, d'un fils qu'on nomma Drusus; et, après la mort de son premier mari, ses deux fils trouvèrent un second père dans Octavius.

Octavius et Pompéius se préparent à la guerre.

Av. J. C. 38, de Rome 716.

Nous avons vu qu'Octavius et Pompéius s'étoient prêtés à la paix malgré eux: aussi n'attendoient-ils l'un et l'autre qu'un prétexte pour reprendre les armes. Pompéius eut lieu de se plaindre d'Antoine, qui ne l'avoit pas mis en possession de l'Achaïe, et d'Octavius, qui ne remplissoit pas ses engagemens envers les citoyens rétablis par le traité. En conséquence de ces infractions, il fit ses préparatifs pour une nouvelle guerre; et, en attendant qu'il pût recommencer les hostilités, il protégea les corsaires qu'il s'étoit engagé de réprimer. La paix ne fut donc que momentanée, et la disette se fit de nouveau sentir à Rome et dans toute l'Italie.

Sur ces entrefaites, Ménas, qui commandoit pour Pompéius en Sardaigne et en Corse, offrit à Octavius de lui remettre ces deux îles, trois légions et soixante galères. Le triumvir accepta l'offre, et accueillit ce transfuge avec distinction.

Ménas passe dans le parti d'Octavius.

Av. J. C. 38, de Rome 716.

Pompéius, qui devoit son élévation aux circonstances plutôt qu'à ses talens, étoit livré à des affranchis qui le gouvernoient. Soit par goût, soit par politique, il aimoit mieux leur donner sa confiance qu'aux citoyens qui s'étoient retirés auprès de lui; plus fait pour obéir à des esclaves que pour commander à des hommes libres. Ménas, le premier de ses affranchis, avoit sur lui un empire absolu. C'étoit un homme d'autant plus insolent, qu'il croyoit, par son arrogance, faire oublier la bassesse de son extraction. D'ailleurs il avoit du courage et de la capacité. Sa faveur auprès de son maître excita la jalousie des autres affranchis. Ils le rendirent suspect; et ce fut pour n'avoir pas à se justifier qu'il passa dans le parti d'Octavius.

Les flottes d'Octavius sont ruinées. Irrité de la trahison de Ménas, Pompéius prit ouvertement les armes, et son affranchi Ménécrate ravagea les côtes de la Campanie. Octavius demanda des secours aux deux autres triumvirs; mais Lépidus ne fit aucun mouvement, et Antoine étoit près de partir pour aller prendre le commandement de l'armée de Ventidius.

Octavius quoique abandonné de ses collègues, crut pouvoir, avec ses seules forces, faire la conquête de la Sicile, et ses grands préparatifs paroissoient lui répondre du succès. Mais ses flottes furent battues, et la tempête acheva de les ruiner. Il mit alors toute sa ressource dans M. Agrippa, qui commandoit pour lui dans les Gaules. Il le rappela, il le nomma consul; il lui fit décerner le triomphe, et le chargea d'équiper une nouvelle flotte.

Il charge Agrippa de cette guerre. Agrippa, homme sans naissance, s'étoit élevé par la faveur d'Octavius, et justifioit, par ses talens, le choix de son général. Il accepta le consulat. Mais, quoiqu'il eût vaincu les Gaulois, il refusa de triompher, trop bon courtisan pour se montrer en triomphe quand Octavius étoit dans l'humiliation.

Pompéius, fier de ses succès, prit le nom de fils de Neptune, et porta le dégât sur les côtes de l'Italie. D'ailleurs il ne sut pas profiter de ses avantages. Il ne tenta point de s'emparer d'aucune ville en terre ferme, et il parut avoir armé, moins pour attaquer que pour se défendre.

Pompéius ne profite pas de ses avantages.

Av. J. C. 37, de Rome 717.

Les cinq années du triumvirat expiroient, lorsque M. Agrippa prenoit possession du consulat. Les triumvirs se continuèrent de leur seule autorité. On ne leur eût pas refusé un sénatus-consulte ni un plébiscite ; ils dédaignèrent d'en faire la demande.

Les triumvirs se continuent dans le commandement.

Av. J. C. 37, de Rome 717.

Quand Octavius eut achevé ses préparatifs, il invita ses collègues à venir à son secours. Antoine, qui étoit encore à Athènes, partit avec trois cents vaisseaux, et vint aborder à Tarente. Mais il paroissoit avoir armé contre Octavius qu'on lui avoit rendu suspect. Octavie, qui l'accompagnoit, prévint pourtant les hostilités. Médiatrice entre son mari et son frère, elle leur ménagea une entrevue à Tarente, ils se réconci-

Octavie réconcilie Antoine et Octavius.

Av. J. C. 38 de Rome 718.

lièrent. Leur intérêt présent ne leur permettoit pas de rompre encore. Antoine, qui méditoit une expédition contre les Parthes, avoit besoin d'un renfort de soldats, comme Octavius avoit besoin d'augmenter ses forces navales. Ils se donnèrent donc mutuellement des secours, et ils se séparèrent. Antoine, qui partit pour l'Orient, laissa Octavie en Italie, disant qu'il ne vouloit pas l'exposer aux fatigues de la guerre. Dans le vrai, c'est qu'il ne vouloit pas l'emmener en Égypte, où le rappeloit son amour pour Cléopatre.

Ruine et mort de Sex. Pompéius.

La guerre de Sicile recommença et finit la même année. Pompéius, entièrement défait par Agrippa, s'enfuit en Asie, où il auroit trouvé un asyle, si son ambition inquiète ne lui eût pas fait encore prendre les armes. Il fut obligé de se rendre aux lieutenans d'Antoine, qui le firent périr.

Av. J. C. 36, de Rome 718.

Octavius dépouille Lépidus.

Lépidus avoit passé en Sicile avec des forces considérables; mais il ne se proposoit de seconder son collègue que pour lui enlever la dépouille de Pompéius. Ce projet ne lui réussit pas. Ayant été abandonné de ses troupes, il fut relégué à Circéies, où il passa le reste de ses jours dans l'obscurité. C'étoit un homme sans talens et sans considération. Octavius, qui s'empara de l'Afrique, lui laissa seulement le grand pontificat qui étoit inamovible.

Cette année est l'époque de la grandeur d'Octavius. Maître de tout l'Occident, il ne parut occupé qu'à faire goûter les douceurs de la paix. Sans être moins cruel, il devint moins sanguinaire. Il est vrai qu'il sacrifia à sa vengeance ou à sa sûreté les chevaliers et les sénateurs qui avoient suivi le parti de Pompéius : mais il se fit, envers le peuple, un plan de modération qui commença à faire goûter son gouvernement. Cependant il n'est pas vraisemblable qu'il eût jamais pu réduire sous sa domination toutes les provinces de l'empire, si Antoine n'avoit pas travaillé dès-lors à se rendre odieux et méprisable.

<small>Il commence à faire aimer son gouvernement lors qu'Antoine se rendoit odieux et méprisable.</small>

<small>Av. J. C. 36. de Rome 718.</small>

Au milieu des préparatifs de la guerre contre les Parthes, Antoine, occupé de sa passion pour Cléopatre, fit venir cette reine en Syrie. Il lui donna toute la Phénicie, excepté Tyr et Sidon, la Céle-Syrie, une partie de la Judée et une partie des pays

<small>Antoine donne plusieurs provinces à Cléopatre.</small>

Arabes Nabathéens, dépouillant plusieurs princes qui étoient sous la protection de la république. Il ajouta encore à ces dons la cession des droits du peuple romain sur l'île de Chipre et sur Cyrène, anciens démembremens de la monarchie d'Égypte. Ce sont ces libéralités qui commencèrent à le rendre odieux : nous verrons bientôt comment il se rendra méprisable.

Guerre qu'il fait aux Parthes. Son imprudence et ses pertes. Après s'être séparé de Cléopatre, il partit pour l'Arménie, où étoit le rendez-vous de ses troupes, et où régnoit Artabaze, fils de Tigrane, alors allié des Romains. La grande Médie, qui avoit Ecbatane pour capitale, étoit sous l'empire des Parthes. Le reste de cette province avoit un roi particulier, auquel Artabaze faisoit la guerre, et auquel les Parthes donnoient des secours. Antoine regarda cette guerre comme une occasion favorable à ses desseins. Il avoit une armée de cent mille hommes.

La saison étoit avancée. Ses troupes, fatiguées d'une marche de trois cents lieues, avoient besoin de repos. On lui conseilla de passer l'hiver dans l'Arménie, où il pouvoit tout préparer pour entrer dans la Médie dès les premiers jours du printemps, et avant que les Parthes eussent rassemblé leurs forces. Son amour ne put souffrir ce délai. Impatient de retourner victorieux en Égypte, il marcha sur-le-champ pour assiéger Praaspa, capitale du roi des Mèdes; et, afin d'arriver plus tôt devant cette place, il laissa en chemin ses machines de guerre sous la garde de deux légions. Presque aussitôt ces légions furent taillées en pièces par le roi des Parthes, qui venoit au secours de Praaspa, et cet échec fut suivi de la défection d'Artabaze, qui retourna dans son royaume avec toutes ses troupes.

Sans machines de guerre, les Romains faisoient de vains efforts contre une place forte et bien munie. Assiégés eux-mêmes dans leur camp, ils étoient exposés aux attaques brusques et fréquentes d'un ennemi qu'ils ne pouvoient vaincre; car l'armée des Parthes se dissipoit et reparoissoit avec la même facilité. Dans cette situation, Antoine eut à se reprocher son imprudence. Il lui étoit impossible de se rendre maître de Praaspa, et il lui étoit presque impossible de se retirer; mais, s'il tardoit, la retraite devenoit tous les jours plus difficile.

Il leva le siége, et partit. Il traversa cent lieues de pays. Toujours harcelé par les Parthes, il livra dix-huit combats d'où il sortit vainqueur. Il souffrit beaucoup de la disette. Souvent même il manqua d'eau. Il perdit ses bagages et vingt-quatre mille hommes, dont la plus grande partie périt par maladies; et, ayant ramené en Arménie son armée épuisée de fatigues, il fut forcé à user de dissimulation avec Artabaze, pour obtenir de ce roi, qui l'avoit abandonné, l'argent et les vivres dont il avoit besoin.

<small>Combien les soldats lui étoient attachés.</small> Antoine éprouva dans cette retraite combien les soldats lui étoient dévoués. Ils le consoloient : ils ne paroissoient inquiets que pour lui; et, plus ils souffroient eux-mêmes, plus ils lui donnoient des marques de respect et d'attachement. Ces sentimens étoient dus à son courage, à ses talens, à sa franchise et à son caractère sensible et compatissant. Mais la prospérité étoit funeste pour lui, parce qu'elle étouffoit ses ver-

tus, et qu'elle donnoit un libre cours à ses vices.

Il lui falloit des succès pour faire oublier les pertes qu'il avoit faites, et qu'il ne pouvoit attribuer qu'à son imprudence. Cependant, au lieu de prendre ses quartiers d'hiver en Arménie, ce qui l'auroit mis dans une position à recommencer la guerre avec avantage, il se hâta de ramener son armée en Syrie; et dans cette marche, à travers les neiges et les glaces, il perdit encore huit mille hommes. Voilà ce qu'il sacrifioit à l'empressement de revoir Cléopatre, qui vint au-devant de lui jusqu'à Sidon. Il la suivit bientôt en Égypte, où il employa plus d'une année à de nouveaux préparatifs de guerre. Il avoit de la peine à s'arracher aux charmes de cette reine.

Autres pertes qu'il fait par impatience de revoir Cléopatre.

Av. J. C. 36, de Rome 718.

Lorsque tout fut prêt, il tourna ses armes contre Artabaze, dont il feignoit d'être encore l'allié. Il lui envoya des députés pour l'engager à le venir joindre; et ce roi ayant été obligé, pour écarter tout soupçon, de se rendre dans le camp d'Antoine, fut arrêté. Alors la conquête de l'Arménie

Il fait la conquête de l'Arménie.

Av. J. C. 34, de Rome 720.

devint facile, et ce fut à quoi le triumvir borna ses exploits pour cette campagne.

Il triomphe à Alexandrie.

De retour en Egypte, il triompha dans la capitale de ce royaume, et devint par cette démarche un objet de scandale pour les Romains. C'étoit, selon eux, prostituer le triomphe, que de le transporter dans une ville étrangère, pour en donner le spectacle à une reine, et pour mettre à ses pieds les dépouilles d'un roi, auparavant allié de la république.

Prêt à marcher contre les Parthes, il revient en Égypte.

Ce général devoit donner bientôt un plus grand scandale. Il étoit revenu en Syrie dans le dessein de marcher contre les Parthes. La circonstance paroissoit pour lui d'autant plus favorable, qu'il venoit de s'assurer de l'alliance du roi des Mèdes, et que l'empire des Parthes étoit alors fort troublé. Tout-à-coup néanmoins il abandonna son projet, et il revint en Égypte pour dissiper les inquiétudes de Cléopatre, qui étoit jalouse d'Octavie, ou qui feignoit de l'être.

Av. J. C. 33. de Rome 721.

Il défend à Octavie de venir en Asie.

Octavie ne cédoit point en beauté à la reine d'Égypte. Elle avoit des grâces, un caractère aimable. Elle jouissoit d'une cousidération méritée par ses vertus, et son mari l'avoit aimée. Elle venoit pour se rendre auprès de lui, lorsqu'en arrivant à Athènes elle reçut des lettres d'Antoine qui lui défendoit d'aller plus avant. Elle obéit, et revint à Rome.

Antoine ne se borna pas à donner à Cléopatre cette preuve de son amour : il voulut encore la rassurer à jamais par une démarche d'éclat. Jouet d'une femme artificieuse, qui feignoit de l'aimer, il s'aveugla sur ce qu'il devoit à la république, et sur ce qu'il se devoit à lui-même; et, sacrifiant sa réputation à son amour, il se rendit méprisable aux Romains.

Son amour pour Cléopatre achève de le rendre odieux et méprisable.

Il fit élever dans le gymnase deux trônes, l'un pour lui, et l'autre pour Cléopatre. Là, en présence du peuple d'Alexandrie, il jura qu'il tenoit Cléopatre pour son épouse légitime. Il la déclara reine d'Égypte, de Lybie, de Chipre, de Cèle-Syrie, conjointement avec Césarion qu'il reconnut pour fils du dictateur. A deux fils qu'il avoit eus d'elle, Alexandre et Ptolémée, il distribua des royaumes : au premier l'Arménie et la monarchie des Parthes, dont il se proposoit la conquête ; au second, la Syrie, la Phénicie et la Cilicie. Enfin il donna à l'un et à l'autre le titre de Roi des rois. Après avoir fait de pareilles dispositions, il s'inquiéta si peu de ce qu'on en penseroit à Rome, qu'il en écrivit lui-même les détails aux deux consuls, Domitius Ahénobarbus et C. Sosius.

<small>Octavius obtient un décret qui prive Antoine de la puissance triumvirale.</small>

Les consuls qui s'intéressoient à lui supprimèrent ses lettres. Mais une reine épousée par un général romain, ses fils reconnus pour rois, et des provinces démembrées de l'empire, sont des choses qui ne pouvoient pas être long-temps ignorées, et qui devoient exciter l'indignation publique. Octavius, aussitôt qu'il en eut été informé, eut soin d'en instruire le sénat et le peuple; et il représenta son collègue comme un homme capable, s'il en avoit le pouvoir, d'assujettir Rome à Cléopatre, et de transporter le siége de l'empire dans la capitale de l'Égypte. La conduite d'Antoine ne donnoit que trop de fondement à ces soupçons. Les déserteurs de son parti les confirmoient ; et ceux-mêmes qu'on croyoit lui être encore attachés, et ne l'avoir

<small>Av. J. C. 32, de Rome 722.</small>

abandonné que pour se dérober à la haine de Cléopatre, contribuoient à le rendre odieux et méprisable, par cela même qu'ils l'avoient abandonné. Dans cette disposition des esprits, il fut facile à Octavius d'obtenir un décret qui privoit Antoine de la puissance triumvirale, et la guerre fut résolue. Il est vrai qu'il ne la fit déclarer qu'à Cléopatre ; mais Antoine la lui déclara à lui-même.

Octavius qui n'avoit pas fait ses préparations avoit besoin de toute l'année pour les achever. Il manquoit d'argent, et les impositions auxquelles il étoit forcé d'avoir recours soulevoient contre lui tous les peuples. Dans une telle conjoncture il ne craignoit rien tant que d'être attaqué.

Lenteur avec laquell. Antoine se prépare à la guerre.

Antoine, maître des richesses de l'Orient, pouvoit se hâter. Mais, pendant que ses troupes se rassembloient lentement aux environs d'Éphèse, il étoit lui-même à Samos où il donnoit des fêtes à Cléopatre. Il vint ensuite avec elle à Athènes, où parmi des jeux de toute espèce, il lui fit rendre les plus grands honneurs. C'est ainsi qu'il consumoit le temps. Il se condui-

HISTOIRE

it avec tant de lenteur et de négligence, que le printemps suivant, lorsque toutes ses légions n'étoient pas encore arrivées, et que la plupart de ses vaisseaux manquoient de matelots et de rameurs, il fut au moment d'être surpris par Octavius qui partit de Brindes avec toutes ses forces.

Journée d'Actium.

Av. J. C. 31, de Rome 723.

La journée d'Actium termina cette querelle par une bataille navale, engagée à la vue des deux armées de terre vis-à-vis de l'embouchure du golfe d'Ambracie. On combattoit de part et d'autre avec un égal courage, et il n'y avoit encore rien de décidé, lorsque tout-à-coup Cléopatre s'enfuit avec ses vaisseaux; et, ce qui n'est pas concevable, c'est qu'Antoine courut après elle, abandonnant ceux qui mouroient pour lui. Ses troupes se défendirent encore pendant quelques heures, et ne se rendirent que lorsque la mer, devenue grosse, ne permettoit plus de combattre. L'armée de terre, composée de dix-neuf légions, se refusoit à toutes les propositions de l'ennemi. Elle ne pouvoit se persuader que son général l'eût abandonnée, et elle s'attendoit à le voir reparoître d'un moment à l'autre. Mais enfin, forcée à céder à la nécessité, elle prêta serment au vainqueur le septième jour après la bataille.

C'est ainsi qu'Antoine s'oublia. A la tête de son armée de terre dont il avoit éprouvé le zèle et le courage, il auroit pu se regarder comme assuré de la victoire. Par complaisance pour Cléopatre, avec des vaisseaux mal équipés et peu exercés, il attaqua une flotte qui avoit appris à manœuvrer et à combattre dans la guerre contre Pompéius ; et, au milieu de l'action, il abandonne toutes ses troupes pour courir après cette reine.

Il ne lui manquoit plus que d'en être trahi. Il le fut. Octavius, qui avoit passé en Asie, s'avançoit vers l'Égypte. Cléopatre lui fit livrer Péluse. Elle entretenoit avec lui une négociation secrète, et elle osoit espérer de s'en faire aimer. Mais elle plongea en quelque sorte dans le sein d'Antoine le poignard dont il se tua ; et, après avoir fait sur Octavius l'essai de ses charmes, elle se tua elle-même pour ne pas orner un char de triomphe.

Octavius revint à Rome, où le sénat lui

de la modéra-tion.

prodigua tous les honneurs. Il se conduisit avec la modération qu'il affectoit depuis la défaite de Pompéius. Il usa de clémence parce qu'il lui importoit de gagner les partisans d'Antoine, et qu'il ne restoit plus dans le parti républicain de têtes qui fussent à redouter. Il fit des largesses au peuple ; ils donna des spectacles ; il remit ce qui étoit dû au fisc ; il récompensa ses troupes avec de l'argent et avec des terres qu'il acheta. Les richesses immenses qu'il rapportoit d'Égypte fournirent à toutes ces liberalités. A cette année commença la monarchie, qui ne finira qu'avec l'Empire.

Av. J. C. 26, de Rome 728.

Il a dû son élévation aux circonstances.

César ne dut son élévation qu'à lui-même. Octavius dut la sienne aux circonstances, et il les trouva si favorables, qu'il se fût épargné bien des cruautés s'il eût eu plus de courage ou plus de talens. Il dut ses soldats à l'adoption du dictateur ; le besoin que la république eut de lui, à la conduite inconsidérée d'Antoine ; à Cléopatre, le bonheur de n'avoir plus de concurrent ; à la flatterie, la réputation de grand homme.

FIN DE CE VOLUME.

TABLE DES MATIÈRES.

HISTOIRE ANCIENNE.
LIVRE HUITIÈME.

CHAPITRE PREMIER.

De la première guerre punique, page 1.

Les conquêtes que Rome a faites l'invitent à de nouvelles conquêtes. Rome punit la perfidie d'une de ses légions qui s'étoit emparée de Rhège. Cependant elle prend la défense des Mamertins. Ap. Claudius en Sicile. Il remporte deux victoires et délivre Messine. Premiers combats des gladiateurs. Les consuls enlèvent plusieurs places aux Carthaginois. Motifs qui déterminent Hiéron à la paix. Blocus et prise d'Agrigente. Les places intérieures de la Sicile se soumettent aux Romains. Rome équipe une flotte. Le consul Cornélius est enlevé avec son escadre. Première victoire que les Romains remportent sur mer. Expédition des Romains en

Sardaigne et en Corse. Nouvelle victoire des Romains dans un combat naval. Autre victoire après laquelle ils passent en Afrique. Régulus y reste. Il force les Carthaginois à demander la paix. Propositions dures qu'il leur fait. Les Carthaginois donnent le commandement de leurs troupes à Xantippe. Xantippe défait Régulus. Les consuls remportent deux victoires. Leur flotte est ruinée par la tempête. Les Romains équipent une flotte, et prennent Palerme. Ils paroissent renoncer à l'empire de la mer. Grande victoire des Romains. Ils se refusent à la paix. Siége de Lilibée. Imprudence du consul Claudius, qui est vaincu. Sous Junius, son collègue, la flotte des Romains est abymée. Junius se rend maître d'Érix. Claudius, après avoir abdiqué, est condamné à l'amende. Les Romains sont sans flotte. Amilcar Barcas commande en Sicile. Les Romains équipent une nouvelle flotte. Création d'un second préteur. Les Romains remportent une victoire qui force les Carthaginois à demander la paix. Conditions de la paix. Pertes des Romains pendant cette guerre. Considérations sur la puissance des Romains.

CHAPITRE II.

De l'intervalle jusqu'à la seconde guerre punique,
pag. 45.

La Sicile devient province romaine. Gouvernement de ces sortes de provinces. Guerre des mercenaires à Carthage. Carthage forcée d'abandonner la Sardaigne aux Romains. Amilcar passe en Espagne. Guerre d'Illyrie. Paix conclue avec les Illyriens. Première alliance des Romains avec les Grecs. Rome traite avec Asdrubal. Cause de la guerre des Gaulois. Barbare superstition des Romains. Rome pouvoit armer jusqu'à soixante-dix mille hommes. Troupes qu'elle lève contre les Gaulois. Victoire des Gaulois. Rencontre singulière des deux armées des consuls. Défaite entière des Gaulois. Les Romains passent le Pô. Conduite et victoire de Flaminius. Claudius Marcellus achève la conquête de la Gaule Cisalpine. Censure de Flaminius. Guerre en Illyrie contre Démetrius de Pharos.

CHAPITRE III.

De la seconde guerre punique jusqu'à la bataille de Cannes, page 69.

Cause de la guerre. Les Romains ne secourent pas Sagonte, et Annibal s'en rend maître. Avantage qu'Annibal retire de la prise de Sagonte. Les Romains déclarent la guerre aux Carthaginois. Ils tentent inutilement de faire alliance avec les peuples d'Espagne et des Gaules. Départ d'Annibal. Mesures qu'il prend. Mesures des Romains. Annibal et P. Scipion dans les Gaules. Scipion revient en Italie, et Annibal passe les Alpes. Sur quoi Annibal fondoit le succès de son entreprise. Annibal soumet par les armes quelques peuples de la Gaule Cisalpine. Il a besoin d'une victoire pour gagner la confiance des Gaulois. Sempronius, qui devoit passer en Afrique, a ordre d'aller au secours de P. Scipion. Scipion, vaincu sur le Tésin, abandonne aux Carthaginois tout le pays au-delà du Pô. les Gaulois donnent des secours à Annibal. Scipion passe la Trebie. Tiberius Sempronius le joint. Il se résout à livrer bataille. Dispositions que fait Annibal. Bataille de la Trebie. Préparatifs des Romains pour la campagne suivante. Succès de Cnéus en Espagne. Conduite scandaleuse du consul Flaminius. Passage d'Annibal dans l'Etrurie. Sa conduite pour engager Flaminius à en venir aux mains. Bataille de Trasimène. Courses d'Annibal dans plusieurs provinces d'Italie. Il semble qu'il auroit dû s'établir dans les provinces du Nord. Q. Fabius, nommé dictateur, se propose de n'engager aucune action générale. Annibal ne le peut faire changer de résolution. La sage lenteur de Fabius est blâmée. Ruse avec laquelle Annibal se tire d'un mauvais pas. Succès des Romains en Espagne. Minucius, général de la cavalerie, remporte un avantage sur Annibal. Il partage le commandement avec Fabius. Il est défait. Après l'abdication du dictateur, les deux consuls suivent le même plan. C. Terentius Varro nommé consul avec L. Emilius. Armées envoyées en Sicile et dans la Gaule Cisalpine. Annibal se rend maître de la citadelle de Cannes. Levées que fait la République. Les armées en présence. Bataille de Cannes. La défaite de Varron répand l'alarme à Rome. Elle paroissoit livrer cette ville aux Carthaginois. Rome se rassure. Ses ressources. Précautions superstitieuses et barbares. Le sénat refuse de racheter les prisonniers. Réception qu'il fait à Varron.

CHAPITRE IV.

Jusqu'à la fin de la seconde guerre punique,
page 116.

Carthage n'envoie point de secours à Annibal. Avantage des Scipions en Espagne. Consuls plébéiens l'un et l'autre pour la première fois. Circonstance où Philippe fait alliance avec Annibal. Carthage éprouve des revers par-tout. Mort d'Hiéron. Idée de son règne. Philippe arme contre les Romains. Époque de la décadence d'Annibal. Siège de Syracuse. En Espagne, les Romains soutiennent leurs succès. En Italie, ils reprennent la supériorité. Pertes qu'ils font en Espagne. Victoires de L. Marcius. Triomphe de Marcellus. Toute la Sicile sous la domination des Romains. Scipion se prépare à faire le siége de Carthagène. Il se rend maître de cette place. Il gagne l'affection des peuples. Pertes que font les Carthaginois. Etat d'épuisement où sont les Romains. Situation d'Annibal, lorsque son frère Asdrubal arrive en Italie. Résolution hardie de Claudius Néro. Défaite et mort d'Asdrubal. Fin de la guerre en Espagne. Magon, frère d'Annibal maître de Gênes. Motif pour les Romains de porter la guerre en Afrique. Ce projet, que Scipion propose, trouve des oppositions. Moyens qu'emploient les Carthaginois pour empêcher Scipion de passer en Afrique. Moyens qu'emploient à Rome les ennemis de Scipion. Ce général passe en Afrique. Ceusure de Claudius Néro et de Livius Salinator. L'entreprise de Scipion n'est plus traversée. Il brûle les deux camps ennemis. Autres victoires des Romains. Inquiétudes des Romains, après le départ d'Annibal. Défaite d'Annibal. Traité de paix.

CHAPITRE V.

De la Macédoine et de la Grèce à la fin de la seconde guerre punique, page 147.

Il n'est pas nécessaire d'étudier en détail toutes les guerres des Romains. Brigandages des Etoliens. On arme contre eux. Cléomène, roi de Sparte, meurt en Egypte. Rois qui lui succèdent. Sage conduite de Philippe pendant la guerre sociale. Il punit des hommes qui abusoient de sa confiance. Il accorde la paix aux Etoliens pour faire la guerre aux Romains. Combien les Grecs auroient été puissans, si ce prince avoit su les réunir. Il leur devient odieux. Ennemis qu'il a tout-à-la-fois. Education de Philopémen. Il conserve la liberté aux Mégalopolitains. Il contribue au succès de la bataille de Sélasie. Les Achéens deviennent sous ses ordres d'excellens soldats. Victoire qu'il remporte à Mantinée. Les Romains déclarent la guerre au roi de Macédoine.

CHAPITRE VI.

De la première guerre de Macédoine et de ses suites, page 164.

Quels étoient les peuples les plus puissans. Portes

que fait Philippe. Les Étoliens se déclarent contre
lui. Conduite de T. Quintius pour priver Philippe
des secours de la Grèce. Succès des armes de Quintius. Les Achéens s'allient des Romains. Nabis, roi
de Sparte, devient aussi leur allié. Les Béotiens
sont forcés d'entrer dans la même alliance. Quintius, vainqueur à Cinocéphale, accorde la paix à
Philippe. Il humilie les Étoliens. Il fait croire aux
Grecs qu'ils sont libres. Cependant il les assujettit
aux Romains. Guerre qu'il fait à Nabis. Il quitte
la Grèce. Nabis reprend les armes. Philopémen
associe Sparte à la république d'Achaïe.

CHAPITRE VII.

Des royaumes de l'Orient avant la guerre de Syrie,
page 178.

Il importe de connoître quelle étoit la puissance
des monarchies de l'Asie. Royaume de Pergame.
Royaume de Bithynie. Royaume de Cappadoce.
Royaume d'Égypte. Démembremens de la monarchie de Syrie sous Antiochus Soter et sous Antiochus Théos. Règne de Séleucus Callinicus. Règne
de Séleucus Ceraunus. Foiblesse des monarchies
d'Égypte et de Syrie. Ptolémée Philopator, roi
d'Égypte. Antiochus le Grand gouverné par Hermias. Antiochus le Grand fait la guerre à Ptolémée
Philopator. Antiochus fait la paix avec l'Égypte.
Autres expéditions de ce monarque. Après la mort
de Philopator, Antiochus et Philippe se liguent
contre l'Égypte. L'Égypte sous la protection des

Romains. Antiochus fait des alliances. Il porte ses armes dans l'Asie mineure et dans la Thrace.

CHAPITRE VIII.

De la guerre de Syrie, page 197.

Conseils d'Annibal au roi de Syrie. Pourquoi Antiochus ne les suit pas. Il se propose la conquête de la Grèce. Les Grecs ne lui sont pas favorables. Nouveaux conseils d'Annibal. Quartier d'hiver d'Antiochus. Il est vaincu, et il repasse en Asie. La conquête de l'Orient devient facile aux Romains. Antiochus se prépare à résister aux Romains. Il perd une bataille. L. et P. Scipion passent en Asie. Antiochus abandonne l'empire de la mer. Vaincu à Magnésie, il reçoit la loi. Traitement que le sénat fait aux alliés. Campagne du consul Manlius.

CHAPITRE IX.

Jusqu'à la seconde guerre de Macédoine, page 207.

Les Romains ôtent au roi de Syrie le droit de la guerre. La puissance des Romains en Asie est l'époque de la décadence des mœurs. Pourquoi Scipion l'Africain est accusé de péculat. Ce fut Caton qui le fit accuser. Mot de Scipion l'Africain au peuple. Tib. Gracchus impose silence à ses ennemis. Scipion l'Asiatique est condamné injustement. Caton nommé censeur, malgré les brigues de la noblesse. Philippe comparoît devant les commissaires du sénat. Les Achéens refusent d'obéir aux commissaires. Nouveaux commissaires envoyés par le sénat. Cruauté de Philippe. Il envoie son fils à Rome pour se justifier. Les Achéens obéissent aux nouveaux commissaires. Le sénat affecte de ne prendre aucune part aux troubles du Péloponèse. Mort de trois grands généraux. Les Achéens sont trahis par Callicrate, leur député. Philippe fait mourir son fils Démétrius, et meurt.

CHAPITRE X.

De la seconde guerre de Macédoine et de ses suites, page 220.

Informé que Persée se prépare à la guerre, le sénat la lui déclare. Antiochus Epiphane succède à son frère Séleucus. Il arme contre le roi d'Egypte Ptolémée Philométor. Des autres rois qui pouvoient prendre part à la guerre de Macédoine. Des dispositions des peuples qu'on nommoit libres. Peuples de la Grèce qui se déclarent pour les Romains. Persée hésite, lorsqu'il devoit commencer la guerre. La république gouvernée pour la première fois par deux consuls plébéiens. Persée remporte une victoire dont il ne sait pas profiter. Il demande la paix. Campagnes des consuls Hostilius et Martius. Les Rhodiens croient pouvoir forcer Rome à la paix. Paul-Emile chargé de la guerre de Macédoine. Guerre d'Egypte. Persée songe à se faire des alliés. L. Anicius soumet l'Illyrie. Paul-Emile soumet la Macédoine. Antiochus Épiphane évacue l'Egypte. Réglemens faits dans la Macédoine et dans l'Illyrie. Traitement que Rome fait aux peuples et aux particuliers, qui se ne sont pas declarés pour elle.

CHAPITRE XI.

Jusqu'à la ruine de Carthage, page 241.

Des monarchies de l'Asie mineure après la ruine du royaume de Macédoine. Règne d'Antiochus Eupator. Règne de Philométor et de Phiscon. Règne de Demétrius Soter. Conspiration qui met sur le trône de Syrie Alexandre Bala. Autres révolutions dans cette monarchie. Phiscon règne seul en Egypte. Il est inutile d'étudier l'histoire de ces Monarchies. Pourquoi les peuples de l'Espagne étoient difficiles à subjuguer. Pourquoi ils reprenoient continuellement les armes. Guerre qui a été la cause de la guerre que Viriathus a faite aux Romains. Cause de la troisième guerre punique. Perfidie des Romains. Carthage assiégée. Andriscus. Guerre en Macédoine. Les Achéens se révoltent contre un décret du sénat. Le sénat montre de la modération. Les Achéens prennent cette modération pour de la timidité. Ils sont vaincus. Ruine de Corinthe. Fin du siége de Carthage et ruine de cette ville.

LIVRE NEUVIÈME.

CHAPITRE PREMIER.

Considérations sur les accroissemens des Romains, page 268.

Progrès des Romains dans les six premiers siècles. Si leurs ennemis ne se sont pas réunis, ce n'est pas que le sénat ait eu pour maxime de les diviser. Le gouvernement des Romains s'est formé comme à leur insu. Leur agrandissement n'est pas l'effet d'un plan qu'ils se soient fait pour s'agrandir. Il est l'effet des usages que les circonstances ont introduits. Circonstances où l'empire de la république romaine fut le mieux affermi. Circonstances où cet empire doit s'affoiblir. Ce n'est point par politique que les Romains ont été constans dans certaines maximes. Les Romains ont été supérieurs dans l'art militaire.

CHAPITRE II.

Des effets que le luxe doit produire dans la république romaine, page 293.

Le luxe, quand il commença, fut un objet de scandale pour les Romains. Comment ils s'y accoutumèrent. Quand il s'est introduit chez eux. Il devoit faire des progrès rapides. Comment l'usage autorisa les magistrats à fouler les peuples. Avidité avec laquelle les Romains recherchent les choses de luxe. Dans les commencemens, l'avidité eut pour objet d'enrichir le trésor public. Dans la suite les généraux furent avides pour s'enrichir eux-mêmes. Effets que cette avidité devoit produire. L'oisiveté, qui contribua à l'agrandissement de la république, devoit rendre le luxe plus pernicieux. Le luxe ruine tôt ou tard les états. Effets qu'il a produits à Rome.

CHAPITRE III.

Jusqu'au tribunat de Tibérius Gracchus,
page 308.

Après avoir observé les causes de la grandeur des Romains, il reste à observer les révolutions dans les mœurs et dans le gouvernement. Conduite des Romains dans la guerre d'Espagne. Leur conduite avec Viriathus. Leur conduite avec les Numantins. Soulèvement des esclaves. Loi qui règle que les élections se feront par scrutin.

CHAPITRE IV.

Du tribunat de Tibérius Gracchus, page 319.

Circonstances où les troubles commencent sous le tribunat de Tibér. Gracchus. Motifs de Tibérius pour renouveler la loi licinia. Oppositions des riches. Adoucissemens que Tibérius apportoit à cette loi. Raisons avec lesquelles il combattoit les riches. Comment les riches se défendoient. Inconvéniens de la loi licinia. Elle passe après que Tibérius a fait déposer le tribun Octavius qui s'y opposoit. Puissance de Tibérius. Il fait de nouvelles propositions qui soulèvent le sénat. Il demande à être continué dans le tribunat. Il est assommé par les sénateurs.

CHAPITRE V.

Jusqu'à la mort de Caïus Gracchus, page 329.

Aristonicus, qui se rend maître du royaume de Pergame, est fait prisonnier, et étranglé. Indignation du peuple après la mort de Tibérius. Scipion Nasica est contraint de s'exiler. Le sénat feint de consentir à l'exécution de la loi licinia. Scipion l'Africain empêche que cette loi ne soit exécutée. Devenu odieux aux triumvirs, il est assassiné. C. Gracchus s'exerce à l'éloquence. Il obtient la questure. Il est élu tribun. Lois qu'il publie. Il ôte les jugemens aux sénateurs, et il les transporte aux chevaliers. Commencement de l'ordre équestre. Pouvoir de Caïus. Il est continué dans le tribunat. Moyen employé par les sénateurs pour diminuer son crédit. Il conduit une colonie à Carthage. Son absence est nuisible. Il ne peut pas rétablir son crédit. Le consul Opimius jure la perte de Caïus. Il arme. Mort de Caïus. Les lois des Gracques sont abolies.

CHAPITRE VI.

Considérations sur les causes et sur les effets des dissentions de la république, page 347.

Origine des dissentions. Les tribuns ne devoient

pas se borner à la voie d'opposition. Motif qui les faisoit agir. Moyens qu'ils avoient pour acquérir de l'autorité. Préjugés qui défendoient les prérogatives des patriciens. Comment ces prejugés font place à une nouvelle manière de penser. Moyens des patriciens pour défendre leurs prérogatives. Combien ils avoient d'avantages dans les querelles qui s'élevoient. Comment, pendant plusieurs siècles, la pauvreté et l'amour de la liberté bannissoient de toutes les délibérations la corruption et la violence. Pourquoi, sous les Gracques, la violence préside aux délibérations publiques. Effets que cet usage doit produire.

CHAPITRE VII.

De la guerre de Jugurtha, page 358.

Irruption des Cimbres et des Teutons. Commencemens de Jugurtha. Il s'empare du royaume de Numidie. Prostitutions du sénat et prévarication des commissaires qu'il envoie en Numidie. Le sénat et ses commissaires continuent à se prostituer. Le sénat déclare la guerre à Jugurtha. Prévarication du consul Calpurnius. Jugurtha comparoît devant le tribunal du peuple romain. Le sénat lui ordonne de sortir de l'Italie. La guerre recommence. Métellus la fait avec succès. Commencemens de Marius. Il supplante Métellus. Fin de la guerre. Objet du livre suivant.

LIVRE DIXIÈME.

CHAPITRE PREMIER.

Marius et Sylla, page 374.

Guerres des Cimbres et des Teutons. Marius paroît la seule ressource de la république. Il défait les Teutons et les Cimbres. Il obtient un sixième consulat. Il médite la perte de Métellus. A cet effet, Saturninus, de concert avec lui, aspire au tribunat, et l'obtient par violence. Loi agraire proposée par Saturninus. Conduite de Marius. Bannissement de Métellus. Mort de Saturninus. Rappel de Métellus. Marius passe en Asie. Violences des tribuns. Abus des assemblées tumultueuses. Brigandages, suite des progrès du luxe. Comment Sylla commence à gagner la faveur du peuple. La noblesse intéressée à le mettre au-dessus de Marius. Pour ne pas obéir au peuple, le sénat est dans la nécessité d'obéir à un chef. Pourquoi les Romains deviennent jaloux des droits de cité, qu'ils accordoient facilement dans l'origine, et pourquoi les alliés commencent à rechercher ces droits. Prévarications des chevaliers dans les tribunaux. Mécontentement du peuple. Drusus, pendant son tribunat, sème des troubles. Il porte des lois en faveur du peuple. Il partage les tribunaux entre les sénateurs et les chevaliers. Les alliés se soulèvent, parce qu'ils n'obtiennent par les droits de cité, qu'il leur avoit promis. Il est assassiné. Sa mort est suivie de troubles. République italique, ou ligue des alliés. Peuples qui entrent dans cette ligue. Comment finit la guerre sociale, qui auroit pu être funeste à la république romaine. On crée pour les alliés huit tribus nouvelles. Marius se ligue avec le tribun Sulpicius, pour enlever à Sylla le commandement de l'armée contre Mithridate. Troubles à ce sujet. Sylla, à qui Sulpicius ôte le commandement de l'armée contre Mithridate, marche à Rome à la tête des légions. Rien ne l'arrête. Il entre dans Rome comme dans une place ennemie. Il réforme le gouvernement. La république, par sa constitution, ne peut plus avoir de règles fixes. Sylla proscrit douze sénateurs. Marius s'enfuit en Afrique. Sulpicius est tué. Pourquoi il affecte une conduite modérée. Mithridate roi de Pont. Il fait la guerre aux alliés des Romains. Il résout de la faire aux Romains mêmes. Conquêtes qu'il fait sur eux. Sylla recouvre la Grèce pendant qu'il se faisoit une révolution dans le gouvernement. Le consul Cinna, chassé de Rome, est déposé par le sénat. Il arme. Rome est presque sans défense. Marius, qui revient en Italie, se joint à Cinna. Ils assiègent Rome, qui leur ouvre ses portes. Cruauté de Marius. Décret porté contre Sylla. Mort de Marius. Son fils hérite de son pouvoir. Valérius, élu consul, part pour l'Asie. Valérius est tué par Fimbria, son lieutenant. Fimbria prend le commandement de l'armée. Ses succès contre le roi de Pont. Mithridate demande la paix. Sylla lui fait la loi. Fimbria est abandonné de ses troupes, qui se donnent à Sylla. Brigandages de Sylla. Il se dispose à revenir en Italie. Cinna est tué. Les consuls de l'année suivante sont du même parti. Arrivée de Sylla en Italie. Forces des consuls. Sylla défait le consul Norbanus. Il débauche l'armée du consul Scipion. Crassus lui amène un corps de troupes. Pompée lui en amène un autre. P. Céthégus, qu'il avoit proscrit, se joint à lui. Les consuls Marius et Carbon font alliance avec les Samnites. Sertorius passe en Espagne. Marius vaincu s'enferme dans Préneste. Sylla à Rome. Norbanus et Carbon quittent l'Italie. Télésinus, général des Samnites, menace Rome. Sylla vient au secours des Romains. Télésinus est tué dans un combat. Massacres que Sylla fait de ses ennemis. Ses proscriptions. Il fait égorger les Prénestins. Il est nommé dictateur. Comment il exerce la dictature. Changemens qu'il fait dans le gouvernement. Il abdique. Il a asservi la république, sans l'avoir projeté. Raisons de son abdication.

CHAPITRE II.

Pompée et César, page 431.

La noblesse et le peuple impuissans par eux-mêmes. Chefs du parti de la noblesse. Métellus. Crassus. Pompée. Lépidus entreprend de faire casser les lois de Sylla. Sertorius en Espagne. Il y crée un sénat. Il est cher aux Lusitaniens. Métellus et Pompée contre Sertorius. Mépris de Sertorius pour Pompée. Avantages de Sertorius. Mithridate fait alliance avec lui. Sertorius assassiné. Pompée termine la guerre d'Espagne. Guerre de Spartacus. Pompée veut dérober à Crassus la gloire de l'a-

voir terminée. Pompée et Crassus sont élus consuls.
Pompée et Crassus refusent de licencier leurs troupes. Crassus recherche la faveur du peuple par des largesses; Pompée par des lois agréables à la multitude. Conduite de Pompée lorsqu'il est sorti de magistrature. Guerre de Mithridate. Lucullus subjuge le Pont. Puissance de Tygrane, roi d'Arménie. Lucullus porte la guerre dans l'Arménie. Il remporte deux grandes victoires. Il prend ses quartiers d'hiver dans la Mésopotamie. On n'attendoit pas de lui de si grands succès. Soulèvement de ses troupes. Mithridate recouvre son royaume. Origine de la guerre des Pirates. Pompée nettoie les mers. Pouvoir qu'on lui donne en cette occasion. On charge Pompée de la guerre contre Mithridate, et on lui confie toutes les forces de la république. Sa dissimulation et sa jalousie. Pompée chasse Mithridate du Pont, et Tigrane se soumet. Il réduit la Syrie en province romaine. Mort de Mithridate. Pompée rétablit Hircan. Il règle les affaires du Pont. Désordres que les richesses causoient dans Rome. Catilina. Son caractère. Comment il forme un parti. Catilina brigue le consulat. Conduite de Cicéron à son égard. On refuse le consulat à Catilina, et on le donne à Cicéron. Conjuration de Catilina. Cicéron est instruit des desseins des conjurés. Précautions qu'il prend. Il n'a pas des preuves suffisantes. Crassus lui apporte des lettres anonymes. Catilina arme ouvertement. Dispositions des esprits dans cette conjoncture. Les conjurés, qui étoient restés à Rome, tentent d'engager dans leur parti les députés des Allobroges. Ces

conjurés sont arrêtés et convaincus. Le sénat les juge, et ils sont exécutés. Catilina, vaincu et tué. Cicéron regardé comme le patron de l'ordre équestre. César accusé d'avoir été complice de la conjuration de Catilina. Caractère de César. Proscrit par Sylla, il en devient plus circonspect. Il partage de bonne heure la faveur du peuple. Il veut faire revivre la faction de Marius. Il humilie le parti de Sylla. Il allioit les petites choses et les grandes qualités. Gloire de Pompée à son retour d'Asie. Sa modération. Son caractère. César propréteur en Espagne. Son plan et sa conduite. De retour en Italie, il réconcilie Crassus et Pompée. Triumvirat. Caton s'élève inutilement contre les desseins des triumvirs et contre les mœurs de son siècle. Bibulus est donné à César pour collègue dans le consulat. César consul se conduit comme un tribun factieux. Loi agraire qu'il porte au sénat. Il la fait passer dans une assemblée du peuple. Il en fait jurer l'exécution. Il dispose de tout. Bibulus est sans autorité. Murmures contre les triumvirs. Ils auroient pu gagner Cicéron. P. Clodius, ennemi de Cicéron, se ligue avec les triumvirs, et obtient le tribunat. Précautions de César avant de partir pour les Gaules. Cicéron exilé. Caton est envoyé dans l'île de Chipre. Royaumes légués au peuple romain. Exemple du trafic que les magistrats faisoient de leur pouvoir. Rappel de Cicéron. On donne à Pompée la surintendance des vivres pour cinq ans. Pompée perd de son crédit, et les deux autres triumvirs paroissent n'avoir plus besoin de lui. César, quoique absent, est tous les jours plus puissant à Rome. Sa conduite. La division des triumvirs enhardit leurs ennemis. Les triumvirs renouvellent leur association. Leur traité. Cicéron recherche l'amitié des triumvirs. Pompée fait construire un théâtre à demeure. Pompée entretient les troubles dans la république. Les liens qui unissoient César et Pompée sont entièrement rompus. Pompée consul sans collègue. Il prend un collègue. Consuls désignés. Pompée continue d'avoir la principale autorité. Il attend avec impatience que César ait licencié ses troupes. Mesures de César. Pompée les veut rompre, et ne les rompt pas. Proposition du consul Marcellus, qui veut désarmer César. Pompée songe à faire passer cette proposition sous les consuls de l'année suivante. César gagne un des consuls et le tribun Curion. Curion rompt les mesures de Pompée. Motifs qui donnent de la confiance à Pompée. César s'étudie à mettre de son côté les apparences de la justice. Il écrit au sénat. Le sénat lui ordonne de licencier ses troupes. César s'assure de ses soldats. Il passe le Rubicon. Troubles que cette nouvelle produit à Rome. Peu de ressources de Pompée à l'approche de César. Pompée passe en Epire. Pourquoi César ne le suit pas. César à Rome. Il part pour l'Espagne. Il la soumet. Defaites de ses lieutenans. Il revient à Rome lorsqu'il avoit été nommé dictateur. Il est élu consul, et part pour Brindes. Ses forces. Forces de Pompée. César passe en Épire. Les deux armées en présence. Action où Pompée a l'avantage. César et Pompée passent dans la Thessalie. Confiance du parti de Pompée qui est entièrement défait.

Pompée se retire chez Ptolémée, qui étoit en guerre avec Cléopatre sa sœur. Il est égorgé. César pleure la mort de Pompée. Il se porte pour juge entre Ptolémée et Cléopatre. Ptolémée arme contre lui. César vainqueur dispose de la couronne d'Égypte. Après avoir vaincu Pharnace et réglé les affaires de l'Orient, il revient à Rome, où il y avoit de grands désordres. Il passe en Afrique, où le parti de Pompée s'étoit relevé. Ruine de ce parti. Clémence de César. Il triomphe. Il fait divers règlemens. Ruine du parti des fils de Pompée. Honneurs qu'on rend à César. On le nomme empereur. Nouvelle acception de ce mot. Projet qu'il formoit. Il multiplioit les récompenses. Le sénat étoit humilié. Le peuple ne croyoit pas avoir rien perdu. Il n'étoit plus possible de rétablir le gouvernement républicain. Conjuration contre César. Il aspire à la royauté, et il est assassiné. Effet que produit sa mort.

CHAPITRE III.

Marc-Antoine et Caïus Octavius, page 540.

Il s'agit de décider si les conjurés seront punis ou récompensés. Embarras des sénateurs. Décret du sénat. Gouvernemens donnés aux chefs des conjurés. On ordonne que le testament de César soit exécuté, et on lui décerne les honneurs de la sépulture. Effet que produisent sur le peuple ce testament et ces funérailles. Les chefs des conjurés sortent de Rome. Conduite peu mesurée d'Antoine. Pour gagner la bienveillance du sénat, il fait donner le commandement des flottes à Sextus, fils de Pompée. Il fait étrangler Amatius. Dolabella, collègue d'Antoine, achève de dissiper les émeutes du peuple. Antoine obtient une garde. Il abolit la dictature. Sa puissance. Il dépouille Brutus et Cassius de leurs gouvernemens. C. Octavius ose se porter pour héritier de César. En arrivant en Italie, il se trouve à la tête d'un parti. Parti qui lui étoit contraire. Ce parti n'étoit pas aussi redoutable qu'il le paroissoit. Entrevue d'Octavius et d'Antoine. Octavius, qui veut acquitter les legs de son grand-oncle, est traversé par Antoine. La garde d'Antoine désapprouve les difficultés qu'il fait à Octavius. Elle les réconcilie. Antoine obtient la Gaule Cisalpine. Pour perdre Octavius, Antoine devoit s'unir à lui. Antoine se brouille avec Octavius. Octavius rend Antoine suspect à tous ceux qui s'intéressent à la mémoire de César. Nouvelle réconciliation peu sincère de ces deux hommes. Si Octavius n'eût pas eu Antoine pour concurrent, il seroit parvenu plus difficilement à l'empire. Brutus et Cassius quittent l'Italie. Antoine et Octavius arment. Octavius est abandonné de la plus grande partie de ses troupes. Antoine est au moment d'être abandonné des siennes. Octavius lui débauche deux légions. Assemblée du sénat où Cicéron parle contre Antoine et pour Octavius. Décret du sénat en faveur d'Octavius. Après deux combats, Antoine est forcé de passer dans la Gaule Transalpine. Bruit qui se répand contre Octavius. Il ne veut pas ruiner le parti d'Antoine. Le sénat croit la guerre finie. Pendant qu'Octavius recherche Antoine, il demande le consulat que le sénat lui refuse. Antoine, qui avoit passé les Alpes, les repasse à la tête de dix-sept légions. Octavius est élu consul. Il poursuit les meurtriers de César. Il fait révoquer les décrets contre Lépidus. Mort de Décimus Brutus. Octavius Antoine et Lépidus, sous le titre de triumvirs, s'arrogent toute l'autorité. Ils proscrivent leurs ennemis, leurs parens et leurs amis. Mort de Cicéron. Octavius plus cruel que ses collègues. Un décret confirme aux triumvirs la puissance qu'ils ont usurpée. La Sicile, qui obéit à Sext. Pompéius, devient l'asyle des proscrits. Le sénat confirme à Brutus et à Cassius les gouvernemens dont ils se sont emparés. Ces deux généraux rassemblent toutes leurs forces auprès de Philippes. Les triumvirs viennent camper dans la plaine de Philippes. Désavantage de leur position. Il étoit dangereux pour eux que la guerre tirât en longueur. Cassius est vaincu et se tue. Sa mort donne tout l'avantage aux triumvirs. Pourquoi Brutus se détermine à engager une seconde action. Une bataille étoit l'unique ressource des triumvirs. Brutus, qui l'ignore, est vaincu et se tue. Puissance de Sex. Pompéius. Conduite d'Octavius aux journées de Philippes. Sa cruauté. Antoine et Octavius partagent l'empire entre eux, et dépouillent Lépidus. Octavius vient à Rome. Avantages et désavantages de sa position. Causes de la guerre de Pérouse. Fin de cette guerre. Antoine se concilie l'affection des Grecs. Puissance des généraux romains en Asie. Antoine en Asie. Cléopatre vient à Tarse où il l'attendoit. Il se hâte de suivre cette reine en Egypte. Les Parthes font une invasion dans les provinces romaines. Prêts à en venir aux mains, Antoine et Octavius sont forcés à la paix, et font un nouveau partage de l'empire. Traité de paix avec Sex. Pompéius. Antoine retourne à Athènes. Jaloux des succès de Ventidius, il passe en Asie. Il cède à Ventidius le triomphe qu'on lui décerne. Les triumvirs multiplient les magistrats. Octavius épouse Livie. Octavius et Pompéius se préparent à la guerre. Ménas passe dans le parti d'Octavius. Les flottes d'Octavius sont ruinées. Il charge Agrippa de cette guerre. Pompéius ne profite pas de ses avantages. Les triumvirs se continuent dans le commandement. Octavie réconcilie Antoine et Octavius. Ruine et mort de Sex. Pompéius. Octavius dépouille Lépidus. Il commence à faire aimer son gouvernement lorsqu'Antoine se rendoit odieux et méprisable. Antoine donne plusieurs provinces à Cléopatre. Guerre qu'il fait aux Parthes. Son imprudence et ses pertes. Combien les soldats lui étoient attachés. Autres pertes qu'il fait par impatience de revoir Cléopatre. Il fait la conquête de l'Arménie. Il triomphe à Alexandrie. Prêt à marcher contre les Parthes, il revient en Egypte. Il défend à Octavie de venir en Asie. Son amour pour Cléopatre achève de le rendre odieux et méprisable. Octavius obtient un décret qui prive Antoine de la puissance triumvirale. Lenteur avec laquelle Antoine se prépare à la guerre. Journée d'Actium et ses suites. Antoine est trahi par Cléopatre. Ils se tuent l'un et l'autre. Octavius affecte de la modération. Il a dû son élévation aux circonstances.

FIN DE LA TABLE DES MATIÈRES.

www.ingramcontent.com/pod-product-compliance
Lightning Source LLC
Chambersburg PA
CBHW071150230426
43668CB00009B/899